मिथक और स्वप्न
'कामायनी' की मनस्सौन्दर्यसामाजिक भूमिका

मिथक और स्वप्न

'कामायनी' की मनस्सौन्दर्यसामाजिक भूमिका

रमेश कुन्तल मेघ

राधाकृष्ण प्रकाशन

ISBN : 978-81-8361-084-1

मिथक और स्वप्न : 'कामायनी' की मनस्सौन्दर्यसामाजिक भूमिका

राधाकृष्ण से पहला संस्करण : 2007
This book is printed on **Print on Demand** Technology : 2024

मूल्य : ₹895

प्रकाशक
राधाकृष्ण प्रकाशन प्राइवेट लिमिटेड
जी-17, जगतपुरी, दिल्ली-110 051

शाखाएँ : अशोक राजपथ, साइंस कॉलेज के सामने, पटना-800 006
पहली मंजिल, दरबारी बिल्डिंग, महात्मा गांधी मार्ग, प्रयागराज-211 001
1, अनमोल सोराबजी संतुक लेन, धोबी तलाव, मरीन लाइंस, मुम्बई-400 002
वेबसाइट : www.radhakrishnaprakashan.com
ई-मेल : info@radhakrishnaprakashan.com

MITHAK AUR SWAPNA : KAMAYANI KI
MANSASOUNDARYASAMAJIK BHUMIKA
by Ramesh Kuntal Megh

स्पष्टताप्रिय मित्र और दार्शनिक इन्द्रनाथ मदान को सादर,
चण्डीगढ़ की सन्ध्याओं की याद में... ।
(और बारम्बार यह सूत्र सुझाने के लिए कि
'कामायनी' एक असफल कृति है)...॥

आमुख

महाकवि जयशंकर 'प्रसाद' छायावादी कवि हैं। छायावाद के सम्बन्ध में उनके अपने विचार हैं। वे काव्य को आत्मा की संकल्पात्मक मूल अनुभूति मानते हैं। उनके अनुसार छायावाद में अर्थ-वैचित्र्य की दुर्लभ लावण्य–'छाया' ही नए काव्य को छायावादी बनाती है। उनके छायावादी काव्य में वेदना के आधार पर आन्तरिक स्वानुभूति की अभिव्यक्ति होती है। इस अभिव्यक्ति के लिए नए शब्द, नया वाक्य-विन्यास और नया सौन्दर्यात्मक प्रतीक-विधान अपेक्षित होता है। इस अभिव्यक्ति में वे यथार्थवाद की लघुता, अभाव, दुःख और पतन को नामंजूर करते हैं। इनके स्थान पर वे आनन्दवादी धारा के आनन्द, उल्लास और शक्ति का व्यंजन करते हैं। वे दुःखदग्ध जगत और आनन्दपूर्ण स्वर्ग का एकीकरण करते हैं जहाँ संशोधन के बजाय साधारणीकरण, और व्यक्ति-वैचित्र्य के बजाय भावना की एकभूमि उपलब्ध होती है। वे प्रकृति की शक्ति एवं रहस्य को रहस्यवाद के रूप में अंगीकार करते हैं। यही उनके जीवन-दर्शन और सौन्दर्यबोधात्मक वृत्ति का सारांश है।

'कामायनी' के सन्दर्भ में प्रसाद प्रधानतः आनन्दवादी (दार्शनिक दृष्टि से) माने जा सकते हैं। उन पर नियतिवादी होने का नकाब डालना एक गड़बड़ मालूम होती है। इस प्रबन्ध-काव्य में 'नियति' शब्द केवल तीन-चार बार आया है, और वह भी शैव 'प्रकृति' के उपजीव्य के रूप में। यूँ भी प्रसाद के नियतिवाद के स्वरूप की व्याख्या अभी तक नहीं हो सकी है। इसी तरह प्रसाद को दुःखवादी होने का गौरव-पूर्ण दंड दिया जाता है। 'अजातशत्रु' और 'राज्यश्री' में बौद्धदर्शन का एक दूसरा ही आयाम है जिसका निरास 'चन्द्रगुप्त' में चाणक्य एवं राक्षस, दाण्ड्यायन एवं नन्द के द्वन्द्व में खुल गया है। 'आँसू' में व्यथा का सूफीयाना बोध रोमांटिक आँसुओं से भरपूर है। वस्तुतः उन्होंने दुःख के स्थान पर भावात्मक करुणा एवं सहानुभूति को अन्वित किया है, आनन्द से। अतः हमें 'नियतिवादी' प्रसाद और 'दुःखवादी' प्रसाद के जैसे विशेषणों का आर्ष व्यवहार पूरी सतर्कता से करना चाहिए।

'कामायनी' एक छायावादी प्रबन्ध है। छायावादी मूलवृत्ति अन्तर्मुखी, व्यक्तिवादी और लिरिकल है। मुक्तकों वाले कला-माध्यम में महाकाव्य का यह पहला और अन्तिम प्रयोग पूरे आन्दोलन को ही एक क्रान्तिकारी परिप्रेक्ष्य में उपस्थित कर देता है। प्रसाद के अनुसार, ''महत्ता ही महाकाव्य का प्राण है।'' स्वयं उनके मन में भी महाकाव्य के रचनागठन (स्ट्रक्चर) की समस्या आन्दोलित थी। इसीलिए इस महाकाव्यात्मक प्रयोग

में महाकाव्य की न तो पाश्चात्य इकाई (काल), और न ही दंडी-विश्वनाथ की इकाई (संस्कृति) स्वीकार की गई है, बल्कि **'चिरन्तन' मानवीय सत्य एवं रमणीय सौन्दर्य** की द्वन्द्वात्मक महत्ताभिधायक इकाई का ग्रहण हुआ है। इस कृति में मानवता के विकास के रूपक, मनुष्यता के मनोवैज्ञानिक इतिहास और भारतीय दार्शनिक चिन्तन के भाष्यों को साथ-साथ अनुस्यूत किया गया है जिससे तकनीक की दृष्टि से रचनागठन लड़खड़ा गया है। इस कृति में नाट्यशास्त्र, काव्यशास्त्र, चित्रकला, संगीतकला और नृत्यकला का संश्लेषण हुआ है। इसमें आदिम वैदिक मॉडल, आधुनिक समाज मॉडल तथा मध्यकालीन शैव मॉडलों के आधार पर संस्कृति की अन्वीक्षा हुई है। इसमें मिथक की आर्केटाइपल एवं आधुनिक व्याख्याएँ हुई हैं तथा, सामाजिकता का अतिक्रमण करते हुए, दिवास्वप्नों, फान्तासियों और यूतोपिया की (इतस्ततः चेतना-प्रवाह संयुत्) रचनाएँ भी हुई हैं जो सभी 'स्वप्न' हैं। इस प्रबन्ध-काव्य में प्रकृत् रस तथा आनन्द रस का समानान्तर उन्मेष और अन्तरावलम्बन हुआ है जिससे रस का क्लासिकल प्रश्न भी एक आधुनिक चुनौती बन गया है। इसमें 'मनस्तत्व' के आधार पर मनोविज्ञान का समाहार हुआ है। इन प्रमुख आयामों ने 'कामायनी' को मानो एक ऐस्थेटिक प्रयोगशाला बना दिया है। इसीलिए हम इसे महाकाव्यात्मक चरित्रवाली रोमांटिक 'संश्लिष्ट कविता' (टोटल पोएट्री) कहेंगे। इस पुस्तक में हमने आधुनिकता बोध के धरातल पर इन सभी प्रश्नों की निर्भीक मीमांसा की है अतः हमारे परिणाम और निर्णय भी रहस्योद्घाटक और विवाद पूर्ण हैं। यह स्वाभाविक है। इसे मैं शिरोधार्य करता हूँ।

कवि के संसार के साथ सहृदयबोध प्रेषणीयता की समस्या उठाता है क्योंकि 'कामायनी' की भाषा प्रतीकात्मक, रूपकात्मक तथा स्वयं प्रकाश्यज्ञानमूलक है। यह भाषा 'शब्दार्थ' की इकाई की अपेक्षा 'शब्दबिम्ब' की इकाई का, अर्थ-विपुलता की अपेक्षा अर्थवैचित्र्य का, तथा अभिव्यक्ति की अपेक्षा अनुभूति का वरण करती है। अनिर्वचनीय की रमणीय अभिव्यंजना में रहस्यात्मक अनुभूतियाँ जरूर लिपटी रहती हैं, और हम अभिव्यक्ति में कवि के स्व-सम्बन्ध को भी नहीं छान पाते हैं। अतः निर्मल मनोमुकुर में प्रतिमानशाली कवि का विमल मानस भी सह-प्रतिबिम्बित हो उठता है। रूपकों (मेटेफर्स) में छलाँग लगाने वाली यह कामायनी-भाषा सहृदय की एक नई धारणा एवं आधुनिक मनःस्थिति की अपेक्षा रखती है। इसकी तलाश हमने की है। यह भी एक जटिल सौन्दर्यबोधशास्त्रीय चुनौती है। हमने 'शब्दबिम्ब' की मौलिक सौन्दर्यतात्त्विक इकाई (एस्थेरिक यूनिट) लेकर कवि के संसार का किंचित् उद्घाटन किया है। लेकिन यह उद्घाटन कवि की जीवनी की पृष्ठभूमि में अधिक प्रामाणिक होता। दुर्भाग्य से हमारे पास कवि की जीवनी नहीं है। हमने कवि की कृतियों तथा 'कामायनी' की पांडुलिपि को उपजीव्य बनाकर उसके मनोवैज्ञानिक व्यक्तित्व को समझने की यथासम्भव कोशिश की है। कवि का मानस यूतोपियन है। इस मानस के ऐतिहासिक, रोमांटिक एवं मिथकीय आयाम हैं जो उसकी यूतोपिया या कल्पलोक में उन्मिषित हुए हैं। हमने इन्हें भलीभाँति पहचान लिया है।

यूतोपिया के प्रसंग में विशेषरूप से प्रसाद की वैयक्तिक आकांक्षा, उनका वर्गीय चरित्र तथा उनकी सामाजिक विचारधारा भी प्रकट हो जाती हैं। उनकी विचारधारा कई बुनियादी अन्तर्विरोधों से परिपूर्ण है। 'कामायनी' में सारस्वतनगर के पूँजीवादी प्रजातंत्र, एक तानाशाह प्रशासक, एक अराजक बुद्धिवादी राष्ट्रसत्ता और एक आत्मजा प्रजा की धारणाओं को उन्होंने प्रस्तुत किया है। लेकिन इनके उपचार में वे आधुनिकीकरण की उस वैज्ञानिक प्रणाली को स्वीकार नहीं कर सके जो आज की सामाजिक-आर्थिक-राजनीतिक समस्याओं से निपट सके। वे एक सचमुच जीवितदर्शन को नहीं समझ सके। उन्होंने विज्ञान को दर्शन के साथ सम्बद्ध करने के बजाय मध्यकालीन धार्मिकता को दर्शन के साथ अन्वित कर दिया है। समाज की उन्नति के लिए जिस विवेकपूर्ण, न्यायपूर्ण और आधुनिक वैज्ञानिक बोध की आवश्यकता थी, उसे वे नहीं प्रस्तुत कर सके। उन पर केवल उपनिवेशवादी पूँजीवादी सभ्यता का संत्रास तथा अधःपतन ही हावी रहा। समाजवादी भविष्य की ओर जाने की अपेक्षा वे 'तीर्थ' कराने ले चलते हैं, और दार्शनिक मध्यकालीनतावाद में पलानवादी विश्रान्ति पा लेते हैं। अलबत्ता, इस प्रसंग में वे चिरबन्धनमुक्त व्यक्तिवादी की भी प्रखर आलोचना करते हैं। वे कर्म से इतने प्रतिबद्ध नहीं हैं जितना कि समाधि से। कर्म के द्वारा ही जीवन के समष्टिगत अनुभव होते हैं। कर्म सर्ग में जिस दिशा का प्रवर्तन हुआ, वही निर्वेद में एकदम खत्म हो गई। तो, क्या हमारे विश्व के सामाजिक विकास की आधुनिक प्रक्रिया वैसी होगी जैसी 'कामायनी' के अन्तिम तीन सर्गों में वर्णित और अभिलषित है ?

इसके उत्तर में कहा जा सकता है कि 'कामायनी' में तो केवल एक पूर्ण मनुष्य की प्रतिकल्पना है। सम्भवतः यह ठीक हो। मनोवैज्ञानिक भूमि पर इच्छा (कोनेशन), ज्ञान (काग्निशन) तथा क्रिया (एक्शन) का उचित सामंजस्य एक निर्मल एवं सामाजिक व्यक्तित्व (नॉर्मल पर्सनेलिटी) का लक्षण है। इस सत्य से कोई भी इनकार नहीं करता। किन्तु इस सामंजस्य के लिए कवि ने तांत्रिक त्रिकोण, और मनु की शैवाद्वैत साधना का जो वशीकरण प्रस्तुत किया है, वह आधुनिक, वैज्ञानिक, सामाजिक तथा यथार्थ नहीं है। आधुनिक युग तथा मनुष्यता के इतिहास के सम्बन्ध में कवि के दावों को ध्यान में रखते हुए तो यह मध्यकालीन मानसिक वृत्ति और भी विडम्बनापूर्ण लगती है। वास्तव में इन भटकावों को सही दृष्टिपथ में रखने के लिए कवि के इतिहास-दर्शन का पुनर्निर्माण जरूरी है, अन्यथा हम कठोर आलोचना अथवा उदार वेदना के सीमान्तों में फिसल जाएँगे। हमने कवि के इतिहास-दर्शन, रस-दर्शन तथा यत्रतत्र अस्तित्ववादी दर्शन की सहजवादी स्थितियों का निरूपण किया है। इन निरूपणों में कई सामाजिक एवं दार्शनिक एवं सौन्दर्यबोधात्मक आकांक्षा खुल पड़े हैं।

'कामायनी' में काम और रति सम्बन्धी सेक्स-संस्कृति का एक अभिनव 'कामसौन्दर्यसूत्र' उदित हुआ है। काम की रति एवं प्रीति संगिनियों के बजाय उन्होंने रति एवं लज्जा की नई जोड़ी रची है। मूलशक्ति, अनादि वासना तथा प्रेमकला की केन्द्रीय धारणाओं के आधार पर कवि ने एक ओर तो काम, वासना, स्नेह, रति, प्रीति,

लज्जा, मधुरता, विलास, लीला, आदि का उन्मेष किया है, तथा दूसरी ओर रमणीयता, सौन्दर्य, छवि, मतवाली सुन्दरता, किशोर सुन्दरता, शोभा, विभव आदि के सौन्दर्यतात्त्विक स्वरूपों की व्याख्या की है। काम-वासना-लज्जा सर्गों की त्रयी 'कामायनी' की एकांतिक सर्वश्रेष्ठ उपलब्धि है।

एक कृति के रूप में 'कामायनी' में महान असफलताओं तथा महत्त्वपूर्ण श्रेष्ठताओं और महत्तम सम्भावनाओं का संयोग हुआ है। आधुनिक वातायन से देखने पर तो हम इस कृति को नितान्ततः रूपान्तरित पाते हैं। मैंने इसी **रूपान्तरित सन्दर्शन** का आलोचन किया है। इसके लिए मैंने मनोविज्ञान, सौन्दर्यबोधशास्त्र तथा समाजशास्त्र–इन तीनों की आधुनिक दृष्टियों का विशेष ग्रहण किया है।

अतएव ये ही ''मिथक और स्वप्न : 'कामायनी' की मनस्सौन्दर्यसामाजिक भूमिका'' में आधुनिकता बोध की मूल दिशाएँ हैं। मैंने इसका अधिकांशरूपेण रचना-पैटर्न अपने गुरुवर आचार्य हजारी प्रसाद द्विवेदी कृत 'कालिदास की लालित्य-योजना' पर आधारित किया है।

–रमेश कुन्तल मेघ

जालन्धर
मार्च 4, 1967
पुनश्च :
पंचकूला
सितम्बर 14, 2006

अनुक्रम

'कामना' और 'एक घूँट'; फिर 'कामायनी' 1

अपनी मानसिक वैयक्तिकताओं (मैंटल प्राइवेसीज़) को, वैयक्तिक कामनाओं के धरातल पर, अभिव्यक्त करने की विराट् प्रतीकात्मक चेष्टाएँ तो छायावादी कवियों ने ही शुरू कीं। इसका परिणाम यह हुआ कि भाव एवं संवेदनाएँ, प्रकृति और वस्तुएँ प्रतीकों तथा बिम्बों, और धारणाओं तथा संकेतों में रूपान्तरित होने लगीं। प्रसाद ने 'कामना' (1926) में, पंत ने 'ज्योत्सना' (1934) में, और निराला ने 'जूही की कली' (1916) में रोमांटिक अभिव्यंजना-प्रणालियों के नए प्रयोग किए। इन प्रारम्भिक परीकथा-जैसी रचनाओं में मानसिक अनुभवों का एक भोलाभाला बचपन है जिसकी अभिव्यक्ति के लिए झीने, कृत्रिम एवं सूक्ष्म कथातन्तु भी बुने-काते गए। अतः मानवीयकरण प्रतीकीकरण, अमूर्तीकरण, और अन्यापदेशिकरण और विरूपीकरण (डिस्टार्शन) की नई-नई विधियों ने इन कवियों के मानसिक विकास को सहसा शीघ्र परिष्कृत करना शुरू किया। इसके साथ ही इनकी व्यक्तिवादी रचनाओं में प्रेषणीयता की उलझन या 'छाया' भी फैलने लगी। प्रसाद के प्रसंग में प्रतीकात्मक अभिव्यक्ति का यह शिल्प 'कामना' (1926), 'एक घूँट' (1921) तथा 'स्वर्ग के खंडहरों में' (कहानी) के नाटक एवं कथा माध्यमों से होता हुआ 'कामायनी' (1935) नामक महाकाव्यात्मक चरित्रवाली संश्लिष्ट कविता में महान उत्कर्ष को छू लेता है। एक और भी संयोग हुआ : लगभग एक ही समय में लिखी गई 'राम की शक्तिपूजा' में तथा 'कामायनी' के रहस्य सर्ग में क्रमशः शाक्त एवं शैव दृष्टि से तांत्रिक प्रतीकों की अर्थवत्ता भी मिली। ऐसा लगता है कि इन सौन्दर्योपासक कवियों को समाज का यह महत्तम प्रश्न प्रकांड रूप से आन्दोलित कर रहा था कि शक्ति की उपासना और सिद्धि **कैसे की जाए, किसके लिए की जाए, और कहाँ की जाए** ? छायावाद के अवसान में इस शक्तिबोध का यह विवेक ही उन दोनों का क्रान्तदर्शी रूपान्तर करता है। यह शक्तिबोध एक प्रयाणबिन्दु है। इसके बाद ही प्रगतिवाद का दर्शन उभर आता है।

* एक बात और स्पष्ट होती है। चिन्ता सर्ग 'सुधा' के अक्टूबर 1928 के अंक में छपा है तथा 'कामायनी' 1935 में छपी है। इसका यह अर्थ है कि यह महाकाव्य पूरे सात वर्षों में रुक-रुक कर लिखा गया। इसी रचना-क्रम के दौरान कवि ने 'एक

घूँट' शीर्षक एक बचकाना प्रतीकात्मक एकांकी भी लिखा। इस तरह 'कामना' नाटक इस महाकाव्य की पूर्ववर्ती सृजन-प्रेरणा के रूप में स्थित है और 'एक घूँट' आनन्द का आरम्भिक विकास करता है। 'कामना' में कहीं भी आनन्द नामक पात्र नहीं आया है। उसमें अगर नेतृत्व विलास ने सँभाला है तो शासन कामना ने किया है। 'कामना' में अन्तिम विजय विवेक की होती है। विवेकवादी धारा को कवि ने तर्क, कर्म और विज्ञान की बौद्धिक धारा कहा है जो दुःख, अभाव और पतन के यथार्थ को स्वीकार करती है। लेकिन 'एक घूँट' में कवि ने आनन्द के माध्यम से दुःखवाद का विरोध किया है। इस एकांकी में शुरू में आनन्द को स्वच्छन्द प्रेम का प्रचारक बनाया गया तथा अन्त में (प्रेमलता से एक घूँट पान करने पर) प्रेम का एक घूँट पी लेने पर उच्छृंखल प्रेम को नियमबद्ध करनेवाला चरित्रांकित किया गया है। रसाल (कवि) के मुख से आनन्द के तीन तत्त्व गिनाए गए हैं : स्वास्थ्य, सरलता और सौन्दर्य। इस त्रिकोण को मिलाने वाला प्रेम का एक घूँट है। इसी पैटर्न पर 'कामायनी' में इच्छा-क्रिया-ज्ञान का त्रिकोण है जिसको मिलाने वाली श्रद्धा (कामायनी) है। त्रिकोण के एकीकरण की प्रक्रिया 'कामायनी' में रहस्यवादी हो गई है।

इस एकांकी में प्रसाद ने मुकुल तथा प्रेमलता को दूर के सम्बन्ध के भाई-बहन माना है और दोनों में ही कुतूहल का अभिधान किया है। 'कामायनी' में प्रकृति की रमणीयता और रति के आकर्षण में कुतूहल का इन्द्रजाल फैलाया गया है। 'कामायनी' में आनन्द के काव्यात्मक पक्ष की रचना का पूर्वाभ्यास 'एक घूँट' में हुआ है। हम आनन्द के कुछ कथन उद्धृत करते हैं : "...मैं उन दार्शनिकों से मतभेद रखता हूँ जो यह कहते आए हैं कि संसार दुःखमय है और दुःख के नाश का उपाय सोचना ही पुरुषार्थ है।...दुख की उपासना करते हुए एक दूसरे के दुःख से दुखी होकर सहानुभूति करना...मूर्खता है।...दुःख के उपासक द्वेष, कलह और उत्पीड़न आदि की सामग्री जुटाते हैं।"...इससे स्पष्ट है कि–'कामायनी' में 'कामना' वाले विवेकवादी जीवनदर्शन को छोड़ने की दृष्टि यहाँ परिपूर्ण हुई है। आनन्द यह भी कहता है कि "जीवन का लक्ष्य 'सौन्दर्य' है।... विश्व की कामना का मूल रहस्य 'आनन्द' ही है।...मैं स्वच्छन्द प्रेम का पक्षपाती हूँ।...मैं दुःख का अस्तित्व नहीं मानता।" इस तरह विवेक का स्थान आनन्द ले लेता है, और रोमांटिक आनन्द की धारणा शैवाद्वैतवादी आनन्दवाद में परिणत हो गई है। 'कामायनी' में विश्व की कामना कामायनी है (वह कामायनी जगत की मंगल कामना अकेली)। इसमें दुःख के विपरीत उल्लास का प्रचार है (औरों को हँसते देखो मनु हँसो और सुख पाओ; अपने सुख को विस्तृत कर लो सबको सुखी बनाओ)। 'एक घूँट' में प्रेम का जो दर्शन सुफल हुआ है वह 'कामायनी' में उभरा है।

'एक घूँट' में वनलता–"प्रकृति का उद्देश्य दो को परस्पर प्यार करने का संकेत करना है।"

'कामायनी' के वासना सर्ग में–'दो अपरिचित से नियति अब चाहती थी मेल।'
तथा

'एक घूँट' में वनलता–''असंख्य जीवनों की भूल भुलैया में अपने चिर-परिचित को खोज निकालना और किसी शीतल छाया में बैठकर एक घूँट पीना और पिलाना।...प्रेम की एक घूँट ! बस इसके अतिरिक्त और कुछ नहीं।

'कामायनी'–''चिर परिचित-सा चाह रहा था द्वन्द्व सुखद करके अनुमान।' 'एक घूँट' में 'जीवन धन' की यह खोज और पहचान 'कामायनी' में काम के सन्देश में ध्वनित हुई है जब वह मनु को कामबाला को खोजने तथा पहचानने का संकेत करता है। यह खोज सम्पूर्ण वासना सर्ग में चलती है। कामसर्ग में मनु पुकार उठते हैं : ''सब कहते हैं, खोलो खोलो, छवि देखूँगा जीवन धन की।''

इसी तरह 'कामायनी' में प्रेम प्रेमकला (यह लीला जिसकी विकस चली वह मूल शक्ति थी प्रेमकला) तथा प्रेम ज्योति (प्रतिफलित हुई सब आँखें उस प्रेम-ज्योति विमला से) हो जाता है। यहाँ प्रेम का आध्यात्मिकीकरण है जबकि 'एक घूँट' में आनन्द को प्रेममय बनाया गया। 'कामायनी' में 'लीला' और 'विलास' सात्विक अलंकार तथा सौन्दर्य-तत्त्व के रूप में आए हैं, जबकि 'कामना' नाटक में वे पात्र हैं। यह अगली कहानी है। इसी तरह आनन्द की सौन्दर्य, स्वास्थ्य और सरलता की त्रयी का स्थान समरसता, चेतनता और प्रमोद (लाल रास) ले लेते हैं। इसी तरह श्रद्धाशक्ति इनको लय करती (मिलाती) है। 'एक घूँट' की क्रान्तदर्शी देन ये हैं।

* अब हम 'कामना' के सन्दर्भ में 'कामायनी' की मीमांसा करेंगे। वास्तव में 'कामना' नाटक इस कृति की मूल प्रेरणा है। जिसमें एक यूतोपिया है, पात्ररूप मनोवृत्तियाँ हैं, इन पात्रों के माध्यम से समाज का विकास तथा मनुष्यता का मनोवैज्ञानिक इतिहास उभारने की चेष्टा हुई है। 'कामायनी' के प्रयोजनों के केन्द्रबिन्दु इसी नाटक में विद्यमान हैं। इस नाटक में कोई मिथक केन्द्र नहीं है। अतः यह केवल प्रतीकात्मक फान्तासी बन गया है। इस नाटक में कोई दर्शन भी नहीं है बल्कि कवि की ही रूमानी जीवन-दृष्टि है। इस नाटक में आनन्द का सार्थक नाम नहीं आया है जिससे सिद्ध होता है कि प्रसाद तब तक आनन्दवादी शैवाद्वैत दर्शन से अनुबद्ध नहीं हुए थे।

'कामना' में सांसारिक पाप-पुण्य, न्याय-अपराध, माया-मोह, नैतिकता-चिन्ता, विवेक-तर्क से अपरिचित विजन प्रकृति के सिन्धु-अंचल के एक द्वीप में बसी मनुष्यता की सृष्टि है। इस सृष्टि में कामना, सन्तोष, लीला और विनोद हैं। किन्तु विलास और लालसा इनका पतन कर देते हैं। विलास और लालसा मिलकर आधुनिक सभ्यता तथा नवीन नगर, और मदिरा तथा स्वर्ण का अनुप्रवेश कराते हैं। इस भयानक पतन के वातावरण में विवेक पागल कहा जाता है, सन्तोष की अवहेलना होती है, शान्ति का वध होता है–तथा करुणा अपमानित होती है। 'कामना' की आदि संसृति और परिवर्तित संसृति के स्वरूपों के द्वारा प्रसाद ने छायावादी बोध के अनुकूल अपने आधुनिक पूँजीवादी सभ्यता की विषमता और क्रूरता, तथा लोभ (सोना) और नैतिक पतन (मदिरा) की भावुक आलोचना की है। इसका यूतोपियाई समाधान भी पेश किया है।

इस नाटक की मूल कथा-थीम युगलों का परस्पर वरण है। उपासिका कामना द्वीप की उपासनाओं का नेतृत्व करती है। यह सिन्धुद्वीप में आई है और पिता ने खेल के लिए उसे भेजा है।

(कामबाला (श्रद्धा) पिता की प्यारी सन्तान है और संसृति जलनिधि तीर चलकर आती है। मनु की यज्ञोपासना से खिंच कर वह आती है। वह मनु सुमन के सुन्दर खेल खेलने का सन्देश देती है।)

❐

एक विदेशी युवक विलास उनकी सृष्टि में आता है। उसके मुकुट में स्वर्ण चमकता है। लीला और कामना उसको चाहती हैं। विलास स्वर्ण और मदिरा का प्रचलन करता है। स्वर्ण ज्वाला है, और मदिरा मद कठोर सोना और तरल मदिरा के संयोग से यह सभ्यता 'मदिरा से सिंचा हुआ चमकीला स्वर्णवृक्ष' हो जाती है।

(मनु यज्ञ की ज्वाला प्रज्वलित करते हैं और सोम पीते हैं। काम से उद्वेलित होकर उनमें लालसा और वासना जागती है। वासना की ज्वाला और तरल सोम की मादकता उनमें स्वार्थपूर्ण सुख तथा हिंसा का विनोद (मृगया) उत्पन्न करती हैं। (कर्म सर्ग))

❐

सिन्धु द्वीप आई-तारा-सन्तान कामना (तुल. जब कामना सिन्धुतट आई ले सन्ध्या का तारा दीप) के द्वीप में विलास व्यक्तिगत महत्ता के प्रलोभनवाले विचारों का प्रचार करता है। कामना विलास को देखकर झुक जाती है। उसमें इच्छा होती है कि अपने को समर्पित कर दे।

(देव-सृष्टि में काम विलास, तृष्णा, विनोद और मादकता का प्रचार करता है। विलास गुण के उदित होने पर नारी (लज्जा सर्ग में) में सर्वस्व समर्पण करने की ममता जगती है।)

❐

विलास दत्त मादकता सौन्दर्य में लज्जा उत्पन्न करती है जिससे भौंहों में बल, आँखों के डोरे में खिंचाव, वक्षस्थल पर तनाव और अलकों में निराली उलझन आ जाती है। आगे सन्तोष कामना से कहता है कि, ''एक लज्जा नाम की नई वस्तु पलकों के पर्दे में छिपी है, जो कुछ ऐसी मर्म की बातें जानती है, जिन्हें हम लोग पहले नहीं जानते थे।'' वह देखता है कि 'उस रूप में पूर्ण चन्द्र के वैभव की चन्द्रिका-सी सबको नहला देने वाली उच्छृंखल वासना।' वह रमणी के रूप का प्रभाव बताता है–'सम्भावना की साकारता और दूसरे अतीन्द्रिय रूप लोक जिसके सामने मानवीय अहम् भाव लोटने लगता है।...जहाँ प्राण अपनी अतृप्त अभिलाषा का आनन्द-निकेतन देखकर पूर्ण वेग से धमनियों में दौड़ने लगता है।'

(वासना सर्ग में अतिथि-नारी ज्योत्सना निर्झर, कामना की किरणवाली छविधाम, वासना की मधुर छाया, हृदय की सौन्दर्य प्रतिमा तथा स्वास्थ्य, बल एवं विश्राम है। वह प्राण सत्ता के मनोहर भेद-सी सुकुमार है, और उसे देखकर मनु की धमनियों में रक्त का संचार होता है। विमल राका मूर्ति की तरह रम्य नारी मूर्ति उपस्थित होती है जो सुकुमारता के भार से झुक चलती है; जिसकी पलक गिर रही हैं तथा जिसके ललित कर्ण कपोल का स्पर्श लज्जा करने लगती है। लज्जा सर्ग में 'स्मित बन जाती हँसी नयनों में भरकर बाँकापन,' 'भाषा बन भौहों की काली,' 'कुंचित अलकों सी घुँघराली' आदि की अभिव्यक्ति हुई है।)

❒

जब कामना विलास का वरण करना चाहती है तब लीला में ईर्ष्या जागती है। और विलास कामना रानी से विवाह करके अपना हृदय समर्पण नहीं कर सकता। उसे बिजली के समान वक्र रेखाओं का सृजन करनेवाली ज्वाला चाहिए। जिस हृदय में ज्वालामुखी धधकता हो, वह उसका लोहा मानेगा। अन्यथा वह मधुप के समान विहार करेगा, एक धूमकेतु के समान अनिर्दिष्ट चलेगा।

(गर्भवती श्रद्धा का ममत्व बँटने पर मनु में ईर्ष्या जागती है और वे कस्तूरी कुरंग-से, जल भरे काँटों की खोज में निकल पड़ते हैं। ईर्ष्या सर्ग में वे झंझाप्रवाह की गति चाहते हैं। वे ज्वलनशील गतिमय पतंग हैं।)

❒

कामना रानी बनती है और विलास मंत्री। इस नई संस्कृति में न्याय और पाप, अपराध और दंड, सुखभोग और अतृप्ति का उद्भव होता है। विवेक कहता है कि सुख भोग करने की इच्छा, इस पृथ्वी को स्वर्ग बनाने की कल्पना इसे अवश्य नरक बनाकर छोड़ेगी। सुख भोग की अनन्त कामना ने इस पृथ्वी की दबी हुई ज्वालामुखियों का मुँह खोल दिया है।

(कर्म सर्ग में मनु श्रद्धा से कहते हैं कि अपना सुख तुच्छ नहीं है। वर्तमान जीवन सुख से जब अतीत के स्वर्ग का योग होता है तब वह स्वर्ग अभाव बन जाता है। इसके उत्तर में श्रद्धा कहती है सीमित सुख को विस्तृत करना ही सृष्टि-यज्ञ है। केवल अपना सुख तो व्यक्ति-विकास नहीं कर सकता। यह भीषण एकान्त स्वार्थ है।)

❒

विलास विनोद को भड़काकर पशुओं की मृगया का उत्सव करवाता है। अतः विनोद के लिए हत्याएँ होती हैं।

(ईर्ष्या सर्ग में मनु भी मृगया को विनोद बनाते हैं।)

❐

विलास रानी कामना को बताता है कि, तुमको रानी इसलिए बनाया है कि तुम नियमों का प्रवर्तन करो। इस नियमपूर्ण संसार में अनियंत्रित जीवन व्यतीत करना मूर्खता है। नभ के नक्षत्र, दिवा रात्रि, राका और कुहू, ऋतु चक्र, शैशव, यौवन-जरा आदि नियम से बँधे हैं।

(संघर्ष सर्ग में नियामक प्रजापति मनु हैं और वे स्वयं नियम नहीं मानते। वे कहते हैं मैं शासक हूँ, मैं चिर-स्वतंत्र हूँ, मेरा अधिकार राष्ट्र-स्वामिनी पर भी है और मैं चिर बन्धन हीन हूँ। मनु के लिए बन्धन विहीन विश्व का परिवर्तन नर्तन है। लेकिन जनता के मन में वह पुकार फैल गई है कि विश्व एक नियम से बँधा है। 'कामायनी' में रानी इड़ा है वह राष्ट्रस्वामिनी तथा जनपद-कल्याणी है।)

❐

विलास वैभव तथा सुख के लिए दूसरे देशों पर हमला करके युद्ध करता है और स्त्री तथा स्वर्ण लूटता है। कामना इसका विरोध करती है कि मैं तुम्हारी रानी हूँ, तुम्हारी शय्या सजाने की दासी नहीं। विलास नरपिशाच हो जाता है। प्रजा केवल लोलुप है।

(ईर्ष्या सर्ग में मृगया तथा कर्म सर्ग में पशुबलि के कर्म संघर्ष सर्ग में युद्ध में बदल जाते हैं। मनु इड़ा का भोग करना चाहते हैं और ज्योंही वे बलात्कार के लिए प्रस्तुत होते हैं कि आत्मजा प्रजा क्रान्ति कर देती है। यहाँ मनु नरपशु बन जाते हैं। यहाँ प्रजा की विशेष भूमिका निवेदित हुई है।)

❐

विलास कामना के राज्य में अधिकार और अपराध, पाप और पुण्य, न्याय और दंड का छद्म जाल रचता है। पतित प्रजा उसका साथ देती है। वह विलास को राजा, लालसा को रानी तथा कामना को पदच्युत कराके बन्दी बनाने को प्रस्तुत है। इसी के समानान्तर आचार्य दम्भ दुर्वृत तथा क्रूर के साथ मिलकर एक भ्रष्ट संस्कृति का प्रचार करते हैं जिसमें योग्यता और संस्कृति के अनुसार श्रेणी-भेद होता है तथा प्रतियोगिता के आधार पर अधिकारी चुने जाते हैं। इस सभ्यता में नए उद्योग-धंधे निकाले जाते हैं, अभावों का सृजन होता है, महल और मदिरा-मन्दिर बनते हैं, विश्वम्भरा धरती से धातुएँ निकाली जाती हैं, इत्यादि इत्यादि।

(सारस्वत नगर में भी उद्योग-धंधे विकसित होते हैं, धातुएँ गलाई जाती हैं, प्रसाद और सभा-मंडप बनाए जाते हैं तथा श्रेणी और वर्ग विभाजन होते हैं। यह नई सभ्यता विज्ञान और विवेक, कर्म और श्रम के द्वारा प्रकृति के संग संघर्ष करना सीखती है। इस सभ्यता में राष्ट्रस्वामिनी इड़ा प्रजापति की हाँ में हाँ नहीं मिलाती। अतः मनु पराजित होते हैं।)

❐

विलास सोचता है कि इन भोले प्राणियों के बीच जिन भावों का प्रचार हुआ उससे यहाँ भी शाप और संघर्ष फैल गया। यहाँ भी नवीन पापों की सृष्टि हुई। द्वीपवासी मानसिक नीचता, पराधीनता, दासता द्वन्द्व और दुःखों के अलातचक्र में दग्ध होने लगे।

(इड़ा सर्ग में 'अभिनव मानव प्रजासृष्टि', 'जीवन निशीथ के अन्धकार', 'हो शाप भरा तव प्रजातंत्र', तथा अन्य पदों में इसी तरह का थोड़ा गहनतर चिन्तन हुआ है।)

❐

विवेक लीला, लालसा, विलास और कामना से कहता है कि तुम लोग आज सामूहिक रूप से निरीह प्राणियों की हत्या का जो आयोजन मना रहे हो, कल इसी प्रकार मनुष्यों की हत्या का आयोजन होगा। विलास 'भयानक युद्ध' की तैयारी करता है–सभ्यता के तांडव की !

('कामायनी' में मनु की मृगया की आदत ही 'भीषण नर-संहार' करती है और युद्ध एक 'सामूहिक यज्ञ' का रूप ले लेता है। इस युद्ध में रुद्र का तांडव होता है।)

❐

विवेक दुर्वृत तथा प्रमदा से कहता है : 'सम्हलो। लौट चलो उस नैसर्गिक जीवन की ओर, क्यों कृत्रिम के पीछे दौड़ लगा रहे हो ?'

(कामायनी में दर्शन सर्ग से दार्शनिक मध्यकालीनतावाद की ओर प्रयाण शुरू होता है।)

❐

अन्ततः कामना विलास के जाल से छूटती है और सन्तोष का वरण करती है। वह अपने प्यारे देशवासियों से लौट चलने तथा इस इन्द्रजाल की भयानकता से भागने का सन्देश देती है। विनोद कहता है कि मदिरा और स्वर्ण के द्वारा हम लोगों में नवीन अपराधों की सृष्टि हुई, हमारे अपराधों ने राजतंत्र की अवतारणा की। विवेक कहता है कि यह खेल था, और खेल ही रहेगा। इस विराट विश्व और विश्वात्मा की अभिन्नता की एकता भुला दी जाती है जिससे विषमता का विषमय द्वन्द्व होने लगता है। अतः मनुष्यता की रक्षा आत्मसंयम और आत्मशासन से होगी। तब संघर्षमय शासन स्वयं तिरोहित होगा। उस महान दिन को ईश्वर और मनुष्य, राजा और प्रजा, शासित और शासकों का भेद विलीन होकर विराट् विश्व; जाति और देश के वर्णों से स्वच्छ होकर एक मधुर मिलन-क्रीड़ा का अभिनय करेगा।

(कामायनी में पहले रहस्य सर्ग की ओर प्रयाण हुआ है जिसमें तांत्रिक ढंग से इच्छा-क्रिया-ज्ञान के त्रिकोण का समन्वय त्रिपुरसुन्दरी श्रद्धा करती है और श्रद्धायुत मनु तन्मय होते हैं। इसके उपरान्त आनन्दसर्ग में शैवानन्दगदी कैलाश की यूतोपिया है जो

आनन्द, समरसता और आह्लाद से युक्त है, जहाँ चेतनता का विलास है, जहाँ जड़ और चेतन समरस हैं, और जहाँ शिव-शक्ति एवं मनुश्रद्धा का अद्वय मिलन है। इस लोक तक पहुँचने के लिए मनु एक साधक होते हैं। इस लोक में एक अमूर्त मानवता है जिसने आनन्द की सिद्धि कर ली है।)

● यह 'कामना' तथा 'कामायनी' की रूपरेखा है। 'कामना' में कामना इच्छा और राष्ट्ररानी दोनों हैं। यहाँ विलास काम (लालसा) तथा कर्म (युद्ध) दोनों कार्य करता है तथा नरपशु मनु की भाँति नरपिशाच है। यहाँ विलास-कामना-सन्तोष अथवा विलास-कामना-लालसा की त्रयी मानवता के विकास के रूपक बनने में अक्षम हैं। यहाँ विवेक की विजय दिखाई गई है। यहाँ मध्यकालीन दार्शनिक रहस्यवाद के स्थान पर छायावादी दार्शनिकता विद्यमान है। यहाँ आनन्द का पात्रत्व नहीं है। यहाँ सम्पूर्ण कथा प्रेमी युगलों के इर्दगिर्द घूमती है। यहाँ मनोविज्ञान के मनमाने समीकरण (इक्वेशंस) हैं, तथा एक अविवेकशील फान्तासी है। यहाँ मनु एवं श्रद्धा के स्थान पर कामना एवं सन्तोष का विवाह हुआ है : प्रिय सन्तोष और मधुर कामना का मिलन !

इस नाटक की प्रतीक-कथा के क्रम में पहले कामना उपासिका है। बाद में वह रानी बनती है, तथा विलास मंत्री। वह विलास के लिए सन्तोष की उपेक्षा करती है। विलास में हृदय और बुद्धि के बजाय लालसा और कामना का मेल है। विलास, कामना, लीला और विनोद–ये चारों अभिन्न बनाए गए हैं और चारों ही प्रधानतया प्रेम के विविध प्रतिरूप हैं। विलास लालसा से विवाह करता है, तथा विनोद लीला से। किन्तु कामना तथा लीला दोनों ही विलास को चाहती हैं। इस तरह कामना और लीला, कामना और विलास, कामना और सन्तोष, लीला और विनोद, लालसा और विलास के योग-वियोग के द्वारा कुछ मनोवैज्ञानिक त्रिकोण रचे गए हैं। पहले विलास मंत्री था और कामना रानी। फिर विलास और लालसा पति-पत्नी बने। अन्ततः विलास और लालसा की स्वर्णलदी नौका डूबती है, और प्रिय सन्तोष तथा मधुर कामना का विवाह होता है।

'कामायनी' में कामना-लीला के उपर्युक्त नारी-लज्जा-सम्बन्ध हुए हैं। विलास ने काम की भूमिका निबाही है। विनोद तथा विलास तथा विवेक की क्रमिक वृत्तियाँ मनु के चरित्र में अनुस्यूत हो गई हैं। विलास एवं लीला नारी का एक सात्विक अलंकार हो गई हैं। 'लीला' सौन्दर्य सृष्टि का भी पर्याय हुई है। लालसा का रूपान्तरण वासना में हुआ है। स्वर्ण यज्ञ की ज्वाला का बिम्ब हो गया है। यहाँ हृदयरानी तथा राष्ट्ररानी की भूमिका अलग-अलग कामायनी तथा इड़ा निबाहती हैं। यहाँ संचारी लज्जा को स्वतंत्र पात्रत्व मिला है तथा काम का अभिनव अनुप्रवेश हुआ है। यहाँ विलास की बौद्धिक भूमिका इड़ा सम्पादित करती है। ये कुछ प्रधान प्रेरणा-सूत्र हैं जिनसे 'कामायनी' का 'कामना'–प्रवर्तित रूप-स्वरूप निर्मित हुआ है।

इस भाँति हम पाते हैं कि 'कामना' के पूर्वाभ्यास (रिहर्सल) के कारण ही 'कामायनी' में विचारों की प्रौढ़ता आई है, कवि ने प्रतीकों का व्यवहार करना सीखा

है, तथा 'कामना' की मूल भाव-बोधकताओं को महाकाव्य में संशोधित करके ग्रहण किया गया है। महाकाव्य लेखन क्रम के बीच में ही लिखे जानेवाले 'एक घूँट' नामक एकांकी ने कवि के मन में 'आनन्द' की छायावादी धारा का निर्मल प्रवाह बहाया है जो इसमें ('कामायनी' में) शैवाद्वैतवादी आनन्द का दर्शन हो गया है। इन सब सूत्रों की यथोचित आवृत्तियाँ अगले अध्यायों में होंगी।

2 'कामायनी' : पांडुलिपि तथा प्रकाशित प्रति की तुलना

यहाँ हम 'कामायनी' के ऐसे पक्ष का अनुशीलन करेंगे जिस पर सम्भवतः कोई कार्य नहीं हुआ है। सम्प्रति हमारा लक्ष्य महाकाव्य की सर्वांगीण विवेचना अथवा लेखन-परिपाटी के अनुसार अध्यायबद्ध रचना करना नहीं है। यह कार्य तो होता ही आ रहा है। अतः हम प्रसाद के कलाशिल्प की भव्यशैली (ग्रांड स्टाइल) के निखार को प्रस्तुत करने के लिए पांडुलिपि तथा प्रकाशित प्रति की तुलना उपस्थित करेंगे।

* कवि 'प्रसाद' की 'कामायनी' की प्रकाशित प्रति और पांडुलिपि की तुलना करने पर निश्चित रूप से कहा जा सकता है कि वह पांडुलिपि की मूल प्रति तो हो ही नहीं सकती। अक्षरों का अनुपात, लिखावट की सावधानी, छन्दों की क्रमिकता, आठ वर्षों तक एक ही रंग की स्याही का सुदीर्घकालीन उपयोग तथा एक ही कापी पर स्वच्छ एवं सम्पूर्ण आलेखन आदि इस बात को सिद्ध करते हैं कि वह पहली प्रति न होकर प्रेस में भेजी जानेवाली दूसरी अथवा तीसरी प्रतिलिपि होगी। अतएव पांडुलिपि सम्बन्धी हमारा यह विवेचन कलाशिल्प के क्षेत्र में भी बहुत ही सीमित हो जाता है।

'कामायनी' दो कापियों में लिखी गई है। प्रथम कापी इड़ा सर्ग के **हाँ तुम ही हो अपने सहाय** ? शीर्षक गीत के बाद समाप्त हो जाती है। वह हरे रंग की रूलदार कापी साइंस की 'प्रैक्टिकल कापी' की तरह फीतों से बँधी है। दूसरी कापी लम्बे रजिस्टर के आकार की है। यह भी फीतों से बँधी है।

सम्पूर्ण चिन्ता सर्ग 'सुधा' के आश्विन सं. 1985 तदनुसार अक्टूबर 1928 के अंक में छपा था तथा रजनी का प्रेमोन्मादिनीवाला रूपक एवं श्रद्धा का सौन्दर्य वर्णन 'माधुरी' में छपा था। इसलिए इस महाकाव्य का रचनाकाल लगभग सन् 1928 ई. के एक वर्ष पहले से लगाकर सन् 1935 ई. (सं. 1992) तक हुआ। आठ-नौ वर्षों के बीच में इसका कथानक, विचार, शिल्प-संयोजन कई बार बदला होगा। 'कामना' नाटक से इसका वर्तमान विकास, तथा अन्तिम पांडुलिपि में भी अनेक नए अंशों का संयोग-वियोग इस बात के सूचक हैं कि प्रसाद जी इसे निरन्तर परिष्कृत करते रहे होंगे। उदात्त भव्य शैली के आधार पर यह भी कहा जा सकता है कि प्रेरणा के तीव्रोदीप्त क्षणों में ही उन्होंने इसका अधिकांश लिखा होगा।

पांडुलिपि देखने से यह भी ज्ञात होता है कि प्रसाद ने सूक्ष्म और लघु विस्तार तक के लिए परिश्रम किया है। परिवर्तनों और विकल्पों का जो भी चयन किया गया है उनसे निःसन्देह उन्नति हुई है। परिवर्तित शब्दों, ध्वनिव्यवस्थाओं, रंगों और रूपरेखाओं द्वारा यह भव्य शैली और भी उत्कर्षमयी हो गई है।

सर्वप्रथम सूक्ष्म विस्तार (माइन्यूट डिटेल्स) और रूपरेखाओं (आउटलाइंस) से सम्बन्धित कुछ अंशों को लें। कर्म सर्ग में *'असुर पुरोहित उस विप्लव से'* लेकर *'जहाँ सोचते थे मनु बैठे मन से ध्यान लगाए !'* तक का किलात-आकुलि प्रसंग जोड़ा गया है। वासना सर्ग में *'देखता हूँ दूसरा कुछ मधुरिमामय साज'* के बाद *'जन्म संगिनी एक थी जो कामबाला नाम'* से लेकर *'प्रणय विधु है खड़ा नभ मे लिए तारक हार'* तक का अंश भी जोड़ा गया है। निर्वेद सर्ग में श्रद्धा का प्रसिद्ध गीत– *'तुमुल कोलाहल कलह में....'* पहले स्वप्न सर्ग में–*'करुण वही स्वर फिर उस संसृति में बह जाता है गल के'* के बाद से–संलग्न था। यहाँ इसकी चौदहों पंक्तियाँ कटी हैं। उपर्युक्त सभी संयुक्त अंश कथानक के विस्तार को अभिव्यक्त करते हैं। किलात-प्रसंग असुर और देव संघर्ष को उपस्थित करने के साथ-साथ मनु के दम्भ, दर्प और उच्छृंखलता की ओर जाने का कारण बताता है तथा मिथकीय कथा के रूपक को अधिक प्रभावशाली भी बनाता है। मनु पर असुरों की सांस्कृतिक विजय हो जाती है और सोमपान तथा मांसभक्षण करने से उनमें तरल वासना जाग उठती है। वासना और संघर्ष सर्ग के द्वन्द्वों के लिए यह उचित प्रसंग-सूत्रधार अपेक्षित था। वासना सर्ग के संयुक्तांश द्वारा माधवी राका की पृष्ठभूमि में प्रलयोपरान्त की कथा की स्मृतियाँ साकार की गई हैं। श्रद्धा के गीत को निर्वेद सर्ग में जोड़कर कथा के वातावरण तथा वृत्तसंघटन को अनिवार्य क्रम दिया गया है। किन्तु विच्छिन्न अस्वीकृत अंशों में तो कवि ने अपनी स्वाभाविक प्रवृत्ति तथा अवचेतन के मुक्त प्रवाह को अधिक स्वच्छन्द किया है। कर्म सर्ग के अन्त में (*'अपने अभिनय से मन को सुख में उलझा लेती'* के बाद) यह विच्छिन्न अंश है–

''श्रद्धा फिर भी भावमयी नारी थी केवल सरला नारी
जो होने पर सतत विजयिनी नर से रहती हारी
स्फूर्तिमयी हो चली चित्त था नूतन भाव जगाये
अंग अंग माधुरी किरन से रोम हर्ष में छाये।

अन्तिम छन्द के बाद यह भी विच्छिन्न अंश हैं–

रोम रोम से चिनगारी थे सगन जघन थहराते
वेणी शिथिल खुल पड़ती थी पलक अश्रु भर लाते
वंचित कौन भला करता मनु को शारीरिक सुख से,
निस्सहाय अस्वीकृति कहती नहीं नहीं थी मुख से।''

इसी के साथ लज्जा-सर्ग में–*'प्रत्यक्ष देखती हूँ सब जो वह बन जाता है सपना'* के बाद–एक विच्छिन्न अवतरण यों है–

यह कम्पन ! यह गुदगुदी ! रहो कितने कोमल आघातों से
इच्छा हो सृजन किया करती छिपने का मधु के घातों से।'

इनमें से प्रथम दो अवतरण उन्मादक यौनकेलि को भी संवृत करते हैं। अंग-अंग के रोमों का, माधुरीकिरण का हर्षित होना, रोम-रोम से चिनगारी उठना, सघन जघनों का थहराना, शिथिल वेणी का खुलना आदि तथा अन्तिम अंश में गुदगुदी, कम्पन, कोमल आघात, मधु की घात प्रसाद को स्थूल रीतिकालीन शृंगारिक संस्कारों की ओर मोड़ते हैं। प्रकाशित प्रति में इन्हें हटा दिया गया है क्योंकि अन्य छन्दों के संकेत पर्याप्त थे तथा सांस्कृतिक उदात्तीकरण की माँग भी यही थी। किन्तु उनके सौन्दर्यवर्णन, काम-वर्णन के गुरु गाम्भीर्य, मर्यादा और संयम का आदिरूप ऐसा ही है। इसी प्रकार नीचे के दो अंश उनके व्यक्तित्व की प्रवृत्यात्मक झलक देते हैं क्योंकि वे सर्वदा भोले भाले शैशव की खोज में ही उषा निर्मल जल के दर्पण के नानार्थक प्रतीकों को रखते हैं एवं करुणा तथा आनन्द के दो विरोधी ध्रुवों के बीच अपने साधक जीवन को स्थित करते हैं–

'आनन्द भैरवी जीवन की वह ललित राग कोई गा दो
उस भूले भाले शैशव को कोई खोजो कोई ला दो।

(काम सर्ग)

गुदगुदी आह हँसते हँसते कितना रोने का तार बँधा
उलझन में इन दोनों ही के कोई साधक है आज सधा।'

(वही)

और यह 'साधक' कोई निर्गुण भक्त न होकर दो विरोधी द्वन्द्वों के बीच सजनेवाला स्वयं कवि है।

इसी प्रकार आशा सर्ग **'आहुति नव अन्नों की पा नभ को सौरभ से किया समृद्ध'** नामक चरण का **'आहुति की नव धूम गंध से नभ कानन हो गया समृद्ध'** में परिवर्तन, गंध का केवल नभ की अपेक्षा 'नभ कानन' तक दुहरा विस्तार करता है; **'धँसती धरा, धधकती ज्वालामुखियों के मिस ले निश्वास'** का **'धँसती धरा, धधकती ज्वाला, ज्वालामुखियों के निश्वास'** में परिवर्तन प्रलय के लिए दो से तीन उपादानों का संचय करता है और **'पिता ने भेजा मुझे सहर्ष सीखने ललित कला का ज्ञान'** का **'भरा था मन में नव उत्साह सीख लूँ ललित कला का ज्ञान'** में परिवर्तन प्रलय के बाद निहंग वातावरण में पिता का आधार छोड़कर श्रद्धा के साहसी नव उत्साह को प्रकट करता है।

* 'काव्यात्मक संगीत'–(दे. सेंट्सबरी) नामक तत्त्व भव्य शैली की प्रमुख कसौटी है। शब्दों की पुनर्व्यवस्था, ध्वनियों की पुनर्योजना तथा अनुप्रासादि इसकी प्राप्ति के प्रमुख साधनों में से है। शब्दों की पुनर्व्यवस्था करते समय प्रसाद के सर्वनामों को अन्त या बीच में, विधेयों को शुद्ध रूप से अन्त में तथा कारक विभक्तियों को स्वराघात के अनुकूल प्रयुक्त किया है और यह ध्यान भी रखा है कि पदरचना यथासम्भव शुद्ध होने के साथ-साथ पदलालित्य से भी मंडित हो। निम्नलिखित उद्धरण द्रष्टव्य हैं–

मूल	परिवर्तित
1. जैसे **बनकर पत्थर** ठिठुरे अड़े रहे (चिन्ता)	जैसे **पत्थर बनकर** ठिठुरे अड़े रहे।
2. वे **सब** विकल वासना के प्रतिनिधि मुरझाए चले गए (चिन्ता)	विकल वासना के प्रतिनिधि वे **सब** मुरझाए चले गए
3. **कब तक चला** मृत्यु का काला शासन चक्र न स्मरण रहा (चिन्ता)	काला शासन चक्र मृत्यु का **कब तक चला** न स्मरण रहा
4. अपने कर में मनु ने **श्रद्धा की धीरे से** ले ली (कर्म)	**श्रद्धा की, धीरे से** मनु ने अपने कर में ले ली।
5. मैं तो आया हूँ देवी मुझे **समझा दो** जीवन सहज मोल (इड़ा)	मैं तो आया हूँ देवी **बता दो** जीवन का क्या सहज मोल
6. एक चित्र बस रेखाओं का अब **उनमें** है रंग कहाँ (स्वप्न)	एक चित्र बस रेखाओं का अब **उसमें** है रंग कहाँ
7. निर्जन में क्या एक ! **अकेला** तुम्हें ! प्रमोद मिलेगा (कर्म)	निर्जन में क्या एक **अकेले** तुम्हें प्रमोद मिलेगा !

सातवें उदाहरण में 'अकेला प्रमोद' 'अकेले मनु' के लिए अकेलेपन का त्याग कर देता है। इसमें सम्बोधन चिन्हों का गलत प्रयोग भी संशोधित किया गया है और प्रश्नसूचक चिन्हों लगाकर मनोभाव को सार्थक बनाया गया है। छठे में मूल में चित्र की रेखाओं की पृथकता थी किन्तु पुनर्व्यवस्थित पंक्ति में रेखाओंवाले सम्पूर्ण चित्र को देखा गया है।

ध्वनि-पुनर्योजनाओं में भी पदलालित्य की गूँज में सम्वर्धन हुआ है। कुछ उदाहरण–

मूल	परिवर्तित
1. उषा सदृश वह हँसी ज्योत्सना-सा यौवन निश्चिन्त विहार (चिन्ता)	उषा ज्योत्सना-सा वह यौवन-स्मित **मधुप सदृश निश्चित विहार**
2. होती थी, अब रही प्रालेय लयकरी भीषण वृष्टि (चिन्ता)	होती थी अब **वहाँ हो रही** प्रलयकारिणी **भीषण वृष्टि**
3. धँसती धरा, धधकती ज्वालामुखियों के मिस ले निश्वास (चिन्ता)	धँसती धरा, धधकती ज्वाला, ज्वालामुखियों के निश्वास
4. बजते थे नूपुर, झंकृत होते कंकण हिलते थे हार (आशा)	कंकण-क्वणित रंणित नूपुर थे हिलते थे छाती पर हार
5. मधू पवन **प्रेरित** जैसे बाल साल हिलते सौरभ संयुक्त (आशा)	मधु पवन क्रीड़ित ज्यों **सुशोभित शिशुसाल** हो सौरभ संयुक्त

पहले उदाहरण में हँसी और यौवन के प्रभावसाम्यों को एक करके उषा की लज्जा और चाँदनी की मुस्कान के साथ जोड़ने के बाद निश्चिन्त विहार के धर्म को मधुप के

साथ उचित ढंग पर संलग्न किया गया। दूसरे उदाहरण में प्रलय का संगीत उत्पन्न करने वाली भीषण वृष्टि को प्रलयकारिणी मानकर प्रभावसाम्य का संघटन किया गया है। तीसरे उदाहरण में धारा और ज्वालामुखियों के साथ ज्वाला भी जोड़ी गई है तथा स्वराघात को अधिक ठाठ दिया गया है। चौथे उदाहरण में तो ध्वन्यर्थ-व्यंजना ही साक्षात् उपस्थित की गई है। 'पाँचवें में 'प्रेरित' को 'क्रीड़ित' तथा 'हिलने' को सुशोभित बनाकर चित्रमय सौन्दर्य का संघटन हुआ है तथा 'बालसाल' का 'शिशुसाल' में परिवर्तन एक अतिरिक्त 'स'-ध्वनि को उपलब्धि के अतिरिक्त...**'शिशुसाल सुशोभित हो सौरभ संयुक्त'** द्वारा अनुप्रास की छटा उपस्थित करता है। इसके अतिरिक्त इसमें अनुप्रास का निरर्थक मोह छोड़कर एक 'इमेज' की आन्तरिक रचना भी हुई है। ध्वनियोजना में प्रसाद ने वर्णमाला के कोमल वर्णों का विशेष उपयोग किया है।

अनुप्रास के विषय में तो सौन्दर्यवादियों की धारणाएँ काफी अप्रीतिकर हैं। वे इसे अपेक्षाकृत यांत्रिक मानते हैं। किन्तु वर्णावृत्ति के स्थान पर जब (डायोनीसियन शब्दावली के अनुसार) 'सुन्दर वर्णों' का उपयोग किया जाता है तब वे कवि के कौशल को सिद्ध करते हैं। आचार्य विश्वनाथ ने 'प्रसन्न पद' की कल्पना भी कुछ ऐसी ही की थी। कुछ उदाहरण–

	मूल	**परिवर्तित**
1.	बजते थे नूपुर, झंकृत होते कंकण हिलते थे हार × (फिर) कंकण-क्वणित रणित नूपुर से थे हिलते छाती **पर** हार × (चिन्ता)	कंकण क्वणित रणित नूपुर थे हिलते थे छाती **पर** हार
2.	इन्द्रनील **का** महा चषक था... (आशा)	इन्द्रनील **मणि महा** चषक था
3.	उस रमणीय दृश्य में खुलने लगी चेतना की आँखें (आशा)	खु**ली** उ**सी** रमणीय दृश्य में **अलस** चेतना की **आँखें**
4.	अन्य अति रंजित किरण से श्री कलित घनश्याम (वासना)	दूस**रा** रंजित किरण से श्री-कलित घनश्याम

यहाँ पहले उदाहरण में परिवर्तित पंक्ति ने ध्वनियों की जो गूँज उत्पन्न करके तीन पूर्ण 'इमेजों' को प्रस्तुत किया है, वह अनुप्रासशक्ति का ही परिणाम है। हाँ 'छाती **भर** हार' 'छाती **पर** हार' से अधिक पूरी इमेज उत्पन्न करता था–उन्नत वक्षस्थल के भराव के लिए। दूसरे उदाहरण में एक अतिरिक्त 'म'–वर्ण बैठाया गया है; लेकिन यदि 'मणि' के स्थान पर पर्यायवाची 'रत्न' लिखें तो ? यह अनुप्रास का ही चमत्कार है। तीसरे उदाहरण में ईकार ध्वनियों ने ज्यादा साँस भर दी है और 'अलस' के संयोग ने तो 'स' वर्ण की वृद्धि के साथ 'आँखें' से भी मेल बिठाया है। यहाँ भी यदि अनुप्रास त्याग कर 'विश्रान्त' का उपयोग होता तो ऐसा सौन्दर्यसंघटन न हो पाता। चौथे में अनुप्रास की निकटवर्ती मधुरता का त्यागकर 'र'–वर्णों की अधिकता के बावजूद भी लालित्य कम

हुआ है; किन्तु 'अन्य' की अपेक्षा 'दूसरा' द्वारा अधिक निकटता स्थापित की गई है।

शब्दों के सामर्थ्य और सौन्दर्य के अन्तराल को प्रकट करने के लिए तीव्र रागात्मक संवेदनाएँ चाहिए। प्रसाद कभी भी भद्दे शब्दों का प्रयोग नहीं करते। उनका सजग चयन ही काव्य में चारों ओर आलोक, रंग और संगीत बिखरा देता है। उदाहरणार्थ कवि अमर देवताओं की बालाओं के मधुरतम अक्षय शृंगार का चित्रण करना चाहता था। साधारण फूल मुरझा जाते हैं और उनकी गंध लुप्त हो जाती है; साधारण मणियों में आलोक नहीं होता। स्वर्ग के पारिजात के फूल और चन्द्रकान्त मणियाँ भी ऐसे गुणों से पूर्ण हैं। इसलिए कवि कहता है–

'वे अम्लान कुसुम सुरभित, मणि रचित मनोहर मालाएँ'

यहाँ शब्दचयन एवं व्यवस्था का संगत मणियों का व्यंजक आलोक और रंग तथा सुरभित कुसुमरचित मालाओं के झूलने का संगीत सौन्दर्य को चरमावस्था तक पहुँचा देता है। इसके पहले उन्होंने निम्नलिखित पंक्ति लिखी थी जिसमें साधर्म्य का लोप तथा असुन्दर चयन था–

'वे सुवास मणिरत्न और आलोक कुसुम की मालाएँ।'

न मणिरत्नों में सुवास होती है, और न कुसुमों में आलोक। इसके अतिरिक्त अमरता और विहार की निश्चिन्तता का बोध भी कम होता है। कुछ दूसरे उदाहरण निम्नलिखित हैं–

	मूल	परिवर्तित
1.	कल कुसुमित कुंजों में वे पुलकित आलिंगन हुए विलीन (चिन्ता)	कुसुमित कुंजों में वे **पुलकित प्रेमालिंगन** हुए विलीन '+'
2.	वर्षा-सरित सदृश वासनाओं का वह मदमत्त प्रवाह (चिन्ता)	**भरी** वासना-सरित का **कैसा** था मदमत्त '+' '+' प्रवाह
3.	कर रहे निर्जन का **निर्वेद** प्रभा की धारा से अभिषेक (आशा)	कर रहे निर्जन का **चुपचाप** प्रभा की धारा से अभिषेक
4.	उस रमणीय दृश्य में खुलने लगी चेतना की आँखें (चिन्ता)	खुली उसी रमणीय दृश्य में **अलस चेतना** की आँखें
5.	मनु **अकेले** निज नियति का खेल बन्धन मुक्त (वासना)	मनु **चमत्कृत** निज नियति का खेल बन्धन मुक्त
6.	**अचल रजनी मूर्ति** बनकर स्तब्ध बैठा कौन (वासना)	**विमल राका मूर्ति** बनकर स्तब्ध बैठा कौन
7.	बिखरती है तामरस सुन्दर **मरण** के प्रान्त (वासना)	बिखरती है तामरस सुन्दर **चरण** के प्रान्त
8.	नारी जीवन का ऐसा ही क्या **चित्र** रंग भर देती है (लज्जा)	नारी जीवन का चित्र यही क्या **विकल** रंग भर देती हो

9. गैरिक बसना **लाली में** उपहार लिए थी जिसके (आनन्द)	गैरिक वासना **सन्ध्या-सी** जिसके चुप थे सब कलरव

इनमें से कुछ तुलनात्मक वाक्यांशों का चयन करें, जैसे, पुलकित आलिंगन > पुलकित प्रेमालिंगन, वर्षा-सरिता-सदृश > भरी वासना-सरिता, निर्वेद > चुपचाप, चेतना > अलस चेतना, मनु अकेले > मनु चमत्कृत, अचल रजनीमूर्ति > विमल राका मूर्ति, सुन्दर मरण > सुन्दर चरण, चित्र रंग > विकल रंग। यहाँ पर मुख्यतः विशेषणों का परिवर्तित प्रयोग भव्य शैली की परिष्कृति को प्रकट करता है। पुलकित आलिंगन के साथ प्रेमोन्माद उसे 'प्रेमालिंगन' बना देता है; सादृश्य की दूरान्विति को हटाकर 'मदमत्त प्रवाह' के लिए वासना-सरिता–और 'भरी वासना-सरिता' का रूपक ही इस प्रवाह का वहन कर सकता है; निर्जन का 'चुपचाप' अभिषेक वातावरण के अनुकूल हो जाता है; रमणीय दृश्य में चेतना की आँखों का एक दम नहीं, 'अलसता' के साथ खुलना अनिवार्य है; बन्धनमुक्त खेल खेलनेवाले अकेले मनु का 'चमत्कृत' मनु होना ही समीचीन है; स्तब्ध बैठनेवाली अचल रजनीमूर्ति एक ही अर्थ को दुहराती है इसलिए विमल राका मूर्ति में अर्थ के दुहरेपन की और 'विमल' के रंग से शान्ति के भाव की सार्थकता है; 'सुन्दर मरण' के प्रान्त में यदि तामरस बिखरे तो सौन्दर्य की अमरता कहाँ रही ? उसे तो 'सुन्दर चरण' के प्रान्त में बिखरकर पूर्ण समर्पण करना चाहिए–अमर सौन्दर्य द्वारा परिवर्तित होने के लिए। चित्र में रंग तो होते ही हैं, परन्तु 'विकल रंग' के भराव से जीवन का एक विशिष्ट चित्र बनता है, लाल की अपेक्षा सन्ध्या सचमुच 'गैरिक वासना' होती है। ऐसे उत्तम विशेषणों का प्रयोग कवि की महान प्रतिभा और शब्दमर्म को बेधता है। इसी प्रसंग में हम प्रकाशित प्रति के कुछ अपरिवर्तित विशेषणों को उद्धृत करने का लोभ संवरण नहीं कर पा रहे हैं क्योंकि इससे हमारा उपर्युक्त मूल्यांकन समृद्ध होता है कि मिल्टन की तरह प्रसाद के विशेषणों के प्रयोग के महान शिल्पी थे। इन्हीं विशेषणों ने इनके काव्य में वातावरण, सौन्दर्य, संगीत, आलोक आदि इमेज की पूर्णता आदि को छिटकाया है–मुसक्याती मधु राका, मानभरी मधु रातें, उन्मत्त विलास, सुरभित आँचल, शिथिल, वसन, मधुमय चुम्बन, भैरव मिश्रण, धुँधले तट सुनहले तीर, अलसाई वनस्पतियाँ, विजन जगत, उलझी अलकें, बिखरी अलके, फेनिल लहरें, सुन्दर मौन, शिशुसाल, अभिराम इन्द्रजाल, नील परिधान अचेत ज्वालामुखी, माधवी रजनी, घुँघराले बाल, नील कुंज, फेनिल फन, निस्तेज गोलक, दृप्त ईर्ष्या, रागरंजित चन्द्रिका, भोला सुहाग, धवल हँसी, उन्नत वक्ष, दुर्ललित लालसा, मीठी अभिलाषाएँ, निर्वसन प्रकृति, जलती छाती, शीतल प्यार, निष्ठुर विजय, रुद्र हुंकार, दूरागत वंशीरव, अजस्त्र वर्षा, श्यामल कर्म-लोक आदि आदि। इन्हीं विशेषणों ने रंगों के कई इन्द्रधनुष खींचे हैं–सुन्दर चरण, विमल राका, चमत्कृत मनु, तरल अग्नि की दौड़, रजनी की भीगी पलकें, पतझड़ की सूनी डाल आदि के रंगों का नामकरण अभी शेष है किन्तु प्रकाशित प्रति में ही अपरिवर्तित इन्द्रनील, हिमधवल, अरुण स्वर्णिम रंग, रंग विरंगी छींट आँखों में अंजन, सरस कपोलों में लाली, नयनों की नीलम घाटी, केतकी गर्भ सा पीला मुख,

कोमल काले ऊनों की नव पट्टिका, नील परिधान, सोने की सिकता में कालिन्दी का उसाँसयुक्त बहाव, स्वर्गंगा में इन्दीवार की एक पंक्ति, पीला-पीला दिवस, श्यामल घाटी, सन्ध्या की अरुण जलज केसर, क्षितिज भोल का कुंकुम, हरित कुंज की छाया, रूपहली रातें, अति नीले-पीले धूमकेतु, रक्तिम उन्माद, महाश्वेत गजराज, चपला के गहने इत्यादि, परिपूर्ण दृश्यात्मक बिम्बों (विजुअल इमेजेज) की अद्भुत दुनिया बसा देते हैं।

● कुछ विकल्पों (आल्टर्नेटिब्ज) का प्रयोग करके प्रसाद ने भाषा के भद्देपन को दूर किया और भावों में शालीनता तथा सौन्दर्य की भी अभिवृद्धि की है–

मूल	परिवर्तित
1. ज्वालामुखी स्फोट **की** भीषण प्रथम कंप सी मतवाली (चिन्ता)	ज्वालामुखी स्फोट के भीषण मतवाली (लिंग सुधार)
2. उस विराट आलोड़न के बुल्ले से उपग्रह लगते	उस विराट आलोड़न में गृहतारा बुदबुद से लगते
3. **परिचित जोड़ा** चाह रहा था द्वन्द्व आज अपना अनजान	**चिरपरिचित-सा** चाह रहा था द्वन्द्व सुखद करके अनुमान
4. **लेट रही श्रद्धा भी** अपना कोमल चर्म बिछा के	**कामायनी पड़ी थी** अपना कोमल चर्म बिछा के
5. मादकता सुख के पेंग बढ़े पालने प्रौढ़ कर झूलो	मादकता **दोलापर प्रेयसि ! आओ मिलकर** झूलो '+' '+'

और निम्नलिखित अवतरणों में विकल्पों द्वारा वातावरण के अनुकूल भावों में परिवर्तन हुआ है–

मूल	परिवर्तित
1. आज **मनन** करता हूँ जितनी उस अतीत की उस सुख की (चिन्ता)	**चिन्ता** करता हूँ मैं जितनी उस अतीत की उस सुख की
2. दुख है सुख प्रतिभा की पीठ चिरन्तन कला कुशल विश्राम × किए हैं जहाँ	
रोककर हाथ और तुम लखते मुख छविधाम ×	विषमता की पीड़ा से व्यस्त हो रहा
विषमता की मधु पीड़ा लिए काँपता है यह विश्व महान × (श्रद्धा)	स्पन्दित विश्व महान
3. जो **मधुर नियति** बन हँसती थी रति थी अनादि वासना वही	जो **आकर्षण बन** हँसती थी रति थी अनादि वासना वही

4. वह दुर्गंध बनेगा फिर आमोद कहाँ पाओगे (कर्म)	फिर आमोद कहाँ से मधुमय वसुधा पर लाओगे
5. **वासना** चलेगी अन्तहीन (इड़ा)	**यातना** चलेगी अन्तहीन
6. उठा तुमुल रणनाद **मौन** थी दलित व्यवस्था (संघर्ष)	उठा तुमुल रणनाद **भयानक** हुई व्यवस्था
7. हृदय हमारा सीपी सा था तुम उसमें **मकरन्द** बनी (निर्वेद)	हृदय बन रहा था सीपी सा तुम स्वामी की बूँद बनीं।

पहले, तीसरे, पाँचवें और छठे उदाहरण में वातावरण की अनुकूलता का ध्यान रखा गया है; यथा मननशील होने पर मनुष्य स्थितप्रज्ञ-सा हो जाता है किन्तु चिन्ता करनेवाला अभी भी आसक्ति लिए रहता है और दुःखी रहता है; रति मधुर नियत बनकर नहीं आकर्षण बनकर हँसती हुई वासना को उद्दीप्त करती है। तुमुल रणनाद के बाद की अवस्था मौन नहीं, भयानक हो जाती है, और वासना नहीं, यातना अन्तहीन होती है। सातवें उदाहरण में पुरुष के सीपी से हृदय में नारी मकरन्द नहीं, स्वाती की बूँद बनकर रूपक के औचित्य को सिद्ध करती है। कतिपय परिवर्तनों द्वारा प्रसाद ने सौन्दर्यसंघटन के विस्तार का लोप भी किया है; यथा–'नासापुट के नीचे और कपोलों और बन ज्योति' (कर्म) > 'मुख मंडल पर करुण कल्पना उनको रही पिरोती।'

● किसी भी काव्य में व्यक्तिवाचक संज्ञाएँ (थोड़े अंशों में जातिवाचक संज्ञाएँ भी) चतुर्दिक रंग, प्रकाश और संगीत तो बिखेरती ही है, पौराणिक कथाओं, सांस्कृतिक द्वन्द्वों तथा मनोवैज्ञानिक, दशाओं का प्रतीक भी हो जाती हैं। इनके द्वारा काव्य का साधारणीकरण होता है, वर्णनों में सौन्दर्य प्रसार का अवसर मिलता है तथा कथात्मकता का सूत्र सधा रहता है। प्रसाद ने मनु, श्रद्धा, इड़ा किलात-आकुलि और नटेश तथा हिमालय, मानसरोवर, सारस्वत नगर, सरस्वती नदी आदि का उपयोग पौराणिक (माइथोलाजिकल) एवं सांस्कृतिक सन्दर्भों में तो किया ही है, इसके अतिरिक्त मानवता के विकास तथा मनुष्य के मनोविज्ञान के लिए असम्बद्ध प्रतीकों के रूप में भी किया है। ये सभी मानव महाकाव्य के पात्र हैं। इसके अलावा विश्वदेव, सविता, पूषा, सोम, मरुत, पवमान, मित्र, वरुण आदि वैदिक देवताओं ने भी अपने ऋचात्मक, अनन्त, रमणीय, आदिमयुगीन रहस्मय सौन्दर्य और सन्देश को बिखराया है। एक परिवर्तित पंक्ति में एक नई देवशक्ति पूषा को सम्मिलित किया गया है–'विश्व देव ! या अरुण सोम सविता अथवा चंचल पवमान'>'विश्वदेव सविता या पूषा, सोम, मरुत चंचल पवमान'। इसके अलावा सर्गों में 'कर्म' के लिए 'यश', 'बुद्धि के लिए इड़ा', 'युद्ध' के लिए 'संघर्ष और स्वीकृति (=सन्धि)' के लिए 'निर्वेद' नाम ग्रहण करने का ध्येय वस्तुतः यज्ञ, युद्ध, सन्धि जैसे प्रसंगों को अधिक वर्णनात्मक बनाना प्रतीत होता है। 'कामायनी' की इन व्यक्तिवाचक संज्ञाओं में फतहसिंह ने अतिरंजित उत्साह दिखाकर उनसे सम्बन्धित प्रसंगों के स्रोत ऋग्वेद, ब्राह्मण-ग्रन्थों, उपनिषदों के अतिरिक्त अग्निपुराण, श्रौत एवं गृह्यसूत्रों तथा कर्मपुराण आदि में खोज निकालकर विराट तुलना की है।

अब तक के सूक्ष्म विस्तारों की अन्विति, विकल्पों के प्रयोग, अनुप्रास, विशेषण, विकल्पों के चयन, ध्वनि-पुनर्योजना, वाक्य-पुनर्गठन और व्यक्ति वाचक संज्ञाओं की तुलनात्मक समीक्षा के उपरान्त हम प्रसाद की भव्य शैली के काव्यात्मक संगीत तथा कलाकार की शिल्प-कुशलता को भलीभाँति समझ सकते हैं। 'उपनिषदों को शय्या के सिरहाने रखकर सोनेवाले' जयशंकर प्रसाद ने वैदिक, पौराणिक और दार्शनिक साहित्य से दर्शन एवं चिन्तन ग्रहण किया है और संस्कृत कवियों की श्रेष्ठ कृतियों का अवगाहन करके जातीय परम्परा में महत्त्वपूर्ण हस्ताक्षर किए हैं। 'रहस्य' सर्ग के हिमालयवर्णन में सुरधनु की माला पहिने और चपला के गहने चमकाते हुए जलधर, महाश्वेत गजराज-गंड से बिखरी हुई मधुधाराओं जैसे निर्झर आदि पर कालिदास के हिमालयवर्णन का प्रभाव प्रतीत होता है। इसी प्रकार श्रद्धा के पशु की शारीरिक चेष्टाएँ शकुन्तला के हरिण की याद दिला देती हैं। सन्ध्यावर्णन, रात्रिवर्णन, सरोवरवर्णन, सारस्वत नगर वर्णन, यज्ञवर्णन, शिववर्णन आदि भी संस्कृत परम्परा के ग्रहण को नए रोमांसवादी तत्त्वों से जोड़ते हैं। प्रकाशित प्रति के अधिकांश परिवर्तन संस्कृत-शैली के समासगुम्फन को ग्रहण करने की ओर हुए हैं। इस परम्परा के साथ-साथ कवि पर ब्रजभाषा की परम्परा का भी हल्का बासन्ती रंग शेष है। गैल, नखत, परस, ठिठकना, बीन, गली, छली, पली और 'मादकता सुख के पेंग बढ़े पालने पौड़कर झूलो' के पेंग, पौढ़ना आदि शब्द ब्रजभाषा के संस्कार को बताते हैं। अन्य छायावादी कवियों की अपेक्षा प्रसाद में मधुमयी प्रवृत्ति की अधिकता के कारण का भी यह परिणाम है। वे ब्रजभाषा की परम्परा से विकसित होनेवाले भारतेन्दुयुग की शृंगारिक परम्परा को ग्रहण करके आए थे और उसी युग के प्रतीकों के साथ रीतिकालीन ऐन्द्रियता भी चर्चित करते गए। अतः उनमें स्पष्ट रूप से ब्रजभाषा की रीतिकालीन शृंगारिक परम्परा, संस्कृत की क्लासिकल परम्परा और समकालीन छायावादी स्वच्छन्द परम्परा का संगम हुआ है। अतः उनके व्यक्तित्व और विवेच्य विषय के आधार पर हम कई मनोविश्लेषणात्मक समाधान पा सकते हैं जो अत्यन्त महत्त्वपूर्ण हैं।

3 सहृदय-बोध तथा कवि का संसार

अगर सहृदय-बोध के अन्तर्गत यही छानबीन की जाए कि 'कामायनी' का महाकाव्यत्व क्या है, उसमें कौन सा रस और है, उसमें साधारणीकरण कैसे होता है, तथा उसकी तन्मयीभवन योग्यता किस स्तर की है–तब हमें विशेष उपलब्धि नहीं होगी। 'कामायनी' एक रोमांसीय संश्लिष्ट काव्य (टोटल पोएट्री) है जिसकी सन्दर्भात्मक इकाई 'चिरन्तन मानवीय सत्य तथा रमणीय सौन्दर्य' की है। अतएव हम इस कृति का अनुशीलन रुढ़िबद्ध तत्त्वों नियमों तथा बाह्य घटनाओं की दृष्टि से कम ही कर सकते हैं। यह मीमांसा सृजन-प्रक्रिया की दृष्टि से ज्यादा सम्भव है, यद्यपि यह एक कठिन काम है।

● 'कामायनी' में रोमांटिक कविता है। रोमांटिक सौन्दर्यबोध में अनुभूति तथा अभिव्यक्ति के बीच के माध्यम को अमूर्त तथा मोम जैसा नमनीय बनाने का आवेग होता है। अतः रोमांटिक काव्य लघुवृत्तों वाला, तीव्र केन्द्रीभूत तथा आवेगशील होता है। अतः उसमें भाव के स्थान पर अनूभूति (फीलिंग), और विचार के स्थान पर संवेदना (सेंसेशन) की प्रतिष्ठा होती है, जबकि शास्त्रीय काव्यशास्त्र में तो आरम्भिक इकाई 'विचार-भाव' की होती है। इसके अलावा रोमांटिक काव्य में सूक्ष्म 'आभ्यन्तर भावों' की अभिव्यक्ति होती है। यह अभिव्यक्ति ही 'स्वानुभूतिमयी' होती है जिसके स्वरूप की चर्चा काव्यशास्त्रों में एक रसविघ्न मानी जाएगी। यही नहीं, इस काव्य के 'नवीन' भावों में आन्तरिक स्पर्श की 'पुलक' तथा भंगिमा की 'तड़प' होती है। इनमें जो अर्थ-वैचित्र्य होता है वह शब्दशक्तियों से अनुमोदित होने की अपेक्षा अन्तर से अनुप्राणित होता है। अतएव इस वाक्य में अनुभूति की निजता, अभिव्यक्ति की तड़प एवं पुलक होती है। प्रसाद ने अपनी इस छायावादी महा-कविता के नवीन भावों का वेदना के आधार पर परिपाक किया है। अतः यहाँ अर्थों की 'छाया' और अनुभूति की 'माया' के अभिराम इन्द्रजाल फैलाए गए हैं। इसी भूमिका पर 'कामायनी' के सहृदय-बोध का सर्वप्रथम निवेदन किया जा सकता है।

'कामायनी' में सहृदय-बोध की दूसरी भूमिका है, कविसंमित 'अनादि वासना' की। यदि यह एक ओर 'मधुर प्राकृतिक भूख' के समान है जो तृष्णा और तृप्ति उत्पन्न करती है, तो दूसरी ओर प्रकृति की 'मूल शक्ति' है जो प्रबुद्ध होने पर ताल, लय, राग, अनुराग,

पराग आदि उत्पन्न करती है। यह प्रकृति में बसन्त तथा मनुष्य में काम के रूप में उन्मिषित होती है। अतः इस अनादि वासना में प्रकृति की रहस्य-शक्ति और मनुष्य की इच्छाशक्ति एकरूप हो जाती है। इस वजह से प्रकृत रस और आनन्द-रस में भी तादात्म्य हो जाता है। इस तरह प्रकृति और मनुष्य दोनों ही में विश्वात्मा का बोध स्थापित हो जाता है। यहीं रूपकत्व और रसत्व दोनों का संयोग हो सकता है। इसकी व्यंजना 'सौन्दर्यमयी' होती है (रसमयी के बजाय) इसलिए सहृदय-बोध आरम्भ से ही एक रहस्य और एक कुतूहल से मंडित होता है जिसकी वजह से तादात्म्य के आयामों में चारु विभ्रम फैलता है। अतः 'कामायनी' में सर्वत्र 'उद्विग्नता' मौजूद है। वेदना की अन्तर्भूमि तथा कुतुहल, दोनों के कारण सहृदय-बोध में यह 'उद्विग्नता' अर्थ का अतिक्रमण करती है और अनिर्वचनीय अनुभव में विश्रान्ति पाती है। इसलिए कवि ने पंडितराज जगन्नाथ की 'रमणीयता' का छायावादी संस्कार किया है। यह संस्कार सहृदय-बोध का भी हुआ है। यह बोध 'अणु' 'कण' तथा 'बिन्दु' से स्पन्दित होता है (दे. 'प्रकृति के सौन्दर्य साक्षात्कार' शीर्षक अध्ययन)

अब सहृदय-बोध की तीसरी भूमिका 'प्रत्यभिज्ञा' की है। प्रत्यभिज्ञा अनुभवों को कालविमुक्त करने की एक मनोदार्शनिक धारणा है। भूतकाल में अनुभूत वस्तु का स्मरण होता है, तथा वर्तमान काल में उसका प्रत्यक्ष। अतः स्मृत अनुभव और प्रत्यक्ष अनुभव को मिलाकर एक नवीन अनुभव प्राप्त होता है। अतः प्रत्यभिज्ञा 'पूर्वानुभवपूर्ण प्रत्यक्ष' है। इस तरह यह साधारण प्रत्यक्ष से भिन्न भी है। प्रत्यभिज्ञा वस्तु को एक ही मानती है, जबकि हमारा सहृदय-बोध नवीन वस्तुओं का भी प्रत्यक्ष करता है। 'कामायनी' के मनु को सारस्वतनगर में भी नया युद्ध एक सामूहिक यज्ञ, तथा श्रद्धा सर्ग में तरल वासना एक यज्ञज्वाला के रूप में ही अनुभूत होती है। प्रत्यभिज्ञा मध्यकालीन अचल समाजों का यथार्थ बोध थी। उस दृष्टि में 'वस्तु' नहीं बदलती; केवल 'काल' बदलता है। अतः वर्तमान में कुछ नए का प्रत्यक्ष नहीं हो सकता। हम केवल वर्तमान के प्रत्यक्ष में भूतकाल का स्मरण जोड़ देते हैं। इस तरह भूत एवं वर्तमान के अनुभवों को एक समझना ही प्रत्यभिज्ञा-दर्शन है ("यह वही है") यही तादात्म्य है।

अतीत के अनुभव ही 'स्मरण' हैं। ये हमारे मन में संस्कार रूप में अनुबद्ध रहते हैं। उद्‌बोधक कारणों से ये संस्कार जाग उठते हैं। संस्कारों से विमुक्त ज्ञान 'कल्पना' है क्योंकि उसमें 'वस्तु' नहीं (आकाश कुसुम) है, अनुभव के बन्धन नहीं हैं, बल्कि एक स्वच्छन्द 'माया' है। 'कामायनी' में 'प्रत्यभिज्ञा' तथा 'कल्पना', दोनों का मेल हुआ है जो सहृदय-बोध में अतिरिक्त क्षमता की अपेक्षा करता है।

सहृदय-बोध की चौथी भूमिका प्रतीक (सिम्बल) एवं अन्यापदेश (एलिगरी) के विन्यास की है। साधारणीकरण के अन्तर्गत हम श्रीराम को मानवमात्र के रूप में, तथा देवी पार्वती की रति को मात्र कान्ताभाव के रूप में निष्पत्ति करते हैं। किन्तु 'कामायनी' में मनु, लज्जा, आशा, काम, श्रद्धा आदि का पात्रत्व स्वयंमेव ही साधारणीकृत है। अतः इन अमूर्त एवं साधारणीकृत पात्रों के साधारणीकृत भावों को कथासृष्टि में पुनः

अभिधा-व्यापार में (पीछे लौटाकर) संचारित किया गया है। इसलिए साधारणीकरण-प्रक्रिया का क्रम-विपर्यय सा हो जाता है। हमें एक 'दुहरे साधारणीकरण' की-सी दशा का सामना करना पड़ता है ('रसदर्शन' सम्बन्धी अध्याय में हमने इस पहेली पर विचार किया है)। अतएव प्रतीकात्मक प्रवृत्तिवाले इन पात्रों में यह अनूठा साधारणीकरण सर्वांगीणता एवं परिपूर्णता एवं वैश्विकता के आधारों पर उभरता है।

तो, सहृदय-बोध की इन चार भूमिकाओं में प्रतिष्ठित होकर सहृदय और कवि, दोनों का ही आविर्भाव हुआ है। इसीलिए कुतूहल और उद्विग्नता आद्योपान्त व्याप्त है। इस सहृदय-बोध का रहस्य (वाद) यही है जो 'कामायनी' में व्यंजित हुआ है। इसीलिए तन्मयीभवन तथा तादात्म्य के प्रश्नों में 'मधुविभ्रम' छा गया है।

● इन बोधों के स्वरूप के साथ हम कवि के संसार का पुनर्निर्माण कर सकते हैं।

सबसे पहले एक उलझा हुआ सवाल उपस्थित होता है : क्या प्रसाद अपने अधिकांश कृतित्व में आनन्दवादी के रूप में उपस्थित होते हैं ? 'कामायनी' में अवश्य उनकी दार्शनिक चिन्ता आनन्दवाद में परिणत हुई है। किन्तु क्या यह बात 'आँसू', 'लहर', 'स्कन्दगुप्त', 'चन्द्रगुप्त', 'ध्रुवस्वामिनी' पर भी लागू हो सकती है ? क्या प्रसाद का आनन्दवादी जीवनदर्शन उनकी अन्य रचनाओं में भी मिलता है ? हमें नाटक के सुखान्तफल और दर्शन के आनन्द के बीच के अन्तर को ध्यान में रखना होगा। इस नजर से तो प्रसाद के जीवन-दृष्टि-कोण में करुणावादी एवं नियतिवादी धाराएँ मिलती हैं। 'कामायनी' में भी आनन्दवादी दृष्टि का विनयन अन्तिम तीन सर्गों में हुआ है। इसलिए हमें कवि के प्राथमिक बोध की तलाश में गम्भीर होना पड़ता है। किन्तु हम मार्गान्वेषण कर सकते हैं। कामना की तृप्ति एकघूँट से ही हो सकती है, और तृष्णा का उदात्तीकरण करुणा में हो सकता है। प्रसाद के 'छोटे-से जीवन की बड़ी कथा' का प्रतीक यही है। 'प्रेमपथिक' का वह पथ जिसके आगे राह न बचे, प्रेम-यज्ञ में स्वार्थ और कामना का हवन करना (श्रद्धा भी मनु के एकान्त स्वार्थ को भीषण बताती है), मधुर चाँदनी रातों की उज्जवल गाथा में सोई हुई कवि की मौन व्यथा, आलिंगन में आते-आते मुसक्याकर भाग जाने वाला सुख, हृदय में झंझा झकोर गर्जन तथा नीरदमाला एवं बिजली द्वारा डेरा डाल लेना, पुल्लिंग बोधक 'आँसू' की प्रिया की छाया का 'श्रद्धा' और 'वासना' सर्ग में झिलमिलाते रहना आदि–ये सब संकेत कवि के अपने क्षणवाद, करुणावाद और नियतिवाद की भूमिकाएँ रचते हैं जिन्हें वह अपने अध्ययन और आस्था के कारण शनैः शनैः बौद्ध, शैव एवं योग दर्शनों से गम्भीर बनाता गया है। कवि ने 'नियति' को नटी के रूप में लिया और एक नाटककार के नाते उसके अभिनय अर्थात् 'लीला' का विस्तार किया है; अपनी रोमांटिक व्यथा तथा अपूर्ण आकांक्षा और (सम्भवतः) अतृप्त प्रणय के दुःख को उन्होंने बौद्धों के दुःखवाद तथा छायावादी काव्य में ढाल दिया है। प्रसाद अपने काव्य में नियतिवाद के प्रति केवल नाटकीय द्वन्द्व की दृष्टि से ही प्रतिबद्ध रहे हैं जहाँ वे आकस्मिक परिवर्तन, संयोग आदि के तकनीकी प्रयोग करते हैं। 'कामायनी' में तो नियति शब्द ही केवल तीन-चार बार आया है। अतः यह

उनकी दार्शनिक प्रतिबद्धता न होकर एक नाट्यशिल्पविधि के रूप में ही रही है। अगर नियतिवाद को खोजा ही जाए, तो उसमें से ही योग, वेदान्त, सांख्य, लोकायत, शैव आदि सभी दृष्टियाँ भी खोजी जा सकती हैं। अतएव कवि के नियतिवाद का बोध अवश्यम्भावी निश्चय अथवा अप्रत्याशित परिणतियाँ हैं जो उनके नाट्यविधान में प्रचुर मात्रा में प्राप्त हैं। हाँ, मूल तत्त्व है उनका वेदना का बोध। उनका यह बोध स्वानुभूत है। इसलिए उनके सौन्दर्य में भी करुणा है, प्रणय में भी दुःख है सुख में भी अभाव है, तथा मिलन में भी व्यथा है। इस तरह छायावादी करुणा, दुःख अभाव और व्यथा की अन्तर्धारा ही क्षतिपूर्ति होकर स्वप्न, कामना, इच्छा, श्रद्धा, मधुरता, उल्लास, चंचलता, हँसी, में रूपान्तरित होती है। 'कामायनी' में जितनी बार 'आँसू' का प्रयोग हुआ है, उससे अधिक ही 'हँसी' का प्रयोग हुआ होगा। इस काव्य में कवि ने नियति को 'प्रकृति' से स्थानान्तरित कर दिया है। अतः नियति की लीला एवं क्रीड़ा के साथ, प्रकृति की छाया एवं माया भी लय हो गई है। इसलिए लीला और क्रीड़ा, छाया और माया का जाल 'कामायनी' को नृत्यताल में स्पन्दित कर देता है। यही कवि का वेदनासम्भूत नियतिवादी-वेदनावादी-प्रकृतिवादी बोध है। प्रसाद के बोध की यह आधारभूमि है। यही प्रसाद का मौलिक आमूल छायावादी बोध है।

छायावादी बोध के अन्तराल में–और उसके समानान्तर–शास्त्रीय या क्लासिकल बोध का भी उदय हुआ है। पाश्चात्य परम्परा में यह क्रान्ति के पर्यावरण में विकसित हुआ था लेकिन हमारे देश में दासता की पीड़ा और विघटित सामाजिक जीवन के बीच उल्का-सा सुलग उठा था। प्रसाद ने छायावादी सृजनात्मकता के तत्त्व को शास्त्रीय और स्वर्णकालीन लोकों के सांस्कृतिक अन्वेषणों से जोड़ दिया। उनके लिए भारत के अतीत के स्वर्णकाल ऐतिहासिक यथार्थ बन गए, और उन्होंने उन युगों की कलावादी एवं सांस्कृतिक व्याख्या की। कवि ने अपने समकालीन समाज की तुलना में अपने नाटकों में इन प्रारूपों (माडल्स) की कलात्मक रचना की। अतः प्रसाद ने हर्षवर्धन, स्कन्दगुप्त, चन्द्रगुप्त, चन्द्रगुप्त मौर्य का जो अपना महाबिम्ब रचा, वह ऐतिहासिक बिम्ब से काफी भिन्न भी था। इस बिम्ब में उन्होंने चरित्र-चित्रण, समस्याओं और देश-काल की अपनी दृष्टियाँ पेश कीं। अतः इतिहास के उनके बिम्ब ऐतिहासिक रोमांस की ओर अग्रसर होते गए। उन्होंने इनके आधार पर मानवता के एक उज्जवल एवं वरदानी भविष्य की घोषणा की। 'कामायनी' में इस घोषणा का ही अमूर्तीकरण हुआ है जिसमें कवि ने वैदिक प्रारूप तथा आधुनिक प्रारूप को प्रस्तुत करने के बाद शैव प्रारूप रचा जो एक साधक का प्रारूप है। यहीं प्रसाद की शास्त्रीय चेतना की फिसलन है। 'कामायनी' को उन्होंने महाकाव्यात्मक चरित्र से मंडित करके अन्ततोगत्वा समाज, समूह, जगत और यथार्थता का अतिक्रमण कर डाला। अतः अन्त में हम फान्तासियों, स्वप्नों, दिवास्वप्नों और यूतोपियाओं की जगरमगर करती काल्पनिक दुनियाएँ पा जाते हैं। ये वायवीय और दार्शनिक और मध्यकालीन भित्ति पर सधी हैं। इनमें वर्तमान को नामंजूर किया गया है, तथा अतीत से भविष्य की ओर पलायन किया गया है। सामाजिक एवं राजनीतिक

परिवर्तनों की सम्भावना पर इस बोध के अन्तर्गत चुप्पी ही परिलक्षित होती है। कवि ने ऐसे क्लासिकल बोध के द्वारा एक परिपूर्ण मानवता तथा एक सम्पूर्ण मनुष्य का आदर्श देना चाहा है। कवि ने इस बोध को 'विश्व-चेतना' नामक अध्यात्मवादी ऐतिहासिक सिद्धान्त से भी मंडित करना चाहा है।

कवि के इस चेतनाबोध के केन्द्र में विश्वात्मा की एक आध्यात्मिक धारणा विद्यमान है जिसके अनुसार विश्व और मानव, दोनों ही 'आत्मा' के अभिन्न अंग हैं। आत्मा प्रकाशरूप है और प्रकाश ही चैतन्य है। चैतन्य का स्वभाव आनन्द है, और आनन्द का स्वभाव उल्लास। इस तरह विश्व-चेतना और आत्म चैतन्य अभिन्न हैं। मध्यकालीन चिन्तन के अन्तर्गत मनुष्य के सीमित सुख तथा सीमित ज्ञान से परे शाश्वत सुख और असीमित ज्ञान की धारणा की रचना में जीवन के ऊपर आत्मा का, तथा जगत के ऊपर परलोक का आरोप किया गया। इस पर एवं परा चेतना के मध्यकालीन आरोप का लक्ष्य था देश-काल-कला-राग-विद्या से विमुक्त धारणाओं की रचना। अतएव हम सुख का रूपान्तर आनन्द में, तथा ज्ञान का रूपान्तर चैतन्य में पाते हैं। 'कामायनी' में हुए यज्ञ के सुख का रूपान्तर त्रैलोक्यएकीकरण के आनन्द में पाते हैं। 'महाकाव्य' में इस चेतनाबोध के दो धरातल हैं। एक के अन्तर्गत अलस चेतना, इन्द्रियों की चेतना, जागरण, अलस चेतना, शिथिल चेतना, अचेतन आदि की चेतन-अवेचतन, स्वप्न-तन्द्रामूलक दशाएँ पाते हैं जो अवचेतन की कुहेलिका तथा मधुरता-मादकता की तल्लीनता को लक्षित करती हैं। दूसरे धरातल के अन्तर्गत यह चेतना शैव एवं वेदान्त दर्शनों से मंडित 'चैतन्य' (चिति) या परमशिव तत्त्व, या आत्मज्ञान है। मनु के ऐतिहासिक चरित्र तथा प्रतीकात्मक अभिव्यंजना के कारण भी ये दो धरातल घुलमिल-से गए हैं। अतः सहृदय-बोध में प्रेषणीयता के हेतु बाधाएँ उत्पन्न होती हैं। कवि तो यत्रतत्र चेतना एवं चैतन्य के पटल बदल देता है, किन्तु सहृदय-बोध में ये रसविघ्न हो जाते हैं।

● उपर्युक्त तीनों बोधों के आधारों पर कवि का आधुनिकता-बोध अपने कई अन्तर्विरोधों के साथ उभरता है जिसके कुछ आधार हैं। स्वयं कवि के अनुसार यथार्थवाद का मूल भाव वेदना है। कवि ने वेदना के आधार पर स्वानुभूतिमयी अभिव्यक्ति करने के स्वभाव को तो ग्रहण कर लिया है, लेकिन अनुभूति से आगे चिन्तन के क्षेत्र में कवि यथार्थवाद के इस आधार को अस्वीकृत करके आदर्शवादपरक आनन्द की प्रतिष्ठा करना चाहता है। कवि के अनुसार वास्तविकता का स्वरूप तो महत्त्व एवं लघुत्व के सीमान्तों के बीच है–लेकिन वह स्वयं 'कामायनी' में लघुत्व का तिरस्कार करता है। कवि कहता है कि सामूहिक चेतना के छिन्न-भिन्न होने पर पीड़ा होती है, और इसकी अभिव्यक्ति वेदना करती है। लेकिन यथार्थवादी वेदना का आधार अभाव, पतन, लघुता, रूढ़ि आदि के सामाजिक यथार्थ एवं सामाजिक कारणों की छानबीन भी है। यथार्थवाद में तथाकथित पतन, स्खलन एवं दुर्बलता के कारण की खोज में सामाजिक अवस्था तथा व्यक्ति की मनोवैज्ञानिक अवस्था का ही अतिक्रमण करके आध्यात्मिक जगत तथा रहस्यात्मक मनोदर्शन का आहरण करता है। फलतः उसके

आधुनिकता बोध के अन्तर्गत मानवीय मनोविज्ञान में विषमता है तथा समाज में अभिशाप एवं पतन। फलतः सामूहिक पीड़ा की व्यापकता की अपेक्षा व्यक्ति की वेदना की मधुरता छा गई है, और इच्छा-क्रिया-ज्ञान के सामाजिक अभियोजन की अपेक्षा तांत्रिक एकीकरण हो गया है। इसी वजह से जो शक्ति के विद्युत्कण श्रद्धा सर्ग में कर्म द्वारा समन्वित होने का सन्देश देते हैं, वे संघर्ष में पूँजीवादी उत्पादन एवं शोषण की शक्ति बनने के उपरान्त सामाजिक शक्ति नहीं रह जाते, बल्कि शैवाद्वैतवादी 'शक्ति' के रहस्यवाद में बदल जाते हैं। अतः संघर्ष सर्ग के बाद से आधुनिक पर्यावरण तुरन्त शैव परिवेश में उलझ जाता है। इसी तरह मन ही महाशक्तिशाली हो जाता है लेकिन मनु (समाज) तथा प्रकृति (पदार्थ) नितान्त क्षीण। इसी तरह अन्ततः आनन्द ही परमशिव हो जाता है। ये कवि के आधुनिक बोध के अन्तर्विरोध हैं। अतः अपनी विचारधारा (आइडियोलॉजी) की भूमि पर कवि ने स्वप्न एवं संघर्ष सर्ग में व्यक्ति बनाम समूह, स्वतंत्रता बनाम व्यवस्था, शोषण बनाम क्रान्ति की आधुनिक समस्याओं पर जो स्वप्न दृष्टियाँ प्रस्तुत की हैं, उन्हें हम क्यों स्वीकार करें ? कारण स्पष्ट है। एक ओर तो कवि इन दृष्टियों में देव-दानव द्वन्द्ववाला सरल मिथकीय फार्मूला लागू करके आधुनिक पूँजीवादी समाज का विश्लेषण करता है, तथा दूसरी ओर प्रजा के विप्लव की शक्ति को मात्र ध्वंसात्मक मानता है। द्वन्द्वात्मक भौतिकवाद और वैज्ञानिक समाजवाद के दर्शन इन दोनों धारणाओं के मिथ्याजाल को उधेड़ चुके हैं। कवि व्यक्तिबोध के आधारों पर तो चोट करता है (कर्म सर्ग के अन्तर्गत सुख बनाम स्वर्ग, एवं हिंसा बनाम करुणा पर विचार) लेकिन काव्यात्मक दर्शन में व्यक्ति-वादी दर्शन के कुहक में बँधा रहता है। इसीलिए कवि का आधुनिकता बोध स्खलित, मध्यकालीन संस्कारों से ग्रस्त, तथा पलायनवादी है। और, इसीलिए वह तुरन्त चेतना के बोध में विश्राम ढूँढ़ लेता है जहाँ सामाजिक परिवर्तन की चुनौतियाँ नहीं हैं। वहाँ समरसता है, वहाँ शैवों का आनन्द लोक है, वहाँ शिव और शक्ति हैं, वहाँ प्रकृति और पुरुष हैं। क्या इस दार्शनिक मध्यकालीनतावाद को ही आधुनिक समाज और आधुनिक मनुष्य को श्रेय मान लें ? यह असम्भव और गलत है। सहृदय-बोध की दृष्टि से साधारणीकरण के लिए यह बहुत महँगी कीमत है। साधारणीकरण पूर्णरूपेण उन्हीं नाट्य दर्शकों के बीच होता था जिनकी नैतिक, सामाजिक एवं राजनीतिक विचारधाराएँ एकत्वीकृत होती थीं। उन समूहों में नाटककार तथा प्रेक्षक की आस्थाएँ भी एक जैसी होती थीं। 'कामायनी' के सामाजिक एवं दार्शनिक सन्दर्भों में बहुधा इस एकन्विति की कमी है। इसीलिए कर्म सर्ग के बाद के सम्पूर्ण खंड के विषय में आधुनिक विचारक तथा धार्मिक अध्येता, दोनों ही असफलता, नीरसता, पलायनवाद, रसभंग, आधुनिकताविरोध, दार्शनिक कनफ्यूजन आदि के आरोप करते हैं। वास्तव में संघर्ष सर्ग तक यह कृति परिपूर्ण हो जाती है। बाद के निर्वेद सर्ग में तो बेहद मामूली क्षमता दिखलाई पड़ती है। और, अन्त के तीनों सर्ग कृति के महाव्यात्मक चरित्र से बिलकुल अलग-अलग हैं, इनमें नए नाथ एवं सिद्ध सम्प्रदायों की अटपटी अनुकृति ही अधिक हुई है।

उपर्युक्त चतुर्बोधों के आधार पर हम प्रसाद के सृजनात्मक प्रकार्य (क्रिएटिव एक्ट) की प्रांजल गरिमा को समझ सकते हैं। प्रसाद ने जातीय मिथकों, राष्ट्रीय नायकों तथा सांस्कृतिक स्वर्णयुगों का एक निखिल विश्व रचा है। इतनी विपुल और विराट् सृष्टि के अन्वयन के उपरान्त उन्होंने अमूर्त प्रतीकों के माध्यम से मनुष्य के इतिहास तथा इतिहास के दर्शन का विधान निर्मित किया है। इसलिए 'कामायनी' में घटनाओं और चरित्रों के बाह्य एवं स्थूल एवं ऐतिहासिक स्वरूप विलीन हो गए हैं, और उनके स्थान पर अनुभूतियाँ (चरित्र), सत्य (घटनाएँ) तथा भाव (समस्याएँ) प्रतिष्ठित हो गए हैं। इतिहास का इतना व्यापक प्रतीकीकरण, समाज का इतना सूक्ष्म अमूर्तीकरण और मनुष्य का इतना गूढ़ रूपकत्व हमें कवि के मानसिक विकास के चरमोत्कर्ष से परिचित कराता है। यहाँ इतिहास 'सृष्टि' हो गया है, ऐतिहासिक परिवर्तन 'लीला' एवं 'छाया' बन गए हैं, चरित्र रूपक हो गए हैं, और विश्व 'प्रकृति' हो गया है। इन वैश्विक धारणाओं तथा प्रतीकों की रचना स्वयं में एक लम्बे दार्शनिक जीवन की उपलब्धि होती है। अपने ऐतिहासिक एवं सांस्कृतिक अध्ययन के बाद प्रसाद ने चिरन्तन मनुष्य का जो स्वरूप प्राप्त किया वह एक इच्छा-क्रिया-ज्ञान समन्वित मनुष्य है जिसके मन की इच्छाएँ पूरी हो गई हैं। इसी तरह से उन्होंने जिस आदर्श समाज की रचना की है वह प्राकृतिक तथा व्यक्तिमोक्षवाला है, जिसमें तापपापशाप नहीं है, समरसता है, आनन्द है; और जहाँ भौतिकता नहीं है, जहाँ विश्वकल्याण करुणा से मानवता विजयिनी हो गई है। इसी तरह जिस चिरन्तन नारीत्व का बिम्ब उन्होंने रचा है उसमें रति और लज्जा का, संकल्प और करुणा का, श्रद्धा और विश्वास का, सौन्दर्य और मधुरता का समन्वय है। वे नारीत्व की धारणा में बौद्धिकता, स्वतंत्रता, स्वावलम्बन और दृढ़ता के आधुनिक आयामों के प्रति प्रीति नहीं हैं। सफलता-असफलता से युक्त उनका...'कामायनी' में सृजनात्मक कार्य यही है।

यह सृजनात्मक कार्य...'कामायनी' में उनकी सृजन-प्रक्रिया (क्रिएटिव प्रोसेस) का भी पाणिवृत्तित (पैनोरमिक) दृश्य उपस्थित करता है।

कवि कुछ बीज-बिन्दुओं के इर्द-गिर्द कथा-अंकुरों को प्रस्फुटित करता है। पहले प्रकृति और नियति और प्रलय के बीज-बिम्ब हैं; बाद में यज्ञ, कर्म और काम के बीज-बिम्ब उभरते हैं; फिर वासना, रति और लज्जा के, फिर ज्वाला और संघर्ष के; फिर सुख और आनन्द और प्रकाश के इत्यादि। (विस्तार के लिए देखिए 'रूप-स्वरूप : महाकाव्य अथवा महानकाव्य' शीर्षक अध्याय)।

इस कथासृष्टि में कवि स्वयंप्रकाश्य क्रियात्मकता (इंट्यूशनल एक्टिविटी) में लीन है। इसलिए अवचेतन और तन्यमता के बोधक शब्दों की भरमार है। इस क्रियात्मकता की खोज का उन्मीलन 'कौन', 'क्यों', 'कहाँ', 'कैसे' जैसे प्रश्नवाचक सम्बोधनों में विद्यमान है जो सम्पूर्ण वाक्य को गूँथते हैं। ये प्रश्न नए-नए मानसलोकों और सृजन-पंथों में यात्रा कराते हैं। इन प्रश्नों के अन्तराल में अवचेतन सृजनात्मक दशाएँ ही झिलमिलाती हैं। रजनी के पिछले प्रहर, नीरव निशीथ, गोधूलि, अलस चेतना, तन्द्रा,

स्वप्न, अलसाई बेला, मदिर माधवी गंध, माधवी निशा की अलसाई अलकें, दुर्बोध नीलआवरण, दूर बजती हुई बंशी आदि सृजन के अवचेतन उद्‌बोधक (अनकांसस स्टिमुलस) के रूप में संकेतित हुए हैं। कवि को नीले और लाल, काले और धवल, सुनहले और चमकीले रंगों का जादू मंत्रमुग्ध करता है। यह वर्ण-उद्दीपन अवचेतन से चेतन में छलांग लगाने की सृजनात्मक प्रक्रिया ही जो रंगों के मनोविज्ञान से समर्थित है। सृजन की उपलब्धि के पहले तथा बाद के क्षणों को भी कवि ने 'छाया'–'माया', लीला–सृष्टि, सौन्दर्य-आनन्द के ध्रुवान्तों द्वारा अभिव्यक्त किया है। कवि के अन्तर्लोक में इन्हीं सूक्ष्म सूत्रों के आधार पर धँसा जा सकता है।

कवि ने स्वानुभूतिमयी अभिव्यक्ति–'पुलक' और 'तड़प' की अभिव्यक्ति–के लिए रूपकात्मक भाषा का विधान किया गया है। अतः यह भाषा अभिधा के धरातल पर बहुत कम उतर पाती है; अनुभूति एवं संवेदना की अनिर्वचनीयता को अभिव्यंजित करने का प्रयत्न करती है तथा, अर्थों से अधिक अन्तर अर्थ-वैचित्र्य को प्रकाशित करती है। यह भाषा (स्वयं कवि के शब्दों में–) 'सौन्दर्यमय प्रतीक विधान' वाली होती है। इस भाषा को वाच्यवाचक-भाव, लक्ष्य-लक्षक-भाव तथा व्यंग्य-व्यंजक-भाव के न्यायों का संक्रमण करना पड़ता है। इस भाषा की इकाई शब्द नहीं, 'बिम्ब' है। अतएव वह काव्यभाषा कला की भाषा भी है। इस भाषा की प्रकृति मंत्र एवं छन्द से संयुक्त है। श्रद्धा, काम, लज्जा, रहस्य आदि सर्गों में इसका वैभव विशेषरूप से निखरा है। रहस्यात्मकगूढ़ अनुभवों के लिए रूपकात्मक एवं विरोधाभासात्मक भाषा का प्रयोग होता है। 'कामायनी' की भाषा ऐसी है–सृजनात्मकता का नवोन्मेष करनेवाली।

अतः कवि के संसार की संघटना इस ढंग की है।

कवि का मनोलोक पहचानने के लिए भी कुछ मनोवैज्ञानिक संकेत प्राप्त हो जाते हैं। हम उन्हें प्रस्तुत करने की कोशिश करेंगे।

मनोवैज्ञानिकों ने प्रयोगों द्वारा सिद्ध किया है कि स्वप्न और कविता, दोनों का ही तानाबाना कल्पना द्वारा बुना जाता है–पहले में साधारण बोधात्मकता और दूसरे में परिष्कृत बोधात्मकता के साथ किसी कवि की कल्पना के विश्लेषण के लिए बाल्यकालीन संस्मरणों का ज्ञान अत्यन्त अपेक्षित होता है। ये बाल्यकालीन प्रभाव ही सर्वोत्तम और अत्यन्त प्रेरक होते हैं, यह भी एक मनोवैज्ञानिक सत्य है। ये ही 'चेतन के मुक्त प्रवाह' के कुछ खंडों की रचना करते हैं तथा जीवन पर्यन्त कृतियों में बार-बार दुहराए जाते हैं। ये अतीत और वर्तमान के भी संगम होते हैं। दुर्भाग्यवश प्रसाद की बाल्यकालीन स्मृतियों का ज्ञान नहीं के बराबर है। किशोरावस्था की कुछ याददाश्तों और रचनाओं के क्रमिक विकास के द्वारा इसकी आंशिक पूर्ति की जा सकती है। बार-बार उनकी कविता में शान्त सरसी, जल के निर्मल दर्पण में प्रतिबिम्बित होती हुई प्रकृति उनकी बाल्यकालीन आत्मरति की प्रमुख अन्तर्मुखी प्रवृत्ति का संकेत करती है जो बार-बार उनके प्रौढ़तर कृतित्व में अंकित हुई है। यह आत्मरति (नार्सिसिज्म) एक प्रतीकात्मक पौराणिक गाथा के सन्दर्भ द्वारा मनोविज्ञान में गृहीत हुई है। विकसित होकर

प्रसादकाव्य के ये लघु शान्त सरोवर, निर्झर आदि 'कामायनी' के मानसरोवर और जलप्रलय तक हो जाते हैं। बाल्यकाल से ही वे निरन्तर अपने गृह-आँगन के उद्यान में विभिन्न प्रकार की पुष्पक्यारियों का हँसना-खिलना, सुरभिमत्त लताकुंजों का झूमना, काशी के गंगातटों पर अरुणोदय और सूर्यास्त देखते रहे थे। एतदर्थ प्रसाद ही अकेले छायावादी कवि हैं जिन्हें पुष्पक्यारियों से 'विशेष' अनुराग है और जो लताकुंजों की उन्मादक छाँह तले विश्राम खोजते हैं। यह विश्राम-ग्रहण वृत्ति 'चन्द्रगुप्त' जैसे वीररस प्रधान संघर्षपूर्ण नाटक में तो अति की हद तक पहुँच गई है। फिर ग्यारह वर्ष की अवस्था में अपनी माता के साथ तीर्थयात्रा के मिस मानो उन्होंने एक प्रेमपथिक होकर कलायात्रा ही की। विंध्याचल के ऊँचे शैलशृंग, शिप्रा, नर्मदा, यमुना की लघु-लघु लोल लहरें, जगन्नाथपुरी का गम्भीर फेनिल समुद्र आदि उनके कैनवस बने। बाद में सम्भवतः वे ही नए परिशीलों के साथ हिमगिरि के उत्तुंग शिखर, सरस्वती का कल-कल नाद, प्रलयवादी गर्जितोर्मि सिन्धु, सुनहले तीर बरसाती हुई जयलक्ष्मी-सी उषा, मधु की मानभरी रातें, उदास सन्ध्याएँ होकर 'कामायनी' में बार-बार वर्णित हुई हैं। यद्यपि इनका विकास भी हुआ और कतिपय विचारों का 'अनुषंग' भी इनसे जुड़ गया, किन्तु इनका मूल तो बाल्य-कैशोर-संस्मरणों में ही है। यदि उनके 'प्रेम-पथिक' नामक खंडकाव्य का मनन किया जाए तो स्पष्ट हो जाता है कि बचपन की कोई घनिष्ठ प्रीति ही रही होगी जो लगभग एक ही प्रकार के कथावृत्त के प्रयोजनों को 'कामायनी' में भी विकसित करती है। प्रेम-पथिक का सुख, समृद्धि, स्नेह और शान्ति के वातावरण से युक्त 'आनन्द-सागर'; तापसी चमेली का, युवक प्रेमी को प्रेम-पथिक बनाकर अप्रत्यक्ष, पंथ-प्रदर्शक होना तथा अन्ततः दोनों का सौन्दर्य-प्रेमनिधि में मिलना (जहाँ अखंड शान्ति है) आदि 'कामायनी' के विकसित वृत्तों को अधिक स्पष्ट कर सकते हैं। 'कामायनी' में इस कैशोर प्रेम को दार्शनिक तथा सांस्कृतिक पटल दिया गया है और पात्रों को प्रतीक बनाया गया है। किन्तु किशोरावस्था के बीज-भाव समानान्तर हैं। यहाँ कल्पना के एक सुन्दर लोक की रचना के साथ साथ सारस्वत नगर जुड़ा है तथा श्रद्धा भी सक्रिय होकर मनु का पंथ-प्रदर्शन करती हुई आनन्द-लोक की ओर ले जाती है। 'प्रेम-पथिक' के 'सौन्दर्य-प्रेमनिधि' से 'कामायनी' के 'आनन्द-अम्बुनिधि' की तुलना प्रसाद के विकास को स्पष्ट करती है तथा 'कामायनी' में भी कवि की बाल्यस्मृतियों को सांस्कृतिक गौरवपूर्ण स्वरूप प्रदान करती है। 'प्रेम-पथिक' में तो कैशोर भोलापन, कैशोर समर्पण, कैशोर कुतूहल ही परिव्याप्त है। बाल्यकाल की ताजगी की ओर उन्मुख होना मानवस्वभाव है और रोमांटिक कवियों में तो यह एक सम्प्रदायगत आस्था-सा बन गया। इसी प्रकार रात्रि के प्रति तन्मयता भी रोमांटिक कवियों की एक प्रमुख वृत्ति है क्योंकि वह समय मनन, स्वप्न और अवचेतना का होता है। प्रसाद को मधुराकाएँ, रजनी के पिछले प्रहर और अलस तन्द्रा अति प्रिय हैं। बाल्यस्मृतियों की ओर उन्मुख होने का जोश, पवित्रता, भोले चित्रकार, उषा इत्यादि के माध्यम से प्रकट हुआ है। 'कामायनी' के कामसर्ग में वे शिशु-चित्रकार को जीवन की आँखों में अस्पष्ट लिपि भरते हुए पाते

हैं और तदनन्तर एक काटे गए अवतरण में कहते हैं–

'आनन्द भैरवी जीवन की वह ललित राग कोई गा दो
उस भूले भाले शैशव को कोई खोजो कोई ला दो !'

इस किशोरता की अलस तन्द्रा और चंचलता को कई निष्ठाएँ और समस्याएँ आकर भंग किया करती हैं। एक आस्था आती है, तो दूसरी जाती है, या उसकी पूर्ति करती है। इस प्रकार चेतन-अवचेतन एवं अन्तर्मुखीनता-बहिर्मुखीनता में निरन्तर द्वन्द्व चला करता है।

बहिर्मुखीनता (एक्स्ट्रोवर्शन) की ओर उत्तरोत्तर बनती हुई रुचियों ने प्रसाद को क्लासिकल परम्पराओं की ओर तीव्रगति से अक्सर किया। इसी स्थिति के बाद से उनकी आन्तरिक समन्वय की विजय का समारम्भ होता है। 'कामायनी' में रोमांटिक और क्लासिकल रीतियों के विरोधपुंजों में विचित्र एकता स्थित है। इस बात को अधिक साफ सुथरे ढंग से कहने के लिए हम जर्मनी के महाकवि योहान वूल्फगांग वान गेटे के गीतिनाटक 'फाउस्ट' और 'कामायनी' के इस पक्ष में समानताएँ देखेंगे। 'फाउस्ट' के प्रथम खंड में तो वैयक्तिकता और रोमांटिकता है; किन्तु दूसरा खंड दार्शनिक है। 'कामायनी' में संघर्ष (कुछ हद तक 'निर्वेद') सर्ग तक वैयक्तिकता और अन्तर्मुखी रोमांटिकता है तथा रहस्य सर्ग में सैद्धान्तिक दर्शन के प्रति क्लासिक आस्था एवं आनन्द सर्ग में सौन्दर्य पक्ष के प्रति अन्तर्मुखी आस्था प्रकट हुई है। 'फाउस्ट' की हेलेन सौन्दर्यवादी मानवता का प्रतीक है और 'कामायनी' की श्रद्धा आनन्दवादी मानवता का। चिरन्तन नारीत्व (ईटर्नल फेमिनिन) दोनों में मंडित है। हेलेन फाउस्ट का पंथ-प्रदर्शन करके चिरन्तन कर्म की ओर ले जाती है और श्रद्धा मनु का पंथ-प्रदर्शन करती हुई हिमालय में 'शक्तिमान युगल' (चिरन्तन प्रकृति + चिरन्तन पुरुष = 'परमशिव') के आवास में चिन्मय सामरस्य प्राप्त करके समाधिस्थ होने के लिए ले जाती है।

प्रसाद की अन्तर्मुखी प्रवृत्ति का बाह्यीकरण पर्याप्त मात्रा में हुआ, किन्तु दार्शनिकता, मानसिक द्वन्द्वों की प्रबलता और रोमांटिक बोधों के कारण वह पुनः अन्तर्मुखी हो गई। हेलेन यूनान की क्लासिकल दुनिया से लेकर गेटे के काल तक का 'मानव' (=यूरोपीय) इतिहास प्रस्तुत करती है, तो श्रद्धा इच्छा, ज्ञान एवं कर्म के तीन लोकों, सारस्वत नगर की वर्गीय व्यवस्था के परिणाम आदि को उपस्थित करती हुई नर्तित नटेश के शान्त एवं आनन्दमय लोक में भारतीय यौगिक आध्यात्मिक जिज्ञासा को सन्तुष्ट करती है। श्रद्धा के होते हुए भी सामाजिक समस्याएँ वैसी की वैसी ही बनी रहती हैं। फिर भी प्रसाद जैसे प्रबल अन्तर्मुखी कवि, दार्शनिक होने के साथ-साथ, बहिर्मुखी होने के निरन्तर प्रयास करते रहे।

इसके अतिरिक्त जैसा कि हम पहले कह चुके हैं कि सर्गों में 'यज्ञ' का नाम 'कर्म' में, 'बुद्धि' का 'इड़ा' में, 'युद्ध' का 'संघर्ष' में और 'सन्धि' का 'निर्वेद' में परिवर्तित करना भी सूचित करता है कि नाटक और महाकाव्य के शास्त्रीय लक्षणों को वे अधिकाधिक समन्वित करना चाह रहे थे और क्लासिकल रीतियों के प्रति अधिक

जागरूक हुए थे। रहस्य सर्ग का हिमालय वर्णन और वासना सर्ग का पशुवर्णन हठात् ही कालिदास के हिमालयवर्णन और मृगशाबक-प्रिया शकुन्तला के हरिण की याद दिला देता है। 'कामायनी' की वर्णन सूची से तो यह तथ्य और भी स्पष्ट हो जाता है। 'आँसू' की 'रोमांसवादी एवं मुक्त परम्परा' से 'कामायनी' की प्रबन्धपरम्परा की स्वीकृति और सुकृति-भी बहिर्मुखता के इस परिवर्धन को बल देती है। इसकी प्रामाणिकता के विषय में हम एक मनोवैज्ञानिक सूत्र का उद्‌घाटन करना चाहेंगे। प्रसाद ने अपनी उपचेतनावस्था में, मानवजाति के इतिहास में मनु के जीवन की क्रान्तिकारी घटना की समरूपता (आइडेंटिफिकेशन) अपने जीवन के क्रान्तिकारी मोड़ के साथ स्थापित की है। प्रसाद भी अपने अनुभवों तथा आदर्शों के अनुकूल एक ऐसी सामाजिक यूतोपिया रचना चाहते थे जहाँ उनके शैव आस्थावादी आनन्द, बौद्ध निष्ठावादी करुणा एवं उपचेतन से क्रियाशील होकर उन्होंने ऐसी सृष्टि को मानवइतिहास के प्रजापति मनु के साथ जोड़ दिया। इसीलिए कामायनी का नायक मनु वैवस्वत मनु की परम्परा के साथ कोई कड़ी नहीं जोड़ सका। वह विभिन्न विशेषणों से युक्त मुक्त पुरुष ही है। अपेक्षाकृत अधिक बहिर्मुखी कवि 'निराला' ने भी 'तुलसीदास' के जीवन के क्रान्त मोड़ के साथ स्वयं को समरूप कर दिया जिससे तुलसीदास के संघर्षों-द्वन्द्वों के माध्यम से उन्होंने स्वयं को ही यथेष्ट सीमा तक प्रस्तुत किया। प्रसाद 'लहर' जैसी शुद्ध व्यक्तिवादी रोमांटिक कृति में भी तीन ऐतिहासिक काव्याख्यानों द्वारा बहिर्मुखी हुए। वस्तुतः 'आँसू' की स्थिति के खिंचाव-तनाव के अतिरेकपूर्ण संकट से वे निकलना चाहते थे। अतएव पहले वे हिमगिरि के एकान्त में मनु से सुर-श्मशान का साधन कराते हैं, फिर अपने अन्तर्द्वन्द्वों के अनुरूप ही जलप्लावन का प्रलयंकर चित्र उपस्थित करते हैं। बाह्य जगत के जीवन में पहला पदार्पण कामायनी का मधु गुंजार सुनने पर होता है। उपर्युक्त स्थापना में **'प्रसादवादी-विवेक'** की एक मूल शिला स्थित है। अन्तुर्मखी तनावों से मुक्त होने के लिए ही वे प्रकृति की ओर ध्यानस्थ हुए हैं। इसीलिए अब 'मधुप', 'वीणा', 'हँसते-मुसक्याते सुमन', 'जग', 'मार्ग' आदि बहिर्मुखीनता के प्रतीक हो जाते हैं। यद्यपि इसमें सौष्ठव और व्यवस्था का अभाव अभी भी रहता है और अभी भी ये 'मौन', 'तुमुल कोलाहल', 'अँधेर', भीड़ से आक्रान्त है।

इसी दिशा में एक दूसरा संकेत किया जा सकता है। 'लहर' की तीन आख्यानक रचनाओं के समय के बाद से कवि प्रसाद में जीवन को दुबारा खोजने की उद्विग्न इच्छा आन्दोलित होने लगती है और इसी काल में मदिरा के मूर्तिविधान नाना रूपों में विशेष ढंग से चित्रित होते हैं। 'मधुप', 'पराग', 'आसव', 'मधु', 'प्यास', 'एक घूँट' आदि सभी जीवन को दुबारा खोजने की इच्छा-आकांक्षाओं को व्यक्त करते हैं। उनके आरम्भिक एकांकी 'एकघूँट' में स्वास्थ्य, सौन्दर्य और भोलेपन का प्रतीक एक घूँट प्रेम, आनन्द और सौन्दर्य को 'प्रसादवादी' दृष्टिकोण का विशिष्ट आधार बना देते है और आनन्दावस्था की चरम परिणति में पहुँच जाते हैं। यह आनन्दवादी अभिव्यक्ति भी उनकी परिणत बहिर्मुखीनता का ही परिणाम है क्योंकि 'आँसू' तक इसके या शैवदर्शन

के स्पष्ट संकेत नहीं मिलते; तब तक करुणा और बौद्धों का क्षणिकवाद और सूफी पद्धति की रागोन्मत्त प्रेमवृत्ति प्रभावशाली रहती है। परन्तु 'लहर' में मानस की लघु लहरी के रूप में यह दुःखमय बाह्यजगत का आनन्दमय अन्तर्जगत से मेल कराती है और 'सूखे तट', 'विरस अधर' को चूमती हुई 'ठहर-ठहर' कर 'छिटक छहर' जाती है। 'कामायनी' में यही 'लघु लोल लहर' 'आनन्द अम्बुनिधि, में विराट प्रतीकत्व पा जाती है।

किन्तु इस 'मानस-लहर' का एक अन्य अन्तर्मुखी पक्ष है जो करुणा की तरंग बनकर दुःखवाद और नियतिवाद का परिवेष्ठन स्वीकार करता है। इसके पीछे पुनः बाल्य-स्मृतियाँ जुड़ी हैं। उनके किशोर मस्तिष्क पर बारहवें वर्ष में पिता, पन्द्रहवें में माता और सत्रहवें में ज्येष्ठ भ्राता के निधन, दो पत्नियों के वियोग ने तथा विधवा भावज की करुण मूर्ति ने स्थायी प्रभाव डाला। वे अन्तर्मुखी प्रकृति के तो थे ही। अतः अपने वातावरण से व्यवस्थित होने के लिए, उन्होंने एक वैयक्तिक दृष्टिकोण, धार्मिक दर्शन और समन्वयवादी विश्वसिद्धान्त को ग्रहण किया। कार्ल युंग ने अन्तर्मुखी व्यक्तियों के लिए सामाजिक व्यवस्था (सोशल एडजस्टमेंट) के हेतु तीन उपर्युक्त मार्ग ही सम्भावित माने हैं। इसीलिए उनमें बौद्धों का दुःखवाद, शैवागमों का आनन्दवाद तथा वैयक्तिक प्रेम-माधुर्य का संगम सा मिलता है। करुणा और आनन्द के इतने विरोधी मानसिक द्वन्द्वों के चित्रण से प्रतिष्ठित हिन्दी के वे विरले कवि हैं। इतने संकुल द्वन्द्वों और अन्तर्मुखीनता के कारण केवल वे ही ऐसे छायावादी कवि हैं जिन्होंने इतने व्यापक पटल पर किसी पौराणिक गाथा (मिथक) का पुनर्विधान किया है।

अस्तु, किसी कवि के दृष्टिपटल को पूर्णतः समझने के लिए हमें उसकी वैयक्तिक प्रतीकात्मकता (पर्सनल सिवालिज्म) का अनुशीलन भी मनोविश्लेषणात्मक पद्धति से करना चाहिए। इन वैयक्तिक प्रतीकों के साथ कुछ द्वन्द्व संलग्न रहते हैं जो शैशवावस्था से ही इनमें विशेष अर्थ भरा करते हैं। इन प्रतीकों के बिम्बों का उद्‌गम खोजने पर हम कवि की कल्पना और दृष्टि को पहचान सकते हैं; लेकिन यह सदा ध्यान रखना होगा कि यह प्रतीकात्मकता झूठ नहीं होती बल्कि विभिन्न विकासों और अवस्थाओं में निरन्तर घटती-बढ़ती रहती है। इन प्रतीकों द्वारा कवि के विकास का आन्तरिक ज्ञान हो सकता है यदि किसी नियम में बाँधकर इन्हें न जाँचा जाए जैसे, 'आनन्दलोक' का उद्‌गम प्रेम में, सौन्दर्य और स्वास्थ्य के प्रतीक 'एक घूँट' में मानसरोवर (के प्रतिबिम्बित जल) का उद्‌गम नार्सीसस से संलग्न आत्मरति की शैशवकालीन प्रवृत्ति में, मानवीकृत लज्जा के आत्मवर्णन का उद्‌गम उषा के कपोलों पर लज्जा की लाली में, नर्तित नटेश के संमुख अनहद संगीत का उद्‌गम मँडराते हुए आनन्दसिक्त मलिन्दों के गुंजार में मिल सकता है। निःसन्देह उन्होंने अपनी यौनवृत्ति को एक भव्य सांस्कृतिक उदात्तीकरण प्रदान किया है। यौवन की मादकता और प्रेमचर्या की शारीरिक चेष्टाओं की रंगरेलियों को इन्होंने साहसिक संयम के साथ अभिव्यक्त किया है यद्यपि इनकी 'मधुमयी प्रवृत्ति' अर्थात् 'प्रेम-विलासमय मधुर पक्ष की ओर स्वाभाविक प्रकृति' बार-बार छलक पड़ी है।

आचार्य शुक्ल तक ने प्रसाद की इस प्रवृत्ति के मर्म में पैठकर अपने 'हिन्दी साहित्य का इतिहास' में लिखा है कि ''इसी मधुमयी प्रवृत्ति के अनुरूप प्रकृति के अनन्त क्षेत्र में भी वल्लरियों के दान, कलिकाओं की मन्द मुसकान, सुमनों के मधुपात्र, मँडराते मलिन्दों के गुँजार, सौरभहर समीर की लपक-झपक, पराग की लूट, उषा के कपोलों पर लज्जा की लाली, आकाश और पृथ्वी अनुरागमय परिरम्भ, रजनी के आँसू से भीगे अम्बर, चन्द्रमुख पर शरदघन के सरकते अवगुँठन, मधुमास की मधुवर्षा और झूमती मादकता इत्यादि पर अधिक दृष्टि जाती है। ये अधिकांश चेष्टाएँ और व्यापार 'कामायनी' में प्रसारित हुए हैं। इस मधुमयी प्रवृत्ति पर अवचेतना का झीना आवरण बार-बार आए 'मद' 'तन्द्रा', 'अलसता', 'स्वप्न' 'असंज्ञा की दशा' जैसे शब्दों द्वारा खुल जाता है।''

संमूर्तन (आइकनिंग) भी अवचेतन की प्रमुख देन है। यदि हम 'कामायनी' में वर्णित केवल श्रद्धा के सौन्दर्यवर्णन के बिम्बों का ही मनोविश्लषण करें तो प्रसाद की कल्पना और अवचेतन के कई स्रोत फूट पड़ते हैं। इस प्रकार के वैयक्तिक एवं सौन्दर्यबोधात्मक प्रतीक विधान में प्रज्ञा और प्रमा का कान्त संयोग हो जाता है। इस पद्धति में कवि एवं काव्य, दोनों ही विश्लेषण के पात्र हो जाते हैं। उदाहरणार्थ इसी वर्णन में चन्द्रिका किसी कामिनी का, बिजली उत्तेजना का, ज्वालामुखी तरल वासना का, उषा सरल अंकुरित यौवना का प्रतीक हो गई है। बाद में, ये ही प्रतीक अन्य अर्थों का वहन करने लगते हैं जैसे कि वासना सर्ग में दो बिजलियों का युगल अन्तर्द्वन्द्व का, चन्द्रिका रम्य और शोभाशालिनी नारी मूर्ति का प्रतीक हो जाती है। सम्पूर्ण कृतित्व में बिम्बों की यही लीला, तथा सौन्दर्य की यही छाया, और भावों की यही माया परिव्याप्त है। यही कवि का स्वयंप्रकाश्य, सौन्दर्यबोधात्मक एवं अन्तर्मुखी संसार है।

रूपकात्मक भाषा में ही हम भी कह सकते हैं कि कवि के छायावादी बोध के अनुकूल यहाँ सहृदय-बोध की भी कुछ विलक्षणताएँ हैं। इन्हीं विलक्षणताओं से 'कामायनी' का अभिषेक हुआ है जिसके हृदय में 'माधुर्य महाभाव का आनन्दोज्जवल नीलामणि' दमक रहा है (इसमें प्रत्येक शब्द के सन्दर्भात्मक अर्थ हैं)।

(पुनश्चः इस अध्याय की विचार वस्तु की अगली पूरकता के लिए 'मिथक से स्वप्न की ओर छलाँग' शीर्षक अध्ययन के अन्तर्गत आत्मपीड़नरति एवं चेतना-प्रवाह के प्रसंग अवश्य देखें।)

सौन्दर्यबोधात्मक काव्यगुण 4

एक आगामी अध्याय में 'कामायनी' में इतिहासदर्शन का निरूपण करने में हम एक विचित्र स्थिति पाएँगे। कवि का इतिहास-दर्शन ही इतिहास के सौन्दर्यबोधात्मक दर्शन में रूपान्तरित हो जाता है।

इस सौन्दर्यबोधात्मक दर्शन की भूमि में रोमांटिक वेदनावाला छायावादी दर्शन तथा शक्ति एवं सौन्दर्य की उपासनावाला आनन्दवादी (शैव) दर्शन प्रतिष्ठित हैं। प्रबन्ध काव्य में प्रकृति और सृष्टि की इकाई 'अणु' है। यहाँ सौन्दर्यतत्त्व की इकाई भी अणु की बिम्बसृष्टि है। हम इसे **'शब्दबिम्ब'** कहेंगे क्योंकि इसमें काव्यशास्त्र एवं सौन्दर्यबोधशास्त्र का सामंजस्य हो सकता है। शब्दबिम्ब की इकाई ऐन्द्रियिक चेतना की उपज है।

कवि ने प्रकृत 'रमणीयता', मानवव्रत 'सौन्दर्य, तथा सौन्दर्यबोधात्मक 'चंचल सुन्दरता', 'मतवाली सुन्दरता', 'शोभा' और 'छाया' आदि का भी विधान किया है। यह कवि का सम्पूर्ण सौन्दर्यबोधात्मक मानक सारणी (ऐस्थेटिक रेंज) है। इसके बोध के लिए कवि ने 'कुतुहल' 'छाया' एवं 'माया' जैसे शब्दों का व्यवहार किया है। अतः 'कामायनी' के सौन्दर्यबोधात्मक काव्यगुणों का सारतत्त्व यह है।

प्रसाद ने काव्य को मन (आत्मा) की संकल्पात्मक अनुभूति माना है जो मूल है। यह मूल ही मूलशक्ति और अनादि वासना या रति भी है। यह मूलशक्ति प्रकृति की शक्ति है (वह मूलशक्ति उठ खड़ी हुई अपने आलस का त्याग किए), और मनुष्य की प्रमोदात्मक रति भी (जो आकर्षण बन हँसती थी रति थी अनादि वासना वही)। मनुष्य में यह अनादि वासना मधुर प्राकृतिक भूख के समान है जो मिलन के लिए उद्विग्न है। और यही उन्माद वेष्ठित होकर 'तरल वासना' में रूपान्तरित हो जाती है (जाग उठी थी तरल वासना मिली रही मादकता)। आकर्षण और मिलन के द्वारा ही सृष्टि बनती है। इस सृष्टि की माया में मतवालापन होता है (वह आकर्षण वह मिलन हुआ प्रारम्भ माधुरी छाया में, जिसको कहते सब सृष्टि, बनी मतवाली अपनी माया में)। इसी चेतन एवं माधुरी छाया में रची गई सृष्टि से उसके वरदान स्वरूप सौन्दर्य का निर्माण होता है (उज्जवल वरदान चेतना का सौन्दर्य जिसे सब कहते हैं), और

उसी छाया का रमणीय रूप 'मतवाली सुन्दरता' बनता है (मतवाली सुन्दरता पग में नूपुर-सी लिपट मनाती हूँ)। इस भाँति प्रकृति रमणीयताकुतूहल की माया में लिपटी है, मानवीय सुन्दरता मतवालेपन की छाया में झिलमिलाती है, और नारी-सौन्दर्य को लज्जा लावण्य में बदल देती है।

इन सभी सौन्दर्यबोधों एवं सौन्दर्य रूपों की 'सृष्टि' या 'रचना' प्रातिभ (इंट्यूशनल) है। इनकी सृजनात्मकता के मूल में कालिदासीय अबोधपूर्वा स्मृति है जिसे कवि ने अनादि वासना कहा है; और इनकी प्रक्रिया 'लीलापूर्ण' है। इस लीला में आनन्द एवं उल्लास एवं प्रमोद की त्रयी अन्वित है। इन सौन्दर्यबोधात्मक प्रतिरूपों की सृष्टि प्रकृति मूलशक्ति से, तथा मनुष्य रति के आकर्षण से करता है। इन प्रतिरूपों की सृजन चेतना के क्षणों में विद्युत्कण या परमाणु मूलशक्ति के अनुराग से रंजित होकर गतिमान हो उठते हैं। इस गति में उत्सव, ताल और नृत्य और लय ही सौन्दर्यवस्तुओं को आकार, भाव एवं रूप प्रदान करते हैं। इन परमाणुओं और उनकी शक्ति के अस्तव्यस्त होकर बिखर जाने में प्रकृति में प्रलय होता है, तथा मानवीय लोक में विषमता।

'कामायनी' में सौन्दर्यबोधात्मक सृष्टि की मूलधारणा यही है। लेकिन इन तत्त्वों का बहुत अधिक घोल मेल हुआ है। जिससे सृजन-चेतना एवं सृजन प्रक्रिया एवं आशंसा बोध की स्थितियाँ परस्पर मिल जुल-सी गई हैं। सौन्दर्याशंसा का पहला क्षण चिन्ता में मिलता है जब मनु विराट् की अनन्त रमणीयता की अनुभूति में उद्विग्न और चकित् हो उठते हैं जिससे उनकी ऐन्द्रियिक चेतना में पहला स्पन्दन होता है : 'मैं हूँ !' अनुभूति की इस आदि बोधकता (सेंसिब्लिटी) के कारण यह प्रथम मानवीय सौन्दर्यबोध पूर्ण जागरूक न होकर 'अलस' है (खुली उसी रमणीय दृश्य में अलस चेतना की आँखें)। अलस चेतना से सौन्दर्य की यह अन्वीक्षा स्वप्निल, अतीन्द्रिय और मधुररहस्यवाली है। यह मूलरूपेण छायावादी सौन्दर्यदर्शन की भित्ति है।

इसी अनन्त (प्रकृत) रमणीयता का विकास रूप एवं सौन्दर्य में होता है। रूप में ढलने की प्रक्रिया ('लीला') को कवि ने सांख्य दर्शन के अणु-परमाणु की धारणा द्वारा प्रस्तुत किया है। अणु-परमाणु श्रद्धा के शरीर, शक्तिकणों की सरमसता, मूलशक्ति के उन्मीलन, नटेश के नृत्य आदि में सक्रिय हो उठते हैं। इन अणु-परमाणुओं के सौन्दर्यगुण हैं, वेग, विद्युत, शक्ति, अनुराग और ताल ! ये पाँच सौन्दर्यगुण इन्द्रियों की सौन्दर्यतात्त्विक चेतना को उद्बुद्ध तथा प्रबुद्ध करते हैं। इस तरह प्रसाद ने रमणीयता एवं सौन्दर्य के दो भेद रचे हैं। 'रमणीयता' अनन्त, अनिर्वचनीय एवं अन्तर्मुखी है। इसकी तुलना में 'सौन्दर्य' कृतिमय, सर्ववचनीय और चेतनाग्राह्य है।

कवि ने रमणीयता में मूलशक्ति की, तथा सौन्दर्य में काम की मादकता की अन्विति की है। वासना सर्ग में नारी मूर्ति का सौन्दर्य 'रम्य' है। यह रमणीय सौन्दर्य अर्थात् दोनों भेदों का मेल है। कवि ने काम एवं रति के द्वारा भी कुछ सौन्दर्यगुणों का अभिधान किया है। उदाहरण के लिए काम की क्रीड़ा से मान, हास, जागरण, इन्द्रिय उद्बोधन, मधुरता, हिल्लोल, सात्विक अनुभव विलास, आनन्द आदि का भावन होता है। कालान्तर

में सौन्दर्य में ज्ञानगोचरता (उज्जवल वरदान चेतना का) तथा लोकोत्तरता (ज्योत्सना-निर्झर! ठहरती ही नहीं यह आँख) का भी संस्कार हो जाता है। कवि प्रसाद इस सौन्दर्यगुण कथन में काव्यशास्त्र और साहित्यशास्त्र और नाट्यशास्त्र के गुणों, शक्तियों तथा रीतियों का छायावादी रूपान्तर कर डालते हैं। विभिन्न शास्त्रीय तत्त्वों के तिरोभाव से प्रसाद ने 'छवि', 'मतवाली सुन्दरता', 'किशोर सुन्दरता' आदि की धारणाओं का भी संकेत किया है। वासना सर्ग में 'छवि' वासना को स्नेह में रूपान्तरित कर देती है; 'मतवाली सुन्दरता' लज्जा के प्रीतिधर्म पर आश्रित है, तथा 'किशोर सुन्दरता' नारी के यौवन की आतुर उत्कंठा है।

सारांश में कवि ने मूलशक्ति, मूलभाव, मूलचित्ति से ही रमणीयता एवं सौन्दर्य को आविर्भूत माना है। मूलशक्ति या अनादिवासना से ही ऋतुपति, माधव, मधु, वसन्त, रति और प्रीति भी आविर्भूत हैं। यही 'कामायनी' का केन्द्रीय सौन्दर्यतात्त्विक बोध है। इस बोध के मूल में 'माधुर्य का महाभाव' है। यह सौन्दर्यतात्त्विक बोध का वैष्णव आयाम है।

किन्तु सौन्दर्य के माधुर्य के इस महाभाव का चैतन्य रूप 'आनन्द' है जो कवि के सौन्दर्यतात्त्विक बोध में शैवाद्वैत के आयाम को भी संलग्न कर देता है। आत्मवादी विचारधारा का केन्द्र आनन्द रहा है। आनन्द के सहवर्ती भाव उल्लास एवं प्रमोद हैं। इस तरह सृष्टि की सौन्दर्यभावना, तथा सौन्दर्य की आनन्दभावना एकतान हो जाती हैं।

सौन्दर्य का आनन्द विवेक और विज्ञान अर्थात् ज्ञान और सत्य से परे मात्र भाव है। इसमें विभिन्नता और विशिष्टता शेष नहीं रहती। यह अभिन्न और साधारण (साधारणीकृत) है। इस तरह सौन्दर्यानन्द भावनाओं को एक धरातल पर एक मानवीय वस्तु की पूर्णता सिद्ध करता है। माहेश्वराचार्य अभिनवगुप्त-संमत रसभूमि भी यही है। इस तरह काव्य और सौन्दर्य–काव्य, शब्द और सौन्दर्य बिम्ब–एक ही भूमि पर प्रतिष्ठित हो जाते हैं। (दे. 'प्रकृति के सौन्दर्य साक्षात्कार' शीर्षक अध्याय भी)।

* इस आनन्दभूमि पर ही हम 'शब्दबिम्ब' की धारणा को निवेदित करेंगे।

'शब्द' के विषय में प्रसाद ने कहा है कि नए प्रकार की अभिव्यक्ति के लिए जिन शब्दों की योजना हुई, हिन्दी में पहले वे कम समझे जाते थे। इस नए प्रकार की अभिव्यक्ति में 'लावण्य' था जिसे उन्होंने संस्कृत-साहित्य के 'छाया' और 'विच्छित्ति' से समझने की कोशिश की है। कुंतक के वज़न पर उसे 'रम्यछायान्तरस्पर्शी वक्रता' भी कहा है जो स्वानुभव **संवेदनीय** वस्तु की अभिव्यक्ति करती है। वे इसकी प्रतीयमान 'छाया' और ध्वनि की 'माया' को सारी 'कामायनी' में भोगते हैं (यथा, उन नृत्य शिथिल निश्वासों की कितनी है मोहमयी माया, जिनसे समीर छनता बनता है प्राणों की माया; ''कौन हो तुम विश्वमाया कुहक सी साकार..., हृदय जिसकी कान्त छाया में लिए निश्वास'', वैसी ही माया में लिपटी अधरों पर उँगली धरे हुए, छाया प्रतिमा गुनगुना उठी श्रद्धा का उत्तर देती सी, ''मैं था सुन्दर कुसुमों की सघन सुनहली छाया थी, मलयानिल की लहर उठ रही उल्लासों की माया थी'', किन्तु अधम मैं समझ न पाया

उस मंगल की माया को, और आज भी पकड़ रहा हूँ हर्षशोक की छाया को)। यह केवल तुकबाजी नहीं है। अभिनवगुप्त ने कहा है–परां दुर्लभां छायां आत्मरूपता यान्ति। प्रसाद ने इस छाया को वर्ण से लेकर प्रबन्ध तक में माना है। उन्होंने यह भी स्पष्ट किया है, रीतिवादियों ने शब्द को ही प्रधान मानकर वाग्विकल्पों के चारुत्व का अनुशीलन किया; आनन्दवर्धन ने रसध्वनि की चर्चा की। और पंडितराज ने अर्थ का बहिष्कार करने का आग्रह किया। उन्होंने रमणीयार्थ प्रतिपादक 'शब्द' को काव्य माना। प्रसाद को भी नए प्रकार की अभिव्यक्ति के लिए नए शब्दों की जरूरत हुई। कवि के अनुसार ये 'नवीन भाव' आन्तरिक स्पर्श से पुलकित थे, आभ्यन्तर सूक्ष्म थे। इनके लिए प्रचलित पदयोजना के बजाय नवीन शैली, नया वाक्य विन्यास आवश्यक था। इसलिए हिन्दी में नए शब्दों की भंगिमा का ऐसा प्रयोग हुआ कि उसमें से एक तड़प उत्पन्न करके सूक्ष्म अभिव्यक्ति का प्रयास किया गया। कवि इसे 'छायामयी वक्रता' (उज्ज्वलाछायातिशय रमणीयता), 'दुर्लभ छाया' बताता है। वेदना का चैतन्य से अवशनीय संयोग होने पर ही आत्मस्पर्शानुभूति 'सूक्ष्म आन्तर भाव' प्रकट करने में समर्थ होती है। इस तरह 'छाया' अनुभूति और अभिव्यक्ति को एकतान करती है जहाँ माध्यम का अवरोध और अनुशासन कम से कम हो जाए। इसलिए स्वानुभूति को हूबहू अभिव्यक्त करने के लिए ध्वन्यात्मकता, लाक्षणिकता, सौन्दर्यमय प्रतीक–विधान तथा उपचारवक्रता की शैलियाँ एवं विधियाँ प्रयुक्त होती है ताकि 'छाया' का अभिधान हो सके। छाया की यह अभिधान विधि 'छायावाद' भी कहलाई गई है, जिससे कवि की सहमति है।

और, इसके पूरक रूप में बिम्ब 'लीला' और 'क्रीड़ा' करता है। बिम्ब सौन्दर्य का मूल है। शब्द का अर्थ, और बिम्ब की अनुभूति-शक्ति मिलकर 'शब्दबिम्ब' बनाती हैं। बिम्ब कवि के आन्तरिक स्पर्श की पुलक को चित्रित करता है। अतः शब्दबिम्ब बाह्यवर्णन की सीमा का उल्लंघन करके अर्थ एवं अनुभूति की प्रतीकात्मक भाषा गढ़ते हैं जो अनिर्वचनीय अनुभूतियों तक को अभिव्यक्त करने की उद्विग्नता से स्पन्दित है। शब्दार्थ के बजाय शब्दबिम्ब की अर्थानुभूति की वजह से 'कामायनी' की भाषा का अपनी विलक्षण प्रेषणधर्मिता है जो शब्दशक्तियों के शास्त्रीय जाल से मछलियों-सी फिसल जाती है। शब्दशक्तियाँ ऐकांतिक रूप से अभिव्यक्त पक्ष में केन्द्रित हैं जबकि शब्दबिम्ब वाली भाषा अनुभूति पक्ष में गुम्फित है। यह आन्तर स्पर्श करनेवाली भाषा है। अतः शब्दार्थों के स्थान पर शब्दबिम्बवाली इस भाषा की नवीन शैली तथा नया वाक्य विन्यास भी है।

शब्दबिम्बवाली इस प्रतीकात्मक भाषा का दूसरा क्रियाधर्म (फंक्शन) इसका रूपकात्मक (मेटेफारिकल) होना भी है। इस भाषा के इस क्रियाधर्म के अन्तर्गत शब्दशक्तियों की गवेषणा अपेक्षाकृत ज्यादा हो सकती है। रूपकात्मक भाषा प्रातिभ होती है और कार्यकारणन्याय से विमुक्त होकर **आन्तर** अर्थ-वैचित्र्य के क्षेत्र में छलाँगें लगाती है। इस भाषा की चौकड़ी में स्पृहणीय भंगिमाओं का उद्घाटन होता है। 'कामायनी' में काम एवं लज्जा सर्ग तथा रहस्यसर्ग एवं आनन्दसर्ग के विन्यास

रूपकात्मक भाषा की परम सिद्धियाँ प्रकाशित करते हैं।

इस तरह–'कामायनी' की भाषा के मूल गुण शब्द, बिम्ब, रूपक और प्रतीक ठहरते हैं जो अनुभूति तथा अभिव्यक्ति को, आन्तर स्पर्श तथा बाह्य प्रसार को, अर्थ और अनुभव को, शब्द और मुद्रा (जेस्चर) को, तथा प्रकृत एवं रसपूर्ण को एकान्वित करते हैं।

छायावादी एवं आनन्दवादी दर्शन के कारण कुछ सौन्दर्यबोधवादी महत्त्वपूर्ण प्रश्न भी सहज रूप से उठते हैं।

कवि के व्यक्तित्व और रोमांसवादी प्रवृत्तियों ने कुछ ऐसे सौन्दर्यात्मक प्रश्न उपस्थित किए हैं जिन पर संक्षेप में विचार करना उचित होगा। किसी काव्य में किसी व्यवस्थित दर्शन का ग्रहण किस सीमा तक कवि के दृष्टिकोण को उपस्थित करता है ? इससे कवि के दर्शन का मूल्यांकन किस सीमा तक किया जा सकता है ? काव्य की महत्ता इस दर्शन के ग्रहण करने से बढ़ती है या उसमें कवि की पैनी अन्तर्दृष्टि से। दार्शनिक मौलिकता के आधार पर हम काव्य को कहाँ तक परखेंगे ? क्या दर्शन 'सौन्दर्य' को सुलभ एवं रसाविष्ट कर सकता है ? साहित्यिक के सिद्धान्तों की विवेचना करते हुए ऐसे ही प्रश्न रेने वेलेक एवं आस्टिन वारेन ने उठाए हैं। हम तो कहेंगे कि व्यवस्थित दर्शन के शुद्ध ग्रहण से किसी काव्य का विशेष मूल्यांकन तो कदापि नहीं हो सकता। यदि कृति में दर्शन के प्रति अन्तर्दृष्टि सौन्दर्यपक्ष का निरूपण और वैयक्तिक चिन्तन का समन्वय है तथा परम्परा को बदल देने की शक्ति है तो सौन्दर्योद्भावना की दृष्टि से भी वह एक युगप्रवर्तक कृति मानी जाएगी क्योंकि 'सत्यं शिवं सुन्दरम्' में सत्य का सम्बन्ध दर्शन और जगत से है। **'कामायनी' की कविता में हम 'दार्शनिक कविता' की अपेक्षा अधिकतर 'काव्यात्मक दर्शन' पाते हैं।** इसका तात्पर्य यह हुआ कि 'व्यक्ति' प्रसाद का चिन्तन और अनुभव शैवदर्शन में सुन्दर मधुर और सामरस्य के तत्त्व पाकर आनन्द की ओर मुड़ा है तथा 'कवि' प्रसाद का चिन्तन और अनुभव रोमांटिक आदर्शों में अपनी नव्यतर मानवता को खोजता हुआ आदर्शीकृत नारीत्व और शान्ति के एकान्त-लोक में समाधिस्थ हो गया है। इस अन्तर को स्पष्ट करने के लिए हम काश्मीर शैवदर्शन के शास्त्रीय तत्त्वों के विषय में पुनः कुछ कहेंगे। इसके अनुसार प्रत्येक जीव में रहनेवाला 'शिवतत्व' ही आत्मतत्व है। यह चैतन्यरूप है और 'परमशिव' भी कहलाता है। शिव कतिपय शक्तियों द्वारा स्वयं का विस्तार करते हैं। वे 'चित् शक्ति' द्वारा 'स्वप्रकाश', 'आनन्द शक्ति' द्वारा 'आनन्दमय', इच्छा शक्ति द्वारा जगत की सृष्टि, संहार तथा अन्य कार्यों के कर्ता, 'ज्ञानशक्ति' द्वारा 'ज्ञानत्वरूप' और 'क्रियाशक्ति' द्वारा सर्वरूपधारी हो जाते हैं। शक्ति के इन पाँचों रूपों से सम्पन्न शिव अपने आप समस्त विश्व की अभिव्यक्ति करते हैं जो शक्ति का ही विस्तृत रूप है। अपने 'भारतीय दर्शन' नामक ग्रन्थ में उमेश मिश्र इन तत्त्वों का आगे विवेचन करते हुए लिखते हैं कि जब साधक में प्रकृति अंश चैतन्य में लीन हो जाता है तब शनैः शनैः सूक्ष्म भूमि में प्रविष्ट होने पर ''उसे केवल 'अहं' की प्रतीति देख पड़ती है। इसे 'शक्तितत्व' कहते हैं। यही

'परमशिव' की 'उन्मीलनावस्था' है। इसी अवस्था में साधक 'परमशिव' के स्वरूप को समझ सकता है। यहीं आत्मा के आनन्दस्वरूप का प्रथम बार भान होता है। यही 'शक्ति' और 'शक्तिमान' की युगल मूर्ति है। यह अवस्था एक प्रकार से 'द्वैत' की है।...यह अवस्था अन्त में **परमशिव** में लीन हो जाती है। यह 'शिवतत्व है।...जहाँ पहुँचकर जिज्ञासु अपने अस्तित्व को 'परमशिव' में लीन कर देता है वह **चिन्मय सामरस्य की अवस्था** है। किन्तु परमशिव में लीन होने पर भी कोई भी तत्त्व अपने स्वरूप को नष्ट नहीं करता। सभी तत्त्व 'परमशिव' में लीन होकर 'चिन्मय' हो जाते हैं। यही मनुष्य जीवन तथा दर्शन का चरम लक्ष्य है। यहाँ **शुद्ध अद्वैत** है। 'चिन्मय शिवतत्व' में सभी 'चिन्मय' हो जाते हैं। यहाँ शुद्ध अद्वैत है। 'चिन्मय शिवतत्व' में सभी 'चिन्मय' हो जाते हैं। वस्तुतः शिवशक्ति के 'सामरस्य' की अवस्था तो यही है।'' दार्शनिक कविता की अपेक्षा काव्यात्मक दर्शन की अगुआई के कारण दार्शनिक अनुकरण भी कविभार्गी हो गए हैं। इसी वजह से इस प्रबन्ध काव्य में एक अविरत एवं शुद्ध दर्शन खोजना भूल होगी। शैवाद्वैत में मूलाशक्ति 'शक्ति' है, साँख्य में 'प्रकृति' और हैरण्यगण दर्शन में 'श्रद्धा'। इसी तरह मनु यज्ञ भी करते हैं और शक्ति साधना भी। अतः वे वैदिक एवं शैव दोनों हैं। इसी तरह 'कामायनी' के इच्छा-क्रिया-ज्ञान लोक भी शैवमत के अग्नि-सोम-रवि तत्त्व नहीं हैं। इसी तरह रहस्यसर्ग का त्रिपुरदहन शैवागमवाला न होकर रसशास्त्रीय है अर्थात् उसका श्रेय सामरस्य है। इसी तरह शैवागमों में त्रिपुर समन्वय करनेवाली श्रद्धा नहीं, त्रिपुर-सुन्दरी (कामकला) है। यहाँ बेहद दार्शनिक गड़बड़ हुई है। इसलिए दर्शन का यह सवाल आध्यात्मिक फान्तासी के सन्दर्भ में ही समझा जाना चाहिए।

प्रसाद ने इन विभेदों के सैद्धान्तिक पार्थक्य स्थिर नहीं रखे हैं। और अपने हृदय के द्वन्द्वों के अनुकूल ही अन्तःकरण के तत्त्वों और विमर्श शक्तियों को संचालित करके उन्होंने और 'समरसता' के वैयक्तिक प्रतिमान ही रचाए हैं। मनु और श्रद्धा, जो शिव और शक्ति जैसे हो जाते हैं लीन होकर, वस्तुतः अपना पहला आरम्भ यथार्थ और आदर्श, अहं और आत्मा, मानवता और बर्बरता के द्वन्द्वों को लेकर करते हैं। यही द्वन्द्व प्रसाद का भी था–अन्तर्मुखीनता से बहिर्मुखीनता की ओर अग्रसर होने में। यहाँ आनन्द शक्ति न होकर उपलब्धि हो जाता है तथा 'ज्ञान'-'क्रिया'-शक्ति विषमतापूर्ण हो जाती है। प्रसाद में इस क्षणिक जीवन को अत्यधिक सुखपूर्वक भोगने की अमित प्यास थी और नारी के प्रति उनका अपना दृष्टिकोण था। इन्हीं दो प्रवृत्तियों के कारण उन्होंने जीवन को भोगने की प्यास को प्रत्यभिज्ञा दर्शन के आनन्दवाद से तथा मानवता के प्रति वैयक्तिक आदर्शों को (यथार्थ तथा आदर्श का आदर्श के पक्ष में समन्वय करते हुए) कैलास के शान्त, संघर्षहीन, समाज की विषमताओं से दूर के लोक से सम्बद्ध कर लिया। इसीलिए उनकी दार्शनिक भित्ति में सैद्धान्तिकता की अपेक्षा वैयक्तिक आदर्श, धार्मिकता की अपेक्षा काव्य की मधुमयी भूमिका ही मिलती है। यदि 'कामायनी' के अन्तिम दो सर्ग निकाल दें तो शायद दार्शनिकता का आतंक और विरुद काफी मन्द

हो जाएगा। रहस्यवादी आग्रह के कारण उन्होंने तांत्रिकों और योगियों के प्रतीकों का केवल उपयोग किया है। शैवदर्शन में कवि ने जो सर्वतोमुखी अन्तर्दृष्टि दिखाई है वह जीवन को सर्वाधिक सुख से भोगने की प्यास के मार्गों की खोज है और वह भी उस समाज में जहाँ विषमता की पीड़ा हो। नारी को शक्तिस्वरूपा मानने के बाद पंथप्रदर्शिनी और मानवता का ही साक्षात् प्रतिरूप मानकर भी उन्होंने सौन्दर्यवहन किया है। इसलिए उनका आनन्दवाद वैयक्तिक आदर्शों से ओतप्रोत वैयक्तिक रंगों से भरा है। हिमधवल कैलासलोक हमारे संघर्षपूर्ण समाज का सारस्वत नगर न होकर एक आदर्श आध्यात्मिक लोक है। वस्तुतः रोमांटिक कवि होने के नाते उनके दर्शन में सौन्दर्य–प्रकृतिसौन्दर्य एवं नारी-सौन्दर्य–के प्रति प्रगाढ़ अनुराग है तथा क्लासिकल परम्पराओं के सचेतक होने के नाते मानवता और सत्य के प्रति आस्था है। उनमें रोमांटिक और क्लासिकल परम्पराओं के अन्तःमिश्रण की ओर तो पहले ही संकेत किया जा चुका है।

● सम्पूर्ण महाकाव्य में श्रद्धा विद्यमान है–मूर्त रूप में अथवा अमूर्त (–धारणाओं के) वातावरण के रूप में ! बार-बार मनु नारी से दूर भागे हैं और बार-बार उसके समीप खिंचते गए हैं; बार-बार नारी ने उनका मार्ग प्रदर्शित किया है। यह 'नारी' की शक्ति नहीं बल्कि 'नारीत्व' की मधुरता और शक्ति है जो मनुष्य को ही नहीं, सारी मानवता को आगे अग्रसर करती है। श्रद्धा केवल इच्छा ज्ञान कर्म की ही एकता नहीं करती अपितु उस एकता को प्रेम और आनन्द की शाश्वतता से मंडित भी कर देती है। वह शक्तिस्वरूपा भी है और मनु की आत्मा की संचालिका भी। नारीत्व की भावना और नारी की सामाजिक भूमिका दोनों मिलकर सारे काव्य को इस 'चिरन्तन नारीत्व' (इटर्नल फेमिनीन) से आप्लावित करते हैं। निराला के 'तुलसीदास' में भी 'नारी' रत्नावली की सामाजिक भूमिका और रत्नावली के शारदामय 'नारीत्व' की भावना, दोनों ने मिलकर तुलसीदास को अग्रसर किया है। छायावादी काव्य में अप्सराओं, प्रकृति की अभिसारिकाओं, अतीन्द्रिय प्रेयसियों की चर्चा तो काफी हुई है लेकिन 'चिरन्तन नारीत्व' की इस धारणा को पूर्णतः भुलाया गया है। गेटे के 'फाउस्ट' के अन्त में हेलेन फाउस्ट को आगे की ओर अग्रसर करती है। अमरकृति की अन्तिम पंक्ति है–''चिरन्तन नारीत्व हमें ऊँचाई की ओर लिए जा रहा है।'' फाउस्ट की हेलेन होमर के महाकाव्य की हेलेन न होकर गेटे की वह कल्पना और अनुभूति है जिसका तात्पर्य पहले किसी वास्तविक नारी से दूसरे, प्रकृति से एवं तीसरे मानवात्मा से था। इस सौन्दर्यवादी विधा को आगे बढ़ाकर विषयान्तर अनावश्यक है।

जिस प्रकार युग-युग से विश्व के सभी रोमांटिक और क्लासिकल कवियों ने चिरन्तन नारीत्व का वास्तविक नारी सौन्दर्य, नारीत्व-शिवतत्व और मानवता के सत्य से अभिषेक किया है, उसी प्रकार 'नारी सुलभ पंथ प्रदर्शन' भी सौन्दर्यवहन का एक उदात्त माध्यम और चिरन्तन नारीत्व का पूरक रहा है। दान्ते अपनी 'दिवाइन कोमेदिआ' की स्वर्गयात्रा बैयाट्रिस के पंथप्रदर्शन द्वारा ही पूर्ण करता है; हेलेन फाउस्ट का पंथ-प्रदर्शन करके मानवता का अन्तिम सन्देश देती है; रत्नावली (निराला के 'तुलसीदास' में)

तुलसीदास का पंथ-प्रदर्शन करके उन्हें संस्कृति का अग्रचेता बना देती है। श्रद्धा भी अपनी मुस्कानों से इच्छा, ज्ञान और कर्म के तीन लोकों को मिलाती हुई मनु को कैलाश तक ले जाती है। इस भावना के पीछे मातृसत्ताक अवस्था के जातीय अवशेष तो हैं ही; महाकवियों के प्रेम और नारी, दोनों से सम्बन्धित दृष्टिकोण भी गुँथे हैं। नारी के सम्बन्ध में भारतीय दृष्टिकोण अगाध श्रद्धा और आदर्श का रहा है। प्रसाद ने भी नारी को संसार की प्रदर्शिका तथा मानवता को आगे बढ़ानेवाली और प्रेम को सभी मंगल श्रेयों का साधन और विश्वनियामक माना है। इसीलिए मंगलमयी नारी और उसका विश्वविनायक प्रेम मनुष्य और मानवता आदि का निर्देशन करता चला आ रहा है–कभी मातृशक्ति, कभी पत्नी, कभी जननी, कभी सखी और कभी प्रिया होकर। प्रसाद उसे हृदय की अधिष्ठात्री कोमलता एवं संसार में सरलता लानेवाली शक्ति मानते थे। जो कुछ भी सौन्दर्य, शक्ति, कोमलता, एकता और प्रीति की सार्वभौम शाश्वत क्षमताएँ हैं, उनकी चरम परिणति नारी में स्वीकार करके 'नारीसुलभ पंथ प्रदर्शन' को उन्होंने अति गम्भीर धरातल प्रदान किया।

* एक अन्य सौन्दर्यवादी प्रश्न। प्रकृति के सौन्दर्यदर्शन के अन्य दृष्टिकोणों में समानुभूति या 'इम्पैथी' नामक मनोवैज्ञानिक प्रक्रिया की भी प्रधानता रही है। इसका विवेचन भी लगभग नहीं हुआ है। इसमें हम यह नहीं देखते कि कोई वस्तु किस प्रकार निर्मित होनी चाहिए, बल्कि यह विवेचना करते हैं कि उस वस्तु के निर्माण में कला का क्या योगदान है। गार्डनर मर्फी के अनुसार इसके द्वारा मनुष्य कलावस्तु के 'अभ्यन्तर में स्वयं की अनुभूति' करता है। यहाँ दो बातों पर गौर करना चाहिए : प्रथम कलावस्तु दृश्य हो और दूसरे मनुष्य की भावनाओं का प्रक्षेपण हो। इसीलिए हमें लगता है कि प्रासादों के शिखर आकाश को छूते हैं, गुम्बद फूलते हैं, स्तम्भ-मालिका अचल प्रहरियों-सी खड़ी रहती है; इसीलिए लाल रंग में अनुराग, पीले में वियोग, श्वेत में शान्ति तथा नीले में गहराई है; इसीलिए वीणा के स्वर करुण हैं, मुरली की तान छलिया है, मृदंग में उल्लास है, घुँघरूओं में घुमाव है; इसीलिए पपीहे की रटन, चातक की प्यास, कोकिला की मिठास, हरिणी का भोलापन, कागा की चतुरता, भ्रमरों का लोभ आदि है। तात्पर्य यह है कि 'प्रतीत होने' के साथ ही अन्तःअनुभूति क्रियाशील होती है। इस प्रक्रिया में 'मुद्रामूलक तनाव' (पोस्चरल स्ट्रेन्स) की भी चर्चा होती है। नर्तक का नृत्य देखते समय, रमा लेनेवाली रचना को पढ़ते समय या अद्भुत चित्र देखते समय समानुभूति की उत्तम अवस्था होती है। मानवीयकरण और उत्प्रेक्षाओं में इस मनोवैज्ञानिक सौन्दर्यप्रक्रिया की प्रचुरता ढूँढ़ी जा सकती है। 'कामायनी' का काव्य इस मार्मिक प्रक्रिया द्वारा सौन्दर्यशाली हुआ है। हिमालय में प्रलयप्रवाह के बीच **तपस्वी मनु से दो चार** देवताओं का **खड़ा होना**, व्योम **चूमने** के लिए लहरों का उठना, पवन का शब्दों को पीना, पवन का **मृदु साँस लेना, हिमालय की हँसी का** फूटना, धरा की **भयभीत सिकुड़न** सा हिमालय का दिखना, माधवी निशा का **अलसा जाना**, सृष्टि का **हँसना,** आँखों में अनुराग का **खिलना**, छवि के भार से **दबना**, सोने की सिकता में कालिन्दी

का **उसास भरकर** बहना, अम्बर छूने को मचली-सी ऊँचाई का **बढ़ते जाना**, पवन का चक्कर काटना, जलधरों का **दौड़ना**, आदि 'कामायनी' में विभिन्न प्रकार से ग्रहण की गई समानुभूति के उदाहरण हैं। अस्तु, यह सौन्दर्यशास्त्र का एक स्वतंत्र विषय है। निष्कर्ष रूप में हम कह सकते हैं कि 'कामायनी' में इतिहास के सौन्दर्यबोधात्मक दर्शन के आयामों में छायावाद एवं आनन्दवाद का सह-अस्तित्व है; भाषा के प्रतीकात्मक एवं रूपकात्मक पक्ष खुले हैं; तथा रमणीयता, सौन्दर्य, छवि, मतवाली सुन्दरता, किशोर सुन्दरता आदि के कई प्रतिरूपों का निरूपण भी हुआ है। हम इस दृष्टि से इसे 'माधुर्यभाव का आनन्दोज्ज्वल भाषा-नीलमणि' कह सकते हैं।

5 'प्रकृति' से सौन्दर्य-साक्षात्कार

'प्रकृति' और सौन्दर्य, सौन्दर्य की प्रकृति तथा प्रकृति का सौन्दर्य 'कामायनी' की कान्तिमान चेतना है। महाकाव्य में 'पुरुष'-विहीना अकेली 'प्रकृति' है, भूतनाथ के तांडव अथवा जलप्लावन से त्रस्त प्रकृति है, विश्व सुन्दरी प्रकृति है, त्रिपुरसुन्दरी का रहस्य-सौन्दर्य है। चेतना का वरदान सौन्दर्य है, गंधर्व देश की कामबाला का सौन्दर्य है, गुहावासिनी गर्भिणी श्रद्धा का सौन्दर्य है, राष्ट्रस्वामिनी इड़ा का सौन्दर्य है और हिमवत प्रकृति का सौन्दर्य भी है। इस तरह प्रसाद का सौन्दर्य-तत्त्व प्रकृति और सौन्दर्य की कान्त मैत्री कराता है। विचार और विश्व-दर्शन के ध्रुवों में तो यह महाकाव्य पर्याप्त शिथिल है। लेकिन कला और सौन्दर्य के अक्षों में उतना ही गतिमान ललित और रमणीय है। लगता है कि प्रसाद इस कृति में सौन्दर्य के हिमालय-शिखरों को छूकर एक शिशु-जैसे मधुर कुतूहल में हँस पड़े हैं और विश्व सुन्दरी प्रकृति को एक युवक की तरह आलिंगन में बाँधकर तन्मय हो गए हैं। प्रकृति के माध्यम से प्रसाद ने सौन्दर्य-तत्त्व का अपना परम भागवत रूप सिद्ध कर लिया है। उनके रहस्यमय अनन्त सौन्दर्य के रत्न-सौध वाले ये वातायन खोले जा सकते हैं। त्रिपुरसुन्दरी-भाव के याचक इस कवि का सौन्दर्यतात्त्विक साक्षात्कार अनूठा एवं अनिर्वचनीय है।

● इसके लिए कवि ने प्रकृति-नियति-संसृति की त्रयी बनाई है। यदि हम चित्रकला के क्षेत्र के 'चित्रण' और 'अंकन' नामक शब्दों को मिलाकर चित्रांकन की बात कहें तो कह सकते हैं कि प्रकृति के चित्रांकन में कवि ने प्रकृति के विकल और रागमय परमाणुओं से आरम्भ किया है, तथा सौन्दर्य के बोध को क्षण की अनुभूति की गहराई से एक मणि की तरह उछालकर फेंक दिया है। अतः 'क्षण' और 'कण' की लघुत्तम इकाइयोंवाले सांख्य दर्शन और महाकाल के बोध के बीच से उनका प्रकृति का सौन्दर्य-तत्त्व उभरा है। एक ओर उन्होंने शैवाद्वैत दर्शनवाली प्रकृति ली है जो पंचभूतों के भैरव मिश्रण या परमशिव की मायाशक्ति की लीला (सृष्टि) है। यह प्रकृति प्रलय और संसृति, दोनों का अभिधान करती है। दूसरी ओर मानव देह, मानव मन और मानव आत्मा की त्रयी वाली प्रकृति है जो काम और रति के आकर्षण तथा रहस्य तथा कुतूहल में क्षण-क्षण नवीना होती है। यह 'छाया' और 'माया' दोनों है। तीसरी ओर पंच तत्त्वोंवाली सृष्टि की बाह्य प्रकृति

है जो सन्ध्या, रजनी, राका, हिमालय आदि के स्वरूप में रूपायित होती है। कवि ने प्रकृति को इन तीनों रूपों में चित्रांकित किया है। आधारभूत रूप से प्रकृति का यह विविधरूप दर्शन, नृत्य और ताल से मुद्रित हुआ है। इसलिए अक्सर 'कामायनी' में प्रकृति के सौन्दर्य-साक्षात्कार के प्रसंग संहार-तांडव; आनन्द-तांडव, त्रिपुर-तांडव गौरी-तांडव, लास्य-तांडव आदि के विभिन्न नृत्य रूपकों से सम्बद्ध हुए हैं। ये नृत्यरूपाभास 'प्रकृति' को विशिष्ट **ताल** एवं **मुद्रा** एवं **शोभा** एवं **लीला** प्रदान करते हैं।

मानवीय सन्दर्भ में यह 'प्रकृति'-तत्त्व मन के कुतूहल और आकर्षण और चेतना द्वारा निर्मित हुआ है। मानव तन, मानव मन और मानव अन्तश्चेतना को उद्घाटन करने में श्रद्धा के कई सौन्दर्य चित्र, इड़ा का मानवीयकृत नख-शिख, कामकुतूहल, तथा विराट् रहस्य आदि चेतना के वरदान के रूप में आलोकित हुए हैं।

● उपर्युक्त सूत्रबद्ध आधारों पर 'कामायनी' में कवि का सौन्दर्य-बोध उद्घाटित हुआ है जिसके तीन आयाम हैं : दार्शनिक, छायावादी तथा वैयक्तिक। कवि के दार्शनिक बोध की वजह से प्रसाद की सौन्दर्य-धारणा चेतना और वरदान से जुड़ी है; छायावादी बोध के कारण यह अतीन्द्रियता एवं स्वप्निलता और मधुरता एवं सुकुमारता से जुड़ी है; तथा वैयक्तिक बोध के कारण यह मंगल, श्रेय एवं प्रेय, इन्द्रिय चेतना और शालीनता से संलग्न है। ये सभी शब्द 'कामायनी' में व्यवहृत तथा निरूपित हुए हैं। इस पीठिका पर हम 'कामायनी' में उनकी सौन्दर्य-तत्त्व एवं सौन्दर्य-बोध सम्बन्धी संकेतों का विश्लेषण कर सकते हैं।

'कामायनी' में एक ओर पुरुष विहीन अकेली 'प्रकृति' है जो जलप्लावन के बाद चिन्तित 'पुरुष' की मर्म वेदना को सुनती है। इसके साथ ही मनु का जीवन मृत्यु का ही एक क्षुद्र अंश होकर इस विराट् प्रकृति की अभिव्यक्ति का साक्षात्कार करता है। इसीलिए विराट् और लघु, अनन्तता और क्षणिक क्षुद्रता की पृष्ठभूमि में मनु का रहस्य बोध विचारों के द्वारा सुलझ नहीं पाता। मनु एक अनन्त रमणीयता की अनुभूति में ही चकित-चंचल हो उठते हैं। अतएव अनन्त रमणीयता विचार के बजाय अनुभूति का बोध है (हे अनन्त रमणीय ! कौन तुम ? यह मैं कैसे कह सकता। कैसे हो ? क्या हो ? इसका तो भार विचार न सह सकता)। अनुभूति की बोधकता के कारण मनु की चेतना पूर्णतः जागरूक न होकर अलस है (खुलीं उसी रमणीय दृश्य में अलस चेतना की आँखें)। इसी अलस चेतना से सौन्दर्य की अन्वीक्षा करने पर रमणीय दृश्य स्वप्नलोक जैसे लगते हैं, इन्द्रिय बोध अतीन्द्रिय बोध हो जाता है और अनुभूति मधुर रहस्य बन जाती है। यह एक महत्त्वपूर्ण सौन्दर्य बोधात्मक (ऐस्थेटिक) रूपान्तरण है (एक अतींन्द्रिय स्वप्न लोक का मधुर रहस्य उलझता था।) इस रहस्यानुभूति की भूमि पर मनुष्य की इन्द्रियों की चेतना असमर्थ-सी हो जाती है (चेतना इन्द्रियों की मेरी मेरी ही हार बनेगी क्या ?)।

लेकिन अनन्त रमणीय रमणीय रूप बनकर भी ढलता है। रूप में ढलने की प्रक्रिया में कवि ने सांख्य दर्शन के अणु-परमाणु की कलना का समावेश किया है। श्रद्धा का शरीर पराग कणों से परमाणुओं से रचित है, इन शक्तिकणों के समन्वय से समरसता

प्राप्त होती है; शरीर के मांसल परमाणु विद्युत बिखराते हैं; इन अणुओं में अपार वेग भरा है और ये कृतिमय वेगवाले हैं; मूलशक्ति के उदित होने पर परमाणु बाल उसका सुन्दर अनुराग लेकर दौड़ पड़ते हैं; नृत्य में ये परमाणु विकल हो जाते हैं; वसुधा पर कुछ होने पर अणु-अणु मचल उठते हैं; विश्व कमल के अणु क्षण भर में परिवर्तित हो जाते हैं; इत्यादि। इस भाँति अणुओं के द्वारा ही कृति की रचना होती है। इन अणुओं के गुण वेग, विद्युत, शक्ति, अनुराग और ताल हैं। अतः मूल शक्ति के अनुराग से रंजित ये परमाणु (अणु, कण) एक समन्वित तालराग-युक्त मानवीय कृति का अभिधान करते हैं। इन सौन्दर्यमयी कृतियों में स्थिरता और जड़ता के बजाय चंचलता होती है (सौन्दर्यमयी चंचल कृतियाँ बनकर रहस्य हैं नाच रहीं)।

इन रमणीय रूपों के चेतन अन्तर्दर्शन को कवि ने 'सौन्दर्य' कहा है (उज्ज्वल वरदान चेतना का सौन्दर्य जिसे सब कहते हैं)। 'रमणीयता' अनन्त है, अनिर्वचनीय है और वैयक्तिक है। लेकिन 'सौन्दर्य' कृतिमय है, सर्ववाचित है, और चेतना से ग्राह्य है। इस तरह कवि ने सौन्दर्य को कृतिसम्भूत साधारणीकृत मानवीय चेतना की विशेषता (वरदान) माना है जबकि रमणीयता को वह वैयक्तिक अबोधपूर्वा स्मृति की अलसचेतना अनुभूति माना है (जिसका मानवकृति सम्भूत होना अपेक्षित नहीं है)। रमणीयता मुख्यतः विश्व और ब्रह्मांड में व्याप्त है। सौन्दर्य मूलतः मानवीय कृतियों तथा मानव चेतना में व्याप्त है। रमणीयता में रहस्योदात्त है और सौन्दर्य में शक्त्योदात्त ! तो कवि ने 'रमणीयता' एवं 'सौन्दर्य' के बीच सूक्ष्म अनुभूति या भाव परक अन्तर किया है।

परमाणु, अणु, शक्ति, मूलशक्ति आदि के ब्याज से कवि ने सौन्दर्य में सृजनात्मक प्रक्रिया तथा आशंसात्मक तल्लीनता दोनों के लिए 'काम' की प्रेरणा को बड़ी व्यापकता तथा मादकता के साथ स्वीकार किया है। हम काम एवं रति के युगल से अनेक सौन्दर्यगुण प्राप्त करते हैं; जैसे काम की लीला से भान, हास और जागरण, इन्द्रिया चेतना का उद्‌बोधन, अन्तःतारल्य (द्रवीभवन) मादकता और अतृप्ति होती है; तथा रति की माया (व्रीड़ा, क्रीड़ा) से आकर्षण, अनुराग, मधुरता, हिल्लोल, सात्विक, अनुभाव, विलास और आनन्द प्राप्त होते हैं। कवि ने काम एवं रति के मिलन को ही दार्शनिक 'मूलशक्ति' कहा है जिसका अनुराग लेकर परमाणु सौन्दर्यमान रमणीयकृति की चंचल रचना करते हैं। कवि ने यह भी कहा है कि कला में स्थायीभाव संस्कारित होते हैं। जब वासना संस्कारित होकर रति बनती है अर्थात् जब वासना पर आवरण (कला के माध्यम के अनुशासन) डाल दिया जाता है तभी कान्तिमान सौन्दर्य निखरता आता है (वासना भरी उन आँखों पर आवरण डाल दे कान्तिमान जिसमें सौन्दर्य निखर आवे लतिका में कुल्ल कुसुम-समान) ऐसे सौन्दर्य की ज्ञानगोचरता (उज्ज्वल वरदान चेतना का) तथा लोकोत्तरता ('ज्योत्स्ना निर्झर ! ठहरती हो नहीं यह आँख तुम्हें कुछ पहचानने की खो गई सी साख') एक सहृदय को रमणीयता में तन्मय करती है। हमें यहाँ पूर्णतः स्पष्ट हो जाता है कि सौन्दर्य-तत्त्व की अनुमिति में कवि ने वामन, अभिनवगुप्त, मधुसूदन सरस्वती तथा पंडितराज जगन्नाथ आदि की स्थापनाओं से भी कई गूढ़ तत्त्व अंगीकार

किए हैं। यह बात हम सूत्र रूप में कह रहे हैं लेकिन कवि के सौन्दर्यतत्त्व के आत्मसाक्षात्कार के लिए इसके विपुल भाष्य हो सकते हैं।

● इस भाँति, प्रसाद ने 'प्रकृति' और 'रमणीय सौन्दर्य' का उपर्युक्त अनुमान परिमाण किया है। इन आधारों पर हम कवि के 'चित्रांकनों' की मीमांसा करेंगे। सबसे पहले हम मानव देह, मानव मन और मानव चेतना को त्रयी को लेंगे।

श्रद्धा सर्ग में गाँधार वासिनी कामबाला का सौन्दर्य चित्रण है जो गन्धर्वों के देश में रहकर ललित कला का ज्ञान सीखने का उत्साह रखती है। यह चित्रण इन्द्रियबोधों की संवेदना के मांसल चित्रोंवाला है जिसमें रंगों और रेखाओं की चित्रकला है। एक प्रथम सृष्टि की प्रथम रमणी के इस सौन्दर्य-विधान में कुतूहल और रहस्य और रमणीयता का समुपरंजन हुआ है। अंकन की विधि स्वच्छन्दतावादी है। यह सौन्दर्य-साक्षात्कार नयनों का अभिराम इन्द्रजाल है। इसमें श्रद्धा की देह लम्बे शिशु शाल की तरह, या कुसुमों से ढँकी लता के समान ('कुसुम सधर्माणो हि योषितः'–कामसूत्रम् 2.3.6।। 'स्त्रियाँ कुसुम सदृश्य हैं'–अभिज्ञान शाकुन्तल 1.18), अथवा परमाणु-परागों से रचित होकर मधु का आधार लेकर खड़ी है। अब हम इसका विश्लेषण करेंगे।

संमूर्तन (इमेजरी) भी अवचेतन की प्रमुख देन है। यदि हम 'कामायनी' में वर्णित केवल श्रद्धा के सौन्दर्यवर्णन के बिम्बों का ही मनोविश्लेषण करें तो प्रसाद की कल्पना और अवचेतन के कई स्रोत फूट पड़ते हैं। पंक्तियाँ निम्नलिखित हैं–

'और देखा वह सुन्दर दृश्य, नयन का इन्द्रजाल अभिराम;
कुसुम-वैभव में लता समान, चन्द्रिका से लिपटा घनश्याम।
हृदय की अनुकृति वाह्य उदार, एक लम्बी काया उन्मुक्त,
मधुपवन क्रीड़ित ज्यों शिशुसाल, सुशोभित हो सौरभ संयुक्त।
मसृण गांधार देश के नील, रोम वाले मेषों के चर्म।
ढँक रहे थे उसका वपु कान्त, बन रहा था वह कोमल वर्म।
नील परिधान बीज सुकुमार, खुल रहा मृदुल अधखुला अंग,
खिला हो ज्यों बिजली का फूल, मेघ-बन बीच गुलाबी रंग।
आह ! वह मुख ! पश्चिम के व्योम, बीच जब घिरते हों घनश्याम;
अरुण रविमंडल इनको भेद, दिखाई देता हो छविधाम।
था कि नव इन्द्रनील लघु श्रृंग, फोड़कर धधक रही हो कान्त;
एक लघु ज्वालामुखी अचेत, माधवी रजनी में अश्रान्त।
घिर रहे थे घुँघराले बाल, अंस अवलम्बित मुख के पास
नील घन शावक से सुकुमार, सुधा भरने को विधु के पास।
और उस मुख पर वह मुस्क्यान ! रक्त किसलय पर ले विश्राम
अरुण की एक किरण अम्लान, अधिक अलसाई हो अभिराम !...
उषा की पहिली लेखा कान्त, माधुरी से भींगी भर मोद;
मद भरी जैसे उठे सलज्ज, भोर की तारक द्युति की गोद।'

इस पद्यांश के संमूर्तन में जो प्रचुर रमणीयता, मधुमयता और मार्मिकता मिलती है उसके तीन कारण हैं–कवि की अवचेतनावस्था के विचारों का मुक्त आसंग (फ्री एसोशिएशन आव आइडियज इन द अन्कांशस स्टेट), वैयक्तिक प्रतीकात्मकता (पर्सनल सिंबालिज्म) तथा रोमांटिक-लाक्षणिक वैचित्र्य। यहाँ हम काव्यबिम्बों (पोएटिक इमेजेज) को मनोवैज्ञानिकों की 'इमेज' की परिभाषा तथा कुछ सौन्दर्यवादियों की संकुचित परिधि में नहीं ग्रहण करेंगे। इस दृष्टान्त में रूपक, उपमा उत्प्रेक्षा से लेकर स्पर्श, दर्शन, श्रुति गंध और रस के सभी बोध, जो कल्पना या प्रत्यक्षीकरण (इमैजिनेशन एंड पर्सेप्शन) द्वारा विकसित हों, बिम्ब माने जाएँ। निम्नलिखित प्रवृत्तियों ने श्रद्धा के सौन्दर्यवर्णन को कवि के अवचेतन एवं सौन्दर्यप्रवृत्ति का उज्ज्वल दर्पण बना दिया है। उन्होंने नारी-सौन्दर्य के लिए प्रकृति के रूढ़ (रीतिकालीन) उपमानों का सर्वथा त्याग किया; बाह्यता से अन्तर्मुखीनता में प्रविष्ट हुए; उदात्तीकरण के चेतन आग्रह के कारण यौन आकांक्षा पर गम्भीर मर्यादा का अवगुंठन डाला; मूर्त के लिए अमूर्त विधानों की रचना की; अनेक उत्प्रेक्षाओं का अवलम्बन लेकर अवचेतनलोक में मुक्त उड़ाने भरीं तथा लघु उपमानों को भी विराट, दूरान्वित और अनूठे सौन्दर्यचित्रों से संलग्न किया। कवि ने उपर्युक्त वर्णन में लाल रंग के छह नीले रंग के चार और श्वेतरंग के सात बिम्ब प्रस्तुत किए हैं। नीला रंग कवि की अचेतनावस्था की अलस एवं अतल नीली गहराइयों को, लाल रंग कामोद्दीप्ति तथा श्वेतरंग उदात्त शान्त शोभा को प्रकट करता है। गुलाबी रंग, अरुण रविमंडल, धधकता लाल 'ज्वालामुखी' अरुण की अलसाई किरण, उषा की पहली लेखा, रक्त किसलय आदि कवि में नारी की अंगमाधुरी के प्रति मादकता को उद्घाटित करते हैं। नील रोमवाले मेषों के चर्म, नील परिधान इन्द्रनील लघुशृंग, नील घनशावक आदि अलसता और अगम गहराइयों में कवि के अवचेतन को ('भुलावा देकर धीरे-धीरे') ले चलने का संकेत करते हैं। चन्द्रिका और बिजली के भीगे हुए आलोक भी कवि की अन्तर्मुखी एकान्त मूर्च्छा को चेतना से पृथक करते हैं। चन्द्रिका, माधवी रजनी, विधु तारकद्युति, शुभ्र राका हँसी-इनमें से गुलाबी बिजली की छवि को छोड़कर–आदि प्रकाशवान विवेक के सुन्दर शान्त संस्कार उपस्थित करते हैं। इसी प्रकार इस आवरण की शारीरिक चेष्टाएँ मधुचर्या का ही प्रस्फुटन करती हैं। चन्द्रिका से लिपटे घनश्याम, मधुपवन के झकोरों से क्रीड़ा करता हुआ शाल, उन्मुक्त काया का संस्पर्श, नीले रोएँ वाले मेषों के चर्म के आवरण के कारण कान्त अंगों में स्फुरण, अधखुले अंगों का और भी खुलना, गुलाबी रंगवाले (दहकते और उत्तेजक) बिजली के फूलों का खिलना, माधवी रजनी में लाल लपटों के साथ लघु ज्वालामुखी का धधकना, अमृत भरने की इच्छा से लघु मेघशावकों का घिरना, अरुण किरण का विश्राम लेकर अधिक अलसाना, तारकद्युति की गोद में मदभरी सलज्ज प्रथम उषा का भींगकर उठना, हँसी का मदविह्वल प्रतिबिम्ब झलकना आदि में सभी क्रियाएँ इन्द्रियों के विलास में उन्मद हैं। अतः उपर्युक्त विश्लेषण कवि के अवचेतन और दमित इच्छाओं को (पर्याप्त अंशों तक) प्रकट करने के अलावा एक अन्य मनोवैज्ञानिक तथ्य को भी प्रस्तुत करता है। कवि के सारे प्रतीक अपनी प्रकृत

अवस्था में रति चयन से सम्बन्धित प्रतीत होते हैं जिनमें (मेघ, घनश्याम, उषालेखा, चर्म आदि के ब्याज से) सुन्दर उत्तेजक रंग, वासना के दहकते विस्फोट, आलिंगन-परिरम्भन की मादक चेष्टाओं पर कवि की सुन्दर शैली के पदलालित्य, जागरूक भावुकता और गम्भीर प्रेमवृत्ति ने पूरा आवरण डाल दिया है। इसमें परम्परागत वर्णनों का परित्याग हमें मोह लेता है तथा उदात्तीकरण नारी के शारीरिक एवं आन्तरिक, दोनों पक्षों की शालीनता भी उपस्थित करता है। हमें तो इन सम्भूर्तनों की विलक्षणता का रहस्य यही प्रतीत होता है।

इस प्रकार के वैयक्तिक संमूर्तन-विधान में वैयक्तिक प्रतीकात्मकता का बहुत बड़ा भाग होता है। इस पद्धति में कवि और कृति, दोनों ही लक्ष्य बनते हैं। यहाँ चन्द्रिका किसी कामिनी नारी का, बिजली उत्तेजना का, ज्वालामुखी वासना का, उषा सरल सुरतगोपना का प्रतीक हो गई है। बाद में, इसी कृति में, ये ही प्रतीक अन्य कई अर्थों में भी प्रयुक्त हुए हैं जैसा कि इनके सम्बन्ध में हुआ करता है।

श्रद्धा का दूसरा सौन्दर्याभिधान कर्म सर्ग में हुआ है। यह 'मादक तरल वासना' की भूमि पर हुआ है। यह रूप और स्पर्श की भाषा में हुआ है। जिस तरह काम रूप-रस-गन्ध भरे स्पर्श का पान करता है (काम सर्ग) उसी तरह काममोहित मनु सोती हुई सुकुमारी के जागृत सौन्दर्य का मादक पान करते हैं। वे सोम-पान की अतीन्द्रिय मादकता की भावदशा में पहले ही आ चुके हैं। उस तरह यह सौन्दर्य-चित्रण लालसा (मादक तरल वासना) के कोण से उभरा है। मूल वर्णन-प्रणाली पूर्ववर्ती ही है। पहले कवि एक मुद्रा, या एक अंग, या एक वसन, या एक आभूषण वस्तुत करता है और बाद में उसे उत्प्रेक्षा या मालोत्प्रेक्षाओं से छविमंडित कर देता है। इस वर्णन में एक और शैली जुड़ गई है। सोती हुई श्रद्धा के अंग मनु को उत्तेजित और अधीर करते हैं : उन्हें खुले हुए मसृण भुज-मूलों में आमंत्रण मिलता है, उन्नत वक्षों में आलिंगन-सुख तैरता है, अलकों की डोरी में जीवन के कण-कण उलझे जाते हैं। उत्प्रेक्षालड़ियों के उदाहरण हैं : साँसों में नीचे-ऊपर जाता हुआ वक्ष मानो हिमकर के हासों में उठता हुआ जीवन का ज्वार है, सोती हुई सुकुमारी मानो रूप-चन्द्रिका में उज्ज्वल है। श्रद्धा के सम्पूर्ण शरीर को पूर्ववर्ती शिशुशाल के बजाय भूपतिता बेली के रूप में अंकित किया गया। उसके शरीर के मांसल परमाणु किरण-से विद्युत बिखराते हैं और ज्यों ही मनु उसकी तन बेली छूते हैं तो वह रोमांच से कंटकित हो उठती है। जिस तरह लता पर ओस की बूँदें जम जाती हैं उसी तरह विगत करुण विचारों के श्रमसीकर उसके मुख-मंडल पर मोती की तरह बन जाते हैं। जिस तरह जल में सिकुड़ी हुई बेली फैल जाती है उसी तरह व्यथा की लहरों-सी श्रद्धा की अंग-लता फैलती है। यहाँ रोमांच, आलस्य, स्वेद के संचारियों को कवि ने छायावादी ढंग से अभिव्यंजित किया है। यहाँ कामबाला अब सुकुमारी नारी बन चुकी है और सोती हुई सुकुमारी नारी का दीपन आनन्द के बजाय पागल सुख का लालसा-बोध उदित करता है।

ईर्ष्या सर्ग में गर्भवती श्रद्धा का तीसरा सौन्दर्य वर्णन है। इसमें कवि ने पुनः श्रद्धा

सर्गवाली अंकन प्रणाली का सम्वर्धन किया है। यहाँ हम कवि की शैली का तार-तार करना चाहेंगे। वह श्रद्धा का पीला मुख, आँखों में स्नेह, कृशता पूर्ण देह, पीन पयोधर, गर्भपीड़ा–इन पाँच लक्षणों को केन्द्र बनाता है। सुश्रुत गर्भा स्त्री के लक्षणों में श्रम, ग्लानि, पिपासा, थकावट मानते हैं। उसके अंग-लक्षणों के अन्तर्गत दोनों स्तनों पर कालापन, रोमजारियों का उद्भव, आँखों की पलकों का बन्द होना भी शामिल है। चरक एवं वाग्भट्ट धीमे हृदयस्पन्दन का भी लक्षण बताते हैं। बिहारी ने थिरकते हुए अधखुले नेत्रों, थकी देह, सुरत-सुख और गर्भ-दुख की व्यंजना की है। कवि ने गर्भ मधुर पीड़ा (सुरत-सुखित) को लीलायुक्त ग्रहण कहा है तथा श्रम की श्रमजल रूप अभिव्यक्ति को ग्लानि के बजाय गर्व कहा है। इस तरह प्रसाद ने गर्भिणी श्रद्धा के सहज 'खेद' से युक्त रूप को अंकित किया है। अब मुँह पहले पीला बताया गया फिर इसके ऊपर भी केतकी गर्भ-सा पीला (मुख) अरोपित हुआ। इस तरह केतकी गर्भ-सा पीला मुख हो गया। इसी पद्धति से कृशता नई, और नई कृशता लजीली बनी। इसमें लतिका-सी देह का रूपक स्वीकार किया गया; फिर यह कम्पित लतिका-सी (देह) हो गई। आँखों में स्नेह भरा है। फिर यह आलस-भरा स्नेह हो गया। इस तरह कवि संज्ञा लेता है, उस पर एक रूपक विशेषण रूप में आरोपित करता है; और आरोपित रूपक पर पुनः एक रूपक या क्रिया-विशेषण रूप में रूपक आरोपित कर देता है। इस वर्णन में उसने यह पद्धति अधिक परिष्कृत की है। अब उत्प्रेक्षणारोपण की प्रणाली देखें। मातृत्व बोझ से झुके हुए पीन पयोधरों का बिम्ब है। जिन्हें काले ऊनों की नव पट्टिका से बाँध दिया गया है। अब कवि ने इस समग्र क्रिया को दो उत्प्रेक्षाओं द्वारा दीपित किया हैः मानो सोने को सिकता में कालिन्दी (उसाँस भरकर) बह रही है (क्योंकि गर्भिणी का हृदय स्पन्दन धीमा होता है तथा दोनों स्तनों पर कालापन आ जाता है); अथवा मानो श्वेत स्वर्गगंगा श्याम नील कमलों की एक पंक्ति हास कर रही हो। शरीर का पीलापन, सुनहलापन और सितवर्ण एक साथ व्यंजित हो गए हैं। अतः सुनहले-गोरे शरीर पर पीला मुख, पयोधरों को बाँधने वाली रोमराजियोंवाली काली ऊनी पट्टी और थकी कमर पर लिपटा हुआ हल्का नील वसन कई रंगों का परस्पर संयोजन कर देते हैं। इन रंगों को विलक्षणता प्रदान करने के लिए प्राकृतिक रंगों (केतकी, सोने की सिकता, स्वर्गंगा, इंदीवर) की भी सहायता मिलती है। सारांश में, इस चित्रांकन में हम अंग, वस्त्राभरण, रंग और गर्भवस्था के लक्षणों की सम्यक चित्ररचना पाते हैं।

सौन्दर्यचित्रांकन के कवि-रहस्यों में इड़ा के नखशिख वर्णन में मानवीयकरण (पर्सोनिफिकेशन) तथा प्रतीकीकरण (सिम्बोलाइजेशन) का उपयोग कवि की एक महत्तम उपलब्धि है। यहाँ प्राकृतिक उत्प्रेक्षाओं की लड़ियाँ नहीं है। यहाँ विचार-बिम्ब हैं। इड़ा का रूपकत्व अन्यापदेश (एलीगरी) को भी छू लेता है। सम्भवतः इसीलिए कवि को अन्यापदेशात्मक रूपकों का प्रयोग करना पड़ा है। इड़ा का तन लता की तरह सुकुमार नहीं है। कवि ने इड़ा की अलकों, मुख, दृग, आनन, वक्षस्थल, करों, त्रिबली तथा चरणों का प्रतीकीकरण किया है। पहले वह उसका नारी-रूप में मानवीयकरण कर चुका है।

यहाँ भी रूपक पर रूपक लादने की पद्धति है। कवि के अनुसार इड़ा (विद्या) तर्कपूर्ण, त्रिगुणमयी, कर्मप्रधान, चंचल और प्रकाश रूप है। अतः उसकी अलकें तर्क जाल की तरह बिखरी हैं, उसका स्पष्ट भाल विश्व मुकुट-सा उज्ज्वल शशि-सदृश है; अनुराग और विरागवाले उसके दो दृग दो पद्म पलाश चषक हैं; छन्दोगान करनेवाला उसका मुख मुकुल की तरह है (जो मधुप गुंजरित है); उसके वक्षस्थल के दो कुच संसृति का ज्ञान तथा विज्ञान एकत्र धरे हैं; उसका एक हाथ वसुधा के जीवन-रस का सार कर्मकलश में लिए है तो दूसरा विचारों के नभ को अवलम्ब दे रहा है, आलोक वसन से लिपटी उसकी त्रिबली त्रिगुणात्मक है और उसके दो चरणों में गति और ताल भरी है। इस तरह विद्या के द्वन्द्वात्मक चरित्र को कवि ने विज्ञान-ज्ञान, अनुराग-विराग, पद्म-पलाश, कर्म-विचार, गति-ताल, आदि के युग्म से प्रकाशित किया है। अन्ततः इड़ा का त्रिगुणात्मक–इच्छा, क्रिया ज्ञान परक–स्वभाव उद्घाटित किया है।

● सौन्दर्य की प्रकृति के बाद हम प्रकृति के सौन्दर्य-वर्णन के प्रसंगों को ले सकते हैं। हम हिमालय-वर्णन तथा सन्ध्या-वर्णन (आशा सर्ग) की अपेक्षाकृत सरल प्रणालियों की मीमांसा पहले करेंगे।

अपने हिमालय वर्णन में कवि संस्कृत कवियों–विशेषतः कालिदास के देवात्मा हिमालय (रघुवंश, कुमारसम्भव) की धारणा–से स्पष्टतः अनुप्राणित है। यहाँ कवि ने अपने अनन्त रमणीयता के सौन्दर्यबोध का उन्मेष किया है। अतः उसे हिमालय का दैवीकरण करना पड़ा। लता कलित शुचि सानु शरीरवाला हिमालय अचल है मानो निद्रा में सुख स्वप्न देखता हुआ अधीर हो। इस अचल की अधीरता उसके चरणों में झरनों की धाराएँ हैं जो जीवन की अनुभूति बिखरा रही है। ये झरने मानो हिमालय की हँसी हैं जो असीम नीले अंचल में किसी (!) की मृदु मुस्कान देखकर कवि की तरह गा उठे हैं। कवि ने दिव्य सौन्दर्य के रहस्य दर्शन की अनुभूति को प्रकट किया है। सानु शरीर वाले हिमालय की शिला-सन्धियों से टकराकर पवन (चारण सदृश) गुंजार भर रहा है। इस हिमालय की शैल श्रेणियाँ तुषार को किरीट तथा सन्ध्या-घनमाला की रंगबिरंगे छींट पहने हैं। इस भाँति कवि ने अनन्त रमणीयता के सौन्दर्योदात्त बोध को स्वप्न एवं हास एवं गान के द्वारा अभिव्यक्त किया है। यहाँ विश्व सौन्दर्य का उल्लास भाव है।

इस हिमालय की अचल मौनता की तुलना में हम आनन्द सर्ग के विराट धवल नग का महिमामय वर्णन पाते हैं जिसमें गम्भीरता और विशालता है। समतल घाटी, श्याम तृण वीरुध वाली मनोहर तलहटी, नवकुंज, मंजरियों का कानन, प्रकृति के छोटे से मुकुट की तरह मानसरोवर (दे. श्रीधर पाठक का काश्मीर वर्णन), खगकुलों की किलकार, कलरव करते हुए कलहंस, किन्नरियों सी प्रतिध्वनियाँ आदि का अलंकारविहीन वर्णन केवल यथावत् प्रत्यक्षीकरण का एक दृष्टान्त है। लेकिन यह समतलवाला शान्त सौन्दर्य रहस्य सर्ग में हिमालय की ऊँचाई और नींचाई के दृष्टिपथों (पर्स्पेक्टिव) का कंट्रास्ट है। यहाँ कवि ने अन्तर छूनेवाली हिमालय ऊँचाइयों में नीचे का दृष्टिपथ चित्रित किया है। नीचे भीषण खड्ड और भयकारी खाइयाँ हैं, नीचे इन्द्रधनुषों की माला पहने हुए जलधर

दौड़ रहे हैं और वे कुंजर-कमलों की तरह चपला के गहने चमकाते हैं; नीचे शीतल झरने इस तरह बह रहे हैं जैसे गजराज-गंड से मधुधाराएँ बिखरी हों; नीचे हरियाली भी शैल समतल चित्रपट-से लगते हैं; नीचे प्रतिपल भागनेवाले नद चित्र की स्थिर रेखाओं से लगते हैं; वह लघुतम दिखता है। इस तरह कवि ने अवनति के कोण (एंगल ऑफ डिप्रेशन) से हिमालय के विराट् कैनवास को एक काँगड़ा-कमल के नन्हें फलक जैसा अंकित करके अभिनव प्रयोग किया है। ये दोनों वर्णन कवि के ऐसे प्रयोग हैं जो छायावादी रोमानी रंगीनियों से लगभग बच गए हैं।

समतल दृष्टिपथ और निचले दृष्टिपथ से चित्रांकन के इन दो अनलंकृत प्रयोगों के साथ प्रसाद ने अन्तरिक्ष-दृष्टिपथ से भी विराट का गूढ़ सौन्दर्य देखा है (रहस्य सर्ग)। इस वर्णन में उन्हें तांत्रिकों तथा योगियों के प्रतीकों का सहारा लेना पड़ा है। किन्तु प्रयोग की दृष्टि से यह एक नया अनुभव है। वस्तुतः यह वर्णन एक फान्तासी है जो प्रतीकों, रूपकों और अन्यापदेश से भी आगे मात्र एक रहस्य स्वप्न है। यहाँ अनन्त रमणीयता के शून्यता बोध को कवि ने दिक् एवं काल के अक्षों से मुक्त होकर अभिव्यंजित किया है। शून्यता का यह रमणीयता बोध स्वयंप्रकाश्य प्रज्ञा (इंट्यूशन) है। इस अनुभव के अन्तर्गत दिशा बोध विकम्पित तथा पलज्ञान असीम है, अन्तरिक्ष में केवल अनन्तता है, शरीर निराधार टिका है और लगता है कि पदतल में भूधर है। इस शून्य में दिवा-रात्रि का सन्धिकाल है जहाँ ग्रह तारा नक्षत्र अस्त हो गए हैं ? पवन पंख बन गया है, ऊष्मा का अभिनव अनुभव है और ऋतुओं के स्तर तिरोहित तथा भूमंडल-रेखा विलीन हो गई है। इस निराधार महादेश में 'नवीन सचेतनता' उदित होती है। इसके बाद चित्रण और दर्शन का आध्यात्मिक प्रतीकीकरण होता है : त्रिदिक् विश्व केवल तीन आलोक बिन्दुओं की तरह दिखाई पड़ता है जो अनमिल एवं सजग है। मनु के लिए शून्य की यह सौन्दर्यबोधानुभूति इन्द्रजाल लगती है। ब्रह्मांडीय बिम्बों (कास्मिक इमेज़ेस) और तांत्रिक प्रतीकों के द्वारा यहाँ कवि ने देश काल मुक्त 'प्रकृति' का निरूपण किया है। श्रद्धा बताती है कि ऊषा के कन्दुक-सा सुन्दर ग्रह इच्छालोक है, श्यामल ग्रह कर्मलोक है तथा उज्ज्वल ग्रह ज्ञानलोक है। इस भाँति प्रसाद ने इस प्रयोग द्वारा सौन्दर्य बोधानुभव की एक अनिर्वचनीयता को प्रकाशित करने का प्रयत्न किया है। स्वयं से, स्वयं के अस्तित्व का अतिक्रमण करके शून्य के सौन्दर्यबोध की यह अनुभूति एक अस्तित्ववादी भावभूमि जैसी भी है।

इसी कड़ी में एक और प्रयोग है : दर्शन सर्ग में मनु द्वारा नर्तित नटेश के आनन्द तांडव का साक्षात्कार। यह एक आध्यात्मिक फान्तासीवाला चित्रांकन है, अलौकिक दिवास्वप्न जैसा। यह रहस्यात्मक नृत्य है जिसमें प्रकृति, नियति, सृष्टि, स्थिति, संहार, दिशा, काल, नक्षत्र, गृह, तारे, ब्रह्मांड आदि लघु-लघु अणु एवं कण से हो गए हैं और सम्पूर्णता को समेटता हुआ नटेश्वर का विराट एवं विशाल स्वरूप सबको ताल और लय में बाँध लेता है। इसमें भी दिशाकाल लुप्त हो जाते हैं, महादोल की तरह विश्व झूलता है, असंख्य गोल ब्रह्मांड बिखरते हैं, युग तोलते हुए त्याग एवं ग्रहण करते हैं, सृजन और

संहार के तालयुक्त पदाघातों से अनाहत नाद होता है तथा अन्तरिक्ष प्रहसित-मुखरित होता है। केवल प्रकाश रूप शिव के सुन्दर आनन्द तांडव से सत्ता का 'स्पन्दन' डोल चलता है, तमस उनका अलक जाल बन जाता है, लीला का आह्लाद होने लगता है, श्रमसीकर तारे हिमकर दिनकर बनते हैं, भूधर धूलिकणों की तरह उड़ते हैं, जिधर विद्युत कटाक्ष चला जाता है उधर ही कम्पित संसृति बन जाती है और चेतन परमाणु बिखरकर बनते एवं विलीन होते हैं। इस भाँति प्रसाद ने इस प्रतीकात्मक नृत्य द्वारा सृष्टि, स्थिति, संहार, तिरोभाव तथा अनुग्रह की ताल एवं लय को प्रकट किया है। 'प्रकृति' एवं 'पुरुष' के पाशमुक्त सम्बन्धों का साक्षात्कार है। यह चित्रांकन आद्यन्त प्रतीकात्मक एवं आध्यात्मिक है।

● 'प्रकृति' का ही एक भीषण एवं रौद्र रूप चिन्ता सर्ग में जलप्रलय के रूप में अंकित हुआ है। इसकी सौन्दर्यदार्शनिक भूमि सांख्यदर्शन वाली है। कवि ने खुद ही इसे 'पंचभूत का यह तांडव मय नृत्य' और 'अनस्तित्व का धू-धू करते हुए नाच रहा तांडव नृत्य' कहा है। 'अति विराट आलोड़न' और 'अति भैरव जलसंघात' की संज्ञाएँ देकर कवि ने इसे अंकित किया है। अतः इसमें रमणीयता की सृष्टि, समन्वय की ताल एवं लय, और विराट का रहस्य, ये तीनों ही सौन्दर्यविधायक तत्त्व विलीन हुए हैं। यह बात रेखांकित कर लेनी चाहिए। इस चित्रण को कुछ धारणाओं के आधार पर उभारा गया है : (क) सांख्य दर्शन के अनुसार पंचभूतों की प्रलयावस्था; (ख) देव यजन के पशु-यज्ञों की पूर्णाहुति की ज्वाला का प्रलय सिन्धु की लहरियों में रूपान्तर; और (ग) भयानक तथा रौद्र का सौन्दर्यबोधानुभव। इस वर्णन द्वारा कवि के रचनाशिल्प का यह भेद खुल जाता है कि रमणीय सौन्दर्य के विधान में ताल एवं लय को तोड़ देने पर पहले तो सब कुछ बिखर जाता है; और इसके बाद इसी अस्तव्यस्तता (केओस) को भीषणता, क्रूरता, गर्जन, क्रन्दन, कठोरता, आदि के बोधों से जोड़ देने पर भयानक एवं रौद्र का सहकार निर्मित हो जाता है। क्योंकि कवि ने जलप्रलय का वर्णन किया है अतः उसे समुद्री पटल लेना पड़ा है। भीषणता और क्रूरता का ताना-बाना बुनने के लिए कवि ने सिन्धु, जलधर, पवन, लहरियों, उल्का, बिजलियों, ज्वालाओं और कुलिशों का उपयोग करके इनके कठोर, क्रूर, भयानक और विध्वंसक कर्मों-धर्मों को उचित शब्दों की भावमैत्री के द्वारा प्रेषित किया है। इस वर्णन में क्षितिज तट के जलधर उठते हैं, गरजती सिन्धु लहरियाँ कुटिलकाल के जालों-सी फन फैलाए ब्यालों सी चली आती है, अति भैरव जल संघात बढ़ता है, उदधि अखिल धरा को डुबाकर मर्यादाहीन हो जाता है। इसमें धरा धँसकती और कँपती है, व्यस्त महाकच्छप-सी धरणी विकल होकर ऊभ चूभ करती है, तलवासी विकल जलचर उतराते हुए निकलते हैं। इसमें झंझा के झटके चलते है, क्रूद्ध सिन्धु के सबल तरंगाघातों से धरणी विकल होती है, प्रलय पवन तरल तिमिर का आलिंगन करता है, प्रबल थपेड़े लगते हैं, पवनों के घनीभूत हो उठने से श्वासों की गति रुद्ध हो जाती है। इसमें कठिन कुलिश चूर होते हैं, दिग्दाहों से धूम उठते हैं, सघन गगन में भीम प्रकम्पन होता है, शंपाओं के शकल निपात होते हैं, उल्काएँ खोया प्रात खोजती हैं,

ज्वाला धधकती है, ज्वालामुखियों के निश्वास उठते हैं, करका क्रन्दन करती हुई गिरती है, असंख्य चपलाएँ नचती हैं ज्यों विराट बाड़व ज्वालाएँ खंड-खंड होकर रोती हों। इसमें अश्रुमय हलाहल नीर बरसता है, क्रन्दनमय हाहाकार होता है, बार-बार क्रूर भीषणरव होता है, उस भीषण रव से धरती कँपती है, सिन्धु लहरियाँ गिर जाती हैं, ज्वालामुखी निश्वास लेते हैं और इस 'विराट आलोड़न' में तारा बुद्बुद् से लगते हैं। सारांश में, इस वर्णन प्रणाली में उचित शब्द-चयन, और एक ही वस्तु या तथ्य की अनेक प्रकार से पुनरावृत्तियाँ भी वांछित प्रभाव उत्पन्न करती हैं। रचनाशिल्प के अन्तर्गत हम ताल एवं लय के सायास तोड़ने, तथा शब्दों को विषम सन्दर्भों में जड़ने के कौशलाभ्यास को बता ही चुके हैं।

इसी के कंट्रास्ट में हम ताल और लय, एवं लीला और क्रीड़ा युत मुग्धा (नायिका) रजनी के प्रति सम्बोधनात्मक वर्णन ले सकते हैं (आशा सर्ग)। इसमें चंचल क्रियाओं की चपल लावण्यलीलाएँ अंकित हुई हैं। यह वर्णन माधुर्यगुण और मधुर भाववाला है। यह हँसती हुई, खिलखिलाती हुई, मुसक्याती हुई, हाँफती हुई पगली और मतवाली रजनी है। यहाँ कवि ने 'भोली भाली छवि' की चपलता का बड़ा मनोहर अंकन किया है। यह मुग्धा जैसी रजनी कामना की सुनहली साड़ी फाड़कर प्रतीप हँसती है, किसी टोने को पढ़ती हुई चूम-चूमकर चली जाती है, समीर के मिस हाँफती हुई-सी किसी के पास चली जाती है, विकल खिलखिलाती है जिससे तुहिन कणों, फेनिल लहरों में अन्धेर मच जाती है, घूँघट उठाकर किसी को देखकर ठिठकती-मुसक्याती आती है, रजत कुसुम के नव पराग की इतनी धूल उड़ा देती है, अपने आँचल को नहीं सँभाल पाती, और अकिंचन जगत इसकी भोलीभाली छवि लूट लेता है। इस वर्णन में केवल सुन्दर भोली हँसी की चपल लीला का ही कवि ने अनेक संचारी बिम्बों से चित्रित किया है। केवल एक अनुभूति को उभारने की दृष्टि से यह सर्वोत्तम साक्षात्कार है। सहज और स्वाभाविक ! कितना छोटा-सा लुभावना फलक है प्रकृति के 'व्यक्त' होने का ! वस्तुतः यहाँ सुकुमार मार्गी कवि ने रमणी के हास्य के लालित्य बोध को उपच्छायित किया है। मधुर हास के माध्यम से भोलेपन, मतवालेपन, उत्कंठा, उद्विग्नता आदि की सूक्ष्म संवेदना को छुवा गया है। सूक्ष्मता और बारीकी की दृष्टि से यह कवि के कामबाल के विभववाले सौन्दर्य-वर्णन (श्रद्धा सर्ग) की बराबरी का है।

कवि के सुकुमार-मार्ग के बीच में वासना सर्ग के अन्तर्गत कुछ खंडचित्र मिलते हैं जिन्हें कालिदासीय अबोधपूर्वा स्मृति और पर्युत्सुकी भाव की भूमि पर अंकित किया गया है। यह चित्रांकन हमें आगे कवि के उस रमणीय सौन्दर्य के कृतित्व के सिद्धान्त की ओर ले जाता है जिसमें काम की लालसा और रति की लज्जा की कान्त मैत्री कराई गई है, रमणीयता और लोकोत्तरता का अन्वयन किया गया है, एवं काम तथा रति के मिलन की भाँति सृजन की लीला तथा सृष्टि का मिलन कराया गया है। इन वर्णनों में वासना की मधुर छाया सौन्दर्य का ज्योत्स्ना-निर्झर बन जाता है। इसमें अपरिचित रमणीयता के रहस्य को परिचित सौन्दर्य की कामना (वासना) तथा धीरता के सृजनात्मक

स्वप्न शासन से मिलाया गया है। काम तथा रति से रूपान्तरित होकर मनु तथा श्रद्धा देवदारु-निकुंजों में चाँदनी में घूमने निकलते हैं। माधवीयामिनी में माधवी की गंध और माधुरी छाया में माधव का सरस कुतूहल दोनों का परस्पर समर्पित करा देता है। यह संकेतात्मक चित्रण है जो अप्रस्तुत-प्रशंसा जैसा मनु-श्रद्धा के अप्रस्तुत भावोपमानों का स्थान ले लेता है। हम इस नई प्रणाली को उद्दीपन कहने में हिचक रहे हैं। यहाँ अवचेतन व्यापार भी अन्तर्निहित हुआ है। यहाँ जो सरल हँसमुख चन्द्रमा छोटे जलद खंड के रथ को सजा कर चला आता है। वही आगे प्रणय-विधु होकर खड़ा हो जाता है नभ में तारक हार लेकर। यहाँ पहले जिस श्रद्धा रूप ज्योत्स्ना-निर्झर की शोभा के सामने मनु की आँखें नहीं ठहरतीं, वही ज्योत्सना होकर देवदारुओं के निकुंजों में निकल जाती है, और वही विमल राका मूर्ति बन जाती है। यह राका मूर्ति 'विभव मतवाली प्रकृति' है। श्रद्धा मनु से कहती है कि वे कुछ मत कहें, कुछ न पूछें और केवल मौन राका-मूर्ति को देखें। यह विमर्श (सजेशन) है जो मनु को श्रद्धा से मिलन के लिए अधीर बनाता है। प्रणय बिधु तारक हार लिए हुए उनकी प्रतीक्षा करता है। इस तरह विधु और ज्योत्स्ना, मनु और श्रद्धा, काम और रति, वासना और लज्जा के चारों युगल समानान्तर संग्रथित हो गए हैं। वस्तुतः इन चारों युगलों का अलग-अलग रूपायन, या चारों का एक साथ एक में रूपान्तरण करना एक सौन्दर्य तत्त्वसिद्ध और रचनाकौशलसिद्ध कवि का कार्य है। इस विलक्षण और अपरिचित मेल के द्वारा कवि प्रसाद ने अपनी सौन्दर्यबोधशास्त्रीय गरिमा का चरमोत्कर्ष प्राप्त कर लिया है। सौन्दर्य-तत्त्व की दृष्टि से हम इसे एक रिनैसाँई उपलब्धि मानते हैं क्योंकि इसी समीकरण पर 'कामायनी' के काम, वासना और लज्जा नामक तीनों श्रेष्ठ सर्गों की सृजनप्रक्रिया तथा प्रतीक-गाथा के सभी सूत्र खुल पड़ते हैं।

'प्रकृति' तत्त्व का अन्तिम अभिधान आनन्द सर्ग में हुआ है जहाँ 'प्रकृति' विश्वसुन्दरी प्रकृति और 'पुरुष' पुरातन पुरुष हिमालय हो जाता है (वह चन्द्र किरीट रजत नग स्पन्दित-सा पुरुष पुरातन)। यहाँ प्रकृति अति उज्ज्वलतम पावन तीर्थ है। यहाँ चिन्ता सर्ग वाली पाषाणी प्रकृति मांसल हो जाती है, जल एवं हिम से ढँका हिमालय पुरुष पुरातन की तरह स्पन्दित हो उठता है, और पंचभूतोंवाली प्रकृति 'लय' होकर कल्याणी प्रकृति के रूप में हँस उठती है। यहाँ चिन्ता सर्ग की प्रलयमयी प्रकृति के बजाय लासरास निरत प्रकृति का संदर्शन है। लास्य गौरी का नृत्य है, और रास राधा का। इस तरह यह 'लासरास' एक शैव वैष्णव नृत्य का समन्वय है जिसमें 'महाभोग' और 'महाभाव' का समन्वय है। दर्शन सर्ग के आनन्द तांडव की तरह ही विश्व सुन्दरी कल्याणी प्रकृति का यह लास रास भी बेहद आध्यात्मिक एवं प्रतीकात्मक है। कुछ लोग इसे मधुमती भूमिका बताते हैं तो कुछ लोग सदाशिव तत्त्व की इच्छा शक्ति का प्राकृतिक रूपान्तरण। रहस्य सर्ग में त्रिपुर-एकीकरण को करनेवाली श्रद्धा त्रिपुरसुन्दरी (कामकला) की तरह महाकाल के विषम नृत्य को शान्त करती है जिससे श्रद्धायुत मनु तन्मय हो जाते हैं। आनन्द सर्ग की विश्वसुन्दरी 'प्रकृति' से चेतना पुरुष का मिलन आनन्द शक्ति तरंगायित करता है (चिरमिलित प्रकृति से पुलकित वह चेतन पुरुष पुरातन; निज शक्ति

तरंगायित था आनन्द अम्बुनिधि शोभन)। यह शैवाद्वैत शब्दावली में शिव-शक्ति की अद्वैतावस्था है। हम यहाँ कवि के ही प्रतीकों को समझें : कामायनी विश्व-चेतना है जो पूर्ण काम की प्रतिमा है; और प्रकृति विश्वसुन्दरी है जो मानसी गौरी है। सारांश में, यहाँ प्रकृति लोकमंगल की सिद्धावस्था के आनन्द का अखंड अनुभव है। इस अनुभव में सौन्दर्य ही साकार हो गया है। यहाँ काम और वसन्त एकरूप हो गए हैं। यह कवि के समग्र काम दर्शन का निष्कर्ष है। तो, ऐसी प्रकृति में विश्व-कमल के अणु-अणु क्षण भर में परिवर्तित हो गए। यदि काम सर्ग में जीवन-वन में वसन्त-महोत्सव है, तो इस सर्ग में विश्व-कमल का (वसन्त में) आनन्द महोत्सव है। यहाँ बहता हुआ मधुर गंधवह असंख्य मुकुलों का मादन विकास कर आया है तथा उनके अछूत अधरों का चुम्बन भर लाया है; यहाँ बल्लरियाँ नृत्यनिरत हैं और सुगंध की लहरें बिखर रही हैं, मदमाते मधुकर नूपुर-से गूँज रहे हैं और वाणी की वीणा बज रही है; यहाँ उन्मद माधव मलयानिल दौड़े आ रहे हैं, हिमखंडों से टकराकर समीर अति मधुर मृदंग बजा रहा है, जीवन की मुरली बज रही है तथा कामना संकेत बनकर मिलन की दिशा बतला रही है; और वहा रश्मियाँ अप्साराएँ बन गई हैं तथा हिमवती पाषाणी प्रकृति मांसल सी हो गई है। वह यह लासरास रचा रही है। इस तरह यह सम्पूर्ण चित्रांकन विश्व सुन्दरी प्रकृति का 'लासरास' हो जाता है (कवि साक्ष्य के अनुसार) यह लासरास ही सुन्दर को साकार बना देता है, तथा अन्ततोगत्वा जड़ या चेतन को समरस कर देता है। इस लासरास में नृत्य, गान, संगीत आदि के साथ मिलन पर्व का रंगसंग्रह है। 'प्रकृति' के साक्षात्कारों के क्रम में यह 'लासरास' कवि की मौलिक तथा अन्तिम संरचना है।

● सबसे अन्त में देवसृष्टि (संस्कृति) तथा मानव सृष्टि के दो विवरणात्मक आख्यान बच रहते हैं।

चिन्ता एवं काम सर्ग में आए देवसृष्टि के वर्णन में मूलतः उनके उन्मत्त विलास, केलि-क्रीड़ाओं, सुखभोग, शक्तिकेन्द्रता आदि की सौन्दर्यबोधात्मक आलोचना है। तदपि यह केलिक्रीड़ाओं, काम रहस्यों और ऐन्द्रियिक शृंगार का एक काव्यात्मक कामसूत्र-खंड हो गया है। फतह सिंह ने इस वर्णन में संस्कृत की पौराणिक एवं क्लासिकल रचनाओं की छायाओं का भी निर्देश किया है। हम इसमें लालित्य-योजना की मीमांसा करेंगे। इस संसृति में तृष्णा विकसित करनेवाले 'काम', तथा तृप्ति दिखानेवाली 'रति' को मिलन से आनन्द के सम्भाव्य अनुभव के स्वरूप को संकेतिक किया गया है। किन्तु अमर देवताओं के सौन्दर्यबोध में विनोद और विलास की नित्यता को कवि ने आद्योपरान्त रेखांकित किया है। कवि ने यह भी निर्दिष्ट किया है कि इस देव-सृष्टि की रानी रति थी (लज्जा सर्ग)। अतः विलास और विनोद इस वर्णन की सैद्धान्तिक आधारभूमियाँ हैं। इस सृष्टि में काम देवताओं को उन्मत्त बनाता था, उनका सहचर था, उनके विनोद का साधन था और उनका कृतिमय जीवन था। इस सृष्टि में रति सुरबालाओं के मन को सुलझाती थी, उनको तृप्ति दिखाती थी, वह रागमयी और मधुमयी थी। लेकिन कीर्ति, दीप्ति, शोभा के साथ केन्द्रीभूत सुख (दुख का नाम नहीं) तथा शक्ति ने उस सृष्टि का

विनाश कर दिया। यज्ञों की ज्वाला और वासना की सरिता ने उस सृष्टि को समाप्त कर दिया। इस सौन्दर्यतात्त्विक चिन्तन के आधार पर कवि आगे बढ़ता है। वह सुरबालाओं का शृंगार बखानता है। उनके कंकण क्वणित और नूपुर रणित थे, उनकी छातियों पर हार हिलते थे, उनके कपोलों पर कल्पवृक्ष का पीत पराग लेपित रहता था, उनके अरुण वदन सुरा सुरभि मय थे और वे कलरव से मुखरित रहती थीं। उन सुरबालाओं की हँसी उषा सदृश और यौवन ज्योत्सना-सा था। वे मधु सदृश निश्चिन्त विहार करती थीं। उनके सुरभित अंचलों में जीवन के मधुमय निश्वास चलते थे। इसी तरह देवता चिरकिशोर वयवाले और नित्य विलासी थे। उनकी सृष्टि में मधुपूर्ण अनन्त वसन्त था। वे कुसुमित कुंजों में पुलकित प्रेमालिंगनों में लीन रहते थे, मूर्छित तानों और बीनों में खोए रहते थे, सुरबालाओं के कपोलों पर उनके सुख की सुरभित भाप पड़ती रहती थी, उनके भुज-मूलों में सुरांगनाओं के खोले गए शिथिल वसन और उनके अंग सधे रहते थे। देवसृष्टि के उस अनन्त वसन्त में दिगन्त सौरभ से पूरित रहता था तथा अनंग पीड़ा के अनुभव से अंग-भंगियों का नर्तन चला करता था। कवि ने इस चित्रण में प्रधान रूप से नयन और कपोल, चुम्बन और आलिंगन के माध्यम से केलि के उत्तेजक संकेत दिए हैं। यह विनोद विलास कुसुमित कुंजों और रत्न-सौध के वातायनों में घटित कराया गया है। मूल रूप से इसमें अंग-भंगियों का नर्तन प्रदर्शित हुआ है। कवि के उपर्युक्त वर्णन की सामग्री इस तरह-विभक्त है।

इसी धारा में कवि ने स्वप्न सर्ग में मानव सृष्टि का वर्णन किया है जिसका केन्द्र नगर है। यहाँ काम एवं रति के युगल के बजाय श्रम एवं संघर्ष का द्वन्द्व-संयोग है। यहाँ देवताओं के स्वर्ग के बजाय मनु (मनुष्य) के नगर का निवेश है। यह निवेश थोड़ा-बहुत संस्कृत काव्य-नाटकों के नगर-वर्णनों, तथा 'मानसोल्लास' 'समरांगणसूत्रधार', आदि में विहित पुर निवेशों जैसा भी प्रतीत होता है। इतिहासकार प्रसाद ने इस आधुनिक नगर का निर्माण भी मूलतः मध्यकालीन बोध से किया है। इसके कुछ कारण ध्यातव्य हैं : मिथकीय कथापटल में वे इतिहास से आगे के समसामयिक पटल को (मूर्त रूप में) नहीं लेना चाह रहे हैं और इसी वजह से दर्शन सर्ग से दार्शनिक मध्यकालीनतावाद की ओर प्रयाण कर जाते हैं, आधुनिक पुर-निवेश आधुनिक बिम्बों और उपमानों की अपेक्षा करेगा जिसके लिए निराला और पंत तो प्रस्तुत हो रहे थे किन्तु प्रसाद नहीं, इससे उनके जीवनपर्यन्त के सौन्दर्य-बोध में क्रान्ति हो जाती।

पहले इसका निर्माण चरण है जिसमें सामूहिक सहयोग, उत्पादन और सुख-साधन की हलचलवाले बिम्ब हैं। इस नगर का विन्यास स्वचेतन प्राणी अपनी कुशल कल्पनाएँ करके करते हैं। यहाँ सभी सुन्दर सहयोगी हैं, जिनको सम्मिलित प्रयत्नप्रथाओं (सामूहिक कर्म-व्यवस्थाओं) से नगर की समृद्धि (श्री) निखरी दिखती है। यहाँ प्रगति बहुत तेज है जिससे देश-काल का लाघव हो रहा है, मनुष्य सुख साधन (जिन्सों के उपभोग के साधन) एकत्र कर रहा है। इसके लिए परिश्रमी और बलवान मजदूर बसुधा तल की धातुएँ आदि खोदकर निकाल रहे हैं, पसीने में डूबे खुशहाल किसान खेतों में हल चला

रहे हैं तथा कारीगर धातुओं को गलाकर आभूषण और अस्त्र बना रहे हैं। इस नगर में श्रम के आधार पर वर्गों को बाँटा गया है जिससे मजदूर किसान व्यापारी (व्यवसाय), बुद्धिजीवी (ज्ञान) अपने हितों (उपाय) से संगठित हैं। इस नगर के सांस्कृतिक जीवन में विविधता है। कहीं साहसी लोग मृगया के आहार लाते हैं, कहीं घन के आघातों से रोषभरी प्रचंड ध्वनि होती है, कहीं रमणी के मधुर कंठ से हृदय की मूर्च्छना ढलकती है, कहीं रमणियाँ पुष्पावलियाँ चुनती हैं और गंध चूर्ण का प्रसाधन करती हैं। इस तरह शृंगार प्रसाधन और आर्थिक उत्पादनों के द्वारा मनुष्यों का यह नगर स्वावलम्ब की दृढ़ धरती पर खड़ा है जहाँ उस प्रकृति का डर नहीं रहा जिसने विलासी तथा निष्क्रिय देवताओं की सृष्टि का विनाश कर दिया था। यहाँ शक्ति केन्द्रित न होकर विभाजित है। यह वर्णन पर्याप्त आधुनिक-सा है।

दूसरे चरण में श्रद्धा इस आश्चर्यलोक को देखती है। अब यह नगर निर्मित हो चुका है जहाँ निर्माण की हलचल नहीं है। इस नगर की प्राचीरों में मन्दिर द्वार बने हैं और जगह-जगह वर्षा शिशिर धूप में छाया के साधन सम्पन्न हुए हैं। सिंहद्वार के भीतर से प्रहरियों का पहरा है। यहाँ ऊँचे स्तम्भों पर वल भी युत रम्य प्रसाद बने हैं, धूम और धूम से सुरभित गृह हैं जिनमें आलोक शिखाएँ जलती हैं और भवन स्वर्णकलशों से शोभित हैं। इन भवनों के अन्दर उद्यान हैं जिनमें घने लताकुंज हैं जिनके बीच-बीच में ऋजु प्रशास्त पंथ बने हैं। इन कुंजों में गलबाहीं देते हुए प्यार भरे दम्पती विहार कर रहे हैं, रसीले मधुप गूँज रहे हैं, देवदारुओं की लम्बी भुजाओं में वायुतरंग उलझ जाती है और उनमें सुन्दर बाल विहंग मुखरित आभूषणों से बज उठते हैं। इन कुंजों की नागकेसरों की क्यारियों में अन्य बहुरंगी सुमन भी खिलते हैं। यह एक प्रासाद का वास्तुशास्त्र है। इसके बाद एक ऐसे ही प्रासाद में श्रद्धा चषक लिए हुए मनु को देखती है जिन्हें इड़ा आसव ढालकर पिला रही है। एक नवमंडप में सिंहासन है जिसके एक ओर चर्ममढ़े कई मंच रखे हैं और शैलेय-अगरू की धूमगंध आ रही है।

सारांश में सारस्वतनगर के पहले चरण में निर्मित होता हुआ समग्र पुर अंकित है और दूसरे चरण में एक पूर्ण निर्मित प्रासाद में नागरक की कामसूत्रीय दिनचर्या। दूसरे चरण में मूलस्वर देवसंस्कृति के सुख और विलासवाला ही है। हम देखते हैं कि सारस्वत नगर के सौन्दर्यात्मक विधान में प्रधानतया बड़े वास्तु बिम्ब है और रहस्यरम्य प्रकृति के बजाय मानव-निर्मित कुंज। इन वर्णनों में अलंकारों की छटा नहीं है बल्कि मानवीय श्रम, कर्म तथा प्रणय-व्यापार अंकित है। अस्तु।

● इस तरह 'कामायनी' में 'प्रकृति' और 'मानव' के सौन्दर्य-साक्षात्कार की प्रणालियों का विश्लेषण पूर्ण होता है। निष्कर्ष रूप में हम कह सकते हैं कि इनमें कवि के कुछ मूलाधार उद्घाटित हो गए हैं : (1) 'प्रकृति' तत्त्व को ताल एवं लय, लीला एवं क्रीड़ा, नृत्य एवं प्रलय के तत्त्वों से अन्वित किया गया है, (2) सौन्दर्य को अनन्त रमणीयता तथा मानवकृत चेतन सौन्दर्य के बोधों से उभारा गया है, (3) वर्णन में उत्प्रेक्षाओं और अनुप्रासों का सहारा लेकर एक रूप के बिन्दु से सहकारी रूपकों की रेखा

खींची गई है, (4) एक केन्द्रीय भाव (रजनी की हँसी, सारस्वत नगर का श्रम, देवसृष्टि का विलास) के इर्दगिर्द भावलहरियों की लएँ स्वरित हुई हैं, (5) कई दृष्टिपथों (पर्स्पेक्टिव्ज़) से वर्णन के प्रयोग किए गए हैं, (6) फान्तासियों (आनन्द तांडव, त्रिदिक विश्व, विश्वसुन्दरी प्रकृति) का ललित और अलौकिक आश्चर्य-विन्यास हुआ है, (7) क्लासिक काव्य नाटकों तथा उपजीव्य पुराण आगमों आदि के प्रभावों का अनुप्रवेश हुआ है, (8) छायावादी बोध की सौन्दर्यचर्या, मधुचर्या, व्यक्ति-व्यथा का तीव्र समुपरंजन हुआ है, (9) ऋचात्मक उन्मेष और रहस्यात्मक कुतूहल के द्वारा सामूहिक अवचेतना का भावन हुआ है, तथा (10) ये साक्षात्कार कवि की अन्तर्मुखी सृजन-प्रक्रिया की बुनावट और इन्द्रजाल को भी उद्घाटित करते हैं।

6 'मनस्तत्व' बनाम मनोविज्ञान

'मनस्तत्व' से हमारा व्यापक अभिप्राय वह दर्शनात्मक मनोविज्ञान है जो आध्यात्मिक भी है, और जो शैवाद्वैत (प्रत्यभिज्ञा), सांख्य तथा वेदान्त की पारिभाषिक शब्दावलियों में निवेदित हुई है। 'मनोविज्ञान' से हमारा प्रयोजन पात्रों और घटनाओं के अन्तर्सम्बन्धों-अन्तर्सन्घातों से उत्पन्न चरित्र, व्यक्तित्व और मनुष्य के स्वभाव का आधुनिक विश्लेषण है। हम यह नहीं कहते कि मध्यकालीन दार्शनिक मनोविज्ञान पूर्णतः गलत थे। हमारा मत है कि शाश्वत दार्शनिक प्रत्ययों पर आरूढ़ होने के कारण वास्तविक स्थिति का विश्लेषण नहीं करते थे, और समाज एवं पर्यावरण के प्रभावों की उपेक्षा करते थे। 'कामायनी' में मनस्तत्व तथा मनोविज्ञान के ध्रुमन्तों ने काफी जटिलताएँ उत्पन्न की हैं। इसीलिए हमने इन दोनों के अन्तर्विरोधों को बरकरार रखा है।

मूल रूप से मनस्तत्व 'मन' का विषय है। मन को चैतन्य एवं चिदात्मक दोनों ही रूपों में स्वीकार किया गया है। इसलिए अद्वैतवादी दर्शन चैतन्य को केन्द्र में लेते हैं, तो प्रमात्मक दर्शन चित्त को। शैवाद्वैत में विश्व को भी परमशिवात्मक माना गया है और उसमें प्रकृति-पुरुष का प्रतीकात्मक ढाँचा भी स्वीकृत हुआ है। इसलिए 'कामायनी' में शुरुआत अव्यक्त (अशुद्ध) प्रकृति से होती है, और समापन शिव-शक्ति के सामरस्य में। अतः हम प्रत्यभिज्ञा और अन्तःकरण को केन्द्र में रखकर इसका निरूपण करेंगे।

सभी (मध्यकालीन) आध्यात्मिक दर्शनों का तार्किक संयंत्र (लाजिकल स्ट्रक्चर) कतिपय केन्द्रीय धारणाओं पर टिका है : (i) मरणशील मनुष्य की सीमित चेतना के ऊपर एक अतिरिक्त शाश्वत चेतना का आरोप जिसे आत्मा, प्रकाश, चैतन्य, चिति आदि कहा गया है; (ii) जगत के कार्यकारणों की प्रमाण एवं परिमाणपरक शृंखला के ऊपर एक पारलौकिक 'आदि कारण' अर्थात् 'ब्रह्म' या 'पुरुष' या 'शिव' का प्रक्षेपण जो मोक्ष, स्वर्ग, अमरता, सृष्टि, प्रलय, मृत्यु आदि का अन्तिम कारण हो और प्रभा, प्रमाण, लोक प्रत्यक्ष, ज्ञान, भ्रम आदि से परे हो; तथा (iii) नित्य प्रत्ययों की रचना के लिए देश के अक्ष को तोड़कर शुद्ध वस्तु प्राप्त करना, काल के अक्ष को तोड़कर कार्य-कारण क्रम से मुक्त शाश्वत चमत्कार पूर्ण और अपरिवर्तनशील को प्राप्त करना,

व्यक्ति के अक्ष को तोड़कर अमूर्त एवं पूर्ण मानव की धारणा का अभिधान करना; और (iv) जागरणता (वेकफुलनेस) एवं श्रम के अक्ष को तोड़कर सुसुप्ति, समाधि, तन्द्रा आदि में अद्‌भुत एवं प्रकाश्य रहस्यात्मक अनुभव को जाग्रत एवं कर्मरत अवस्था के ज्ञान से अधिक महान एवं सत्य मानना। सभी भारतीय आदर्शवादी दर्शनों का तार्किक यंत्र इसी तरह का है। 'कामायनी' में उपच्छायित प्रत्यभिज्ञा दर्शन भी इसी भाँति का यथार्थवाद एवं भौतिकतावाद का विरोधी है। हम अनापेक्षित दार्शनिक व्याख्याओं के अप्रासंगिक विस्तारों में नहीं जाएँगे। हम मूलतः 'कामायनी' के सन्दर्भवाले अंश ही लेंगे। हमारा अधिकांश आग्रह तो मनोविज्ञान पर होगा।

भारतीय दार्शनिक मनोविज्ञान की मूल लौकिक भित्ति 'मन' है। मन अन्तःकरण का एक अंश है, तथा अन्तःकरण भी। मन से ही ज्ञान (काग्निशन), भावना या अनुभूति (फीलिंग) और संकल्प (विलिंग) उद्‌भूत होते हैं। इसका विशिष्ट व्यापार संकल्प है।

शैवाद्वैत विशुद्ध आत्मदर्शन है जिसमें सांख्य की 'प्रकृति' एवं 'पुरुष' का द्वैत विलीन हो गया है। यह दर्शन जगत अर्थात् 'इदम्' को ऊर्ध्वमुखी करके (उपाय) 'अहम्' या चैतन्य में लीन करता है। अतः यह जगत तक का विधान सांख्य के अनुरूप मानता है। इसके ऊपर शिव (चित्) और उसकी शक्ति (आनन्द) का आरोपण होता चलता है। इस तरह सांख्य की 'प्रकृति' का उच्चतर रूप 'माया' हो जाता है जो शुद्ध (अद्वय) है। इसी क्रम में यह दर्शन सांख्य के 'पुरुष' (अर्थात् पंच कंचुकों में ढँके शिव) के ऊपर 'चित्त' तथा 'सद्‌विद्यारूप', 'ईश्वररूप', 'सदाशिवरूप' और अन्ततः शिवशक्तिरूप आरोपित करता है। इन शक्तिरूपों में शुद्धविद्या में अहं इदं की ऐक्य प्रतीति है (मैं = यह हूँ); ईश्वर में अहं गौण एवं इद्र प्रधान है (यह = मैं हूँ); सदाशिव में अहं प्रधान एवं इदं अस्फुट है (मैं हूँ); तथा शिवतत्त्व में परमशिव का अहंभाव है (मैं)। यह अन्तिम अवस्था अभेदतादात्म्य या सामरस्य की है। शक्तिभेद के अनुसार सद्‌विद्या रूप में क्रियाशक्ति, ईश्वररूप में ज्ञानशक्ति, सदाशिवरूप में इच्छाशक्ति, तथा परम शिवभक्तिरूप में चित्त एवं आनन्द शक्ति का सामरस्य है। इस भाँति शक्ति और आनन्द का मिलन हुआ है। 'कामायनी' में चिन्ता सर्ग से इड़ा सर्ग के मनु सांख्य के अनुसार 'पुरुष' हैं। इड़ा सर्ग में (संकुचित असीम अमोघ शक्ति) मनु सन्त पुरुष हो जाते हैं, दर्शन सर्ग में जब वे नर्तित नटेश को देखते हैं तब उनमें शुद्धविद्या रूप का उपाय उदित होता है। रहस्यसर्ग त्रिलोक-एकीकरण के साथ वे ईश्वर रूप हो जाते हैं और अहं गौण हो जाता है (महाशून्य में ज्वाला सुनहली सबको कहती 'नहीं नहीं-सी')। आनन्द सर्ग के पूर्ण चरण में मनु सदाशिव रूप होते हैं "(मानव कह रे ! 'यह मैं हूँ' यह विश्व नीड़ बन जाता !"); तथा परवर्ती चरण में चैतन्य एवं आनन्द का सामरस्य हो जाता है, एवं मनु चेतन पुरुष पुरातन हो जाते हैं–समरस थे जड़ या चेतन सुन्दर साकार बना था; चेतनता एक विलसती आनन्द अखंड बना था। इस तरह इड़ा सर्ग से मनु का अन्यापदेशिकरण (एलिगोराइजेशन) शुरू होता जाता है और उनमें पात्रत्व अंश पदानुपात विलीन होता चला जाता है। क्योंकि शैवागमों की भक्ति भी अद्वैतमूलक है, इसलिए मनु-'पुरुष'-शिव

होते हैं; और श्रद्धा-भक्ति हो जाती है। 'पुरुष' के पंचकंचुक (कला, नियति, काल, राग एवं विद्या) सांख्य सृष्टि के उत्प्रेरक होते हैं इसी के ऊपर परमशिव की पंच शक्तियाँ विश्वात्मा की अभिव्यक्ति करती हैं। इस दर्शन में 'परिणाम' शिव में न होकर शक्ति में होता है। इस आनन्दवादी रहस्यसाधना में इच्छा (सदाशिव), क्रिया (शुद्धविद्या) एवं ज्ञान (ईश्वर) की शक्तियाँ आनन्द एवं चैतन्य रूप भी होती हैं क्योंकि वे शुद्ध, अद्वय और प्रकाश रूप हैं। ये ऊर्ध्वमुखी हैं।

कवि ने इनका भौतिकतावादी एवं विषम स्वरूप रहस्य सर्ग के इच्छा, क्रिया एवं ज्ञान लोकों में चित्रित किया है। इन्हीं का घटनात्मक ऐतिहासिक स्वरूप कर्म सर्ग (इच्छा), इड़ा सर्ग (ज्ञान) एवं स्वप्न सर्ग (क्रिया) में निरूपित हुआ है। आनन्द सर्ग की समरसता के कंट्रास्ट में अकेले मनु और प्रजा की, जड़ और चेतन की, मनु के भोगवाद और सारस्वत प्रजातंत्र के विवेकवाद की विषमता का पूर्ण निरूपण हुआ है। इस तरह कर्म सर्ग से लेकर आनन्द सर्ग तक इच्छा-क्रिया-ज्ञान के जड़ एवं चेतन भेद उभारे गए हैं। इनके बीच में ही विषमता का निरूपण और समरसता का दिग्दर्शन भी जुड़ा हुआ है।

चिन्ता सर्ग से संघर्ष सर्ग तक सांख्य दर्शन के अनुरूप सृष्टि-तंत्र के संकेत मिलते हैं। यहाँ विभिन्न शिवशक्तिरूपों के स्थान पर 'प्रकृति' के व्यक्त रूप हैं। शैवागमों में प्रकृति माया में लीन होती है और परमशिव माया के पंचकंचुकों से अपनी अमोघ शक्ति को संकुचित कर लेता है। जिस तरह शिव की शक्तियों में 'परिणाम' होता है, उसी तरह प्रकृति (पुरुष के संसर्ग से) 'व्यक्त' होती है। प्रकृति भूत (मैटर) है जो व्यक्त होने पर सन्तुलन का परित्याग कर देता है अतः प्रकृति गतिशील शाश्वत भूत है और (अव्यक्त–) प्रकृति का स्वभाव ही सृष्टि है। पदार्थ का निहित धर्म नित्य न होकर परिवर्तनशील या 'परिणाम' है। अतः कार्य में ही बीजरूप कारण विद्यमान है। प्रकृति प्रधान 'कारण' है जो अचेतन (भूत) है। जगत का कारण प्रकृति है। जगत की प्रत्येक वस्तु तीन गुणों के अस्थिर संयोग से बनी है। व्यक्त अवस्था में इनमें वैषम्य होता है, जिससे महत् (बुद्धि) तदुपरान्त 'अहंकार' उत्पन्न हुआ। इस तरह प्रकृति से महत् से बुद्धि से अहंकार से मनस् से पंच ज्ञानेन्द्रियाँ और पंच कर्मेन्द्रियाँ उत्पन्न होते हैं। पंचमहाभूत (पृथ्वी, जल, अग्नि, वायु, आकाश) तथा पंचतन्मात्राएँ (शब्द, स्पर्श, रूप, रस, गंध) भी इसमें शामिल हैं।

सांख्य सृष्टि-तत्त्वों में बुद्धि-अहंकार-मनस् की त्रयी को 'अन्तःकरण' कहा गया है; और मन-पंच ज्ञानेन्द्रियों-पंचकर्मेन्द्रियों को 'मानस शरीर'। इस तरह 'मन' इन दोनों के बीच में स्थित है; मन अन्तःकरण भी है और मानस शरीर भी। अन्तःकरण के तत्त्वों में से बुद्धि निर्णय देनेवाली है, अहंकार चेतना देनेवाला (अभिमान धर्मा) है, और मन संकल्प-विकल्प करनेवाला है। मानस शरीर में मन जगत को रचने की शक्ति है। मन जैसी जगत-कल्पना करता है वैसा ही जगत निर्मित हो जाता है। अतः अहंभाव को ही जगत का बीज समझना चाहिए। ज्ञानेन्द्रियाँ 'आलोचना' करनेवाली हैं। मन आलोचन

पर संकल्प करता है। अतः मन के अभिमान का स्वरूप है : 'यह आलोचन और संकल्प करनेवाला मैं ही हूँ।' इसी मन के रूपान्तर से ही जागृति स्वप्न और भ्रम की अवस्थाएँ भी हैं। मन ही देहभाव धारण करके जगतरूपी इन्द्रजाल की सृष्टि करता है। अन्तःकरण के अन्तर्गत बुद्धि भूत, वर्तमान तथा भविष्य के विषयों का स्वरूप निर्धारित करती है, अहंकार इन्द्रियप्राप्त विषय के संस्कारों को अहंभाव से जोड़ता है, और मन भूत, वर्तमान तथा भविष्य विषयों को मिलाता और अलग करता है। अद्वैत वेदान्त में चित्त को चौथा अन्तःकरण माना गया है। चित्त का कार्य पूर्वानुभावों को याद करना है। सविकल्प प्रत्यक्ष में भी मन की संकल्पात्मक अनुभूति काम करती है। इस तरह ज्ञान अन्तःकरण का परिणाम ठहरता है। समग्र रूप में अन्तःकरण और मानस शरीर के व्यापार एवं तत्त्व 'मनस्तत्व' के अन्तर्गत आ जाते हैं जिनमें मनस् केन्द्र में होता है।

संकल्पात्मक मन का काम भावना है। सूक्ष्म मन भावना के दृढ़ होने पर स्थूल रूप धारण करता है। 'मैं कुछ हूँ' की भावना से मन में अहंभाव उदित होता है। ज्ञानेन्द्रियों के आलोचन और कर्मेन्द्रियों के कर्म से वह सूक्ष्म शरीर होता है। इसी तरह स्पन्दन करने के लिए प्राण का उदय होता है। तो, मनस्तत्व की ये ही प्रधान सीमाएँ और सम्भावनाएँ हैं।

'कामायनी' के आरम्भ में ही सुर-श्मशान की साधना करते हुए एक तपस्वी से तरुण पुरुष को पाते हैं जो भीगे नयनोंवाला है। नीचे खंडप्रलय का अवसान हो रहा है और 'अकेली' प्रकृति हँसती-सी पहचानी-सी हुई पुरुष की मर्म वेदना सुन रही है। यह 'प्रकृति' एवं 'पुरुष' का पहला दार्शनिक सम्बन्ध है। इसके पहले पंचभूतों के भैरव मिश्रण एवं तांडव नृत्य के फलस्वरूप प्रकृति महाभूत-सी हो चुकी थी। मनु भूत एवं वर्तमान के विषयों को मिलाते-अलग करते अर्थात् मनन करते हैं। फलतः उनमें इन्द्रियप्राप्त के विषय के संस्कार बनते हैं (चिन्ता करता हूँ मैं जितनी उस अतीत, उस सुख की; उतनी ही अनन्त में बनतीं जातीं रेखाएँ दुख की) यहाँ चिन्ता एवं मनन मनु की वृत्ति है जो संकल्प के ही संस्करण हैं। आशा सर्ग में इसी चिन्ता अर्थात् बुद्धि (बुद्धि मनीषा मति आशा चिन्ता तेरे हैं कितने नाम) के बाद ही–'प्रबुद्ध' होती हुई प्रकृति हँसती (व्यक्त होती) है। मनु पुरुष प्रकृति के विराट् महत् शक्तिचिन्हों (सविता, पूषा, सोम, मरुत, पवमान, वरुण आदि) के प्रति आदिम अध्यवसाय (हे विराट ! हे विश्वदेव ! तुम कुछ हो ऐसा होता भान) उद्‌बुद्ध होता है। इसके बाद ही मन में अहंभाव उत्पन्न होता है (मैं हूँ, यह वरदान सदृश क्यों लगा गूँजने कानों में) "मैं हूँ : मैं। हूँ" के ये संकेत जीवन की लालसा उत्पन्न कर देते हैं। इस अवसर पर समस्त प्रकृति सकर्मक हो जाती है और मनु में अनादि वासना नवीन होकर जागती है। अतः मनु (मन) जगत की सृष्टि की कल्पना करते हैं। श्रद्धा सर्ग में हम जगत को रचने की शक्ति के संकेत पाते हैं (काम एवं कर्म के माध्यम से)। काम सर्ग में काम मनु में संकल्प-विकल्प पैदा करता है (संकल्प भरा रहता है उनमें सन्देहों की जाली क्या है)। काम सर्ग में मनु की (मन की) भावना-के व्यापार माधवी निशा एवं मधुमय वसन्त के माध्यम से उन्मेष पाते हैं।

इसी सर्ग में उनमें ज्ञानेन्द्रियों का 'आलोचना' उद्‌बुद्ध होता है (चेतना इन्द्रियों की मेरी ही हार बनेगी क्या ?...पीता हूँ, हाँ मैं पीता हूँ यह स्पर्श, रूप, रस, गंध भरा)। यहाँ ही मन के रूपान्तर से स्वप्न अवस्था उद्‌भूत होती है जब स्मृतिरूप स्वप्न में काम के देश-काल विमुक्त स्मृति प्रबोध का उद्‌घाटन होता है। यहीं अनादि वासना की संस्काररूपा रति का उदय होता है और 'मूलशक्ति' उठ खड़ी होती हैं। जिससे सब परमाणु (पृथ्वी, जल, अग्नि, वायु, आकाश) बाल अनुराग लिए हुए दौड़ पड़ते हैं। यहाँ से कवि अन्तर में ही अव्यक्त प्रकृति के उन्मीलन की इच्छा का दृढ़ संकेत देते हैं। अतः परवर्ती वासना एवं लज्जा सर्गों में मनु (मनु) देहभाव धारण करके अन्तर्सृष्टि करते हैं। कवि ने इस सांख्य विधान में 'शक्ति' एवं 'कामकला' से परिपूरित शिव की अन्तर्सृष्टि वाला (चैतन्य) विधान भी यहाँ गड्डमड्ड किया है जिससे इसका मनस्तत्त्व तो खिसक जाता है लेकिन मनोविज्ञान और काव्यत्व अधिकाधिक झिलमिलाने लगते हैं। वासना सर्ग में (मूलतः मनोवैज्ञानिक ढंग से) मनु में अहं (इगो), ईर्ष्या (एन्वी), स्नेह (लव), अहंकार (विश्व में जो सरल सुन्दर हो विभूति महान; सभी मेरी हैं, सभी करती रहें प्रतिदान) आदि उत्पन्न होते हैं। यहीं मनोवैज्ञानिक अधीरता उदित होती है, अन्तर्द्वन्द्व के (संकल्प-विकल्पात्मक) मनोवैज्ञानिक आयाम भी पहली बार खुलते हैं जो कर्म में अन्तर्दाह, ईर्ष्या में विरक्ति, तथा संघर्ष सर्ग में संघर्ष होकर विराट् होते हैं। इसी सर्ग में कवि ने शैवाद्वैतवादी आनन्दधारा में 'विभव मतवाली प्रकृति' के चैतन्य का भी उन्मेष किया है। यहाँ मन आधुनिक मनोविज्ञानवाली चेतना (कांशसनेस) अधिक हो जाता है। लज्जा सर्ग में नारी की अन्तश्चेतना की लावण्यपूर्ण काव्यशास्त्रीय, सौन्दर्यबोधतात्त्विक एवं मनोवैज्ञानिक छायाएँ-मायाएँ उभरी हैं। इस तरह कवि के 'मनस्तत्व' का स्वयं ही शनैः शनैः मनोविज्ञान में रूपान्तर हो जाता है; तथा बुद्धि-अहंकार-मन वाला 'अन्तःकरण' शैवागमों की शक्ति-इच्छा-काम वाली 'कामकला' में बदल जाता है। कर्म से संघर्ष सर्ग की चेतना आधुनिक एवं कथात्मक है जहाँ मनु के लौकिक एवं सामाजिक चरित्र की रेखाएँ तथा रंग ज्यादा गाढ़े हैं। यहाँ मनु जो सृष्टि करते हैं वह शैव या सांख्य दर्शनों से अनुमोदित होने के बजाय बीसवीं शती की सामाजिक प्रक्रियाओं तथा कवि की रोमांटिक विचारधारा से अनुमानित हुई है। और दर्शन सर्ग से हम 'पुरुष' और 'माया' के शिव और शक्ति में उद्धारित होने का शैवाद्वैतवादी प्रतीक-रंगमंच पाने लगते हैं। इस रंगमंच में मनु मननशील मन से अधिक आनन्दधारा के उपासक साधक हो जाते हैं।

इस भाँति 'कामायनी' में मनस्तत्व (i) मानस शरीर की सृष्टि, (ii) अन्तःकरण की मूल वृत्ति, और (iii) साधक के क्रियोपाय, ज्ञानोपाय, इच्छोपाय (साम्भवमार्ग), आनन्दोपाय (अनुपायमार्ग) जैसे उपायों से संलग्न है। इस ढंग से व्यापक बनाकर ही हम इसे कृति में सूक्ष्म संकेतों द्वारा निरूपित होते हुए पा सकते हैं। इन तत्त्वों की कई आध्यात्मिक बारीकियाँ हो सकती हैं और कृति में ही चिन्हित मात्र हुई हैं। अतः वे मूल तत्त्वों की ही उपजीव्य हैं। हमें यह भी ध्यान रखना चाहिए कि महाकाव्य सांख्यदर्शन

अथवा शैवाद्वैतवाद की काव्य-संहिता नहीं है। इसमें ये दर्शन मात्र प्रतीकों और नए अर्थों तथा मानवीय स्थितियों की नवीन व्याख्याओं के लिए ही प्रयुक्त हुए हैं। इसलिए स्वयं कवि ने ही मनु को कथाचरित्र, मानवता के विकास का रूपक, मनुष्यता का मनोवैज्ञानिक इतिहास, तथा मनन का प्रतीक–इन रूपों में विन्यस्त करना चाहा है। अतः स्वभावतः 'मनस्तत्व' कुछ स्थलों एवं स्थितियों में संकेतित ही हुआ है। अलबत्ता इन चारों रूपों की अन्विति के कारण मनोविज्ञान के आयाम अधिक प्रचुर, सुन्दर और व्यक्तित्वोद्घाटक हैं। अतएव हम 'मनस्तत्व' से 'मनोविज्ञान' की ओर आते हैं।

'कामायनी' में मनोविज्ञान की भी कुछ सीमाओं की ओर पहले हम इशारा कर दें।

कवि सर्गों का नामकरण–चिन्ता, आशा, श्रद्धा, काम, वासना, लज्जा, कर्म (पांडुलिपि में, 'यज्ञ'), ईर्ष्या, इड़ा, स्वप्न, संघर्ष (पांडुलिपि में, 'युद्ध'), निर्वेद, दर्शन, रहस्य और आनन्द–अमूर्त एवं प्रतीक ढंग से किया है। इनमें से कुछ चित्रवृत्तियों के नाम हैं, कुछ कथा की घटना के केन्द्र हैं, कुछ दार्शनिक शब्द हैं और कुछ काव्यशास्त्रीय शब्द हैं। अतः इन नामों और नामरूपों में प्रधानतः कथा एवं विचार का तालमेल है। अगर हम सर्गों के आधार पर मनोभावों के विकासक्रम को भी लेने लगेंगे, तो यह बेहूदी बात होगी। चिन्ता सर्ग में ही बुद्धि (काग्निशन), भय, अहंकार, आशा आदि मिल जाएँगे। इसलिए हमें मनोभावों के क्रमशः उदित एवं विकसित होने के इतिहास के इन्द्रजाल में नहीं भटकना चाहिए। हरेक सर्ग में मूलप्रवृत्तियों (इंस्टिक्ट्स), मूलप्रवृत्तियों (एटीच्यूड्स), संवेदनाओं (सेंशेसंस), संवेगों (इमोशंस), चिन्तन (थिंकिंग), क्रियात्मकता (एक्टिविटी) आदि का अपना अपना भावन हुआ है। पात्र एवं परिस्थिति के परस्पर संघातों से ही मनोविज्ञान विकसित होता है, और कवि ने अपनी समझ में इन्हें यथास्थान प्रस्तुत किया है। अतः परिस्थितियाँ (सिचुएशंस) एवं आवेश (इम्पल्सेज़) ही मनोविज्ञान की सार्थकता को बताते हैं। कवि ने अपने निराले ढंग से सर्गों में मनोभावों के पैटर्न गढ़े हैं। उदाहरण के लिए चिन्ता के साथ निराशा, अवसाद, विस्मृति, भय, जड़ता की वृत्तियों को; आशा के साथ विश्वास, कुतूहल, जीवनी-इच्छा, सहानुभूति, संवेदना, उल्लास आदि को श्रद्धा के साथ अनुराग, समर्पण, दया, माया, मधुरिमा, उत्साह, सांत्वना आदि को; काम के साथ तृष्णा, आलस्य, मादकता, उन्माद, आकर्षण, अतृप्ति आदि को; वासना के साथ सुकुमारता, स्नेह, ईर्ष्या, क्रीड़ा आदि को; लज्जा के साथ मन की दुर्बलता, हृदय की परवशता, सात्त्विक अनुभावालकार, रोमांच, विलास, लीला, आदि को; कर्म के साथ हिंसा, सुख, प्रभुत्व, अहंपूजा, अभाव, आदि को; ईर्ष्या के साथ विरक्ति, पलायन, कर्मप्रेरकता आदि को इड़ा के साथ कर्मविवेक, बौद्धिक विश्लेषण, आत्मचिन्तन, सामाजिक व्यवहार आदि को; संघर्ष के साथ प्रतिशोध, आधिपत्य, स्वार्थ आदि को; निर्वेद के साथ शान्ति को, दर्शन के साथ फान्तासी में इच्छापूर्ति आदि को; रहस्य के साथ रहस्यात्मक अन्यापदेश के अविवेकशीलता को; और आनन्द के साथ रहस्यवादी अनुभव को सहायकों के रूप में निबद्ध किया गया है। यहाँ कोई विकासात्मक क्रम खोंजना भीषण गलती होगी।

'कामायनी' में श्रद्धा, मनु, इड़ा, रति, आशा, चिन्ता, मृत्यु आदि को मानवीकृत रूप में उन्मिषित करके कथाचक्र में चलाया गया है, तथा मनोविज्ञान में अन्यापदेशिकृत करके कहीं-कहीं उनके तत्त्वों एवं प्रकृतियों का अनुशीलन भी किया गया है। यहाँ हमें अन्यापदेश के मनोविज्ञान का सामना करना पड़ता है। अन्यापदेश में पहले तार्किक क्रम स्थापन (लाजिकल आर्डर) पहले बनाया जाता है, और संघटनाएँ उसमें बाद में भरी जाती हैं। व्यवस्था पहले, दृष्टान्त बाद में। इसकी तुलना में प्रतीक में अपूर्वकल्पित संघटनाओं और उदाहरणों में से ही सीधे तार्किक क्रमस्थापन हासिल किए जाते हैं। 'कामायनी' के सन्दर्भ में प्रतीक एवं अन्यापदेश के इस भेद पर नजर रखनी होगी। इस तरह अन्यापदेश के अन्तर्गत व्यष्टि (पर्टीकुलर) तो सामान्य (जनरल) का दृष्टान्त मात्र हो जाता है। इसीलिए कृति में मनु श्रद्धा और इड़ा के चारित्रिक पुनर्वास बड़ी मुश्किल से हो पाते हैं–टूटते बिखरते और द्वयता उत्पन्न करते हुए। अन्यापदेश में जो कर्ता (मनु) होता है वह हमेशा एक अवशनीय अधिकृति (कम्पलसिव पजेशन) में बँधा होता है। मनु यहाँ यज्ञ और काम के अवशनीय व्यवहार में बँधे हैं। मनु का उस पर नियंत्रण नहीं है। फलतः यह मनु को अविवेकगामी (इर्रेशनल) कार्यों की ओर मुखातिब करता है जो मनोविज्ञान के मानक में नहीं नापे जा सकते। मनु के सन्दर्भ में ज्वाला अवशता (कम्पलशन) हो जाती है। सारे काव्य में ज्वाला एक 'नियत बिम्ब' (idee fixe) है। इस ज्वाला का विन्यास कार्यकारण की शृंखला को बारम्बार तोड़ना है क्योंकि यह नियत बिम्ब यज्ञ की ज्वाला से वासना की ज्वाला और गुफा की काष्ठसन्धि की ज्वाला से भीषण युद्ध की ज्वाला में रूपान्तरित हो जाता है। अन्यापदेश में पात्र एवं घटनाएँ अलगाव (आइसोलेशन) को भी झेलती हैं। अतः समाज और इतिहास से अलग होकर ये अन्यापदेशों का ब्रह्मांड (कास्मॉस) रचती हैं। यहाँ पुरुष से लेकर शिव एक ब्रह्मांड, त्रिलोक यात्रा आदि इसका उदाहरण हैं। फलतः अन्यापदेश में आन्तरिक द्वन्द्व प्रबल हो जाया करते हैं जिसके लिए दुहरे, तिहरे प्लाटों की जरूरत पड़ती है। 'कामायनी' में इतिहास, रूपक, मनोविज्ञान के आयामों पर भी मूल प्लाट की यात्राएँ होती हैं। इसका परिणाम होता है अर्थभ्रान्ति (एम्बीवेलेंस)। कर्मसर्ग की अर्थभ्रान्तियाँ इसका उदाहरण हैं (श्रद्धा के उत्साह-वचन, फिर काम प्रेरणा मिल के; भ्रान्त अर्थ बन आगे आए बने ताड़ थे तिलके)। इस तरह आन्तरिक द्वन्द्व, तद्भूत अर्थ की...एवं दुहरे-तिहरे प्लाट–ये तीनों अन्यापदेश का मनोविज्ञान हैं। इसीलिए आशा, काम या रति या लज्जा (जो स्वयं में मनोवैज्ञानिक तत्त्व हैं) का पुनश्च मनोवैज्ञानिक आकलन...उत्पन्न करता है। हमने रसदर्शन की मीमांसा के प्रसंग में इस समस्या को साधारणीकरण द्वयता माना है। इसी अन्यापदेश के मनोविज्ञान के कारण जब इतिहास एवं संस्कृति के पटल क्षीण हो जाते हैं, तब कर्त्ता अन्यापदेशों के ब्रह्मांडीय क्रमस्थापनों का केन्द्र हो जाता है (अन्तःकरण में मनन केन्द्र, त्रिलोक में मध्यबिन्दु)। अतः चरित्र में शाश्वतता का यह संस्थापन विशिष्ट (पर्टीकुलर) के मनोविज्ञान को नुकसान पहुँचाता है।

'कामायनी' में काम का निरूपण कामकला के सन्दर्भों में हुआ है। लेकिन हम

इसकी मनोविश्लेषणात्मक मीमांसा भी कर सकते हैं। यहाँ ये दो दृष्टिकोण उलझनें अवश्य पैदा करते हैं। वासना सर्ग में अहंभय और अहंपूजा का अनूठा अन्तर्द्वन्द्व चलता है। इसी तरह लज्जा सर्ग में रति नारी का अवचेतन, एवं लज्जा उसका चेतन बनकर बड़ी अनुपम मनोवैज्ञानिक छायाओं में संगठित होते हैं। काम के ही वासना, आकर्षण, सौन्दर्य, उत्तेजना, मादकता, लज्जा, स्नेह आदि में निरूपित होने के प्रकरण एक उत्तम मनोवैज्ञानिक कोष रचते हैं। लेकिन हमें साथ-साथ इनके मिथकीय प्रत्याख्यानों पर भी नजर रखनी होगी।

इन प्रत्याख्यानों में मिथकें गुँथी हैं। मिथक और मनोविश्लेषण का गूढ़ सम्बन्ध है। मिथक मानवता के शैशव के, आदिम मनुष्य के अवचेतन के उद्घाटन हैं। 'कामायनी' में देवसृष्टि, देव-दानव द्वन्द्व, काम और रति की जीवनियाँ, शिवशक्ति का सामरस्य इत्यादि ऐतिहासिक काल के बजाय मिथकीय काल में घटे हैं। इनमें आदिम मनोवृत्तियाँ हैं जो धारणात्मक तत्त्व एवं कलात्मक सृजन का मेल करते हैं। ये मिथक मौलिक अवचेतन फान्तासियों के अवगुंठित प्रतिनिधि हैं। कवि ने इनमें यौनवृत्ति (सेक्सुअलिटी) तथा कर्मकांड (रिचुअल) का मिलन है। इनमें सर्व प्रधान होता है विश्वास। कवि ने मिथक स्वभाव के अनुशासन में ही श्रद्धा को केन्द्र में प्रतिष्ठित किया है। श्रद्धा नैतिक मन (सुपरइगो) का उदात्तीकरण भी है। अतः काम की मूलवृत्ति भी 'सश्रृद्ध काम' के रूप में प्रतिष्ठित हुई है। इसी तरह आत्मपूजक देवताओं और विवेकपूजक भौतिक असुरों के मूल द्वन्द्व को कवि ने श्रद्धा और इड़ा के चारित्र्य में ढाल दिया है। कवि ने मिथक के त्रिकाल प्रवाह का इस्तेमाल किया है कथा को रूपकत्व देकर। इस तरह उनका मूल कथा-रूप विलुप्त-सा हो गया है, और विचारमूलक प्रेरक रूप बच रहा है। इसलिए हम इड़ा (थिंकिंग) और श्रद्धा (कोनेशन) के मनोविज्ञान में मनोवैज्ञानिक स्वाभाविकता के बजाय आरोपित अवशता पाते हैं। फलतः इनका क्रियाकलाप भी अवशनीय व्यवहार (बिहेवियर) वाला है। कथासृष्टि में ये व्यवहार कर्मचक्र, संस्कार, नियतिचक्र, भावचक्र आदि के सिद्धान्तों में गुंथ गए हैं। इसी वजह से केन्द्रीय पात्र मनु में मनोवैज्ञानिक चिन्ता और अकेलापन छाया हुआ है जो विचार-आक्रान्ति (थाट–ओब्सेशन) के प्रतिफलन हैं।

इस तरह 'कामायनी' में मनोविज्ञान की ये सीमाएँ, एवं सम्भावनाएँ भी हैं। यह मनोविज्ञान मिथक, आध्यात्मिक प्रतीकों एवं अन्यापदेश से सीमित एवं अवशनीय एवं आक्रान्त है। जब हम इस निरूपण में मनोवैज्ञानिक शब्दों का व्यवहार करते हैं तो यह चौंकने की बात नहीं है। न्यूटन के पहले भी गुरुत्वाकर्षण था, आइंस्टाइन के पहले भी सापेक्षता थी, मार्क्स के पहले भी ऐतिहासिक भौतिकवादी नियम थे। इन विचारकों ने इन्हें खोजकर सिद्ध कर दिया। इसलिए 'कामायनी' में मनोविश्लेषण के भी कुछ तत्त्व प्राप्त हो सकते हैं।

इस सन्दर्भ में सर्वप्रथम हम प्रसाद के सृजनात्मक मनोविज्ञान से भी अवगत हो लें। आनन्दवादी प्रसाद के मनोजगत में आनन्द तथा वेदना के ध्रुवान्त हैं। वे वेदना को

यथार्थबोध का मूल भाव मानते हैं जो जन साधारण के अभाव और उनकी वास्तविक स्थिति को ग्रहण करता है। इसमें मनुष्य की दुर्बलताएँ अनिवार्यतः होती हैं। इसकी तुलना में वे आनन्द को मानवता का आदर्श मानते हैं जो उसे पूर्णकाम करता है। अतः वे वेदना के आधार पर आनन्द की अभिव्यक्ति करते हैं। वेदना उनका ऐतिहासिक यथार्थवाद भी है, तथा आनन्द चिरन्तन आदर्शवाद। 'कामायनी' में उन्होंने वेदना को स्वानुभूति की धारा के रूप में बहाया है, तथा आनन्द को समरसता धारा माना है। इसलिए 'कामायनी' में वेदना के आधार पर आनन्द का उन्मेष हुआ है। यही उनकी रोमांटिकता के मनोविज्ञान के केन्द्रबिन्दु हैं। प्रसाद सामूहिक चेतना तथा सामाजिक चेतना को छिन्नभिन्न होता हुआ पा रहे थे। इसकी पीड़ा ने उन्हें नैतिक आदर्श तथा व्यक्तिमोक्ष से बाँध दिया। 'कामायनी' में इसीलिए समाज एवं समूह को पतन, अभाव, दुख, संघर्ष आदि के प्रतिरूप बना दिया गया है। प्रसाद की नारी-धारणा में रमणीय प्रिया नारी और सौम्य युवती माँ की कान्त मैत्री है। अतः वह रति और गौरी दोनों की धारणा है। वह तो दुर्बलताओं से इतनी शून्य है कि देवी सी हो गई है। प्रसाद का मानस कल्पलोकात्मक या यूतोपियाई है। यह मानस यथार्थ समाजशक्तियों की अवहेलना करके आदर्श समाजों की रचना करता है, यथार्थताओं से पलायन करके अलगाव की स्थिति में प्रतीकात्मक संविकल्प रचता है, सामाजिक यथार्थता से विफल हो गई कामनाओं एवं आवेशों की फान्तासियों में सन्तुष्टि करता है, तथा अयथार्थ अन्तर्मुखी इच्छापूर्तियों (विश फुलफिलमेंट) को बहिर्मुखी यथार्थता से घुलामिला देता है। प्रसाद की ऐतिहासिक यथार्थता का बोध भी उनके यूतोपियाई मानस से संचालित हुआ है।

ऐसे अन्तर्मुखी प्रसाद ने मनु की संरचना की है। मनु अर्थात् मनन अर्थात् मन के हृदय एवं मस्तिष्क पक्ष, और श्रद्धा के सहयोग से मानवता का रूपक भी दिया गया है। चिन्ता और आशा सर्ग के केन्द्र में क्रमशः मृत्यु की मूलवृत्ति और अहं की मूलप्रवृत्ति परिलक्षित होती है। सारे चिन्ता सर्ग में मृत्युचिन्ता की सहजात प्रेरणा मनु को वश में किए हैं। इसका मिथकीय उद्गम देवों में वासना और सुख का अतिचार है जो जलप्रलय (नवजीवन का प्रवाह) बनकर प्रकट हुआ। मनु में इस जातीय अतीत के आर्केटाइपल बिम्ब जीवंत हो उठे हैं। मनु को मृत्युबोध अकेला तथा अनास्तित्वमान भी बनाता है। आशा सर्ग में अहं का उन्मेष होता है। अहं के साथ आशा की मनोदशा और जिजीविषा की मूल प्रवृत्ति का भी अभ्युदय होता है (जीवन ! जीवन ! की पुकार है खेल रहा है शीतल दाह)। शक्ति और जागरण के चिन्ह के रूप में कर्म शुरू होते हैं। जिजीविषा की हेतु रूप अनादि वासना जागती है। कुतूहल और उत्साह की मनोवृत्तियाँ जिजीविषा की सहकारिणी हैं। यही जिजीविषा काम सर्ग में सिसृक्षा (इंस्टिंक्ट ऑफ क्रिएशन) के रूप में विकसित होता है। इस बिन्दु पर रति और अनादि वासना पर्याय हो जाते हैं, तथा सोमलता प्रजनन प्रतीक के रूप में हस्तस्थ होती है। श्रद्धा सर्ग में काम का कला एवं कर्म में उदात्तीकरण की प्रक्रिया है जिसमें व्यभिचारों (इंसेस्ट) से विमुक्ति हुई है। यहाँ चिन्ता को आशा, शून्यता को कुतूहल एवं विरक्ति को आकर्षण के विरोधी आवेश

(इम्पलसेज़) क्षीण कर देते हं। ध्रुवांतता का यह विन्यास कर्म सर्ग में यज्ञ-ज्वाला के दो रूपों, वासना-ज्वाला तथा हिंसा-ज्वाला में हुआ है। यह सुख-दुख की ध्रुवान्तता-जैसे हैं। इसी तरह काम सर्ग में काम-रति युगल प्रेमकला (इरॉस) हो गए हैं; तथा स्वप्न सर्ग में श्रद्धा-इड़ा द्वेष (थेंटास) जैसे। इस कृति में घृणा का सशक्त ध्रुव तो नहीं उभारा गया है क्योंकि प्रसाद पतन का चित्रण नहीं करना चाहते हैं। (लेकिन वासना एवं ईर्ष्या सर्ग में अभाव एवं अधिकार के कारण ईर्ष्या के उद्भव का गूढ़ मनोवैज्ञानिक चित्रण हुआ है। अधिकार (पजेशन) तथा आक्रामकता (एग्रेशन) की मूल प्रेरकताएँ भी कथावृत्त से अन्वित हुई हैं। मनु में अभाव एवं ईर्ष्या के कारण 'अपने सुख' तथा 'अपने में सब कुछ मरने' की जिस अधिकार वृत्ति का उदय होता है वह स्वप्न सर्ग में उत्कर्ष को प्राप्त करती है जब प्रजापति मनु सारस्वत-रानी और राष्ट्रस्वामिनी और जनपत कल्याणी इड़ा को अपनी रानी बनाकर अपने अधिकार में रखना चाहते हैं। इसी के साथ आक्रामकता का निदर्शन हुआ है। विफलता का रूपान्तरण आक्रामकता में भी होता है। अपने प्रति श्रद्धा के सम्पूर्ण स्नेह, ममता और विलास को बंटता हुआ पाकर विफल ईष्यालु मनु पहले तो पशु की बलि कर देते हैं, और बाद में गर्भवती श्रद्धा का परित्याग कर देते हैं। आगे चलकर इड़ा को प्राप्त करने में विफल मनु की आक्रामक वृत्ति धधक उठती है जिससे कि वे राष्ट्रस्वामिनी के साथ बलात्कार करते हैं, और तदुपरान्त प्रजा से घातक युद्ध करके भीषण नर-संहार करते हैं। आक्रामक और अधिकारी मूल प्रवृत्तियों की अवशता में जकड़े मनु को स्वयं कवि ने ही 'नरपशु' कहा है। इस भांति हम मनोवैज्ञानिक मूलप्रवृत्तियों एवं ध्रुवांतों को अनुस्यूत पाते हैं।

'कामायनी' कथा के प्रसंग में कवि ने 'चिरबन्धन मुक्त' मनु के रोमांटिक व्यक्तित्व का मनोलोक भी उभारा है। मनु आद्यन्त अहं पूजा एवं अहंलीनता की आक्रान्त चिन्ता में जकड़े रहते हैं। अतः उनमें 'मुक्ति' का आवेश विलक्षण है। आक्रान्त चिन्ता उनसे कई अविवेकगामी कार्य करवाती है जिनको आत्मोचित सिद्ध करने के लिए मनु की ढाल 'चिरमुक्त' अर्थात् प्राकृतिक मनुष्य की धारणा बनती है। किन्तु ऐसी अविवेकगामी कार्य मनु में अलगाव पैदा करते हैं। इसीलिए गर्भवती श्रद्धा को त्यागते समय भी मनु विराट् परिवर्तन धारा से अलग पड़कर भटक जाते हैं, और इड़ा के साथ बलात्कार करने के बाद जीवन-रण में अकेले हो जाते हैं। किन्तु यह प्राकृतिक मनु पाप-पुण्य, अहिंसा-करुणा आदि की सामाजिक भावना से भी वियुक्त है। और जब वह सामाजिक यथार्थता का सामना करता है तो उसका अहं-आदर्श अहंकार में ढल जाता है, और इस अहंकार आदर्श की रक्षा के लिए वह व्यक्ति स्वातंत्र्य की ढाल लेता है। अतएव चिर मुक्त मनु 'चिरबन्धन हीन' हो जाते हैं। इस रूपान्तरण में पुनः उन्हें चिन्ता का सामना करना पड़ता है जो जलन और अन्तर्दाह के रूप में उत्तेजित होती है। यही चिन्ता (इड़ा सर्ग में) आत्मचिन्तन भी बनती है। प्रकृति से संघर्ष करनेवाले सामाजिक मनु तथा राज्य एवं समाज की व्यवस्था के नियम बनानेवाले प्रजापति-नियामक मनु एक तो स्वयं को समाज से भी उत्तम अतिमानव मानते हैं, और दूसरे नियम-परतंत्र नहीं होना चाहते।

अपनी लय पर गतिमय होते हुए उन्मुक्त विश्व की तरह वे भी अपनी सुख-लय पर 'स्वच्छन्द' रहना चाहते हैं। अतः मनु प्रकृति से संघर्ष करने से अधिक समाज से संघर्ष करने लगते हैं और अराजकता का चिर-स्वतंत्रता बनाना चाहते हैं। सारांश में उनकी व्यक्तिचेतना रागपूर्ण होने के कारण स्वतंत्र है, लेकिन द्वेष-पंक में सनी-रहने के कारण परतंत्र भी है।

काम के मनोविज्ञान के निरूपण में मिथक भूमिका सक्रिय रही है। कवि ने काम और रति के मिथकी प्रतीकों, नारी और रति के चिरन्तन प्रतीकों के भी माध्यम से काम का मनोविज्ञान एवं सौन्दर्यबोधशास्त्र उद्घाटित किया है। काम तृष्णा का, रति तृप्ति का, लज्जा गौरव शालीनता एवं सौन्दर्य विलास का प्रतीक होकर भी आता है। इन तीनों के संयोग से कवि ने 'कामकला' या 'प्रेमकला' की धारणा को प्रस्तुत किया है जो प्रकृति एवं सृष्टि की मूलशक्ति है। इसी तरह कवि ने आकर्षण को रति से उद्भूत माना है। रति को अनादि वासना भी कहा है। कवि ने काम को सर्गेच्छा का परिणाम माना है। काम में इच्छा, मोह, उन्माद, विनोद और तृष्णा अनुस्यूत हैं। अतः रति-काम के युगल को कवि संस्कारित और मानवीय 'मंगल काम' के रूप में प्रतिष्ठित करता है। वासना के अन्तर्गत कवि ने वासना के सुकुमार रूप स्नेह की तरलता और स्निग्धता और शीतलता को उभारा है। वासना में मिलन, आकर्षण और समर्पण को मिलाकर प्रेम के महाभाव को उभारा गया है। इस उत्थान में काव्यशास्त्रीय विभावानुभाव क्रम तथा चतुर्विध अभिनयानुभावों को भी संश्लिष्ट किया गया है। लज्जा सर्ग में एकांतिक रूप से नारी की आत्मरति (नार्सिसिज़्म) का आत्मपीड़न रति (मेसोशिज़्म) में क्रान्तिकारी गूढ़ परिवर्तन निदर्शित हुआ है। यहाँ रतिमूलानारी (इरोटिक वुमन) के कर्तव्यमूला नारी (ड्यूटीफुल वुमेन) में परिवर्तन की, तथा अवचेतन के चेतन में रूपायन की धारणाएँ भी अभिव्यंजित हुई हैं। मूलतः कवि ने दमित कुंठाओं से उद्भूत यौनवृत्ति के फ्रायडीय चक्र के स्थान पर आकर्षणमयी अनादि वासना रति से निसृत आतुरता-उत्कंठा के आधार पर ही 'सुकुमार वासना रति' का उदात्तीकृत एवं नैसर्गिक स्वरूप ही प्रस्तुत किया है। कर्म सर्ग में अन्त में मनु श्रद्धा के मिथुन की मादक एवं उत्तेजक सुरति क्रिया भी अंकित हुई है।

इसी सांस्कृतिक काम के साथ, इससे ही निसृत सौन्दर्य के मनोविज्ञान की दिशाएँ उभरी हैं। कवि ने काम एवं सौन्दर्य के मनोविज्ञान को अंकित करने में प्रत्यभिज्ञा तथा स्मृति तथा कल्पना इन तीनों का व्यवहार किया है। प्रत्यभिज्ञा में भूतकाल में अनुभूत वस्तु का स्मरण होता है और वर्तमान काल में उसका प्रत्यक्ष होता है। अतः प्रत्यभिज्ञा में वर्तमान वस्तु का प्रत्यक्ष भूत के अनुभवों के आधार पर होता है। भूतकाल के अनुभव हमारे मन में संस्कार रूप में पड़े रहते हैं जिनका ज्ञान नहीं रहता। लेकिन उद्बोधक कारण से ये संस्कार जाग जाते हैं। अतः स्मृति संस्कार से उत्पन्न ज्ञान कही गई है। स्मृति कभी पूर्वानुभव का अतिक्रमण नहीं करती। इसकी तुलना में कल्पना पूर्वानुभव के बन्धन से परे स्वच्छन्द होकर वस्तुओं की नई-नई रचनाएँ करती हैं। काम के निरूपण

में कवि ने देवसृष्टि के पूर्वानुभवों की प्रत्यभिज्ञा कराई है लेकिन उसे कल्पना से नवीन भी बनाया है। इसी तरह सौन्दर्य भी 'अनन्त रमणीय' की मानवकृत प्रत्यभिज्ञा है। सौन्दर्य का एक सूत्र रति के आकर्षण की लीला से जुड़ा है, तो दूसरी ओर विश्वसुन्दरी (विश्वात्मा) प्रकृति की कुतूहल माया से। प्रकृति-रमणीयता में अलस चेतना का कुतूहल रहता है (उदात्त), लेकिन मानवीय एवं मानवकृत सौन्दर्य में चेतना का उज्ज्वल वरदान (सुषमा)। ये कवि की ही संस्थापनाएँ हैं। कवि ने दोनों प्रकार के सौन्दर्यबोधों को आकर्षण (रति) के रहस्य (प्रकृति), तथा रहस्य के आकर्षण से अनुस्यूत करके मूलभावना और मूलशक्ति इन दो में सौन्दर्य के श्री एवं समृद्धिवाले स्रोत ढूँढ़े हैं। कवि ने मानवीय एवं मानवकृत सौन्दर्य को इन्द्रिय-चेतना का विशेष (उज्ज्वलमय) एवं मंगलमय (वरदान) कृतित्व माना है जो आन्तरिक अभिलाषाओं को उद्बुद्ध करता है। कवि ने सौन्दर्य के अभिज्ञान को रहस्यात्मक अनुभव के क्षेत्र में भी संवाहित किया है। किन्तु सौन्दर्य-साक्षात्कारों के प्रसंगों में कवि के द्वारा रंगों का प्रयोग, रेखाओं की रचना तथा अंगों (नखशिख) का वर्णन कवि के मनोवैज्ञानिक रहस्यों को खोल देता है। प्रसाद ने मूलतः झुकी हुई, बेलदार रेखाओं, वर्तुलाकार उभारों के प्रति आसक्ति दिखाई है। जो उसकी सुकुमार शरीर रचना की कल्पना का द्योतन करती हैं। कवि ने लाल मुख, नीली अलसाई आँखों, काँपते सूखते अधरों, भुजमूलों और हाँफते-उसाँस भरते हुए वक्ष के पीन पयोधरों का सर्वाधिक चित्रण किया है। रति क्रियाओं में आलिंगन और चुम्बन की अधिकाई है। रंगों में नीला और लाल (अवचेतन और उत्तेजकता), काला या घनश्याम और धवल (वेदना और उल्लास) के युग्म सर्वाधिक आए हैं। इसी प्रकार रजनी के पिछले प्रहर, तन्द्रा, आलस्य, अलसाई, उन्माद, विस्मृति, नील आवरण आदि शब्द महाकाव्य के प्रारम्भिक दो तिहाई खंड में भरे पड़े हैं जो कवि के सूक्ष्म आभ्यंतर भावों के अवचेतन स्पर्श से पुलकित हो उठे हैं। इन शब्दों में ही कवि का अवचेतन, तथा अर्थमीमांसक मनोविज्ञान (सीमेंटिक साइकालॉजी) प्रस्फुटित होते हैं। स्वानुभूति को शब्द प्रकट कर सकते हैं, अर्थ नहीं। यही ऐहसास पंडित राज जगन्नाथ को भी हुआ था। अनिर्वचनीय अनुभूति को अभिव्यक्त करने में या तो व्यंजना निखरती है, अथवा अर्थ भ्रान्ति। कर्म-सर्ग में मनु के अविवेकगामी कार्य आन्तर मनोद्वन्द्व मथते हैं। अतः कुछ शब्द मात्र द्विधावृत्ति पैदा करते हैं जो अन्यापदेश का मूल बनती है ('श्रद्धा के उत्साह वचन फिर काम प्रेरणा मिल के; भ्रान्त अर्थ बन आगे आए बने ताड़ थे तिलके'; तथा 'बन जाता सिद्धान्त प्रथम फिर पुष्टि हुआ करती है'); यथा, सोमपान की यज्ञ 'ज्वाला' कर्म की ज्वाला (अन्तर्दाह) तथा वासना की ज्वाला में परिवर्तित होती है; ज्ञान से सत्य विकृति होती है; अन्तर्सुख से अन्तर्दाह की भ्रान्ति उत्पन्न होती है; सोमपान के क्षण की अमरता सुख की क्षणिकता हो जाती है; अतीत वर्तमान का अभाव हो जाता है; इत्यादि। इन अर्थभ्रान्तियों से ही आगे दुहरे-तिहरे प्लाट प्रकट होते हैं और आन्तरिक मनोद्वन्द्व ब्रह्मांड के अन्यापदेशिक पटल (त्रिलोक, कैलाश, सारस्वत नगर आदि।) पर परामनोवैज्ञानिक कार्यकारणक्रम का आभास उत्पन्न करते हैं।

सारस्वत नगर में मनुष्य के आत्मपरायेपन या आत्मनिर्वासन का सामाजिक मनोविज्ञान भी परिकल्पित किया जा सकता है। चैतन्य एवं चितिरूप, चिरमुक्त एवं चिरअकेले मनु जब सामाजिक यथार्थता के सम्पर्क में आते हैं तब उन्हें प्राकृतिक सहजता और आदिम कुतूहल के बजाय कर्म एवं संघर्ष के चक्रव्यूहों में फँसना पड़ता है। छिन्न-भिन्न सामूहिक चेतना में दम्भ एवं अहं से संयुक्त मनु अपने को नियमित, नियंत्रित और सामूहिक नहीं बना पाते। अतः वे अकेलेपन और अजनबीपन के शिकार होते हैं; उनमें समाज तथा सामूहिक संस्कृति में कोई भी राग एवं श्रेय नहीं मिलता अतः वे आत्मनिर्वासित होकर अपने स्वार्थ एवं विलास के लिए अपने समग्र परिवेश से पृथक हो जाते हैं। सामाजिक आयामों में उनकी यह विफलता (फ्रस्टेशन) आक्रामकता (एग्रेशन) में प्रतिफलित होती है। मनु का अस्तित्ववादी (एक्ज़िशटेंशियल) आत्मनिर्वासन भी है जो चिन्ता सर्ग से श्रद्धा सर्ग तक शून्यता, अस्तित्व एवं मृत्यु की त्रयी में भय और चिन्ता के रूप में विपुलाकृत होता है। यहाँ मनु अस्तित्व की ज्वाला और नियति के अभिशाप से दंडित हैं।

आध्यात्मिक अनुभवों का मनोविज्ञान भी दर्शन सर्ग से उन्मीलित होता है। यहाँ फान्तासीय अन्यापदेशों की निर्मितियाँ हुई हैं। यहाँ मिथकों के सामूहिक अवचेतन का अन्तर्मुखी सन्धान हुआ है और धार्मिक प्रतीक दिवास्वप्नों का इन्द्रजाल रचते हैं। यहाँ मध्यकालीन दर्शनों का वह चतुर्विध तार्किक यंत्र लागू हो जाता है जिसकी चर्चा इस अध्याय के आरम्भ में हो चुकी है। यह अनुभव रहस्यात्मक एवं लोकोत्तर है जिसमें मनोवैज्ञानिक कार्यकारण श्रृंखला के बजाय चमत्कार और उन्मेष का 'प्रकाश' है; इसमें ज्ञान के बजाय स्वानुभव का आहरण हुआ है; इसमें 'प्रत्यक्ष' के बजाय सुषुप्ति स्वप्न एवं इन्द्र जाल के विकल्प अधिक प्रामाणिक हैं, और इसमें मानवीय अनुभव के धरातल पर दिव्य अनुभवों की पारलौकिकता तथा अतिमानवीयता का आरोपण हुआ है। इस तरह के आध्यात्मिक अनुभवों का क्षेत्र नृतत्वशास्त्रीय (एंथ्रोपोलाजिकल) भी है। अतः इनमें टैंबू, मिथक, कर्मकांड जादू, निषेध (इंसेस्ट), प्रजाति (सिब) आदि के आदिम तत्त्व भी अनुस्यूत हैं। अतः महाकाव्य के इन अंशों में तांत्रिक, यौगिक शाक्त एवं शैव ढंगों के मेल-जोल से त्रिभुवन, त्रिलोक का एकीकरण, कैलाश की मानसी-गौरी, शिवतत्त्व में लीन विश्व सुन्दरी प्रकृति, आनन्द की सामरस्यावस्था आदि के अलौकिक अनुभवों की कोटियाँ उन्मीलित हुई हैं। इनमें यात्रा, मिलन और समाधि परक रूपक-दिशाओं में इन अनुभवों के भेद पुलकित एवं उन्मिषित हुए हैं।

इस कड़ी के सबसे अन्त में हम परिपूर्ण मनुष्य तथा निर्विकल्प मानस की धारणाओं का क्लासिकल रोमांटिक अभिषेक पाते हैं। इसे हम प्रसाद का 'अन्तर्मुखी मानवतावाद' कहेंगे। यह इतिहास के सांस्कृतिक बिम्बों संस्कृत काव्यों के चरित्रों आध्यात्मिक, आदर्शों तथा कवि की यूतोपियाई आकांक्षाओं के चतुष्टय से रच गया है। इसमें पूर्ण मनुष्य में भोग एवं योग का समन्वय है, उसके अन्तर्जगत् में इच्छा-क्रिया ज्ञान का एकीकरण है, तथा पूर्णकाम मन का अमृतमय (आनन्द वाला) सम्पूर्ण संसार है। यह सृष्टि व्यक्ति मोक्ष

पर आधारित है और इस सृष्टि का एक नैतिक आदर्श (एथिकल आइडियल) है ऐसे निर्विकल्प मानस में सामाजिक प्रतिक्रियाएँ कोई असर नहीं करतीं। सामाजिक यथार्थता का अतिक्रमण हो जाता है, और सामाजिक परिवर्तनों की विषमता, पीड़ा, द्वन्द्व, संघर्ष आदि समाप्त हो जाते हैं। इस अमूर्त मानवता में मूर्त मानवीय यथार्थ, और उसकी वेदना, अभाव तथा पतन सहसा चमत्कार से खत्म हो जाते हैं। इस तरह ऐसे परिपूर्ण मनुष्य के निर्विकल्प मानस में देश एवं काल एवं व्यक्ति एवं श्रम के सभी आयाम पर्यवसित हो जाते हैं। वह अंश होकर भी अंशी हो जाता है। अस्तु।

अतः 'कामायनी' में मनस्तत्व और मनोविज्ञान की ये भूमिकाएँ उदाहरण के लिए एक बहुत बड़े अप्रासंगिक विस्तार की अपेक्षा रखती हैं। पहले इनकी सही दिशाओं को समझना अनिवार्य है। हमने यही किया है।

7 'काम' और 'रति' की संस्कृति

समाज गठन, सामाजिक प्रक्रिया, सामाजिक शक्तियों और सामाजिक परिवर्तन के प्रति प्रसाद का दृष्टिकोण रोमांटिक, व्यक्तिमुखी, मनुष्य के नैतिक मोक्षवाला, तथा आधुनिक जगत की हलचलों एवं विप्लवों से सन्देहयुक्त पलायन करनेवाला रहा है। हम उनकी विचारधारा (आइडियोलॉजी) तथा कल्पलोप (यूतोपिया) के अभिधानों में इसे स्पष्ट करेंगे। किन्तु 'काम' के दर्शन तथा मनोविज्ञान के निरूपण में प्रसाद ने भावकल्पों और राग-कल्पों की कई अछूती मादक ऊँचाइयों का स्पर्श किया है। सृष्टिमाया तथा सौन्दर्यछाया, और प्रणयलीला तथा आकर्षण क्रीड़ा के चारों आँचलों में उन्होंने अपने 'काम' एवं 'रति' के दर्शनतत्त्व और मनोविज्ञान का विनयन (कला विलास के द्वारा) प्रदर्शित किया है। कवि का यह इन्द्रजाल हमें अवश्य मंत्रमुग्ध कर लेता है।

अपने काम-सम्बन्धी निरूपण में उन्होंने कई दृष्टिकोणों का समाहार किया है। उन्होंने (1) शैव-शाक्त तंत्रों के 'नाद', 'बिन्दु', 'बीज', 'काम', 'कला' आदि को आधार बनाया है; (2) नई काम-व्याख्याओं के लिए कथा-सृष्टि में वर्णित देवसृष्टि की वासना एवं सुख की उपासना को मृत्यु, भय, प्रलय, अभिशाप आदि के रूप में व्यंजित किया है; (3) काम को पुरुष के साथ, तथा रति को नारी के साथ संलग्न करके परिपूर्ण मानवीय चिति (ह्यूमन साइकी) का स्वरूप निर्मित किया है; तथा (4) काम के सामाजिक दर्शन, वैयक्तिक मनोविज्ञान एवं सौन्दर्य तात्त्विक संस्कृति के त्रिकोण की अपनी परिकल्पना की है। हम भी इन्हीं दृष्टिपथों का अनुगमन करेंगे।

'कामायनी' में कामदर्शन मूलतः काम, वासना और लज्जा सर्गों में निरूपित हुआ है। महाकाव्य के रचना-शिल्प की दृष्टि से ये तीनों सर्ग स्वतंत्र और पृथक भी हो सकते हैं; तथा स्वतंत्र रहकर भी ये अपने आप में पूर्ण एक श्रेष्ठ खंड-प्रबन्ध हैं। इनमें अमूर्तीकरण, प्रतीकीकरण, मानवीयकरण तथा अन्यापदेशिकरण की शिल्प-विधियाँ अपनाकर कवि ने काम के विभिन्न स्वरूपों तथा दशाओं को एक निर्विकल्प, आर्केटाइपल, वैश्विक और नित्यचिति भूमि में अभिषेकित किया है। इन तीन सर्गों के अलावा श्रद्धासर्ग, संघर्षसर्ग, आनन्दसर्ग में भी काम दर्शन के कुछ सूत्र फैले हैं।

हम पहले इन तीन सर्गों की त्रयी की विचार-वस्तु (थीम) को सूत्ररूपों में निबद्ध

कर लें। ये तीनों सर्ग मधु और माधव, काम और रति, पुरुष और नारी, रति और लज्जा–इन चार युगलों को क्रमशः अमूर्तन एवं प्रतीक के द्वारा चरित्रांकित करते हैं। इनमें देश तथा काल के आयाम शिथिल हैं। अतः ये धारणाएँ आर्केटाइपल एवं वैश्विक (यूनिवर्सल) भी हो गई हैं। इन सर्गों के ग्रहण के धरातल स्वप्न, अलस चेतना (उपचेतन) तथा अन्तर्निहित छाया (मायावरण या इल्यूज़न) वाले हैं जो इनको शिल्प के बिलकुल नए-नए सामर्थ्यों से समृद्ध कर देते हैं। इनमें से कामसर्ग में 'काम' का दर्शन, वासना सर्ग में सेक्स का क्रान्तप्रवर्तन तथा लज्जा सर्ग में नारी के समग्र मानस का त्रिचेतन-स्तर पर मनोविज्ञान अभिभावित हुआ है। इस त्रयी में से कामसर्ग में काम का वसन्तलोक (स्वप्न), वासना में प्रणय लोक (अलस चेतना) और लज्जा सर्ग में नारी का अन्तर्लोक विकसित हुआ है। इसी को रूपायित करने के निमित्त कामसर्ग में मधुमय वसन्त का चित्रण, वासना में देवदारुओं पर चाँदनी का चित्रण और लज्जा सर्ग में नारी के अन्तर्भूत अनुभावित नखशिख का सूक्ष्मांकन हुआ है। सम्पूर्ण महाकाव्य में से इस सर्ग-त्रयी में ही इतनी विविधता तथा विपुलता और परिपूर्णता (भी) है।

● शैवाद्वैत में शिव एवं शक्ति (गौरी) के साथ 'पुरुष' रूप को सांख्य दर्शन से, और 'माया' को वेदान्त से ग्रहण किया गया है। इसमें माया भ्रम न होकर शिव की एक शक्ति है जो प्राण शक्ति का स्वरूप धारण करती है। तब वह बुद्धि एवं देह पर निर्भर होती है। अतएव माया चित् शक्ति द्वारा संचालित होकर विश्व सृष्टि करती है।

इन शैवशाक्त दर्शनों में 'नाद' एवं 'बिन्दु' की धारणाएँ प्रकट हुई हैं। सारे विकल्पों से मुक्त शिव 'नाद' के प्रतीक को ग्रहण करता है। जब शक्ति से शिव की ओर प्रयाण होता है तब नाद की धारणा उभरती है। और, जब शिव से शक्ति की ओर प्रयाण होता है तब बिन्दु की धारणा उभरती है जहाँ शिव अहंरूप में प्रकट होता है और बाह्य में फैलता है। यह सदाशिव अवस्था अहं प्रधान है। शून्य में से नाद और प्रकाश बिन्दु बनते हैं। बिन्दु में क्रियाशक्ति सक्रिय होती है। 'बिन्दु' शिव प्रधान है; 'नाद' में शिव शक्ति का सामरस्य है, तथा 'बीज' शक्ति प्रधान है। इस तरह 'बिन्दु' 'बीज' और 'नाद' के प्रतीकों का यह व्यापार रचा गया है।

प्रकाश एवं विमर्श की एकता को 'काम बिन्दु' माना गया है। यह सूर्य रूप है। विमर्श के अन्तर्गत प्रकाश एक श्वेत बिन्दु (चन्द्रमा) है, तथा प्रकाश के अन्तर्गत विमर्श एक लालबिन्दु (अग्नि) है। इस तरह यह एक अन्तर्विनिमय है। श्वेत बिन्दु और लाल बिन्दु का मिलन ही 'काम' है। ये दोनों बिन्दु काम की 'कला' है। अतएव प्रकाश और विमर्श और काम का मिलन 'काम-कला' है। इस कामकला से ही शब्द और वस्तु रूप सम्पूर्ण 'सृष्टि' उत्पन्न होती है।

'कामायनी' में उपरोक्त प्रतीक-व्यवस्था के बड़े क्षीण संकेत हैं जो कथासृष्टि में इतिवृत्त होकर फैल गए हैं। आशा सर्ग में मधुर प्राकृतिक भूख के समान मनु में 'अनादि वासना' नवीन होकर जागती है। इसके उपरान्त तारे के ब्याज से सात्विक शीतल 'बिन्दु' के दर्शन होते हैं। श्रद्धा सर्ग में कामबाला श्रद्धा मनु को संसृति-जलनिधि की तरंगों से

फेंकी हुई एक प्रभावान 'मणि' (प्रकाश का श्वेत बिन्दु) बताती है। श्रद्धा ललित कला का ज्ञान सीखती हुई आई है। वह मनु को 'काम' का दर्शन समझाती है। श्रद्धा अरुण वर्णा (लाल बिन्दु) है। इस तरह 'काम' का सन्देश सुनकर मनु और 'कला' का ज्ञान सीखी हुई श्रद्धा का प्रथम परिचय होता है। (बाद के काम–वासना–लज्जा सर्गों का उपचार अन्य प्रकार का है।)। काम सर्ग में जिस लीला का विकास होता है वह 'प्रेम कला' है (यह लीला जिसकी विकास चली वह मूल शक्ति थी प्रेम कला)। रहस्य सर्ग में त्रिदिक विश्व के त्रिकोण के मध्य बिन्दु मनु बनते हैं। इच्छा क्रिया और ज्ञानशक्ति के तीन भुवनों को श्रद्धा अपनी स्मिति से एक कर देती है। तांत्रिक अनुष्ठानों के अनुसार वह सम्मोहन रूप त्रिपुरसुन्दरी ललिता-सी हो जाती है। त्रिपुरसुन्दरी का अन्य नाम 'कामकला' है जिसमें सृष्टि लीला के स्फुरण के आरम्भिक लक्षण गोचर होने लगते हैं। यहाँ से अधोमुखी → इच्छा ← क्रिया ज्ञान का लौकिक 'पाश' (↑) रूपान्तरित होकर उर्ध्वमुखी ज्ञान → इच्छा ← क्रिया का आध्यात्मिक 'त्रिशूल' (↓) हो जाता है। इसी वजह से दर्शन, रहस्य तथा आनन्दसर्गों में रहस्य-साधना का दृष्टि-रस साम्य भी वर्णित हुआ है।

● लेकिन कवि के प्रधान दृष्टिकोण दूसरे हैं। प्रारम्भिक चिन्ता सर्ग में ही मनु के मन में आदिम भय समाया है। उन्होंने देवसृष्टि का प्रलय में विनाश देखा और झेला है। देवताओं ने **वासना** की उपासना की, विलासिता के नद में तिरते रहे, उनकी भरी वासना की सरिता का मदमत्त प्रवाह था। देवता नित्य विलासी थे। उन्हें निरन्तर अनन्त-पीड़ा का अनुभव होता था। वे विकल वासना के प्रतिनिधि थे। उनकी संसृति में बेहद सुख केन्द्रीभूत हुआ था और शक्ति केन्द्रित हो गई थी। अतः देवयज़न के पशु-यज्ञों की पूर्णाहुति की ज्वालाएँ प्रलय लहरियों की मालाएँ बन गईं। इस तरह वासना की ज्वाला और सुख के स्वार्थ के कारण ही प्रलय हुआ। मनु पर मृत्यु और भय की ये काली छायाएँ मँडराती रहती हैं। जब वे आशा सर्ग में पाक यज्ञ करके पुनः कर्मनिरत होते हैं तो उन्हें उन ज्वालाओं की स्मृति का त्रास जकड़ लेता है। लेकिन उनमें मधुर प्राकृतिक भूख के समान वही 'अनादि वासना' नवीन होकर जगती है। यह अनादि वासना रति है जो आकर्षणरूपा है (जो आकर्षण बन हँसती थी रति थी अनादि वासना वही)। यही अनादि वासना (रति) कर्म सर्ग में 'तरल वासना' हो जाती है सोम-मादकता से उत्तेजिन होकर (जाग उठी थी तरल वासना मिली रही मादकता)। अतः इस नवीन अर्थात् मानवीय अनादि वासना के जागने पर मनु को अकेलापन और शून्यता पीड़ा देती है। तपस्वी मनु देवसृष्टि की त्रासदी से पाठ सीखकर तप को जीवन सत्य मान लेते हैं। उनकी आदिम स्मृति में काम एक अभिशाप और जगत की ज्वालाओं का मूल है। किन्तु मनु अकेले एक हैं और प्रकृति वैभव से भरा यह विस्तृत भूखंड है।

श्रद्धा मनु को 'काम' और 'कर्म' की ओर प्रेरित करती है और काम के प्रति उनकी झिझक को अस्वस्थ मानती है। वह कहती है कि काम से ही महाचिति व्यक्त होकर 'लीलामय आनन्द करती है, काम ही विश्व का अभिराम उन्मीलन है जिसमें सभी

अनुरक्त होते हैं, काम मंगल से मंडित होकर श्रेय और सर्ग इच्छा का परिणाम हो जाता है, और काम ईश का रहस्य वरदान है। इस तरह श्रद्धा काम को स्वार्थ से हटाकर मंगल से और शक्तिमय सुख से हटाकर लीलामय आनन्द से निबन्धित कर देती है। कर्म के विषय में भी वह कहती है कि कर्म का भोग तथा भोग का कर्म ही जड़ का चेतन आनन्द है जिसमें विजय निहित है। अतः काम और कर्म का मिलन मानवता को शक्ति और विजय प्रदान करेगा। श्रद्धा मनु को देव-परिणामों को दुहराने की निरर्थकता का बोध कराती है। वह देवताओं की शक्ति के बजाय मानव की कामशक्ति का और पशुयज्ञकर्म के बजाय मनुष्य की कर्मविजय का आह्वान करती है। किन्तु यह सब हो कैसे ? श्रद्धा कौन है ? क्या वह सहचरी हो सकती है ? मनु तो अकेले हैं; एक आकर्षण हीन तपस्वी हैं !!

इन अभिनव, रमणीय और रहस्य भरे विमर्शों से मनु का घोर अन्तर्मंथन होता है। वे एक आदिम अतीत से स्वयं को लगभग विच्छिन्न-सा कर लेते हैं। उनके सामने देवों के काम (वासना) और कर्म (शक्ति) का दूसरा मानवीय पहलू भी खुलता है। जहाँ काम मंगल एवं आनन्दमय हो सकता है, तथा शक्ति कल्याण और विजय प्रदान करनेवाली। उनमें आतुरता और उत्कंठा जागती है।

● इस भूमिका में वे अकेले किन्तु रूपान्तरित-से होकर कामसर्ग के मंच पर अवतरित होते हैं। श्रद्धा के सन्देश उनके निराश कानों में गूँजते रहते हैं। उनके अवचेतन में यह सब कुछ संचित हो जाता है। प्रकृति के बाह्य रमणीय दृश्य उनके जीवन-वन का मधुमय वसन्त बन जाते हैं। उन्हें यह पता भी नहीं चल पाता कि यह चुपके से कब आ गया था। देवताओं के अनन्त वसन्त (आज तिरोहित कहाँ हुआ वह मधु से पूर्ण अनन्त वसन्त) के असमान यह मानवीय मधुमय वसन्त अचानक प्रकट हो गया। वसन्त काम का सेनापति है। कवि ने वसन्त का छायावादी ढंग से चित्रण किया है जिसमें फूल, हँसी, सौरभ, झरनों की कलकल कोकिल की काकली और आनन्द-प्रतिध्वनि की गूँज है। प्रस्तुतों के इस माध्यम से कवि जीवन की वृत्तियों का एक सांगरूपक-सा रचना चाह रहा है लेकिन ये अप्रस्तुत हैं। अतः ये सांगरूपक की सम्पूर्णता का आयत्तीकरण करने में भटक गई हैं। किन्तु फूल, हँसी, करलव, सौरभ और संगीत नवजीवन में मान, हास, उल्लास और नवीन जागरण की धुँधली लाक्षणिकता प्रेषित कर देते हैं।

दूसरे चरण में मनु में जगत के नील आवरण के रहस्य और सौन्दर्य को समझने की आतुरता जागती है। अब ये रमणीय दृश्य को अनन्त एवं विराट् के कुतूहल के बजाय सौन्दर्य एवं सृष्टि के कोण से देखकर सुबोध बनाते हैं। प्रकृति उनके मन-मधुर की मोहिनी-सी कारा हो जाती है। मनु अब सृष्टि की गहनता को समझना चाहते हैं तथा सौन्दर्यमयी चंचल कृतियों के अन्तराल में झाँककर सौन्दर्य-तत्त्व जानना चाहते हैं।

तीसरे चरण में मनु माधवी-निशा में अपने जीवन की अक्षयनिधि के स्वरूप को

पहचान लेते हैं। चारों ओर आलस्य, निद्रा, तन्द्रा, सुषुप्ति आदि के परिवेश में (अर्थात् अलस चेतना या उपचेतन की दशा में) वे इन्द्रिय चेतना को ही जीवन की अक्षय निधि के रूप में पाते है। वे समझ लेते हैं कि छवि का अवगुंठन इन्द्रियों की चेतना से ही खुल सकता है।

सारांश में, जीवन के मधुमय वसन्त में आनन्द, आशा और आकर्षण का बोध होता है और माधवी निशा में इन्द्रियचेतना ही जीवन की अक्षयनिधि के रूप में उद्घाटित होती है। यह सृष्टि एवं सौन्दर्य दोनों का रहस्य खोल देती है। इस तरह अपनी इन्द्रियों की चेतना से ही सृष्टि की 'लीला' और 'माया' का अभिज्ञान करते हैं। श्रद्धा ने 'काम' और 'कर्म' की पहचान कराई थी। मनु लीला और माया का अभिज्ञान करते हैं।

इन तीन चरणों में जीवन का अभिज्ञान करके मनु रूप, रस, गंध भरे स्पर्श का पान करने लगते हैं (पीता हूँ, हाँ मैं पीता हूँ यह स्पर्श, रूप, रस, गन्ध भरा) । यह मन की काम प्रवृत्ति है (कामसूत्र 1.2.11)। इस पान की वजह से उनमें स्वप्नों का उन्माद, मादकतामाती नींद, शिथिल चेतना छाती जाती है। रजनी के पिछले प्रहरों में वे स्वप्न में डूब जाते हैं।

उन्मादक स्वप्न में उनमें मनोजन्मा काम उदित होता है और वह उनके मन के रंगमंच (क्रीड़ागार) में मनु को सन्देश देता है। श्रद्धा के काम एवं कर्म के सन्देश सुनने के उपरान्त मनु काम के सन्देश सुनते हैं। ऐन्द्रियिक स्पर्श को पीनेवाले मनु का काम (मनोज) प्यासा और अतुष्ट है (प्यासा हूँ मैं अब भी प्यासा हूँ सन्तुष्ट ओघ से मैं न हुआ)।

पहले काम देवसृष्टि में अपनी भूमिका का स्पष्टीकरण करता है। उसका अतिचार सबको घेरकर उन्मत्त कर रहा था, उसका संकेत विधान बना था, मोह देवविलास का वितान बना था और उसका साहचर्य देवविनोद का साधन था। देव उसकी उपासना करते थे और वह देवों का कृतिमय जीवन था। यह अकेले काम की भूमिका थी।

इसके बाद वह रति के साथ ही अपनी अतीत भूमिका का निवेदन करता है। जो अनादि वासना उनमें आकर्षण बनकर हँसती थी, वही रति थी। उसकी चाह अव्यक्त प्रकृति के उन्मीलन को भी थी। अतः प्रकृति के यौवन में माधव के मधुहास ने दो मधुर रूप ढाल दिए।

काम कथन है कि हमारे (काम और रति के) युगल से 'मूलशक्ति' उद्भूत हुई। वह मूलशक्ति प्रेमकला थी (यह लीला जिसकी विकस चली वह मूलशक्ति थी प्रेमकला)। उसकी लीला विकसित होने लगी। माधुरी छाया में आकर्षण और मिलन प्रारम्भ हुआ और सृष्टि अपनी मतवाली माया में बनी। फलतः प्रत्येक नाश और सृष्टि और विश्लेषण संश्लेषण हो गया। यह मिलन आकर्षण वसन्त (ऋतुपति) में कुसुमोत्सव के रूप में प्रतिनिधित्व पाता है। इस भूमिका में काम स्वयं कहता है कि सभी ओर दो-दो साथ हो गए और हम दोनों (काम-रति) साथी भी झूल चले। हम आकांक्षा-तृप्ति के समन्वय में भूख प्यास से जाग उठे। अतः देवताओं की शाश्वत युवावस्था की रचना में हम

रति-काम बन गए। इस तरह प्रकृति के पहले मधुहास के रूप में इन दोनों के मधुररूप ढलते हैं। आकर्षण और मिलन के द्वारा सृष्टि एवं संश्लेषण होता है और वे दोनों झूमते हुए निकल पड़ते हैं। इस अन्तर्यात्रा में वे देवताओं के यौवनवय की रचना रति-काम बन जाते हैं। काम देवताओं का सहचर बनता है और रति सुरबालाओं की सखी। काम तृष्णा (आकांक्षा) को विकसित करता था और रति उनको तृप्ति दिखाती थी। इस तरह काम (इच्छाकांक्षा) के उदित होने पर रति तृप्ति के रूप में आती है। उनका यही मिलन 'आनन्दसमन्वय' है (आनन्द-समन्वय होता था हम ले चलते पथ पर उनको)। इस तरह कवि ने मन के प्रथम रेतस् (वीर्य) के रूप में काम, तृप्तिरूपा रति और काम रति के आनन्द समन्वय के तीन घटकों का सौन्दर्य-विधान किया है। इस तृप्ति की सत्ता तृष्णा के बिना नहीं है और काम का अस्तित्व 'प्रकृति' के बिना नहीं है। इस प्रकार काम को तृष्णा, इच्छा, आकांक्षा, तीव्र जिज्ञासा से सम्बद्ध किया गया है; और रति को आकर्षण, तृप्ति, क्रीड़ा और लीला से। दोनों का युगलरूप प्रेमकला और सृष्टि और यौवन-रचना है। कालिदास ने भी कामरति युगल को 'आतुर-उत्कंठित' (मालविका. 3,15) कहा है।

कवि ने इस स्थल पर नाटकीय स्वगत कथन शैली को स्वप्न-नेपथ्य के द्वारा प्रस्तुत करके काम के मनोजन्मा चरित्र तथा अनंग स्वरूप की कलात्मक उद्‌भावना भी कर ली। इस स्वगत कथन में काम अपनी आत्मकथा तथा रति की अभिनयभूमिका दोनों की कथा दुहराता है। मिथकीय देवसृष्टि के देश-काल मुक्त परिवेश में यह कथा चलती है। इस माध्यम की वजह से काम एवं रति प्रतीक और अन्यापदेश भी बन जाते हैं। इस भाँति वे दोनों मन की शाश्वत् वृत्तियों के मनोवैज्ञानिक विकास (=इतिहास) भी बन जाते हैं। कवि का यह कोमल कौशल और अभिव्यंजना सफल रही है।

देवताओं की सृष्टि की विनाश ज्वालाओं के देखने के बाद अनंग काम भटकता हुआ मानव की शीतल छाया में आकर मनु को सन्देश देता है कि मैं अब अपनी नई मानव कृति (यौवन) का ऋणशोध करूँगा। अब मुझे जीवन के शुद्ध विकास की प्रेरणा स्पष्ट हो गई है। यह विश्व मनोहर कृतियों का नीड़ तथा कर्म का रंगस्थल है जहाँ हरेक अपने बल (शक्ति) के अनुपात में ठहरता है। इस विश्व में उषा की लाली-गुलाली वाले दिवसों और नील आवरणवाली रजनियों के दिवस-रात्रि के चक्र-कर्म-साधन हैं। इस नए मानवीय परिवेश में जिस मूलशक्ति की कला विकसित होगी वह प्रेमकला है। तुम्हें (मनु को) इस नई प्रेमकला की लीला का सन्देश सुनाने के लिए हम दोनों की वह अमला भोली भाली सुन्दर सन्तान (काम बाला) संसृति में आई है। वह शान्तमयी शीतलता है, भूल-सुधारों की सुलझन है, जड़ के चेतनता में ढ़लने की गाँठ भी है। अगर उसको पाने की इच्छा है तो योग्य बनो।'...अनोखे स्वप्न के भंग होने के संकेत से मनु के अवचेतन में संचित मूलवृत्तियों और इच्छाओं की राशि का स्वप्न-प्रतीकों के रूप में आना रुक जाता है। मनु आँख खोलकर स्वप्नदेवता से पूछते हैं : ''वहाँ कौन सा पथ पहुँचाता है ? कहो, कोई नर उस ज्योतिमयी को कैसे पाता है ?'' स्वप्न भंग हो चुका था और सुन्दर प्राचीन में अरुणोदय का रस-रंग (रस-नाटक) हो रहा था।

अब हम श्रद्धा सर्ग में दिए गए (श्रद्धा के सन्देश) तथा कामसर्ग में दिए गए (काम के सन्देश) के बीच भेद करके कवि के काम के दर्शन का अनुमान कर सकते हैं। श्रद्धा कामबाला है, पिता की प्यारी सन्तान है, कामायनी अर्थात् कामगोत्रजा होने के कारण उसमें काम के गुण विशेष ढंग से विकसित हैं। वह काम को मंगल मानती है, विश्व का अभिराम उन्मीलन मानती है, महाचिति की वह सजग अभिव्यक्ति मानती है जो 'प्रेमकला' है। वह हृदयसत्ता का सुन्दर सत्य खोजने में व्यस्त है। वह विजयिनी मानवता की कामना करती है। इसकी तुलना में देवसृष्टि का सहचर काम तृष्णा विकसित करता है, केवल विनोद का साधन है, हृदयसत्ता के सुन्दर सत्य के खोजी के बजाय दम्भ और मोह को संविधानित करनेवाला है। कवि ने मूलशक्तिरूप (दिव्य) काम तथा सश्रद्ध काम के बीच भेद करके अपने रोमांटिक आदर्शवादी काम का निरूपण किया है। श्रद्धा काम एवं रति की अमला, सुन्दर और भोलीभाली सन्तान है। अतः उसमें इन दोनों के विकसित मानवीयरूप के मिलन की प्रतिकल्पना कवि ने की है। मूलतः कामायनी के इस स्वरूप में इच्छा श्रद्धा बन जाती है, और व्यक्ति सुख समष्टि मंगल। कवि ने इन दो केन्द्रीय बिन्दुओं को चुना है। स्वयं कवि ने काम के इस रूपान्तर को एक सूक्ष्म प्रतीक के द्वारा इंगित कर दिया है। जागने पर मनु के हाथों में देवों के सुधारस की बेल रह जाती है। सोमलता का यह प्रतीक बहुत व्यापक है। यह मानवसृष्टि की बेल (श्रद्धा कथनः बनो संसृति के मूल रहस्य तुम्हीं से फैलेगी वह बेल) से लेकर मनु के पशुयज्ञ में सुख और हिंसा की बेल होती हुई, आनन्द सर्ग में धर्म के प्रतिनिधि धवन वृषभ (पशु) को ढाँकनेवाली सोम बेल बन जाती है। ज़िमर ने शिव के नन्दी को आनन्दयुक्त माना है। वेदों में यह निर्भरता और शक्ति का प्रतीक है। वेदों में सोम अमर्त्य (ऋ. 9.9.6) कहा गया है जो मनुष्य के पास इला को बाँध ले आता है। मनु को सोम सुख, वासना, भोग और हिंसा की ओर ले गया था लेकिन सदाशिवरूप मनु को यह आनन्द (सुख के बजाय) और मोद (मोह के बजाय) की ओर ले जाता है। अतः काम पूर्णकाम हो जाता है श्रद्धा के कारण (वह विश्व-चेतना पुलकित थी पूर्ण काम की प्रतिभा)। अतएव कवि ने इन सूत्ररेखाओं के द्वारा अपने काम-दर्शन एवं यौन-आदर्शों को उद्घाटित किया है।

● वासना सर्ग में हस्तस्थ सोम बेल (सृष्टि रहस्य) के साथ मनु उस ज्योतिमयी को पाने के लिए उस पथ की खोज करते हैं। इस सर्ग का विधान यात्रा की प्रगति, तथा मनु एवं श्रद्धा, दो के मिलन के हेतु हुआ है। इस सर्ग में काम के ये ही सन्देश मनु के कान भर रहे होते हैं (काम के सन्देश ये ही भर रहे थे कान)। अतएव इस सर्ग में पिछले सर्ग वाले काम का ही मानवीय एवं मांसल (ऐन्द्रियिक) विकास-पक्ष प्रतीकीकृत हुआ है। जिस तरह काम सर्ग में काम एवं रति 'हम दो' बने थे, उसी तरह इस सर्ग में परस्पर अपरिचित मनु और नारी (श्रद्धा) का मिलन होता है और वे भी 'हम दो' बनते हैं। इस तरह वासना सर्ग मानुषी आकर्षण एवं मिलन की व्यावहारिक काम-गीता बन जाता है। उस ज्योतिमयी को पाना ('उस ज्योतिमयी की देव ! कहो कैसे कोई नर

पाता है',...तथा, 'ज्योत्स्ना निर्झर ! ठहरती ही नहीं यह आँख'), और उस तक पहुँचने वाला पंथ इन दोनों को लेकर यह सम्पूर्ण ललित सर्ग सौन्दर्याच्छादित है। कई दृष्टियों से तो यह सर्ग 'कामायनी' का प्रसाद प्रणीत अभिनव कामसूत्र और शृंगार रस का छायावादी नाट्यशास्त्र भी बन गया है।

इस सर्ग में मनु का अकेला अस्तित्व–श्रद्धा से मिलकर–मानव सत्य की सुन्दर सत्ता बनता है अर्थात् अस्तित्व (एक्ज़िस्टेंस) से सत्ता (एशेंस) का आविर्भाव होता है ! यह क्रम कई चरणों में निबन्धित हुआ है : पहले दो अपरिचित हैं; फिर मनु में **आकर्षण** (रीति) का उदय होता है; फिर दो अपरिचितों का **मिलन** होता है; फिर मन की अधीर अतृप्ति जागती है; फिर मिलन संगीत गूँजता है, और अन्ततः नारी लज्जा के कारण मौन समर्पण कर देती है।

इस सर्ग का प्रारम्भ नदी-तट के क्षितिज में बिजलियों भरे बादलोंवाली सन्ध्या से होता है जो सर्गान्त तक चन्द्रशालिनी ज्योत्स्ना में बदली होती है। यात्रा करते हुए गृहपति मनु और समर्पित अतिथि ऊँचाइयों में चढ़ते हुए देवदारु निकुंज गह्वर आदि भी लाँघते हैं। शुरू में सन्ध्या का निस्तेज सूर्य जलधि में गिरता है और अन्त में नीहार को पार करके आए हुए ज्योत्स्ना में विधु निकल आता है। प्रखर ज्वालाओं के शान्त होने के उपरान्त चन्द्र की शीतल किरणें दोनों के हृदयों (चित्त) के राग कल्प का भी सूक्ष्म इंगित करती हैं। सर्ग के शुरू में ही कवि कह देता है कि विजन पथ पर मधुर जीवन खेल खेलने दो हृदय ही (दो पथिकों से) चल पड़े हैं। इस यात्रा का लक्ष्य दो अपरिचितों का मेल है क्योंकि यही नियति चाहती है क्योंकि ये दो परस्पर पूरक हैं (एक गृहपति है दूसरा अधिक, एक प्रश्न है, दूसरा उत्तर; एक जीवन सिन्धु है, दूसरा लघु लोल लहर, एक नवल प्रभात, दूसरा स्वर्ण और किरण; एक वर्षा का आकाश तो दूसरा किरण रंजित श्री घनश्याम)। ये दो अपूर्ण एवं अर्धांश मिलकर ही एक पूर्ण एवं सर्वांश बनाते हैं। अतिथि में समर्पण का सुनिश्चित भाव पहले से वर्तमान है क्योंकि वह मनु से प्रथम मिलन में ही समर्पण कर चुका है (समर्पण लो सेवा का सार)। मिलन की ललक और पुलक और तड़प को बादल में अविरत लड़ती हुई दो बिजलियों से इंगित किया गया है जिनमें से कोई एक दूसरे को फाँस नहीं सकती थी। मिलन का दूसरा सूक्ष्म इशारा तुरन्त आगे हैं। एक ओर धूसर क्षितिज से उठती हुई कालिमा और सूर्य के अन्तिम वैभव हीन आलोक का मिलन है, तथा दूसरी ओर शोक भरे कोक बिछुड़ रहे रहे हैं। इस तरह दो की पूरकता, और मिलन को द्वन्द्व (बिजलियाँ, कोक) को उभारा गया है।

हृदय की इस प्रतीकात्मक यात्रा में मनु को नई इच्छा खींचे लिए आ रही है। उनके कानों में काम के सन्देश गूँज रहे हैं। अतः मनु अपनी नियति का बन्धन मुक्त खेल देखते हैं। अभी वे स्वयं नहीं खेलते।

बिजलियाँ और कोक के प्रतीकों के बाद कवि रंगशीर्ष पर पशु का महत्तम प्रतीक प्रस्तुत करते हैं। यह मनु के मनोविज्ञान को गाढ़े रंगों में रंग देता है। कवि ने पशु की क्रीड़ा का अंकन कालिदास के 'शाकुन्तल' के मृग के अनुरूप किया है। किन्तु पशु का

अतिथि के प्रति **स्नेह** और अतिथि की पशु प्रति **ममता**, और उन दोनों का मधुर मुग्ध **विलास** मनु में चिन्ता और निराश के भाव के बाद पहली बार ईर्ष्या उत्पन्न करता है। उनमें अहं और अहंकार का तीव्र प्रबोध होता है। इनसे उत्पन्न स्वाधिकार की मूलप्रवृत्ति मनु में उभरती है। आशा सर्ग के अनन्त रमणीय 'कौन' के स्थान पर यहाँ मनु में 'मैं ?' 'कहाँ मैं ?' 'सभी मेरी', 'मैं' आदि के प्रश्न सम्बोधन उगते हैं। लेकिन श्रद्धा के सुकुमार उपचार के कारण उनकी ईर्ष्या का दृप्त फण झुक जाता है। अतः ईर्ष्या के विरोधी भावों के रूप में कवि ने अन्य से सरल सुन्दर स्नेह, ममता और करुणा की भावनाओं को लिया है। मनु पहली बार यह जान पाते हैं कि विश्व में सरल सुन्दर महान विभूति स्नेह है (जो ममता एवं करुणा से आर्द्र है)। इस तरह मनु को मधुर प्राकृतिक भूख के समान 'अनादि वासना' के बजाय सरल-सुन्दर-'चिरन्तन स्नेह' का भान होता है (मिल रहा तुमसे चिरन्तन स्नेह-सा गम्भीर)। यहाँ कवि ने सेक्स-टोटेम एवं प्रतीकात्मक कर्मकांड के रूप में पशु का अनुप्रवेश कराकर स्नेह-ईर्ष्या, अधिकार, करुणा की वृत्तियों का भी अभ्युदय कराया है।

चिरन्तन स्नेह का पहला मधु उन्हें यह भी बोध कराता है कि काम के सन्देश की 'ज्योतिमयी' तो यही 'ज्योत्स्ना निर्झर' है। मनु अनुभव करते हैं कि अतिथि में कोई छविमान करुण रहस्य छिपा है जो पशु तथा पाषाण सब में नृत्य की नव छन्द भरता है और सबको आलिंगनबद्ध करता है। स्नेहभूता अतिथि मनु को छविधाम लगता है। इस 'छवि' का सौभाग्य गुण दूसरा है। कवि ने 'रमणीयता' और 'सौन्दर्य' की उच्चतर ऐस्थेटिक दशाओं को (आशा सर्ग, एवं लज्जा सर्ग में) स्पष्ट किया है। यह छवि वासना की मधुर छाया (वासना एवं स्थायीभाव की सन्धि) और हृदय की सौन्दर्य प्रतिमा (अबोध पूर्वा स्मृति) है जिसमें स्वास्थ्य, बल, विश्राम है। यह 'छवि' रमणीयता के यौवनपरक आधार का गहन उद्घाटन है। तो, छवि वासना को स्नेह (अर्थात् ऐस्थेटिक फीलिंग) में रूपान्तरित करती है। सौन्दर्य शास्त्रीय दृष्टि से 'छवि' प्रकृति की रमणीयता तथा मानव कृति के सौन्दर्य से भिन्न हृदय की सौन्दर्य प्रतिमा अर्थात् कवि के संस्कार का कृतिपूर्व साधारणीकरण है।

इस गूढ़ और गोपन अवचेतन की यात्रा में नाम और रूप के परिचय व्यर्थ हैं। अतिथि यही कहता है (कहा हँसकर 'अतिथि हूँ मैं, और परिचय व्यर्थ')। इसके साथ पुनः एक रूपकात्मक भाषा मन की मुक्ति और स्वच्छन्द रोमांस का आह्वान कराती है। अतिथि संकेत देता है कि चाँदनी रात निकल आई है। (अतिथि के मन की उद्विग्नता शान्त हो गई है), और वह सरल हँसमुख विधु जलद के लघु खंडों का वाहन साज कर बुलाने आया है। यह प्रणय चन्द्रमा है। इस संकेत का पूर्ण प्रतीकीकरण बाद में हुआ है (प्रणय-विधु है खड़ा नभ में लिए तारकहार)। बादलों के रथ में आरूढ़ चन्द्रमा के साथ-साथ मनु और अतिथि यात्रा करते हैं। यह यात्रा अन्तर्चेतन ('स्वप्नपथ') में होती है और यह यात्रा-पथ काम-साधना का है। एक ओर प्रकृति का 'स्वप्नशासन' है जहाँ ऊँचा शिखर व्योम का चुम्बन कर रहा है, चन्द्रिका राग-रंजित है, देवदारु निकुंज

सुधास्नात होकर कौमुदी-उत्सव मना रहे हैं, माधवी की गंध से पवन मधुअंध हो गया है, निशा की छाया शिथिल अलसाई पड़ी है और शिशिर कणों की सेज पर सो रही है और उसी झुरमुट में 'स्वप्नपथ' में हृदय की भावना भ्राँत हो गई है। अतः स्नेह अवचेतन से उद्‌भूत होकर स्वप्निल मादकता में कुछ नए स्वरूपों में विकसित हो रहा है। इसकी भूमिका है मनु के अधीर प्राण, और अतिथि की सब्रीड़ छवि। अधीरता और ब्रीड़ा का उदय होता है। इसके बाद मनु की अधीरता बढ़ती है, और अतिथि की ब्रीड़ा।

अधीर मनु के मन में छवि के भार दबे अतिथि को देकर स्पृहणीय मधुर अतीत की, याद पुनः जागती है जब मन्दिर घन में वासना के गीत गूँजते थे। यह संकेत मनु को उद्विग्न बना देता है। चन्द्रमा का संकेत अतिथि कर चुका है, और देवसंस्कृति की वासना की स्मृति मनु में जागती है। अतः मनु की धमनियों में रक्त का संचार होता है, हृदय में धड़कन काँपती है। यह मनु की नवीन चेतना है जो यज्ञज्वाला की तरह न जलकर शलभ (अग्निकीट) की तरह उत्साह भरी जलती है। इसकी ज्वाला विभिन्न भावोंवाली (रंगीन ज्वाला) है। मनु को इस सूफी प्रतीक के बोध से भी चेतनामय किया गया है। इस भावभूमि पर मनु को अतिथि प्राणसत्ता (हृदयसत्ता से आगे) का सुकुमार मनोहर भेद-सा लगता है। वह एक विश्व-माया-कुहुक सी साकार हो जाती है। यह भी एक ध्यान देने योग्य तथ्य है कि सूफी रंगत में ही इस सर्ग में लगभग आदि से अल्पान्त तक अतिथि को पुल्लिंग ही बताया गया है।

प्राणसत्ता की मधु भूमि पर मनु की अधीरता उनके अधीर मन की 'अतृप्ति' भी हो जाती है। यह रतिविहीनता का भागवत है अर्थात् मनु में काम की वासना के जागरण के बाद रति का अभाव जागता है। अतिथि मनु की अतृप्ति, क्षोभयुत उन्माद, उच्छ्वास मय संवाद (संचारी भावों) को पढ़ लेती है। वह पुनः रूपकात्मक भाषा में एक दूसरा संकेत देती है : यह अनुभव अनिवर्चनीय है (मत कहो पूछो न कुछ, देखो न कैसी मौन, विमल राका मूर्ति बनकर स्तब्ध बैठा कौन !)। यह मौन दर्शन है। सामने विमल राका मूर्ति-सा कौन बैठा है। यह विमल राका-मूर्ति अतिथि का आत्मरूपक है। चारों ओर विभव मतवाली प्रकृति का नील आवरण शिथिल हो जाता है और सुन्दर तामरस चरणों पर राशि-राशि नखत कुसुमों की अर्चना बिखर पड़ती है। यह समर्पण का संकेत है। मनु यामिनी (विमल राका मूर्ति) का रूप निरखते जाते हैं और (काम के सन्देश के उपरान्त) मिलन का संगीत होने लगता है।

मनु के अधीर मन की अतृप्ति के उद्दाम वेग एवं आवेश (छूटती हुई चिनगारियाँ, उद्‌भ्रान्त, उत्तेजना, मधुर धधकती ज्वाला, विकल, अशान्तवक्ष) का स्वरूप हृदय-प्रलय जैसा है जहाँ धीरता, ताल एवं लय विलीन हो जाती हैं। मनु उन्मत्त हो जाते हैं। किन्तु मनु देखते हैं कि ज्योत्स्ना निर्झर सा अतिथि और विभवमतवाली प्रकृति में फैली ज्योत्स्ना अन्यापदेशात्मक ढंग से अद्वैत है। वे यह भी देखते हैं कि अतिथि द्वारा दिखाया गया जलदरथारूढ़ चन्द्रमा प्रणय-विधु में रूपान्तरित हो गया है और वह तारक हार लिए हुए उन दोनों के मिलन के लिए आतुर खड़ा है। उन्हें याद आता है कि जो कामबाला थी

और जिसका मधुर नाम श्रद्धा था और जिसकी फूलों से अर्चना की जाती थी, वही तो (रूपान्तरित होकर) यह 'रम्य नारी-मूर्ति' है। यह अपनी सुकुमारता में रम्य नारी-मूर्ति है। इस तरह विमल राका मूर्ति का रागात्मक रूपान्तरण रम्य राका मूर्ति में हो जाता है। मनु को यह अनुभव होता है कि रम्य नारी-मूर्ति के सामने वे एक शिशु से छोटे हैं जो आज तक भ्रान्त होकर भटकता था (मैं पुरुष शिशु-सा भटकता आज तक था भ्रान्त)। मनु को यह भी अनुभव होता है कि नारी विजयिनी सी दीखती थी। काम-रहस्य का यह गूढ़तम मनोवैज्ञानिक रहस्य है कि आत्मसमर्पण के विभोर क्षणों में पुरुष नारी की गोद में एक नन्हें शिशु-सा हो जाता है। आश्चर्य और हर्ष है कि प्रसाद ने इस क्षण को भी फाँस लिया (एक सकता था न कोई दूसरे को फाँस)। अतः यहाँ केन्द्रीभूत सुख (देवसृष्टि) के बजाय साधना की स्फूर्ति केन्द्रीभूत होती है (हुई केन्द्रीभूत-सी है साधना की पूर्ति) और, मनु अपनी चेतना का समर्पण दान कर देते हैं रम्यनारी मूर्ति के सम्मुख ! अब अतिथि 'विश्वरानी', 'सुन्दरीनारी' और 'जगत की मान' होकर साकार हो उठता है। काम लीला ने दोनों को शिशु-बालिका सा बना दिया !! एक अद्‌भुत उन्मीलन !!

पुरुष ने अपनी चेतना का समर्पण किया (शायद हृदय का नहीं) फलतः सकल सुकुमारता में दृढ़ रहनेवाली रम्यनारीमूर्ति पुरुष के इस नर्ममय उपचार से लदकर सुकुमारता के भार ही सब्रीड़ झुक चली। उनमें सात्विक अनुभाव एवं अयत्नज अलंकार प्रकट हो जाते हैं। झुकी नासिका नोक, गिर रही पलकें, आकर्ण भ्रूलता, कदम्ब-सा खिला पुलक, गद्-गद् बचन, लज्जा, ललित कर्ण कपोल, आदि। कवि ने ब्रीड़ा को नारीत्व का 'मूल मधु अनुभाव' कहा है। यही मधु अनुभव उसके भीतर हँस उठता है। अतः ब्रीड़ा-चिन्ता-उल्लास से मिलकर हृदय का आनन्द 'रास' करने लगता है। यह मधुर अनुभाव ही अगले लज्जा सर्ग का बीज बनता है। इस सर्ग में 'अतिथि नारी' की रचना अनुभावरूप अलंकारों से हुई है। यह प्रयोग एक परम्परा का अनूठा नवीनीकरण है।

नारी को एक चिन्ता भी व्याकुल करती है। आज का आदिम एवं चिरन्तन समर्पण कहीं दुर्बल नारी-हृदय के लिए चिरन्तन बन्धन न बन जाए ! वह पुरुष का वह दान क्या ले सकेगी जिसके उपभोग करने में प्राण विकल हों ! इस बिन्दु से नारी के मनोविज्ञान (मूल मधु अनुभाव) की ललित धारा फूट निकलती है लज्जा सर्ग में।

प्रसाद ने 'हृदय के आनन्द गान का रास' नामक एक मौलिक धारणा पेश की है (आनन्द सर्ग में विश्व सुन्दरी प्रकृति के 'लास रास' की धारणा भी इसी तरह की है) यहाँ रास की वैष्णव मधुरोपासनावाली छायाएँ भी घुली हैं। रस-समूह को रास कहते हैं (रसानां समूहों रासः)। रास में कृष्ण ही अनेक कृष्ण के रूप में गोचर होते हैं। यहाँ नारी का हृदय अनेक रूपों में उन्मीलित हुआ है। रास गोपियाँ करती हैं। यहाँ ब्रीड़ा, चिन्ता, उल्लास और अनेक मधु अनुभाव नारी के हृदयदेश में आनन्द रास कर रहे हैं। रास में चन्द्र की चन्द्रिमा पर मुग्ध होकर कृष्ण गोपियों के साथ क्रीड़ा एवं रहस्यलीला करते हैं। यहाँ मनु और नारी चन्द्र की चन्द्रिमा में मुग्ध होकर मधुर जीवन खेल (लीला,

क्रीड़ा) करते हैं। मनु के संसर्ग से इन प्रणय लीलाओं में यह रास समूह उत्पन्न होता है। अतः सम्पूर्ण वासना सर्ग इस अकेली धारणा के आलोक में एक अभिनव प्रणय-रास की विच्छति प्राप्त कर लेता है।

सारांश में, हम कह सकते हैं कि यह सर्ग चिरन्तन पुरुष (पुरुषत्व भी) और चिरन्तन नारी (नारीत्व भी) की शाश्वत और चितिमय प्रणयलीला का विकास है। यहाँ काम तात्त्विक अनादि वासना (तृष्णा, वासना, मादकता, लालसा, अधीरता आदि) शनैः शनैः काव्यशास्त्रीय रति (विभावानुभावादि) हो गई है। इस सर्ग में अनादि वासना का रूपान्तरण चिरन्तन स्नेह में हुआ है। इसमें एक ओर 'प्रकृति' (विभव मतवाली प्रकृति) तथा 'रम्यनारी मूर्ति' तथा 'सृष्टि' का हास, गान, नृत्य, लास आदि है तो दूसरी ओर अधीर मन की उद्विग्नता है। यहाँ दो बिजलियों, दो कोकों, पशु, अग्निशलभ, विधु, विमल राका मूर्ति आदि के संकेतों का सुन्दर, मधुर, मूल, नवीन प्रतीकों तथा अन्यापदेशों में रूपान्तर हुआ है जो सारे सर्ग की भाव गरिमा को प्रभावित करते हैं। पूर्ववर्ती काम सर्ग की तरह इस सर्ग में भी मूलतः मनु का कुतूहल है। पहले सर्ग में मनु-काम संवाद और दूसरे में मनु-नारी संवाद हैं। इस सर्ग में ही कामबाला का सर्वप्रथम नामकरण होता है : श्रद्धा। और, यह नामकरण मनु करते हैं। अतः यहाँ सश्रृद्ध काम का निरूपण हुआ है। अगले लज्जा सर्ग की रंगभूमि दूसरी है। इसमें नारी-लज्जा संवाद है।

● लज्जा सर्ग की 'वस्तु' के बीज तथा बिन्दु काम सर्ग के अन्त में सूचित किए गए हैं। इस सर्ग में रतिरूपा नारी और उसकी अन्तर्छाया रूपा लज्जा के बीच संवाद है। यहाँ मनु अनुपस्थित हैं। इसमें नारी की अन्तर्चेतना का मनोविश्लेषण हुआ है। तकनीक कामसर्ग में जैसा ही है : पहले नारी स्वयं की गूढ़ता को छायावादी शैली में कुतूहलित करती है; इसके बाद उसका ही आश्रय लेकर उसकी ही छाया-प्रतिमा उत्तर देती है। काम सर्ग में मनु को काम ने स्वप्न में उत्तर दिए थे। इस सर्ग में गोधूलि और सन्ध्या के धूमिल पट में नारी की छाया-प्रतिमा उत्तर देती। वासना सर्ग में 'छवि' की धारणा प्रस्तुत हुई है, और इस सर्ग में सौन्दर्य की धारणा प्रस्तुत हुई है। इस सर्ग से पहले केवल मनु काम बाला को श्रद्धा नाम से याद करते हैं केवल एक बार। इस सर्ग में लज्जा निश्चित रूप से नारी को 'केवल श्रद्धा' घोषित कर देती है। इसके उपरान्त सारे सर्ग में 'श्रद्धा' या कामायनी नाम ही चलता हैं यह नाम-प्रतीकीकरण भी गहनगूढ़ है। कवि ने इसके लिए कालिदास से भी प्रेरणा ली है।

इस सर्ग के केन्द्र में रति, लज्जा एवं नारी की अमूर्त धारणाएँ हैं। तकनीकी सौन्दर्य के लिए कवि ने नारी को चिरन्तन नारीत्व में प्रतीकीकृत किया है, तथा अमूर्त रति का मानवीकरण किया है। इस सर्ग में नारी की चिति (साइकी) उसके रति मनोविज्ञान (सेक्स-साइकोलाजी), उसकी रमणीधर्मता (वूमेनहूड) और उसके अन्तर्लोक (इनर वर्ल्ड) को जितनी सूक्ष्मता और भावुकता और रागात्मकता के साथ प्रसाद ने निबन्धित किया है, वैसा हिन्दी में अन्य दूसरा कवि नहीं कर पाया है। अलबत्ता घनानन्द, आलम, बोधा ने अवश्य कुछ गहराई छुई है तथापि उनका बोध कोरमकोम मध्यकालीन था। प्रसाद

भी नारी के इस अन्तर्लोक को अंकित करने में अपने रोमांटिक आदर्शवाद तथा दार्शनिक मध्यकालीनतावाद के दृष्टिकोण में बँधे हैं जिससे उनकी 'रम्य नारी मूर्ति' परिपूर्ण एवं समसामयिक भी नहीं हो पाई।

इस सर्ग में नारी एक चकित (स्वभावज अलंकार) बाला अर्थात् अंकुरित यौवना (जिसमें लज्जा एवं काम की समरति हो) के रूप में अपनी ही मुग्ध अन्तर्छाया अर्थात् लज्जा का विबोध करती है। नारी को अनुभूति होती है कि 'यह कौन' (लज्जा) माया में लिपटी बढ़ती चली आ रही है (माया में लिपटी होने के कारण यह चिति-शक्ति को अवगुंठित करके रति से लज्जा हो गई है और नारी को कई स्वभावज अलंकारों से शृंगारित कर रही है।) यह (लज्जा) माधव के कुतूहल से पूर्ण (अधरों पर उँगली धरे हुए–) आलिंगन का जादू पढ़ती है। यह इन्द्रजाल के कण बिखरानेवाले पुलक (रोमांच) रूपी कदम्बों की माला अन्तर में पहना देती है और अपना वरदान सदृश झीना-नीला-हल्का अंचल डाल देती है। इस मर्म प्रक्रिया से नारी रति में अन्यापदेशित हो जाती है।

वरदान के द्वारा परिवर्तित चितिजगतवाली नारी (रति) में पूर्ववर्ती सर्ग की प्रगल्भता (किसी प्रकार की शंका न होना), शोभा (शारीरिक शोभा), कान्ति (विलास से बढ़ी हुई शोभा) औदार्य (सदा विनय भाव), धैर्य (आत्मश्लाघा से मुक्त अचंचल मनोवृत्ति) आदि अयत्नज अलंकारों के स्थान पर कई स्वभाव अनुभावालंकार (विलास, कुतूहल, चकित मद, ललित, विहृतस आदि) उदित हो उठते हैं। ये सब नारी की आन्तरिक रति के शृंगार हैं जिन्हें कवि ने छायावादी अप्रस्तुत विधानों और उत्प्रेक्षाओं और लाक्षणिकता के द्वारा अभिव्यंजित किया है। इस प्रसंग में उन्होंने एक और प्रयोग किया है। नारी के इन अनुभावालंकारों को आपस में घुलामिलाकर अनुभूति (फीलिंग) और संवेदना (सेंसेशन) को प्रकट करनेवाली भाषा की रचना की है। इस भाषा की खोज थोड़ा आगे चलकर सौन्दर्य के मूर्तीकरण में अपनी सिद्धि प्राप्त करती है। लज्जा के अन्तर्प्रवेश के कारण नारी के सब अंग मोम-से हो जाते हैं और वह कोमलता में बल खाने लगती है (ललित); वह अपने में सिमिट सी रहती है (संकोच); उसकी तरल हँसी स्मित बन जाती है और नयनों में बाँकापन आ जाता है (हाव); उसके यौवन में सुख की अभिलाषाएँ जाग जाती हैं (केलि); छूने में हिचक होती है और देखने में पलकें आँखों पर झुकती हैं (ब्रीड़ा) और कलरव परिहास भरी गूँजे अधरों पर आकर रुक जाती हैं (किलकिंचित्); रोमाली संकेतों से मना करती है और भौहों की काली रेखा बनकर भ्रमित हो जाती है (विलास)। इन कारणों से नारी स्व-अवलम्ब खो देती है। यह चेतना-संकोच उसे रस के निर्झर में धँसकर आनन्द शिखर की ओर बढ़ने से रोक रहा है (काव्य शास्त्रीय एल्यूजन)। नारी की चिति (साइकी) को इस अवशता ने स्वप्निल, भ्रमित और अवलम्बित बना दिया है। इस लाक्षणिक भाषा की दूसरी मध्यमाशक्ति भी है। इस वर्णन में दस सौन्दर्य-गुणों का समावेश भी हुआ है। इसमें शरीर की विभिन्न अवयवों की रेखाओं में स्पष्ट होनेवाला 'रूप' है, आँखों को विभिन्न प्रकार से तृप्त करनेवाले 'वर्ण' हैं [यह (किरणों का) अंचल

कितना हल्का-सा कितने सौरभ से सना हुआ]; विशेष प्रकार के चाकचिक्य से कान्त झिलमिलानेवाली 'प्रभा' है (प्रत्यक्ष देखती हूँ सब जो वह बनता जाता है सपना); अधरों पर सहज भाव से खेलती रहनेवाली आकर्षण हँसी का 'राग' है (स्मित बन जाती है तरल हँसी); फूलों के समान मृदुल और कोमल 'आभिजात्य' है (सब अंग मोम से बनते हैं कोमलता में बल खाती हूँ); यौवन जनित उल्लास से प्रकट होनेवाली विभ्रम-विलास चेष्टाएँ या 'विलासिता' है (छूने में हिचक, देखने में पलकें आँखों पर झुकती हैं; कलरव परिहास भरी गूँजे अधरों तक सहसा रुकती हैं); शारीरिक अवयवों को चन्द्रमा के समान आह्लादित करनेवाला 'लावण्य' है; 'छाया' है और सहृदयों को आकर्षित करनेवाला 'सौभाग्य' है। (पं. हजारी प्रसाद द्विवेदी : ''मेघदूत–एक पुरानी कहानी'' पृ. 21, 123, संस्करण 1957)।

अतएव इस हृदय परवशता ने उसकी नैसर्गिक रति की सारी स्वतंत्रता छीन ली है। (स्वच्छन्द सुमन जो खिले रहे जीवन वन से ही बीन रही)।

अब लज्जा रति (नारी) के इस लांछन का प्रत्युत्तर देती है। वह भी काम की तरह अपनी आत्मकथा कहती है कि मैं देवसृष्टि की वह रति रानी हूँ जो अपने प्रिय काम (पंचबाण) से वंचित हो गई। मैं अपनी अतृप्ति सी संचित होकर एक दिन 'आवर्जना-मूर्ति' बन गई। अब मैं एक अतीत असफला सी अपने अनुभवों में अवशिष्ट रह गई हूँ। अतः मैं लीला-विलास की खेद भरी अवसादमयी श्रमदलिता सी दीन आवर्जना-मूर्ति हूँ।

इसके बाद लज्जा अपने क्रियाधर्म (फंक्शंस) बताती है : मैं पंचबाण से वंचित आत्म अतृप्ति हूँ। अब मैं रति की प्रतिकृति हो गई हूँ; और प्रतिकृति हूँ। मैं शालीनता सिखाती हूँ; चंचल किशोर सुन्दरता की रखवाली करती रहती हूँ; सरल कपोलों की लाली और आँखों का अंजन तथा मन की मरोड़ होती हूँ; मैं वह हल्की सी मसलन हूँ जो कानों की लाली बनती हूँ। मैं मतवाली सुन्दरता को निर्बन्ध चलने से रोक देती हूँ; मनुहार से (मतवाली सुन्दरता पग में नूपर-सी लिपट मनाती हूँ)। कवि ने मूलतः यहाँ सौन्दर्य और लावण्य के लालित्य का संयुक्त सौन्दर्यतत्त्व निवेदित किया है। इसके लिए उसने मूलतः मुख (आनन)–लज्जित आनन के सौन्दर्य को चुना है। इसके लिए उसने दो सौन्दर्य प्रकार कल्पित किए हैं–दो सुन्दरताएँ। पहली है 'मतवाली सुन्दरता' और दूसरी है 'किशोर सुन्दरता'। किशोर सुन्दरता चंचल है और उसका संभार लज्जा के नियंत्रण के द्वारा होता है। मतवाली सुन्दरता रतिमूलक है और उसका मनुहार तथा मान (शालीनता तथा मनाना) लज्जा का प्रीतिधर्म करता है। इस तरह शालीनता, मतवालापन और मनोद्वेलन सुन्दर लज्जित मुख को लावण्य-छायाओं से झिलमिला देते हैं। वस्तुतः यहाँ रंजन-गुण का विन्यास है जो हमें स्वमेव आकृष्ट करता है। यह आन्तरिक वशीकरण धर्म सौभाग्य है। यह इन दोनों सुन्दरताओं के रूप, वर्ण, राग और विलासिता में घुल गया। पंचबाण से वंचित रति के अभाव को लज्जा नारी में इन्द्रजाल और कुहक के द्वारा भरती है। इस तरह इन दो लघु सौन्दर्योपभेदों का सौन्दर्यतत्त्व विनियोजित हुआ है।

इसी सन्दर्भ में लज्जा एक महत्तर 'सौन्दर्य' का भी अभिधान करती है जिसकी धात्री वह स्वयं हो बताती है। यह 'चपल सौन्दर्य' चेतन का उज्ज्वल वरदान है और इसमें अनन्त अभिलाषा के स्वप्न जागते रहते हैं। इसी के स्त्रैण प्रतिरूप (फेमिनीन फॉर्म्स) मतवाली सुन्दरता तथा चंचल किशोर सुन्दरता है। इस सौन्दर्य में लज्जा गौरव-महिमा का संनिवेश करती है तथा आतुरता के दुष्परिणामों से बचने का विवेक देती है। सौन्दर्य के इस विन्यास में जो सौन्दर्य-गुण प्राप्त किए गए हैं वे कथा-सृष्टि से भी संलग्न हैं। यह एक गूढ़ उद्घाटन है। इस तरह 'चेतना के उज्ज्वल वरदान रूप चपल सौन्दर्य' का स्वरूप कथानक का पर्यावरण ढालता है। लज्जा इस कथा-यात्रा के संकेत देती है। इस सौन्दर्य का विनयन कब से होता आ रहा : यह अम्बर चुम्बी हिमश्रृंगों से कलरव कोलाहल साथ लिए आ रहा है (देख लो, ऊँचे शिखर का व्योम चुम्बन व्यस्त), इसमें विद्युत की प्राणमयी धारा उन्माद लिए बहती है (अन्तरिक्ष के मधु उत्सव के विद्युत्कण मिले झलकते से); इसमें मंगल कुंकुम की श्री है जिसमें ऊषा की लाली निखरी है (ऊषा की सजल गुलाली जो घुलती है नीले अम्बर में); इसमें भोला सुहाग इठलाता है; यह कल्याणकारी आनन्दधर्मा है; इसका स्वर वसन्त में पिक-सा है (क्या तुम्हें देखकर आते यों मतवाली कोयल बोली थी); इसके वसन्त स्वर मूर्च्छना उत्पन्न करते हैं और आँखों में रमणीय रूप बनकर ढलते हैं (सौन्दर्यमयी चंचल कृतियाँ बनकर रहस्य हैं नाच रहीं; मेरी आँखों को रोक वहीं आगे बढ़ने में जाँच रहीं); यह नयनों में रस भरता है; इसमें ऋतुपति (वसन्त) का हिल्लोल भरा है (प्रत्येक नाश विश्लेषण भी संशिलिस्ट हुए, बन सृष्टि रही; ऋतुपति के घर कुसुमोत्सव था–); यह मानस की लहरों पर-से नव चन्द्रिका सा निकल आता है (ज्योत्स्ना सी निकल आई पार कर नीहार); इसके अभिनन्दन में फूलों की कोमल पंखड़ियाँ बिखरती हैं और स्वागत के कुंकुम-चन्दन में अपना मकरन्द, मिलाती हैं (सतत मिलता था उसी से सतत जिसको फूल, दिया करने अर्ध में मकरन्द, सुषमा मूल), इसका जय घोष प्रकृति सुनाती है (विजयिनी-सी दीखती तुम माधुरी-सी शान्त) और इनमें मन के सुख-दुख मिलकर आनन्दोत्सव मनाते हैं (मधुर क्रीड़ा मिश्र चिन्ता साथ के उल्लास, हृदय का आनन्द कूजन लगा करने रास)। अतः चेतना के ऐसे उज्ज्वल वरदान को 'सौन्दर्य' कहते हैं।

इस निरूपण से स्पष्ट है कि कवि ने 'प्रकृति' की 'अनन्त रमणीयता' से वासना-संस्कारित 'छवि' (वासना सर्ग) का विधान किया; और तदुपरान्त 'छवि' से चेतना दशा के मंगल, श्री, सौभाग्य, कल्याण आदि से मंडित आनन्द धर्मी 'सौन्दर्य' का विधान किया। इस सौन्दर्य-तत्त्व में मूल शक्ति, मूल भाव (अभाव) और मूल चिति काम है जिसे कवि ने ऋतुपति, माधव (चैत्र), मधु (वैशाख); वसन्त, रति और प्रीत की रेखाओं से रंजित और अंकित किया है। यह प्रसाद का सौन्दर्य शास्त्रीय (ऐस्थेटिक) बोध है। इसमें वैष्णवों का महाभाव (लीला और रास रूप में), शैवों का परमभोग (चिति, इच्छा, आनन्द, माया, रूप में) और संस्कृत के सौन्दर्यबोध शास्त्रियों की आद्य रस (श्रृंगार रस) का लीलानिकेतन यह जगत संयुक्त हो गया है। इसमें अनादि वासना चिरन्तन स्नेह में

द्रवीभूत हुई है, और चिरन्तन स्नेह अनन्त अभिलाषा की सुप्त इच्छाओं में द्रुत हुआ है (जिसमें अनन्त अभिलाषाओं के सपने सब जगते रहते हैं)। इसमें मूल शक्ति (रति + कला = कामकला, या प्रेमकला) की प्रतिकृति लज्जा की अभाव पूर्ति की प्रक्रिया का योगदान कवि की अपनी संवित् है। लज्जा 'चपल सौन्दर्य' की धात्री है और वह इस आशंसा बोध में **गौरव महिमा** सिखलाती है; वह 'मतवाली सुन्दरता' की मानविमोचिका है और इस आशंसाबोध में **शालीनता** सिखाती है; तथा वह 'किशोर सुन्दरता' की रखवाली करनेवाली है और इस आशंसा बोध में **रंजन** करती है। और, सबसे अन्त में : यह सौन्दर्य-तत्त्व चपल, चंचल किशोर है। ये विशेषण सहृदय के क्षण-क्षण नवीन होते चित्त की द्रुति, दीप्ति एवं द्रवण का सम्मिश्रण कराते हैं। हमें तो यह भी लगता है कि यहाँ नारी एक सौन्दर्यकृति-तथ्य (आर्टिफेक्ट) हो गई है, तथा लज्जा एक जागरूक अभिजात सहृदय-हृदय !

इस लज्जाशील रतिरूपा नारी का सौन्दर्यबोधात्मक उन्मेष तो यथावत् है ही। यही उनकी 'रम्यनारी मूर्ति' का चिरन्तन बिम्ब है जो उनकी सारी श्रेष्ठ कृतियों में प्रतिबिम्बित हुआ है। लेकिन जीवन और समाज की भूमिकाओं में यही बिम्ब नारी को 'केवल श्रद्धा' या अप्सरा, या देवी या आश्रिता बना देता है। प्रसाद इस अन्तर्विरोध को आदर्श के द्वारा सुलझाते रहे हैं। किन्तु यह मध्यकालीन आदर्श है, पुराणों, संस्कृत काव्य नाटकों द्वारा पोषित और संस्कारित आदर्श। यह नारी इस क्षेत्र में अदक्ष लज्जा से अगला महान प्रश्न पूछती है : 'हाँ यह तो ठीक है परन्तु यह भी बताओगी कि मेरे जीवन का पथ क्या है ? और संसृति की इस अँधेरी रात में मेरे सामाजिक ज्ञान की दिशा (आलोकमयी रेखा) क्या है ?'

ठीक ऐसे ही प्रश्न मनु ने काम से पूछे थे : 'कामबाला के पास कौन-सा पथ पहुँचता है ? उस ज्योतिमयी को कोई नर कैसे पाता है ?' वासना सर्ग में इस हृदय पथ की यात्रा और ज्योतिमयी नारी (श्रद्धा) को पाने की साधना प्रकाशित हुई है। किन्तु समर्पण और मिलन के बाद नारी संसृति (समाज) में अपने जीवन-पथ को पूछती है। यह प्रश्न एक महान ऐतिहासिक एवं सामाजिक समस्या भी है। लज्जामंडित रतिरूपा नारी स्वयं अपनी सीमाओं तथा मनोवृत्तियों (एटीच्यूड्स) का कथन करती है।

नारी 'आज' समझ पाई है कि वह **दुर्बल** है, दान ले सकने में अक्षम है (आह मैं दुर्बल, कहो क्या ले सकूँगी दान !)। वह इस दुर्बलता में ही नारी है (अन्यथा पहले 'विगत विकार अतिथि' थी)। अवयवों की सुन्दर कोमलता के कारण ही वह सबसे हारी है, वह अपने मानस की गहराई में **निस्सम्बल** होकर तिरती है। वह आवेगमयी है। अतः **चिन्तनहीन** (सोच विचार न कर सकती) है। वह सर्वस्व समर्पण करने की ममता में बँधी है ताकि विश्वास के महावृक्ष की छाया में पड़ी रहे और सन्तुलन खोकर नर-तरु से अपनी भुजलता फँसा कर झूले-सी झोंके खाती रहे, और अपने स्वप्नलोक की सुन्दरता छोड़कर जागरण के यथार्थ में आने की चाह न रहे। वह केवल दान देना चाहती है ग्रहण करना कुछ भी नहीं। वह स्वयं पूछती है कि नारी-जीवन का चित्र क्या यही है ? नारी

की दुर्बलता तो जैविक (बायलाजिकल) है; लेकिन निस्सम्बलता, कोमल निरीहता, सर्वस्व समर्पण, निष्क्रिय स्वप्नचर्या उसका पर्यावरणमूलक चरित्र (एन्वायमेंटल कैरेक्टर) है। और, यह चरित्र कई शताब्दियोंवाली मध्यकालीन सामन्तीय संस्कृति की देन है। सामन्तीय संस्कृति में नारी पुरुष आश्रिता, कामयष्ठि, सुकुमार, अबला, दुर्बल, मन्दमति, असूर्यम्पश्या, कामिनी, सर्पिणी, देवी आदि न जाने क्या क्या थी। वह समान, स्वावलम्बिनी और मानवी ही नहीं थी। वह सुख-भोग्य नारी (वुमेन ऑफ प्लेज़र) तथा कर्तव्यमयी नारी (वुमने ऑफ ड्यूटी) ही थी। कवि ने इसकी इन दो मध्यकालीन सामाजिक भूमिकाओं का ही रोमांटिक आदर्शीकरण कर डाला है। फलतः यह बिम्ब उनकी विचारधारा तथा स्वर्णयुगीन दिवास्वप्नों में बिखरकर धुँधला हो गया है। भोग और योग की समानुरक्ति की साधना करनेवाली उनकी नारी केवल आँसुओं की ताकत रखती है।

मूल प्रश्न यह है कि नारी की सामाजिक भूमिका को लज्जा संचालित करे, या कर्म और ज्ञान। हम यह चुनाव 'कामायनी' के सन्दर्भ में ही उठा सकते हैं क्योंकि इसमें नारी लज्जा से ही संसृति की निविड़ निशा में अपने जीवन का आलोकमय पथ पूछती है। (मनु का काम से प्रश्न सार्थक और सीमित था क्योंकि वे ज्योतिमयी नारी को पाना चाहते थे)। आलोकमय पथ ज्ञान बताता है, तथा संसृति में जीवन का विकास कर्म करता है। अतएव रति की प्रतिकृति, अभावमयी, अतृप्ति संचिता लज्जा द्वारा सुझाया गया मार्ग भिन्न होगा। कवि ने ही यह मार्ग तय किया है क्योंकि कर्मशीला श्रद्धा, या ज्ञानशीला श्रद्धा भी सश्रद्ध श्रद्धा भी हो सकती है। सामाजिक कर्म सामाजिक ज्ञान तथा सामाजिक इच्छा तीनों में ही विश्वास अपेक्षित रहता है, अन्धविश्वास नहीं। कवि ने अपनी श्रद्धा के लिए दूसरा ही रास्ता चुना। इस तरह उन्होंने चिरन्तन नारीत्व के आर्केटाइपल बिम्ब को (जो वासना सर्ग में चमक उठा था) अपनी नारीत्व-धारणा में छोटा, रूपकात्मक, मध्यकालीन तथा एकांगी बना दिया। महाकाव्य में आगे इसके गलत परिणाम निकले। श्रद्धा एक चरित्र के रूप में निर्जीव, समर्पित, निस्सम्बल और दुर्बल बनी रही, और उसे धार्मिक प्रतीक एवं अन्यापदेश के महातरु का सहारा देकर चलना पड़ा। इसी तरह एक कर्म एवं ज्ञानशीला नारी (इड़ा) के तेजस्वी बिम्ब का कवि को (दर्शन सर्ग से) जानबूझकर भंजन करना पड़ा क्योंकि वह कथा के अनुशासन और महाकाव्य के माध्यम की अपेक्षा अपनी चिरबन्धनमुक्त प्रतिभा और नारीत्वधारणा का अधिनायकत्व कायम करता है। अस्तु।

लज्जा का यही उत्तर है कि नारी तो पहले ही अपने संकल्प रूपी अश्रुजल से अपने जीवन के सपने दान कर चुकी है। (अतः उसका स्वतंत्र एवं स्वावलम्बी जीवन-पथ अवांछनीय है)। अतः वह 'केवल श्रद्धा' है और उसे विश्वासरूपी हिमालय के पगतल में आश्रित होकर जीवन के सुन्दर समतल में पीयूश-स्रोत सी बहते रहना है। यह मध्यकालीन गुप्त सम्राटों की संस्कृति के कवि कालिदास के आदर्श श्लोक का भावानुवाद है जिसमें भवानी को श्रद्धा तथा शंकर को विश्वास रूप बनाकर उनकी

वन्दना की गई है। कामायनी की मिथकीय या ऐतिहासिक या रूपाकात्मक स्थितियों में यह धारणा बहुत पीछे खींच ले जाती है जिसे आधुनिक युग में सामन्तीय बोध कहेंगे। कवि ने नारी का पगतलवाला पथ बताने के बाद आलोक रेखा भी बताई है कि उसे आँसू से भींगे आँचल पर मन का सब कुछ रखना होगा, तथा इसके बावजूद भी हँसते-हँसते अपने हृदय के अन्तर्द्वन्द्वों को दबाने का सन्धिपत्र लिखना होगा। अन्तर्द्वन्द्व से विहीन नारीत्व मात्र श्रद्धा होगा। पगतल में पीयूष-स्रोत सी बहनेवाली श्रद्धा मात्र आँसुओं की धारा होगी। प्रसाद यही चाहते थे। 'कामायनी' में यही किया। दर्शनसर्ग तक वह श्रद्धा को कथापात्र बनाकर रखता है और तदुपरान्त उसे त्रिपुरसुन्दरी, पूर्णकाम की प्रतिमा, शिव की शक्ति (तत्त्व) आदि धार्मिक-दार्शनिक प्रतीकों में ढालकर वायवी और देवी-सा बना देता है। वह नारी और सामाजिक मनुष्य नहीं रह जाती। कर्म सर्ग में एक स्थल पर वह अवश्य मनुष्य बनती है जब सुरति उत्तेजना से उसके अधर सूखते हैं और वह मादक सोमसुरा पीकर नूतन भाव जगाए हुए स्फूर्तिमयी हो जाती है ('स्फूर्तिमयी हो चली चित्त था नूतन भाव जगाए'–पांडुलिपि के एक अंश से उद्धृत।) इस अवसर पर वह प्राण को ढँकने वाला लज्जा का आवरण उतार फेंकती है और पुनः अपने 'चिरन्तन नारीत्व' को प्राप्त करती है। रति सुख के समय उसमें केलि और किलकिंचित् उदित होते हैं : एक रक्त खौलानेवाले व्याकुल चुम्बन के साथ वे मिथुन हो जाते हैं और श्रद्धा के 'रोम रोम चिनगारी-से हो जाते हैं, सघन जघन थहराते हैं, शिथिल वेणी खुली पड़ती है और पलक अश्रु भर लाते हैं, (–पांडुलिपि का कटा हुआ अंश)। कवि के अनुसार श्रद्धा की पलभर की इस चंचलता ने हृदय का स्वाधिकार खो दिया (ईर्ष्या सर्ग)। इसकी टिप्पणी अनापेक्षित है।

● कामशक्ति के क्रिया एवं ज्ञान के अक्षों पर हम दूसरी सशक्त नारी को उभरते हुए पाते हैं। वह इड़ा है। हमारे विचार से वह पूर्णकाम और चिरन्तन नारीत्व इन दो ध्रुवान्तों की द्वन्द्वात्मक एकता है। कवि अन्ततः काम और चिन्तन से मुक्त मात्र 'भावमयी नारी' को आदर्श मानता है। प्रसाद का सामाजिक विकास इतना ही हुआ है कि वे रम्य नारी के स्थान पर भावमयी नारी का अभिषेक कर सके हैं। यह उनके अन्तर्विरोध का ही प्रसार है। यहाँ हम केवल काम एवं रति के हाशियों में आई इड़ा का ही निरूपण करेंगे। इसके पहले हम मनु के माध्यम से की गई काम की आलोचना का भी जिक्र कर दें क्योंकि यह आगे सहायता करेगी। काम ने मनु को भ्रम में डालकर जीवन का सुख एवं विश्राम छीन लिया है, उनके अनुसार काम में अभिशाप-ताप की वही (देवसृष्टि से चली आ रही–) ज्वाला जल रही है जिससे मनु के अंग और मन, दोनों झुलसे हैं। मनु अनुभव करते हैं कि श्रद्धा बिना वे 'पूर्णकाम' नहीं हो सके, अर्थात् वे सश्रद्ध काम की साधना नहीं कर सके, अर्थात् उनमें काम की तृष्णा ही जगी रही और रति की तृप्ति नहीं आई। यहाँ हम इंगित करना चाहेंगे कि लज्जा भी अतृप्ति ही थी अतः श्रद्धा के साथ भी यही तर्क घटित होना चाहिए। लेकिन कवि को यह मंजूर नहीं है।

अब मनु संसृति-जलनिधि-तीर से चलकर सरस्वती तीर पर आ पहुँचे हैं जो प्रसन्नता, कर्म निरन्तरता और अनन्त ज्ञान का प्रतीक है (वह थी प्रसन्नता की अनन्त ज्ञान)। इस तीर पर उन्हें 'नयन के अभिराम इन्द्रजाल' के स्थान पर 'आलोकमयी चेतना की हेमवत छाया' दिखती है। वे ज्योतिमयी श्रद्धा के बाद हेमवती इड़ा का सम्पर्क पाते हैं। इन सूक्ष्म प्रतीकों को ध्यान में रखना आवश्यक है क्योंकि कवि रूपकात्मक भाषा के प्रयोगों में सिद्धहस्त है। सारस्वत नगर में इड़ा वैश्वानर की ज्वाला-सी है, वह शीतल सौमनस्य बिखराती है, उसमें जड़ता का कुछ भास नहीं है। वह ऐसा आसव ढालती है जिससे तृषित कंठ की प्यास नहीं बुझती। इड़ा अव-रतिकृत (डि-सेक्सुअलाइज़्ड) नारी भी है जो काम को ज्ञान एवं श्रम द्वारा उदात्त बना लेती है। वह श्रम की थकावट और ज्ञान की पिपासा उत्पन्न करती है। इसके अलावा श्रद्धा का सौन्दर्य भी 'बौद्धिक सौन्दर्य' है। प्रजापति मनु पूछते हैं : तुम किसकी हो ? इड़ा इसका सीधा उत्तर नहीं देती। वे गृहपति की तरह-से ही स्वाधिकार चाहते हैं और कहते हैं कि 'प्रजा मेरी नहीं है, तुम मेरी रानी हो। मेरी तृप्ति करो। अपने मधु अधरों के रस से मेरी प्यास डुबाओ।' मनु का नर-पशु हंकार उठता है। वे आलिंगन करते हैं। यह एक अतिचारी मनु और उस दुर्बल नारी का आमना-सामना है जो नर-तरु की भुजा का अवलम्ब पाने की या अन्धविश्वास के रजतनग के पैरों तले बहने की अभ्यासी नहीं है। वह अबला श्रद्धा नहीं है। वह राष्ट्रस्वामिनी है। वह ज्ञानशक्ति और स्वावलम्बन रूपा स्वामिनी नारी (भी) है। वह मनु के प्रभुत्व, सुख और बलपूर्वक काम-भोग को 'पाप' की परिभाषा में बाँधती है। इस धारणा के साथ ही काम या सेक्स का समानीकरण एवं सामाजिकीकरण हो जाता है। अब काम केवल बन्धनहीन व्यक्ति-मनुष्य (मनु) का अधिकार ही नहीं रहता, बल्कि यह युगल सहमति और एक सामाजिक नैतिकता भी बन जाता है। मनु के हृदय में दुर्घर्ष प्रकृति से भी महत् संघर्ष चलता है किन्तु वे केवल इड़ा-बालिका को ही चाहते हैं, वे केवल एक सुख क्षण चाहते हैं। (इस हताश जीवन में क्षण सुख मिल जाने दो)। इड़ा उन्हें समय देती है और धैर्य धरने का तथा उस (इड़ा) पर विश्वास करने का आग्रह करती है ताकि सब बात बन जाए। किन्तु प्रमाद के एक क्षण में मनु उसे अपनी भुजाओं में रोक लेते हैं। सारस्वत-रानी इड़ा और प्रजापति मनु के बीच के नए सम्बन्धों को निर्धारित करनेवाला कोई वासना-सर्ग न होकर एक संघर्ष-सर्ग है। यहाँ मनु 'अकेले' हो जाते हैं। यहाँ जीवन-पथ न होकर जीवन-रण है। यहाँ कौमुदी-उत्सव न होकर मरणपर्व है। इड़ा मनु से आतंक खत्म करने को कहती है। वह कहती है कि सबको जीने दो और फिर तुम भी सुख से जिओ। किन्तु अन्तरिक्ष में 'मूलशक्ति' के उठकर खड़ी होने के स्थान पर 'महाशक्ति' हुँकार कर उठती है। मनु वासनासरिता के बजाय रक्त-नदी में डूबे हुए हैं। इस तरह 'काम' का हाशिया कवि की अक्षमता, कथा-सृष्टि के विकास, तथा इड़ा के प्रतीकत्व-इन तीनों कारणों से विलुप्त हो जाता है। एक बड़े शानदार और क्रान्तिकारी आयाम को प्रसाद अपने हाथ से गँवा देते हैं। इसके बाद तो कवि जनता की क्रान्ति तथा इड़ा के चरित्र दोनों का ही विद्रूपीकरण (डिस्टार्शन) करता

है। इसे हम कवि की विचारधारा एवं यूतोपिया के अभिधान के अन्तर्गत स्पष्ट करेंगे। निर्वेद सर्ग में घृणा और ममता के द्वन्द्व में ग्लानि से भरी इड़ा मिलती है जो अग्नि शिखा-सी धधकती है। अन्ततः प्रतीक-इकाई में इड़ा स्वयं को अपराधी समझने लगती है (इड़ा आज अपने को सबसे अपराधी है समझ रही)। अस्तु।

निष्कर्ष रूप में हम कह सकते हैं कि प्रसाद ने काम-रति के इन मिथकीय, दार्शनिक, मनोवैज्ञानिक और (सर्वाधिक) सौन्दर्यबोधात्मक आयामों में यथेष्ठ सिद्धि पाई है लेकिन उसका सामाजिक आयाम उनसे बिखरता चला गया है। वे रम्य नारी का विकास भावमयी नारी में करके विश्रान्त-से हो गए हैं लेकिन सामाजिक नारी एवं कर्मशीला नारी या ज्ञानशीला नारी की धारणा को अपने स्वप्नों एवं आदर्शों से परे की मानते हुए दिखते हैं। देवसृष्टि, बसन्त, कौमुदी उत्सव, हृदय की रागपूर्ण यात्रा आदि की मनस्सौन्दर्यात्मक स्थितियों में उन्होंने मधु और माधव, काम और रति, पुरुष और नारी, रति और लज्जा–इन चार युगलों को क्रमशः अमूर्तों एवं प्रतीकों के द्वारा अभिव्यंजित किया है। इसके लिए उन्होंने रूपकात्मक भाषा, ऋचात्मक भाषा, आलंकारिक भाषा आदि के भेदों का व्यवहार करने के साथ-साथ स्वप्न, आत्मकथन, मायावरण की तकनीकी पद्धतियों का भी इस्तेमाल किया है। उन्होंने वसन्त-लोक, प्रणय-लोक और नारी के अन्तर्लोक को 'मधुमय बसन्त', 'जगती के नील आवरण', 'माधवीनिशा' और 'माधुरी छाया' के वातावरणों में उभारा है। उनके इस संवेदनशील निरूपण में सौन्दर्य बोधशास्त्र का, वैष्णव एवं शैव एवं छायावादी लीलाओं से मंडित अभिनव कामसूत्र का, तथा शृंगार रस की छायावादी छायाओं से शिल्पित लाक्षणिक नाट्यशास्त्र का भी अस्तव्यस्त संकलन हुआ है। कवि ने इस सर्गत्रयी में अनादिवासना और मूलशक्ति को चिरन्तन स्नेह और प्रेमकला में उदात्त तत्त्व से रूपान्तरित किया है।

8 कुछ अस्तित्ववादी स्थितियाँ

कुछ द्रष्टा और भावुक बुद्धिजीवी तात्त्विक प्रतीकों, मिथकों या अन्यापदेशिक (एलीगोरिकल) इतिवृत्तों का निरूपण करते-करते, कहीं-कहीं और यदा-कदा, अस्तित्व की समस्याओं का भी सामना करने लगते हैं। इस प्रकार की सूक्ष्म और अमूर्त माध्यम वाली विषयवस्तु (कांटेंट) के उपचार में सारत्व (एशेंस) के साथ-साथ अस्तित्व (एक्ज़िस्टेंस) की समस्याओं का भी उठना सम्भव हो जाता है। सूक्ष्म माध्यमों का प्रयोग करनेवाले तत्त्व वेत्ताओं को अनिर्वचनीय अनुभवों की अभिव्यंजना के लिए रूपकात्मक भाषा का भी गहन गूढ़ इस्तेमाल करना होता है। इन्हें रूपकों के माध्यम से गूढ़ सार्थक अर्थों की तलाश करते-करते निरर्थकता के छोरों पर भी पहुँच जाना पड़ता है। जब ये देश और काल के अक्षों का अतिक्रमण (ट्रांसेंड) करते हैं। अर्थात् जब ये निर्विकल्पों (एब्सोल्यूट्स) का अन्वेषण करते हैं तभी सहसा और तुरन्त–इस विराट इकाई का लघुत्तम अंश अर्थात् क्षण और कण का अस्तित्व भी इनके मानस को झकझोरता है। 'कामायनी' का विनयन प्रतीक, मिथक और अन्यापदेश इन तीनों की भूमिका पर भी हुआ है। इसीलिए इसमें महाकाल और क्षण, प्रकृति और कण, पुरुष और अकेला मनुष्य, मृत्यु और अमरता, त्रिलोक और सारस्वत नगर, आनन्द और सुख के विरोधी ध्रुवान्त भी प्रकट हो गए हैं। इस तरह विराट् द्वन्द्वों के विपरीत छोरों पर तत्त्व तथा अस्तित्व के ध्रुवान्त भी बन गए हैं। इसलिए इस आधुनिक महाकाव्य में भारतीय मानस में उमड़नेवाले आधुनिक अस्तित्ववाद के जीवन्त संकेत मिलते हैं। 'कामायनी' में अस्तित्ववाद के उदय की सैद्धान्तिक भूमिका यही है।

सुमित्रानन्दन पंत में तत्त्वचिन्तन की गहराई नहीं है और वे इसे सौन्दर्य के मूल्यों द्वारा उदात्त बना देते रहे हैं। निराला का समग्र विकास सारतात्त्विक हुआ है। वे महत् और महान के द्रष्टा रहे। 'राम की शक्तिपूजा' में अस्तित्व का संकट गहराई से एक बार अनुभव हुआ है जब अँधेरी रात में घने अन्धकार को उगलनेवाले गगन के कारण दिशा का ज्ञान खो जाता है, पवन स्तब्ध हो जाता है, पीछे विशाल अम्बुधि गरजता है, और पीछे जलती हुई मशाल स्थिर राघवेन्द्र को संशय से फिर फिर हिलाती है तथा राघवेन्द्र में रावण की जय का भय अहरह उठता है। निराला के इसी क्षण का सदुपयोग

करके नरेश मेहता ने सम्भवतः अपनी 'संशय की एक रात' में अस्तित्ववादी राम को भी प्रस्तुत किया है। लेकिन निराला का विकास आगे व्यंग्य से बढ़कर फूहड़ता के सौन्दर्यतत्त्व में हो गया। अतः वे अस्तित्व की समस्याओं को मोड़ दे सके। लेकिन आनन्दवादी गम्भीर प्रसाद व्यंग्य और फूहड़ता के बोध में रुचि नहीं रख सकते थे क्योंकि वे अपने समय की सामाजिक प्रक्रियाओं के प्रति तटस्थ-से थे। अतएव सामाजिक विषमता और जीवन-अपूर्णता की उनकी अनुभूतियाँ विराट् के रूप में प्रकट हुई। किन्तु इस प्रकाशन के साथ-साथ ही वह मूल अनुभूति अस्तित्व के प्रश्नों के रूप में भी उदित हुई है। 'कामायनी' का रूप एवं विषयवस्तु एवं प्रतीकात्मक औजार ऐसे थे कि (व्यंग्य हास्य और फूहड़ता के अभाव में भी–) मनुष्य की कई अस्तित्ववादी स्थितियाँ उद्घाटित हों। और वे केवल संकेत रूप में हुईं। यहाँ हम 'कामायनी' की गवेषणा केवल इसी एकान्तिक नजरिए से करेंगे।

'कामायनी' में चिन्ता सर्ग से लेकर कर्म सर्ग तक जलप्रलय और मृत्यु तथा शून्यता का भीषण संत्रास (हॉरर) छाया हुआ है। मानो मनु मिथकीय इतिहास से कटकर केवल वर्तमान, और वर्तमान में भी केवल क्षण के भोग तथा कण की स्थिरता का दाह एवं दंश झेलना चाहते हैं, (ये सभी शब्द 'कामायनी' के हैं)। मनु में मृत्यु भोग तथा अकेलापन ('कौन' 'क्यों' 'कैसे' 'किसके' 'कहाँ' आदि के रूप में) सर्वोपरि है। कर्म सर्ग में उनमें स्वतंत्रता और परिस्थितियों के नियत चुनाव के बोध जागते हैं। संघर्ष सर्ग में आकर वे आत्म निर्वासित (सेल्फ ऐलिएनेटेड) हो जाते हैं। इसके बाद मनु अन्तर्भूमि पर पुनश्च तात्त्विक अनुभव करने लगते हैं। इस तरह चिन्ता सर्ग से लेकर संघर्ष सर्ग तक (महाकाव्य के दो तिहाई खंड में) अस्तित्ववादी बोध भी कहीं-कहीं झिलमिलाता है। इस खंड में कण का, एवं अस्तित्व का बोध आद्यन्त है। इसीलिए क्षण, कण, बिन्दु, परमाणु आदि कई बार आए हैं। इसीलिए विराट् के विरुद्ध (द्वन्द्वहेतु) अस्तित्वमानक की उभरे हैं : यथा, प्रकृति और नियति, सृष्टि और प्रलय, अमरता और मृत्यु, जीवन और भय, चेतना और अस्तित्व, क्षण और काल, प्रजापति और अकेले मनु, आनन्द और अभिशाप, सहज और शून्य, अराजकता और स्वतंत्रता, कर्म और रिक्तता, द्वन्द्व और दंश, आलोक और अन्धकार, शून्य और अर्थ, आदि-आदि। इन धारणाओं की अर्थभूमि एक ओर तो भारतीय दर्शनों के प्रतीकों से मिश्रित है और दूसरी ओर कवि की अनुभूति का आधुनिक प्रक्षेपण है। ये दोनों दिशाएँ हमेशा ध्यान में रखनी होंगी। इस भाँति 'कामायनी' भारतीय अस्तित्ववादी चिन्ता की भी सबसे पहली कृति है। इस दृष्टि से छायावादी प्रसाद पहले अस्तित्ववादी कवि भी माने जा सकते हैं। इस अनुच्छेद के अन्त में हम पुनः यह दोहरा देना चाहते हैं कि अपने काव्य-सृजन के अन्तिम चरण में प्रसाद और निराला दोनों ही रहस्यात्मक तथा रहस्यान्वेषी होते चले गए हैं, दोनों ही एक न एक अद्वैतवादी दार्शनिक दृष्टिकोण को मानते हैं और दोनों ने ही सामाजिक यथार्थता का अतिक्रमण किया है। प्रसाद ने यह अतिक्रमण अस्तित्ववादी दिशा में भी किया– कभी-कभी और कहीं-कहीं; और सम्भवतः केवल 'कामायनी' में।

हम एक बात और स्पष्ट कर देना चाहते हैं कि 'कामायनी' की इस अस्तित्ववादी आलोचना में पश्चिम की अस्तित्ववादी विचारधारा हमारी सहायता लगभग नहीं कर सकेगी। इसके तीन कारण हैं : एक तो ये अस्तित्ववादी बिम्ब तथा प्रतीक भारतीय षड्दर्शनों के सन्दर्भवाले हैं, दूसरे ये 'कामायनी' की कथा-सृष्टि के बीच से उभरे हैं और तीसरे ये द्वन्द्व रूप में अपने विरोधाभासित (पैरोडाक्सिकल) विराट् बिम्ब अथवा प्रतीक से सम्बद्ध हैं। एक अन्य बात शेष है। हम इस अस्तित्ववादी व्याख्या में अन्य दार्शनिक धारणाओं से जुड़े हुए प्रतीकों तथा कथावृत्तों पर विचार नहीं करेंगे जब तक कि वे इन अस्तित्ववादी इकाइयों के उपजीव्य नहीं बनते। अस्तु।

चिन्ता सर्ग अव्यक्त प्रकृति से शुरू होता है जहाँ पंच तत्त्वों में से केवल एक तत्त्व की प्रधानता है जो या तो जड़ है अथवा चेतन, अर्थात् जो विवेक की अनुमिति से परे है। किन्तु प्रलय वर्णन की स्मृति में हम केवल पंचभूतों का भैरव मिश्रण पाते हैं। मानो जड़ एवं अव्यक्त प्रकृति की नियति यही है–शून्यतापरक और अन्धकारपूर्ण। इस अस्तित्ववादी स्थिति में प्रकृति बिखरी हुई है तथा पुरुष भींगे नयनोंवाला निष्क्रिय दर्शक। सांख्य दर्शन की धारा भी अस्तित्व को तत्त्व के पहले मानती हैं। प्रलय ही तत्त्व और सृष्टि को समाप्त करके पुनः अस्तित्व में लय करनेवाली एक मध्यकालीन धारणा है। चिन्ता सर्ग में संहार, तांडव, जड़ तत्त्व आदि एक आदिम एवं प्रथम अस्तित्ववादी स्थिति को स्थिर कर रहे हैं। इस स्थिति में मन में चिन्ता की पहली रेखा के रूप में जीवन का त्रासद बोध उदित होता है क्योंकि वे देवदम्भ के महाओघ से बचे हैं, अज्ञात समय तक चलनेवाले मृत्यु के काले शासन को भोग चुके हैं, देवताओं की अमर वेदना को लिए हुए मर-से रहे हैं; देवताओं के ज्वालामय अभिशाप (अतिचार, स्वायत्र, हठ, प्राण पूजा आदि) में झुलस रहे हैं और सहसा महामत्स्य द्वारा इस शून्य में छोड़ दिए गए हैं। चारों ओर शून्यता, मृत्यु और चिन्ता है। इस स्थिति में प्रकृति दुर्जेय रही थी और सभी पराजित हो गए थे। मनु यही कामना करते हैं कि जड़ता से उनका शून्य भर दिया जाए। वे देवयजनों की पूर्णाहुति की ज्वालाओं तथा प्रलय लहरों की मालाओं में विलीन होकर चेतना के स्तूप हो रहे हैं।

जीवन के क्षुद्रअंश के रूप में वे मात्र मृत्यु-भोग करते हैं क्योंकि मृत्यु के काले शासन में वे जी आए हैं। उनके लिए मृत्यु का अनुभव एक चिर निद्रा है जिसका अंक हिमानी-सा शीतल है, अथवा एक शीतल निराशा है, अथवा एक अमर वेदना का अनुभव है जिसमें जीव और जीवन दोनों निरर्थक हैं (तो फिर क्या मैं जिऊँ और भी जीकर क्या करना होगा ?)। इसी मृत्युभोग की अमर वेदना में गलते हुए मनु ईर्ष्या सर्ग में श्रद्धा से कहते हैं कि जब स्वर्गीय सुखों पर प्रलय-नृत्य हो चुका है और जिसके बाद केवल नाश और चिर निद्रा है तब विश्वास को सत्य क्यों माना जाए ? इस जीवन में एक निरन्तर संघर्ष चल रहा है जिसमें प्रशान्ति और मंगल के मूल्य भी मिट जाएँगे। अतः वह केवल अपनी ही चिन्ता को महत मानते हैं। यही उनकी 'प्रतिबद्धता' है। कर्म सर्ग में वे जो पशु-यज्ञ करते हैं वह केवल स्वतंत्रता के चुनाव के लिए। उनकी स्वतंत्रता

केवल दुःख पाने की है (मुझको दुख पाने दो स्वतंत्र)। वे न तो श्रद्धागेह के बन्धन स्वीकार करते हैं और न समाजकल्याण के। वे केवल कर्म की प्रतिबद्धता चाहते हैं, न कि मूल्य की। उनका मृत्युभोग भी चिर अशान्त है (तुम जरामरण में चिर अशान्त)। संघर्ष सर्ग में मनु पुनः एक मरण-पर्व देखते हैं जहाँ भयानक अवस्था, पददलित व्यवस्था, सामूहिक बलि, और अन्तरिक्ष में हुँकारती अदृश्य महाशक्ति है। अन्धकार की शक्तियों के प्रतीक रुद्र के नृत्य से पुनः प्रकृति त्रस्त हो उठती है। इस प्रलयमयी क्रीड़ा में नियति विकर्षणमयी है, परमाणु विकल हैं और सभी त्रास से व्याकुल हैं।

'कामायनी' में मृत्युभोग के ही साथ प्रलय और विनाश (संहार) के धार्मिक तत्त्वप्रतीक भी जुड़े हैं। इसका आवेग भीषणता और तीव्रता है। 'कामायनी' में ऐसी स्थितियों में हम भीषणता और तीव्रता के कारण अस्त-व्यस्त, विकल और बिखरे हुए परमाणुओं को पाते हैं। यह कवि के अंकन का पैटर्न है। इस पैटर्न में क्रूरता और कठोरता की नियति के बीच मनु को हमेशा अपने अस्तित्व की रक्षा का ख्याल आता है। क्रूर और कठोर प्रलयों के तीव्र तथा भीषण परिवर्तन के दौरान 'कामायनी' के मनु में जड़ता का बोध होता है क्योंकि प्रकृति भी चहुँओर जड़ और भूत हो जाया करती है। यह जड़ता शून्यता का उजड़ापन देती है (शून्यता का उजड़ा-सा राज)। मनु इस जड़ता का अतिक्रमण 'अनादि वासना' अर्थात् रति (जो आकर्षण बन हँसती थी रति थी अनादि वासना वही) के द्वारा करते हैं क्योंकि उसमें 'अव्यक्त प्रकृति' (जड़) के उन्मीलन की चाह है। इसकी तुलना में श्रद्धा का रास्ता तात्त्विक है। उसके लिए तो काम सर्ग की इच्छा, और कर्म मानवता को विजयिनी बनानेवाला साधन है।

इस दशा में तो ऐसा लगता है कि 'कामायनी' में अस्तित्व एवं तत्त्व (या सत्ता) के द्वन्द्व को 'प्रकृति' के बहुमुखी प्रतीक द्वारा उभारा गया है। प्रकृति-नियति-संसृति की त्रयी के केन्द्र में अकेला अस्तित्ववादी मनु बद्धजीव-सा हो गया है। उसकी जीवनमुक्त दशा तो दर्शन सर्ग से शुरू होती है। इस अध्याय में वह अप्रासंगिक है। प्रकृति की आस्तित्ववादी अर्थमीमांसा सांख्य, शैव, तंत्र, वेदान्त आदि के अर्थों को घुलामिलाकर हुई है। 'कामायनी' में एक ओर तो वैदिक प्रकृति शक्तियाँ (विश्वदेव, सविता, पूषा, सोम, मरुत) हैं, दूसरी ओर प्रकृति का सौन्दर्य (अलसाई वनस्पतियों के जगने से प्रकृति प्रबुद्ध होने लगी, आवरण मुक्त प्रकृति हरी हो गई, पाषाणी हिमवती प्रकृति मांसल हो गई इत्यादि) है, तथा तीसरी ओर प्रकृति-तत्त्व है। इस प्रकृति-तत्त्व की ही अस्तित्ववादी नैसर्गिता अभिहित हुई है। इस सन्दर्भ में भी हम देखते हैं कि पुरुष विहीन अकेली प्रकृति प्लावन के बाद की मर्मवेदना को सुनती है, प्लावन के बाद त्रस्त प्रकृति का मुख फिर से हँसने लगता है, भूतनाथ के नृत्य करते ही प्रकृति त्रस्त हो जाती है, संघर्ष में यह आतंक विकंपति हो जाती है, इत्यादि। जब प्रकृति सकर्मक होती है तब उसके सान्निध्य में जीवन भी निज अस्तित्व बनाए रखने में व्यस्त हो जाता है। इसी प्रकृति से अहंकार और मानस का बोध होता है अर्थात् यह अस्तित्ववादी मनुष्य का आधार है। इड़ा सर्ग में यही काल-नियति-कला-राग-विद्या के अक्ष पर मनुष्य को सीमित करती

है। अतः प्रकृति विनाश, प्रलय, नियति का धुँधला प्रत्यय हो गई है।

इसकी वजह से प्रकृति दुर्जेय तथा व्याख्यातीत हो गई है। इसी वजह से मनु में अस्तित्व की निरर्थकता अर्थात् शून्यता का बोध जागता है (धू-धू नाच रहा था अनस्तित्व का तांडव नृत्य) जिसकी अनुभूति उष्मा भरा जीवन न होकर शीतल मृत्यु है। इस अनस्तित्व की अविवेकगामिता (इर्रेशनालिटी) का सूत्र है : 'देव न थे हम : और न ये हैं।' इसी की तुलना में अस्तित्व बोध है जिसका सूत्र है : 'मैं हूँ : मैं रहूँ।' इस सूत्र में अस्तित्व और सत्ता मिल गए हैं। 'मैं हूँ' और 'मैं रहूँ' शैवाद्वैत की उपायावस्थाएँ भी हैं। लेकिन इनके बीच में व्याख्याविहीनता का जो बोध है वह दृष्टव्य है। कवि ने इसे कुतूहल-आकर्षण की भावदशाओं से व्यक्त किया है। 'अनजान' की यह अवस्था एक ओर तो भविष्य के प्रति अज्ञान है, दूसरी ओर विराट् की सत्ता के प्रति अविवेकगामिता है, तथा तीसरी ओर आधुनिक संघर्षशील समाज की अव्यवस्था की विषम पीड़ा की यंत्रणा है जहाँ समाज महायंत्र का –तथा मानवीय चेतना क्रियातंत्र की गुलाम है (श्रममय कोलाहल, पीड़नमय विकल प्रवर्तन महायंत्र का, क्षण भर भी विश्राम नहीं है प्राण दास है क्रियामंत्र का)। तो, इस महायंत्र और क्रियातंत्र में बँधा हुआ प्राणी अस्तित्व के चिरन्तन धनुष से विषमतीर सा–न जाने कब छूट पड़ा है और शून्य को चीरता हुआ न जाने किस लक्ष्य को बेधना चाहता है (इड़ा सर्ग का पहला पद्य)। अतः मनु की गति में कर्म तो है किन्तु लक्ष्यधर्मिता के अभाव में प्रतिबद्धता नहीं है। इसीलिए कर्म सर्ग में यज्ञ करनेवाले, और संघर्ष सर्ग में नियम बनानेवाले मनु पहले तो अपने को चिरमुक्त मानते हैं, तथा दूसरे कहीं भी प्रतिबद्ध नहीं होते : न तो श्रद्धा के प्रति, न राष्ट्रस्वामिनी के प्रति, न सारस्वत नगर की व्यवस्था के प्रति, और न ही जनता (प्रजा) के प्रति। मनु अपनी इस स्वतंत्रता का प्रयोजन जानते हैं : दुख पाना (तुम अपने सुख से सुखी रहो मुझको दुख पाने दो स्वतंत्र) स्वतंत्रता का यह बोध उच्छृंखलता तथा अराजकता की सीमा तक (संघर्ष सर्ग में) पहुँचता है। लेकिन यहाँ मनु चुनाव करने के लिए स्वतंत्र हैं। दोनों ही विकल्प त्रासद एवं फूहड़ हैं : मेरी रानी इड़ा अथवा सामूहिक बलि (युद्ध)। 'है' से 'होने' के इस बोध में मनु की स्वतंत्रता का सारत्व है : 'कुछ मेरा हो।' इसके लिए भी मनु की जो स्वतंत्रता है वह केवल अपनी रुचि के लिए है। ऐसे मनु जीवन में सारी श्रद्धा से विहीन हो चुके हैं। श्रद्धाविहीन विश्व में मनु अकेले हैं। मनु की अशान्ति मनु के अस्तित्व का घाव तथा अभिशाप है। इसीलिए इन दो सर्गों में मनु व्यक्ति (इंडीविजुअल) से अधिक पुरुष (पर्सन) हैं। इसलिए चिर अतृप्ति ही जीवन है (निर्वेद) जो अस्तित्व के लिए भटक रहा है। जीवन के ये निष्ठुर दर्शन हैं जिनकी आतुर पीड़ा, व्यथा, अवसाद मनु झेलते हैं। ये अभाव के विकल घाव हैं जिन्हें अस्तित्ववादी स्वतंत्रता देती है। नीत्शे ने भी इन्हें पाश्चात्य सन्दर्भ में 'अस्तित्व का घाव' कहा है। सारांश में 'कामायनी' में अस्तित्ववादी मनुष्य के स्वरूप की धारणा यही है। एक ओर वह काल-कला-नियति-राग-विद्या से संकुचित है तो दूसरी ओर स्पर्श-रूप-रस-गंध-ध्वनि की चेतना से सीमित है, तथा तीसरी ओर भटके हुए क्षुद्र

अस्तित्ववाला है।

ऐसे मनुष्य की अस्तित्ववादी स्थितियों में अकेलापन, अपरिचय और अनजानापन प्रमुख हो जाया करते हैं। पहला बोध अकेलेपन का है जिसमें अस्तित्ववादी छायाएँ हैं। यह तीन कारणों से उद्‌बुद्ध हुआ है : एक, आत्म विश्वासपूर्ण देव सृष्टि के विनाश के बाद वे अकेले बच रहते हैं; दो, समाज रहित तथा कर्म-विरत हैं, और, तीन, आत्मविश्वास का लोप तथा अस्तित्व का संकट उन्हें शून्यता, मृत्यु जड़ता चिन्ता आदि से आबद्ध कर लेता है। यह बोध मौनता तथा अँधेरे के परिवेश में उभरता है। अतः वे निर्जनता एवं नीरवता की गहराई में अकेले रहने को दंडित हैं; उन्हें स्वयं पता नहीं है कि अकेले कब तक रहना होगा (कब तक और अकेले ? कह दो हे मेरे जीवन बोलो); वे इस निर्जन में एक अकेले हैं। यह अकेलापन जीवन के अवरुद्ध हो जाने से उद्‌भुत हुआ है। इसका अगला छायानुवेश संघर्ष सर्ग में हुआ है जब नियम बनाकर भी वे सारस्वत नगर की नियम व्यवस्था के प्रति उदासीन हैं, समाज में रहकर भी समाज के किसी त्यागपूर्ण उत्तरदायित्व को नहीं स्वीकार करते और स्वयं को प्रकृति तथा उसके पुतलों के भीषण दल में 'अकेला' पाते हैं। जीवन-रण में यह अकेलापन आत्मपरायेपन की उपच्छायाओं को भी धारण करता है क्योंकि इसमें मनु के अन्धे प्रारब्ध का सवाल भी संलग्न है। इस नए अकेलेपन में निरर्थकता है जिससे कि मनु शापित जीवन का कंकाल लेकर भटकते रहते हैं और उसी के खोखलेपन में मानो कुछ खोजते हुए अटक जाते हैं (निर्वेद सर्ग)। सारस्वत नगर में इतना सब कुछ करने के बाद भी मनु मात्र फूहड़ता (एब्सर्डिटी) के शिकार होते हैं : भोग में अतृप्ति, प्रजापतित्व में परतंत्रता, व्यस्त सारस्वत नगर में आत्मनिर्वासन आदि। इस भाविता (बिकमिंग) के अन्धकार, नीरवता और पहले की निर्जनता के बीच मनुष्य (मनु) में अजनबीपन का विकास होता है जिसे कवि ने 'अनजान' और 'अपरिचय' जैसे शब्दों से मुखर किया है। इस अजनबीपन का निराकरण कवि की श्रद्धा या कामायनी मंगल, विश्वकल्याण के द्वारा कराना चाहती है लेकिन मनु 'मैं की मेरी चेतनता' (बीइंग-बिकमिंग) द्वारा भी करते हैं, तथा कुतूहल के द्वारा भी। यह कुतूहल पूर्णतः अविवेकगामी (इर्रेशनल) है और यह मनु का अद्वैतवादी प्रारब्ध है। यहाँ ये तत्त्व भारतीय धर्मचिन्तन से अनुस्यूत किए गए हैं। यह कुतूहल बुद्धि (इड़ा) अनुमोदित कतई नहीं है; बल्कि अहं, भय, काम (मूल शक्ति), अस्तित्व तत्त्व, (प्राकृतिक भूख) अभिशाप, अपराध आदि के अस्तित्ववादी संवेगों से जुड़ा हुआ है। अतः यह मनु को इतिहास के चरण में निजड़ापन-उजड़ापन देता है। महाकाव्य की केन्द्रीय घटनाओं में बिखरे अनेक प्रश्नवाचक अव्यय इस कुतूहल के बोध बिन्दु हैं। अब तक मनु जीवन में अनजान बनकर ही चलते आ रहे हैं क्योंकि वे इतिहास को भूलते जा रहे हैं (बताता है विस्मृति का मार्ग, चल रहा हूँ बनकर अनजान); और वर्तमान अर्थात् सारस्वत प्रान्त के समाज में उनका आत्मनिर्वासन के डंक चुभते हैं (...अब छोड़ स्वजन निर्वासित तुम, क्यों लगे डंक ?)। इसीलिए मनु में एकान्तिक बोधवाला भीषण एकान्त स्वार्थ ही उभरता है जो उन्हें आगे विनाश की त्रासद नियति से जकड़ता जाता

है (यह एकान्त स्वार्थ भीषण है अपना नाश करेगा)। उनका यह एकान्त उनकी संसृति की सीमाधारा है। इसी सीमा और संकोच की वजह से मनु का मनोविज्ञान भी उद्भ्रान्त अर्थों वाला हो जाता है। वे विशिष्ट अनुभूति को नहीं जान पाते कि यह प्रेम है, या वेदना है, या भ्रान्ति है अथवा कुछ और (क्या कहूँ, क्या हूँ मैं उद्भ्रान्त ? विवर में नील गगन के आज)।

अतएव इसी भूमिका में उनमें अकेलेपन, अपराध, ऊब, भय और चिन्ता आदि के अस्तित्ववादी संवेग उदित होते हैं : तथा 'क्षण' का बोध तथा भोग भी उद्भूत होता है क्योंकि उनके लिए इतिहास विस्मृति, अभिशाप और शून्यता है। उनके लिए अतीत 'रिक्त' का सूना अधीर राज, शून्यता का उजड़ा सा राज है (यह शून्य त्रिदिक विश्व वाले रहस्यवादी त्रिकोड़ से नितान्त भिन्न है)। विनाशशील नर्तन में क्षण-क्षण बदले हुए कण-कण वाले विश्व को ही मनु स्वीकार कर पाए हैं, श्रद्धा के असमान। उनके लिए इन क्षणिक विनाशों में स्थिर मंगल की सत्ता नहीं है; सुख या साधन में बीते क्षण ही वास्तविक हैं (जो क्षण बीते सुख-साधन में उनको ही वास्तव लिया मान); महानाश की सृष्टि के बीच अपना एक क्षण ही चेतना की तुष्टि है (संघर्ष) क्योंकि घड़ी-घड़ी प्रकृति सतत आतंक विकम्पित रहती है (संघर्ष)। मनु के इन अपने, अकेले, निर्णय एवं स्वतंत्रता वाले क्षणों में मात्र प्रमादपूर्ण भोग है (और एक क्षण वह, प्रमाद का फिर से आया)। मनु के ये अस्तित्ववादी क्षण रहस्य या आनन्द सर्गवाले असीम पल या विश्वलीलावाले तात्त्विक क्षण से पृथक हैं (दिशा विकम्पित, पल असीम हैं; क्षण भर में सब परिवर्तित अणु अणु थे विश्व कमल के)। मनु के अस्तित्ववादी क्षण पर विनाश और अभाव और वर्तमान की काली छायाएँ गहरी होकर पड़ती हैं। ऐसे क्षण ही उन्हें अतीत से और इतिहास बोध से काटकर वर्तमान के उन अप्रतिबद्ध कार्यों (कर्मों) में जुझा देते हैं जिनकी नियति भयानक तथा त्रासद है। अतः ऐसे क्षण उनमें वर्तमान के बोध को जगाते हैं। ऐसे क्षणों में अतीत सपना हो जाता है, भविष्य के प्रति रुद्धता रहती है और मात्र वर्तमान शेष रहता है। इस वर्तमान की दुविधावाली नियति है : मनु वर्तमान में जीकर भी वर्तमान से वंचित हैं (हो वर्तमान से वंचित तुम अपने भविष्य में रहो रुद्ध) और इस वर्तमान के सब क्षण रोकर बीत जाते हैं (रोकर बीते सब वर्तमान क्षण सुन्दर सपना हो अतीत; इड़ा सर्ग)। अतः जीवन के इस अस्तित्व अभिशाप के कारण मनु श्रद्धा और इड़ा और सारस्वत जनता तीनों के साथ रहकर भी परस्पर अजनबी बने रहते हैं। अतः मनु का क्षण तर्क तथा श्रद्धा दोनों में निरर्थक है। यह मनु की नियति का बहुपक्षीय आत्म-परायापन है।

अस्तित्ववादी तनाव अगर इतिहास को वर्तमान के एक क्षण में केन्द्रीभूत करता है तो प्रकृति या सृष्टि को भी कण-कण में बिखरा देता है। 'कामायनी' में सांख्य दर्शन और शैव दर्शन के अनुकूल इन कणों को तांडव, नर्तन, नियति, संहार-सृष्टि-स्थिति आदि के द्वारा अनुशासित किया गया है। किन्तु इन कणों में अस्तव्यस्तता विकलता, निरूपायन भी है। अतः 'कामायनी' में क्षण के साथ-साथ 'कण', 'अंश', 'बिन्दु' आदि

की भी इकाइयाँ विनीत हुई हैं। श्रद्धा का पराग शरीर परमाणुरचित है; जीवन एक क्षुद्र अंश है; कणों में बिखरी हुई शक्ति निरूपाय है; सौन्दर्य कण-कण में उलझा जाता है; अणुओं को विश्राम नहीं है; रुद्र तांडव में परमाणु विकल हो जाते हैं; वसुधा के अणु-अणु मचल उठते हैं; इत्यादि। इनका प्रयोजन भी विराट् को भूत एवं लघु में केन्द्रीभूत करना है।

निष्कर्ष रूप में, 'कामायनी' में ये अस्तित्ववादी संकेत-सूत्र मूलतः संघर्ष सर्ग तक (और यदाकदा निर्वेद सर्ग तक) टूटते-मिटते, घुलते-मिलते चलते हैं। इनमें सम्यक योजना नहीं है क्योंकि कवि का आदर्श अस्तित्व के बजाय तत्त्व का दिग्दर्शन करना रहा है। अस्तित्व के प्रश्न तो कथा सृष्टि के माध्यम, कथा की प्रकृति और कवि के यूतोपियन मानस के संयोग मूलक उन्मेष के रूप में सहसा उभरे हैं। इनका सारांशीकरण स्वयं कवि ने ही (इड़ा सर्ग के प्रारम्भ में) कर दिया है; "अस्तित्व के चिरन्तन धनुष से न जाने कब जीवन का यह विषम तीर छूट पड़ा है और शून्य को चीरता हुआ न जाने किस लक्ष्यभेद का सन्धान करेगा !!...??"

9 रसदर्शन के आयाम

यह एक बेहद उचित और रोचक प्रश्न है कि हम 'कामायनी' में रस-दर्शन की चर्चा करें। स्वयं प्रसाद ने अपने निबन्धों में रस सिद्धान्त की व्याख्या की है, और नाटकों में शास्त्रीय तत्त्वों एवं आधुनिक रोमांटिक तत्त्वों को मिलाकर इसे नई व्याख्या देने की कोशिश की है। नगेन्द्र ने इस मर्म को पकड़ा है। इसीलिए वे शायद प्रसाद के नाटकों को नारी-त्रासदी मानते हैं जिनका अन्त न तो सुखान्त है और न ही दुखान्त, बल्कि कवि प्रसाद के नए बोध के अनुरूप 'प्रसादान्त।

'कामायनी' का मूल रस क्या है ? कामायनी में कौन-कौन से रस हैं ? 'कामायनी' में रस है अथवा रसाभास है ? क्या 'कामायनी' में रस-परिपाक हुआ है ?–ये सवाल निरन्तर चर्चित हुए हैं और शास्त्रीय पंडितों के बीच अच्छा खासा शास्त्रार्थ और वितंडावाद मचाते रहे हैं। यदि हम 'कामायनी' को छायावादी महाकाव्य और आधुनिक युग की सफल अथवा असफल रचना मानते हैं तो हमें कृति के प्रतीकात्मक माध्यम, अमूर्त चरित्र विधान और कवि की मौलिक प्रतिभा की तुला पर ही इन प्रश्नों को तौलना पड़ेगा। ये सभी प्रश्न केवल इसी लक्ष्य की ओर ले जाते हैं कि 'कामायनी' शास्त्रीय रस के तुलामानों में तुल नहीं पाई। इसके लिए शास्त्रीय विदग्धजनों को उद्विग्न रस, रमणीयरस, श्रद्धारस आदि के नए साँचों की ढलन भी करनी पड़ी क्योंकि वे इस अमूल्य कृति को अपने क्लासिकल पाश से निकलकर रोमांटिक सौन्दर्यबोध के झीने रहस्यपूर्ण अंचल से ही ढँकने देना चाहते हैं। हम इस चर्चा को सौन्दर्यबोधशास्त्र की दृष्टि से उठाएँगे। हमारा मूल उपसाध्य यह है कि इस कृति में रस दर्शन के सैद्धान्तिक सूत्र ज्यादा महत्त्वपूर्ण हैं। इसलिए हम रसनिष्पत्ति के बजाय रसदर्शन को केन्द्र में रखेंगे। यह स्पष्ट है कि प्रसाद पर माहेश्वराचार्य अभिनवगुप्त के मतों का मधुर प्रभाव पड़ा है। यूँ उन्होंने वैष्णव रस दृष्टि और भोज की रसराज-दृष्टि को भी अपने ढंग से ग्रहण किया है।

'कामायनी' के शिल्प में ही बहुत कुछ ऐसा है जो हमें रस के रूढ़ लक्षण गिनाने की प्रवृत्ति से दूर फेंक देता है–तरंगों से फेंकी मणि की तरह। पहले तो इस कथा-सृष्टि में पात्रों और घटनाओं के साथ-साथ बीच-बीच में–मानव जाति का इतिहास तथा मानव

मनोविज्ञान का विकास भी गुँथा है। दूसरे, इसमें (मिथक के बाह्य रूप में) स्थूल एवं क्षणिक घटनाओं के अन्तराल में सूक्ष्म अनुभूति या भाव का चिरन्तन सत्य के रूप में अधिष्ठान है (दे. कृति का 'आमुख')। तीसरे, इसमें कथा के कार्य-व्यापार को गौण बनाया गया है और सांकेतिक अर्थों के सूत्र भी पिरोए गए हैं जिससे विभावादि का क्रम भी बिखर जाता है। चौथे, इसमें जिस भाषा का प्रयोग किया गया है वह संवेगों तथा विचारों के शब्द-शक्तियों वाले विधान को लाँघकर अनुभूतियों तथा संवेदनाओं की एक अनिवर्चनीय भाषा को गढ़ती है जिसमें ऋचात्मक उद्‌बोधन, रूपकात्मक अर्थ-भ्रान्ति, लाक्षणिक अप्रस्तुतियाँ, शब्द एवं अर्थों के बीच की माया का अन्तराल आदि के तत्त्व संनिविष्ट हुए हैं। चौथे, यह एक कुशल नाटककार के द्वारा लिखा गया भावों का महाकाव्य है जिसकी वजह से कवि ने स्वप्न, स्वगत कथन, फान्तासी, तांत्रिक प्रतीक, संवाद आदि का तकनीकी परिशोध किया है ताकि वे महाकाव्य के माध्यम के अनुकूल हो जाएँ। और अन्ततः, कवि ने इस कृति में नृत्य, गान, अभिनय, चित्र, काव्यादि कलाओं के अन्तर्सम्बन्धों को कायम करके एक सम्पूर्ण सौन्दर्यतात्त्विक प्रभाव (टोटल एस्थेटिक इफेक्ट) उत्पन्न करने का प्रयत्न किया है। इसलिए कवि के ये मौलिक प्रयोग शास्त्रीय 'रसविघ्न'-से हो जाते हैं और दिग्गज विद्वानों के लिए अँधेर हो जाता है। इसका सौन्दर्य तो सौन्दर्यबोधशास्त्र ही पकड़ सकता है। सौन्दर्यबोधशास्त्र में हम भाव या विचार की अन्विति को स्थायी भाव या स्वयं प्रकाशय ज्ञान तक पहुँचाना अनिवार्य नहीं मानते। सौन्दर्यतात्त्विक प्रभाव की इकाई मुद्रा (जेस्चर) तथा प्रत्यक्ष (पर्सेप्ट) है। सौन्दर्यबोध की मूल गहराइयाँ अनुभूति एवं संवेदना हैं। शास्त्रीय दृष्टि इन पर तब विचार करती है जब स्थायी भाव का रूपान्तर रस में होने को होता है। सौन्दर्यबोधात्मक दृष्टिकोण इनकी मूल इकाइयों का विन्यास पहले और गम्भीरतापूर्वक करता है। अतः 'कामायनी' का कलात्मक माध्यम 'अर्थ' से अधिक 'शब्द' है जहाँ 'शब्द' रूढ़ अर्थों का अतिक्रमण कर जाते हैं। इस महाकाव्य के कलात्मक माध्यम से छनते हुए शब्द अनुभूतियों एवं संवेदनाओं की माया से लिपटे हैं। इसलिए यहाँ शब्द-स्पर्श-रूप-रस-गंध के बोधों में अन्तःमिश्रण हो जाता है और इन्हें मिलाजुलाकर कई मिश्रित इन्द्रियबोध प्राप्त हो जाते हैं। ऐसी परिस्थिति में उत्प्रेक्षाएँ थोड़ी मदद करती हैं। लेकिन एक बिम्ब को, एक विशेषण को, एक क्रियाविशेषण को रूपक के द्वारा खोलते चले जाने की प्रणाली ही मिश्रित इन्द्रियबोधों, संवेदनाओं एवं अनुभूतियोंवाली सौन्दर्यतात्त्विक स्थिति की आत्माभिव्यंजना कर सकती है। इसी वजह से 'कामायनी' में बहुधा दुरूहता लगती है। दुरूहता के कई कारणों में से यह सबसे प्रमुख हैं। इसीलिए कवि को शब्द और महाकाव्य इन दोनों के परम्परानुमोदित ढाँचे तोड़ने पड़े हैं। यह भंजन कार्य प्रसाद से अधिक निराला ने किया है।

हमारे मन में एक बात और है। उसका सम्बन्ध रसनिष्पत्ति के दौरान साधारणीकरण से है। साधारणीकरण, और उसके भावना-व्यापार, का एक प्रमुख प्रकार्य (फंक्शन) है कि वह पात्रों (संज्ञा) एवं घटनाओं (क्रिया) को 'काल' के अक्ष में मुक्त

करके शाश्वत कर देता है, 'स्थान' (दिशा) के अक्ष से मुक्त करके शुद्ध (रजो एवं तमो गुण से मुक्त) एवं विमल कर देता है तथा 'व्यक्ति' के अक्ष में मुक्त करके, स्व-पर-तटस्थ सम्बन्धों से विमुक्त करके, मानवीय कर देता है। 'कामायनी' में एक तो पात्र एवं घटनाएँ पहले से ही प्रतीकात्मक हैं और दूसरे इनका सम्बन्ध उन वृत्तियों से ही है जो साधारणीकरण द्वारा भावित होती हैं। इसलिए 'यहाँ साधारणीकरण की भूमिका इतनी प्रभावशालिनी एवं सार्थक नहीं होती। यहाँ अभिधा (इतिहास वृत्त) के धरातल की क्षीणता है और कृति की तात्त्विक भूमि ही सूक्ष्म भाववाली है। अतएव यहाँ साधारणीकरण का भी संवेदनाकृत साधारणीकरण होता है। तन्मयीभवन की यह प्रक्रिया रसचक्र की गति को विकल बना देती है। इसके अलावा 'कामायनी' की कथा का पटल प्रतीकात्मक एवं अन्यापदेश परक एवं मिथकीय होने के कारण नैतिक एवं सामाजिक एवं पौराणिक प्रकरण स्वयंमेव स्वपरतटस्थेन सम्बन्धों से विमुक्त रहते हैं। इसलिए हमारे मत से यहाँ साधारणीकरण की समस्या का धरातल यह होगा कि इन प्रतीकों एवं अन्यापदेशों में कितनी वैश्विकता (यूनिवर्सेलिटी) तथा निर्विकल्प प्रामाणिकता है। हम इनके भावना व्यापार को आर्केटाइपलचिति के विलास में ही जाँच सकते हैं। और, इसके लिए स्वयंसिद्ध काव्यशास्त्रीय कसौटियाँ नहीं हैं क्योंकि यह संकल्पात्मक अनुभूति का विषय है। विशेषतया काम, लज्जा, रहस्य, आनन्द एवं (कुछ अंशों में–) आशा सर्ग में एक दुहरे साधारणीकरण की-सी स्थिति मौजूद हो जाती है।

अब हमें 'कामायनी' की 'मूल अनुभूति' को समझ लेना चाहिए (क्योंकि कवि ने इसमें मूल प्रकृति, मूल शक्ति, मूल चेतना आदि शब्दों का भी इस्तेमाल किया है)। वस्तुतः यह आर्केटाइपल बिम्बों और समस्त मानवता के जातीय अतीत का सहसा (प्रज्ञा के द्वारा) चारु रूप (तर्क के बजाय प्रेय में) प्रकाशन है। यहाँ कवि की मिथक-व्याख्या का बीज है जो 'कामायनी' के आमुख में मिथक-विश्लेषण हो गया है। कवि के अनुसार सत्य अथवा श्रेय ज्ञान किसी एक व्यक्ति की, एक राष्ट्र की, एक संस्कृति अथवा एक कला की व्यक्तिगत सत्ता न होकर एक 'शाश्वत चेतना', विभिन्न युगों में इतिहास की वस्तु होकर और विभिन्न संस्कृतियों में अनुभूति की वस्तु होकर सांस्कृतिक पैटर्नों की रचना करती है। अतः साधारण शाश्वत चेतना के ये प्रतिरूप इतिहास की वस्तु भी हैं अर्थात् तब ये अपनी वैयक्तिक 'असाधारण अवस्था' में आलोकित एवं ऊर्जस्वित होते हैं। लेकिन ऐसे परिवर्तनमान पैटर्न मूलतः शाश्वत हैं। जब इनका ग्रहण 'मनन' (संकल्प) के द्वारा 'सहसा' किया जाता है ताकि ये चारु एवं प्रेय रूप में प्रकट हो सकें, तब वह 'काव्य' होता है, और कवि ऐसे काव्य की अनुभूति को 'संकल्पात्मक मूल अनुभूति' कहता है।

प्रसाद ने 'कामायनी' के वैदिक आख्यान में इसीलिए मानवता का विकास तथा मनुष्यता का मनोवैज्ञानिक इतिहास भी अन्वित हो जाने की बात कही है क्योंकि इसकी कथा में मात्र घटनारूप अर्थात् ऐतिहासिक सत्य ही नहीं, बल्कि अनुभूति रूप अर्थात् चिरन्तन सत्य भी प्रतिष्ठित है। इसमें मनु मनन का प्रतीक भी बना दिए गए हैं। इस

तरह मन (मनु) की संकल्पात्मक (कामायनीपरक) अनुभूति (चिरन्तन सत्य का ग्रहण) का सूत्र पूरा हो जाता है। कवि के अनुसार 'सप्तसिन्धु के तरुण आर्यों ने **आनन्दवाली धारा** का अधिक स्वागत किया क्योंकि वे स्वत्व के उपासक थे।....आत्मा में आनन्द भोग का भारतीय आर्यों ने बड़ा आदर किया। भारत के आर्यों ने कर्मकांड और बड़े-बड़े **यज्ञों में उल्लासपूर्ण आनन्द** का ही दृश्य देखना आरम्भ किया।' इस तरह कवि आनन्द का स्वभाव ही उल्लास मानता है। उसके अनुसार शैवागमों में आत्मा के विशुद्ध अद्वैत स्वरूप को आनन्दमय मानने की धारा बही। शैवागमों में विश्व को भी आत्मा का अभिन्न अंग मान लिया गया। इसीलिए उनकी भावना में प्रकृत रस की सृष्टि सजीव थी। अतः **सहज आनन्द** की भी कल्पना हो गई। कवि ने शैव एवं शाक्त आगमों का अन्तर बताया है : जगत (इदम्) को आत्मा (अहम्) में पर्यवसित करनेवाले शैवागमवादी हुए; तथा आत्म (अहम्) को शक्तिरंग जगत (इदम्) में लीन होने की साधना करनेवाले शाक्तागमवादी हुए। सारांश में, रहस्य साधना **शक्ति** एवं **आनन्द** प्रधान धारा थी। सम्भवतः प्रसाद ने महाकाव्य में प्राकृतिक सौन्दर्य को शक्तिवादी धारा तथा आत्म सौन्दर्य को शैववादी धारा के दृष्टिकोणों से समन्वित करने की निरन्तर चेष्टा की है। स्वयं कवि ने 'प्रकृति' अथवा 'शक्ति' के रहस्यवाद के बाबत कहा है कि 'विश्व सुन्दरी प्रकृति में चेतनता के आरोप...की...सौन्दर्यमयी व्यंजना वर्तमान हिन्दी में हो रही है। अतः 'कामायनी' में प्रकृति और सांख्य 'प्रकृति' का अन्तराव लम्बन हो गया है। प्रकृति की शक्ति और आनन्द का तत्त्व 'अनन्त रमणीयता' के रूप में बारंबार आलोकित एवं ऊर्जस्वित हुआ है। इसके साथ ही 'शक्ति' तत्त्व 'मूल प्रकृति' एवं 'मूल शक्ति' के रूप में भी अनुमित हुआ है। यदि श्रद्धा (आशा सर्ग में) शक्ति के व्यस्त बिखरे निरूपाय विद्युत्कणों का समन्वय करके मानवता के विजयिनी होने का सन्देश देती है, तो मनु में मूलशक्ति (प्रेमकला) उठ खड़ी होती है। इन दार्शनिक छायाओं के कारण कृति में 'काम' की कला एवं शक्ति का व्यापक ग्रहण हुआ है। कवि ने चिन्ता सर्ग में वैदिक 'काम' के व्यापक अतिचार का वर्णन करके–कथाचक्र के अनुकूल–उसे आगम शास्त्रों की कामकला के रूप में ढाला है। अतः श्रद्धा कामबाला हो जाती है और मूलशक्ति 'प्रेमकला।' इस तरह श्रद्धा सर्ग से लेकर लज्जा सर्ग तक सौन्दर्य एवं आनन्द एवं उन्मद भाव का तात्त्विक मिलन हुआ है।

इन दार्शनिक भूमियों पर प्रसाद ने रस दर्शन की अपनी कल्पना की है। कवि ने वासना सर्ग में प्रेम का रहस्य तथा काम सर्ग एवं लज्जा सर्ग में कामकला की सौन्दर्योपासना का मेल किया है। उन्होंने इस आनन्दपथ को रहस्यवादी बनाया है क्योंकि उनका मूलाधार शैवाद्वैतवादियों का सामरस्यवाला रहस्य था। कवि ने आनन्द की प्रतिष्ठा में एक ओर उल्लास को जोड़ा है तो दूसरी ओर प्रेम एवं प्रमोद को। यह कवि का 'आनन्द रस' है। माहेश्वराचार्य अभिनवगुप्त ने अभेदमय आनन्दपथवाले शैवाद्वैतवाद के अनुसार साहित्य में रस की व्याख्या की थी। प्रसाद ने 'कामायनी' के काव्यरस में ही नाट्य रस को पल्लवित किया। उनके आनन्द रस में जो नवीनता है,

वह है शक्ति के साथ प्रेम का योग। अब हम इन सूत्रों का स्पष्टीकरण करेंगे।

विश्व को आत्मा का अभिन्न अंग मान लेने पर प्रसाद ने जगत की शक्ति-तरंग को 'प्रकृति' (दार्शनिक) एवं प्रकृति (प्राकृतिक) से जोड़ दिया। 'प्रकृति' के साथ 'पुरुष' और 'शिव' का कान्त रमण हुआ; और प्रकृति के साथ रहस्य एवं सौन्दर्य का। कवि ने इस प्रकार की प्रकृतियों का अर्थान्तर न्यास भी किया जिससे प्रकृत रस और आनन्द रस परस्पर पर्यवसित भी हुए। इस तरह रमणीयता (प्रकृत) और सौन्दर्य (कृत), सृष्टि (प्रकृत) और रचना (कृति), लीला (प्रकृत) और क्रीड़ा (लौकिक) की मूल अनुभूति एक ही हो गई। इसके साथ ही कवि ने प्रकृति और चेतना के लघुत्तम अंशों को ग्रहण किया। 'कामायनी' में चेतना के विकल परमाणु, अणु-अणु में नर्तन, कण-कण में गति, आदि के सन्दर्भ, अनेक बार आए हैं। यहाँ सत्ता का 'स्पन्दशास्त्र' है जिसके अनुसार प्रसाद ने प्रकृति, सृष्टि, प्रेम, मधुरता, मादकता आदि को 'ताल' एवं 'लय' से बाँध दिया है। ताल और लय का यह निबन्ध नर्तन हो गया है। अतः 'कामायनी' में प्रकृति का तांडव नृत्य, विश्वसुन्दरी प्रकृति का लासरास, हृदय के आनन्द कूजन का रास, प्राकृतिक शक्तियों का रुद्रतांडव, महाकाल का विषम नृत्य, नर्तित नटेश का आनन्द तांडव आदि गोचर होते हैं। इस तरह कवि ने शक्ति तरंग की गति को सौन्दर्यपूर्ण नर्तन में रूपान्तरित किया है। इसीलिए विश्वकमल के कण-कण में आनन्द नर्तन होता है, शोभन आनन्द अम्बुनिधि शक्ति तरंगायित्व रहता है, नारी के कोमल अवयवों में छायाओं का नर्तन होता है तथा सौन्दर्य की स्वानुभूति में उल्लास एवं नर्तन होता है। प्रकृति के क्षेत्र में यह नर्तन सृजन, संहार और स्थिति तीनों अवस्थाओं में चलता है। चिन्ता सर्ग में प्रलय के अवसर पर भी पंचभूतों का नर्तन है तो आनन्द सर्ग में सामरस्य दशा में भी नर्तन। कवि ने इसे 'प्रकृति' अथवा शक्ति का रहस्यवाद कहा है जो प्रकृतरस एवं आनन्दरस को समरस तथा समानधर्मा बना देता है। कवि ने विभावानुभावसंचारियों को भी प्रकृति एवं चेतनता के क्षेत्र में इसी ताल लय में तरंगायित किया है। वासना सर्ग और लज्जा सर्ग में हम मानवीय भावों तथा नारी के हावों-भावों एवं सात्विक अलंकारों के प्रसंगों में हम इसका विशेष विलास पाते हैं।

कवि ने आनन्द को परम्परा से उल्लास (आह्लाद) से जोड़ा है। लेकिन इसमें सौन्दर्य का मिलन उसकी अपनी रससिद्धि है। कवि ने सौन्दर्य की मूल शक्ति के रूप में कामकला या प्रेमकला को स्वीकार किया है। कवि ने मूल शक्ति को 'अनादि वासना' भी कहा है। (जो मधुर प्राकृतिक भूख समान है)। इस तरह अनादि वासना से ही एक ओर तो चेतना के उज्ज्वल वरदान अर्थात् सौन्दर्य का अन्वयन हुआ है जो रति द्वारा विनियोजित होता है (मैं उसी चपल की धात्री हूँ), तथा दूसरी ओर चिर-स्नेह का विकास। कवि ने स्थायी भाव रति के बजाय चिर-स्नेह की धारणा प्रस्तुत की है। उन्होंने चिर-स्नेह की 'वासना की मधुर छाया' कहा है। हमारा पक्का अनुमान है कि यह मधुर छाया वैष्णवों का माधुर्य है। इसकी मूल भावना समर्पण है। श्रद्धा सर्ग में श्रद्धा जब समर्पण करती है तब वह उसे सेवा का सार (भक्ति) कहती है। इस समर्पण में दया,

माया, ममता, मधुरिमा, अगाध विश्वास, सहज हृदय भी शामिल है। यह मधुर छाया द्वैतमूलक है। अतः वैष्णव है। (शैवों की भक्ति अद्वैतमूलक है) इसके अलावा श्रद्धा में राग अनुराग भी है, और वैष्णव महाभाव भी। यह कवि की मौलिकता है कि उसने आलोक एवं आह्लादमय आनन्द में पंडितराज जगन्नाथ का रमणीय सौन्दर्य, तथा वैष्णव भक्तों का माधुर्य भाव जोड़ दिया है। सैद्धान्तिक दृष्टि से इसी तरह का एक कार्य आनन्दवर्धन ने किया था, जब उन्होंने 'ध्वनि' के अन्तर्गत रस एवं अलंकार का समन्वय कर डाला था।

प्रसाद की 'अनादि वासना' की मूल भित्ति (देवसृष्टि के भोग) की अतीत स्मृति है। मनु में इस इस स्मृति के फलस्वरूप वासना का उन्मत्त, ज्वालामय, अभिशापपूर्ण संस्कार संचित है। अतः प्रसाद ने इसके शिवरूप कामकला को लिया जिसकी कलात्मक अभिव्यक्ति प्रेम (चिरन्तन स्नेह) के द्वारा की। यह स्मृति कालिदासीय अबोधपूर्वा स्मृति है जिसमें वेदना मिश्रित उन्मद भाव निरन्तर विद्यमान है। शास्त्रीय आधार देने के लिए कवि ने इस अनादि अथवा अतीत वासना को पूर्वजन्म या स्पृहणीय मधुर अतीत की स्मृति भी कहा है (पूर्व जन्म कहूँ कि था स्पृहणीय मधुर अतीत; गूँजते जब मन्दिर घन में वासना के गीत)। कवि ने इस उन्मद भाव को रति, सौन्दर्य तथा आनन्द, तीनों तत्त्वों के साथ विभिन्न धरातलों में मिलाया है। अतः यह अभाव (विभाव), कुतूहल और आकर्षण के रूपों में चिन्ता सर्ग से लेकर कर्म सर्ग तक विद्यमान है। कवि ने अपनी स्वानुभूति की सर्वाधिक अभिव्यक्ति इन तीन रूपों के अन्तर्गत ही की है। 'कौन' 'क्यों' 'क्या' 'कहाँ' 'कैसे' 'कब' जैसे प्रश्नों से सारा महाकाव्य महत्त्वपूर्ण बिन्दुओं पर अनुस्यूत हुआ है : यथा, हे अनन्त रमणीय कौन तुम; कौन तुम ? संसृति जलनिधि तीर; कब आए थे तुम चुपके से रजनी के पिछले प्रहरों में; नक्षत्रों, तुम क्या देखोगे इस ऊषा की लाली क्या है ?; मनु आँख खोलकर पूछ रहे : पथ कौन कहाँ पहुँचाता है ?; मन कहीं यह क्या हुआ है ? आज कैसा रंग ? मैं ? कहाँ मैं ? ले लिया करते सभी निज भाग; हृदय की सौन्दर्य प्रतिमा ! कौन तुम छवि धाम !; तुम कौन हृदय की परश्वता ?; हाँ ठीक परन्तु बताओगी मेरे जीवन का पथ क्या है ?; केवल हम तुम और कौन है ? रहो न आँखें मीचे; यह कौन ? अरे फिर वही काम; बोल अरी मेरी चेतनते। तू किसकी ये किसके हैं ?; कहाँ ले चली हो अब मुझको श्रद्धे ! मैं थक गया बहुत हूँ; मनु ने पूछा, कौन नए ग्रह ये हैं, श्रद्धे ! मुझे बताओ, 'हम कहाँ चल रहे' यह सब उनको विधिवत समझाती; इत्यादि। सारांश में स्वानुभूत अभिव्यक्ति और कथासृष्टि के अनुरूप प्रसाद ने आनन्द में शक्ति, उन्मद भाव एवं सौन्दर्य का समाहार किया है। अतः इसके स्वानुभूतिमूलक अर्थात् दुर्लभ छायाओंवाले ये आयाम भी उन्मिषित हुए हैं। दुर्लभ छाया ! अर्थात् स्वानुभूत संवेदनीय वस्तु की अभिव्यक्ति की प्रतीयमान छाया या रम्यच्छायान्तर स्पर्शी वक्रता (कुन्तकीय) ! इस तरह कवि की आनन्दवादी धारणा शैवाद्वैतागमों से अधिक 'असाधारण अवस्था' वाली है। इसमें शाक्त, वैष्णव, सांख्य एवं छायावादी दुर्लभ छायाएँ भी घुलीमिली हैं।

इस अनुक्रम में प्रसाद ने प्रकृति को उद्दीपन रूप लेकर उसका मात्र बाह्यवर्णन नहीं किया है। प्रकृति को विश्व सुन्दरी (आनन्द सर्ग), विश्वात्मा की छाया (आशा सर्ग), सूक्ष्म आन्तरिक भावों के स्पर्श से पुलकित (वासना सर्ग), भूतनाथ के तांडव से त्रस्त (चिन्ता सर्ग और स्वप्न सर्ग), चितिमय (काम सर्ग) आदि रूपों में अंकित किया गया है। काम सर्ग में माधव, मधुरजनी, ऋतुपति का उत्सव, तथा वासना सर्ग में कौमुदी उत्सव आदि प्रकृति की 'छाया' और 'माया' 'दोनों तत्त्वों को दर्शन तथा साहित्य के स्तर पर उभारते हैं। इस तरह 'कामायनी' की प्रकृति बहुत कम अंशों में उद्दीपनस्वरूपा है। इसका अपना ही अलग रमणीयतावाला सौन्दर्यबोधशास्त्र है जिसकी मूल वासना 'कुतूहल' है, और अपना प्रकृत रसशास्त्र है जिसकी वासना 'आकर्षण' है (जो आकर्षण बन हँसती थी, रति थी अनादि वासना वहीं)। इस तरह जब कभी-कभी यह कहा जाता है कि 'कामायनी' में वेदना के आधार पर उद्विग्नता (कालिदासीय आतुर उत्कंठा) नामक नया रस सर्वत्र व्याप्त है, तो यह इसी बोध को समझने की शास्त्रीय असफलता है। हम पहले ही निरूपित कर आए हैं कि कवि ने आनन्द के साथ उन्मद भाव का भी संयोग किया है। यह उन्मद भाव कुतूहल एवं आकर्षण के युगल के रूप में–रस बोध एवं सौन्दर्यबोध के धरातलों पर–अपने विभावानुभावादि की अलग रसनिष्पत्ति करता है क्योंकि यहाँ 'प्रकृति' और 'पुष्प' का, काम और रति का, मधु और माधव का भी अन्वयन होता चला है। यहाँ प्रकृति विश्वसुन्दरी है। प्रकृति विश्वात्मा की छाया भी है। इसलिए 'सृष्टि'–मानवीय एवं प्राकृतिक–भी उसी के प्रतिरूप हैं। इसीलिए विश्वसुन्दरी प्रकृति, त्रिपुरसुन्दरी कामकला (श्रद्धा), सारस्वत-रानी इड़ा, और हृदय-सुन्दरी नारी एक ही 'महाचिति' की लीला (सृष्टि) हैं। लीला आदर्शवादी एवं रहस्यवादी भूमि पर क्रीड़ा की प्रतिकृति है जिसमें कौतुक का पर्युत्सुकी भाव मौजूद रहता है। इस लीला में प्रकृति का स्वरूप शक्ति के रूप में परिवर्तित हो जाता है। स्वयं कवि ने इसे प्रकृति या शक्ति का रहस्यवाद कहा है। वैष्णव मत में लीलाएँ शक्ति-शील-सौन्दर्य त्रयी को व्यक्त करती हैं। प्रसाद की कामायनी में लीला, नृत्य के साथ संवलित होकर, सृष्टि-स्थिति-संहार को भी अभिव्यक्त करती है। प्रसाद ने प्रकृति लीला में नृत्य एवं संगीत का मेल करा दिया है। कवि ने इस लीला-नृत्य के विलास एवं लालित्य को लास्य (आनन्द सर्ग) तथा रास (वासना सर्ग) तथा तांडव (चिन्ता, दर्शन, एवं स्वप्न सर्ग) इन तीन दार्शनिक नृत्य रूपों में अनुस्यूत किया है। यह सौन्दर्य दार्शनिक दृष्टिकोण है। इस भाँति प्रसाद ने रस के अन्तर्गत दर्शन तथा कला दोनों को समन्वित कर डाला है।

कवि ने रस के कई प्रसंगों को सूत्र या रूपक या छाया रूप में उद्घाटित किया है जिनसे भी प्रकृत रूप एवं आनन्द रस के सामंजस्य की नई दृष्टि उभरती है। कवि ने प्रकाश के श्वेत-बिन्दु (अर्थात् शिव तत्त्व) में सार नव रसों के भरे होने का पहला संकेत किया है (व्यथित विश्व के सात्त्विक शीतल बिन्दु, भरे नव रस सारा)। इस सात्त्विक बिन्दु का आनन्द रूप आह्लादमय है, लेकिन इसकी अनादि वासना वेदनामय है। अनादि वासना के बाबत कवि की यह एक और नई छायावादी उपपत्ति है। इसके

बाद कवि रसभूमि एवं आनन्दभूमि का द्वय-अद्वय पेश करता है। रति (रूपानारी) पहले रस के निर्झर में धँसती है और फिर आनन्द शिखर के प्रति बढ़ती है (रस के निर्झर में धँसकर मैं आनन्द-शिखर के प्रति बढ़ती)। यहाँ निमग्न या तल्लीन होने के उपरान्त उन्मेश या उद्धार की दशा की ध्वनि है। क्योंकि निर्झर का उद्‌गम शिखर ही होता है। इसलिए रस एवं आनन्द में द्वय-अद्वय दशा है। कवि प्रणीत रस का प्रभाव तन्द्रालस और स्वप्नपरक है (नयनों की नीलम की घाटी जिस रस घन से छा जाती हो।)। यह घनीभूत रस प्रभाव सुख के केन्द्रीभूत होने से भिन्न है क्योंकि इनमें वेदना की अन्तर्धारा बहती रहती है। अतः कवि वेदनामय वासना में रस का उद्‌गम मानता है। कवि यह भी मानता है कि मांसल इन्द्रियाँ ही रस का पान करती हैं (शब्द, स्पर्श, रस, रूप, गंध की पारदर्शिनी सुघड़ पुतलियाँ; चारों ओर नृत्य करतीं ज्यों रूपवती रंगीन तितलियाँ)। संसृति 'आलोक बिन्दु' (स्वयं प्रकाश्य रसानन्द) को घेरे हुए है और माया रूप में विश्व सृष्टि करती हैं। इस सृष्टि में इच्छा की रथ-नाभि है, अराएँ नव रस भरी है तथा भाव चक्र चलता हैं। इस तरह वासनारूप इच्छा से नाना प्रकार के भाव, विभाव, अनुभाव घूमते हुए नव रसों की स्थायी अराओं पर दूढ़ हैं (भाव चक्र यह चला रही है इच्छा की रथ-नाभि घूमती; नव रस भरी अराएँ अविरल चक्रवाक्त को चकित् चूमती)। अतः रस इच्छालोक का विषय है। कवि ने आनन्द को आनन्द सर्ग में निरूपित किया है जहाँ मानस (सर) में आनन्द-अम्बुनिधि लहराता है, जहाँ प्रकृतिरस एवं आनन्दरस का सामरस्य है, जहाँ विश्व-चेतना पूर्णकाम होकर विलास करती है, जहाँ सुन्दर भी साकार हो जाता है और जहाँ घना अखंड आनन्द छा जाता है। यहाँ शैवाद्वैतवादी धारा के अनुसार मानसलोक में आंनद की व्याप्ति है। किन्तु यहाँ कवि का भी स्वत्व है : इस आनन्द में सौन्दर्य, और शक्ति का भी सामंजस्य हुआ है। इस आनन्द में शिव और शक्ति का पारस्परिक आकर्षण ही 'आदिरस' हो गया है। इसके लिए विश्वव्यापिनी महाशक्ति ने अपने आपको भुवन-मोहिनी (त्रिपुरसुन्दरी एवं विश्व सुन्दरी) के रूप में भी व्यक्त किया है। सारांश में, आनन्दवादी धारा के उपासक प्रसाद ने 'कामायनी' में रस एवं आनन्द के दर्शन के विवेचन में छायावादी दृष्टिकोण का भी समाहार किया है, तथा वैष्णवों के माधुर्य एवं उपनिषदों के प्रेम एवं शाक्तों की कामकला का भी सामंजस्य कर डाला है। यही उनकी महत्तम देन है जो 'कामायनी' के कलारूप के स्वभाव, माध्यम तथा आदर्शों के अनुसार ढलती-ढलती परिपूर्ण हुई है। इसमें कवि ने एक तो प्रकृत रस एवं आनन्द रस का मेल कराया है, दूसरे दर्शन एवं कला, दोनों का समन्वय रस में किया है, और तीसरे आनन्द के नए आयामों को भी प्रस्फुटित किया है।

इस भाँति हम देखते हैं कि 'कामायनी' में रस दर्शन की अपेक्षा 'कामायनी' का रसदर्शन ध्वनित हुआ है।

10 इतिहास-दर्शन की खोज

इस प्रबन्ध-काव्य में महाकाव्यत्व अथवा महानकाव्यत्व, मनस्तत्व अथवा मनोविज्ञान, विचारधारा और कल्पलोक की मीमांसा से भी अधिक नवोन्मेषपूर्ण कार्य इतिहास-दर्शन का अन्वेषण है। कवि ने दावा किया है कि उसने 'श्रद्धा और मनु' अर्थात् मनन के सहयोग से मानवता के **विकास** का रूपक भी उभारा है जो 'मनुष्यता का मनोवैज्ञानिक इतिहास बनने में समर्थ हो सकता है'। अतः ऐतिहासिक अस्तित्व के साथ सांकेतिक अर्थ की भी अभिव्यक्ति हुई है। इसलिए यह कृति इतिहास से अधिक इतिहास-दर्शन का वहन करती है। यहाँ हम इतिहास-दर्शन के पाश्चात्य दृष्टिकोणों का परिचय नहीं देंगे क्योंकि तब तो यह एक स्वतंत्र लम्बा प्रपत्र बन जाएगा। हम कवि की इतिहास-दृष्टियों का समन्वय करते हुए 'कामायनी' के अन्तराल से ही लुक-छिपकर चलनेवाले इतिहास-दर्शन की रचना करेंगे।

इस कृति में पात्रों एवं घटनाओं को अवधारणाओं एवं प्रतीकों में रूपान्तरित कर देने से प्रधानतया इतिहास की कथा-सृष्टि से अधिक इतिहासदर्शन का संविधान हुआ है। कवि ने मानवीय कार्यों को यज्ञ के रूपक के इर्दगिर्द अमूर्तीकृत किया है जिसकी वजह से कर्म सर्ग में यज्ञ सुख का, ईर्ष्या में संघर्ष का तथा संघर्ष में युद्ध का रूप धारण करता है। कर्म ज्वाला और वासना और विप्लव का उद्‌भावक बनता है। यह घटनाओं के सारांशीकरण का उदाहरण है। इस क्रम में मनोवृत्तियों के प्रतीकीकरण का भी विन्यास द्रष्टव्य है। चिन्ता और आशा सर्ग में दोनों भाव सम्बोधित हुए हैं; काम और लज्जा सर्ग में दोनों का मानवीकरण हुआ है जिसके अन्तर्गत मनु के मन में स्वप्न जन्मा काम तो सुख, सौन्दर्य, विलास और सृष्टि का सन्देश देता है, तथा नारी की अन्तर्छाया लज्जा, यौवन, प्रणय, शालीनता एवं समर्पण का अनुभावन करती है। यह नारी के अवचेतन से नैतिक मन (चेतना या संकल्प) तक का उन्नयन है। इसी तरह आरम्भ में प्रकृति और मनु पर सांख्य संमत 'प्रकृति' एवं 'पुरुष' तत्त्वों का आरोप भी है। मनु में अहंकार बुद्धि एवं मन का मनस्तत्व तथा श्रद्धा में विश्वास एवं समर्पण का केन्द्रीभवन पात्रों का निर्विकल्प (शाश्वत) प्रतीकीकरण करता है।

यज्ञ, और उसकी ज्वाला एवं विप्लव के धर्मों के सन्दर्भ में हम पात्रों एवं घटनाओं

में प्रतिनिधित्व भी पाते हैं। यज्ञ हिंसा का प्रतिनिधि है; प्रजापति नृशंस शासक का और सारस्वत नगर पूँजीवादी सभ्यता का। इसी तरह जनविद्रोह क्रान्ति का तथा नगरनिर्माण औद्योगिक क्रान्ति का प्रतिनिधि हो जाता है।

अन्तिम तीन सर्गों में अन्यापदेश की प्रचुरता है। दर्शन में सृष्टि-स्थिति-संहार के चक्र का नर्तन (तांडव); रहस्य में इच्छा क्रियाज्ञान का त्रिकोणात्मक त्रिलोक और त्रिपुरसुन्दरी कामकला अर्थात् श्रद्धा; तथा आनन्द सर्ग में मनु = पुरुषशिव = पुरातन पुरुष हिमालय और श्रद्धा = त्रिपुरसुन्दरी = प्रकृति का अन्यापदेश इस कृति को दार्शनिक इतिहासवाद से संग्रथित करता है। इतिहास का आदर्श आनन्द हो जाता है, मनुष्य मन मात्र में अमूर्त हो जाता है तथा घटनाएँ मात्र संवेदन रह जाती हैं।

इसीलिए इस महाकाव्य में कई प्रतीकात्मक यात्राएँ हुई हैं। मनु यज्ञ-पुरुष बनते हैं। तब उनमें काम जागता है। फिर वे गृहपति होते हैं; फिर स्वेच्छाचारी प्रजापति, फिर साधक मनुष्य और अन्ततः शिव तत्त्व। मनु की संगिनी श्रद्धा का पहले कामबाला के रूप में आविर्भाव होता है। वह अतिथि (पुल्लिंगी) बनती है और तब रम्य नारी मूर्ति के रूप में उसमें लज्जा उदित होती है। इसके बाद वह मातृमूर्ति, त्रिपुरसुन्दरी, विश्व कल्याणी होती है, और अन्ततः प्रकृति एवं शक्ति-रूपा हो जाती है। इसी भाँति इड़ा कर्म और विचार का अद्वय है। वह राष्ट्रस्वामिनी एवं जनपद कल्याणी होती है और अन्ततः विद्या हो जाती है।

सारांश में, हम देखते हैं कि इस महाकाव्य में बाह्य एवं स्थूल घटनाओं तथा पात्रों को अमूर्त एवं सूक्ष्म एवं प्रतीक एवं रूपक में रूपान्तरित कर दिया गया है। इतिहास-दर्शन के लिए इससे श्रेष्ठ भूमिका तो कहीं नहीं मिल सकेगी। यहाँ 'रूपकतत्त्व' के विधान के लिए प्रतीकीकरण, मानवीकरण, प्रतिनिधिकरण और अन्यापदेशिकीकरण की चतुर्मुखी प्रणालियों को अन्तर्ग्रथित किया गया है।

इस भाँति रूपकतत्त्व के उपर्युक्त संक्षेपण के द्वारा हम 'कामायनी' का एक नितान्त वैश्विक, अमूर्त तथा प्रतीकीकृत रूप प्राप्त कर लेते हैं। यहाँ हमारा आधार यही कृतिरूप है। यही कृतिरूप इतिहासदर्शन की मूलशक्ति है।

प्रबन्ध काव्य का यही 'प्रतीकीकृत रूप' मानवता के विकास, तथा मनुष्यता के मनोवैज्ञानिक इतिहास की कवि उद्भूत आकांक्षा को धारण करता है।

प्रसाद ने कृति के आमुख में ऐतिहासिक तथ्य एवं मानवीय सत्य का प्रश्न उठाया है, और कृति में **ऐतिहासिक प्रक्रिया** का प्रतीकात्मक रूपान्तरण किया है। उन्होंने ऐतिहासिक अस्तित्व के सांकेतिक अर्थ की तलाश की है। प्रतीकात्मक रूप अर्थ का ज्ञान देता है अथवा अर्थ की मानवीय अभिव्यक्ति करता है। इतिहास में तिथि क्रम होता है। कवि इस तिथिक्रम में सन्तुष्ट नहीं है। वह मनोवैज्ञानिक विश्लेषण के द्वारा इतिहास की घटना के भीतर 'कुछ' देखना चाहता है। यही 'देखना' उसका मनोवैज्ञानिक इतिहास-दर्शन है। उसके अनुसार यह देखना 'आत्मा की अनुभूति' है। यह अनुभूति 'सूक्ष्म भावों' तथा 'चिरन्तन सत्यों' को प्राप्त करती है। ये ही सूक्ष्म भाव एवं चिरन्तन

सत्य 'युग-युग के पुरुषों' (पात्रों), और उनके 'पुरुषार्थों' (घटनाओं) में अभिव्यक्त होती है। 'कामायनी' के प्रतीकात्मक संरूप में सूक्ष्म भावों और चिरन्तन सत्यों का अनुसन्धान हुआ है। इस तरह यहाँ इतिहासकार एवं कलाकार के प्रकार्य का मिश्रण हुआ।

प्रसाद कलाकार और कवि दोनों हैं। कथा के स्रोतों में वे व्यावहारिक तथ्यों की प्रामाणिकता को प्रतिष्ठित करते हैं लेकिन उन प्रामाणिक तथ्यों के पुनर्निर्माण में उत्पादक कल्पना को ग्रहण करते हैं। इस तरह वे इतिहास के भावन में कला के भावन का मेल कराते हैं। इस मेल के द्वारा वे मानवीय जीवन का आदर्श वर्णन करते हैं। अतः व्यावहारिक जीवन विशुद्ध संरूपों में परिवर्तित हो जाता है। 'कामायनी' वस्तु की यथार्थता (प्रत्यभिज्ञा) से आगे मानवीय भावों का भी स्पर्श करती है। इस तरह मानवीय स्वभाव के अन्वेषण में कला एवं इतिहास दोनों क्षेत्रों का समन्वय करती है। प्रसाद ने इस समन्वय को 'संकल्पात्मक मूल अनुभूति' कहा है जो श्रेय सत्य को उसके मूल चारुत्व में सहसा ग्रहण कर लेती है। इस भाँति कवि की ऐतिहासिक प्रक्रिया प्रातिभ है जहाँ ऐतिहासिक सत्य सुन्दर भाव भी हो जाते हैं (चेतना का **सुन्दर** इतिहास अखिल मानव भावों का सत्य)। वैश्विक मानवीय स्थिति को कवि ने 'असाधारण अवस्था' कहा है जिसमें सूक्ष्म भाव चिरन्तन सत्य, दोनों अन्वित रहते हैं। यह एक शाश्वत चेतना है।

यही शाश्वत चेतना कवि की दार्शनिक आस्था के अन्तर्गत शैवाद्वैतवादी 'चैतन्य' (प्रकाश) भी हो गई है। इतिहास-क्रम में यही शाश्वत चेतना भिन्न-भिन्न संस्कृतियों के दर्पण अर्थात् सांस्कृतिक पैटर्नों में प्रतिफलित होकर युगों की समष्टि अनुभूतियों में ढल जाती है। तब वह 'इतिहास की वस्तु' हो जाती है।

यह कवि की इतिहास-धारणा है। इतिहास एक शाश्वत चेतना है जिसका विशुद्ध अद्वय स्वरूप अर्थात् द्वन्द्व एवं संघर्षविहीन प्रतीकात्मक परिणति 'आनन्दमय' है। इस द्वन्द्वविहीनता के अन्तर्गत एक ओर तो विश्व और मनुष्य एक ही आत्मा के अभिन्न रूप हो जाते हैं, और दूसरी ओर प्रकृति एवं पुरुष की द्वयता विलीन हो जाती है। ऐतिहासिक ज्ञान के इस चरण में कवि ने शैवाद्वैतवादी दर्शन के आलोक में इतिहास का दिग्दर्शन किया है। इसीलिए कामायनी के आरम्भ में जलप्लावन में त्रास्त प्रकृति एवं निष्क्रिय पुरुष मौजूद है, तो अन्त में लास रास में निरत विश्वसुन्दरी प्रकृति एवं समरस मनु-श्रद्धा भी तन्मय हैं।

यहाँ हम कवि के ऐतिहासिक ज्ञान सम्बन्धी तथा मनुष्यता के मनोवैज्ञानिक इतिहास सम्बन्धी भूलों को बताना चाहेंगे। ऐतिहासिक ज्ञान को केवल मनोवैज्ञानिक नियमों में बाँधना असम्भव है। इतिहास का विकास द्वन्द्वात्मक है, जहाँ सामाजिक यथार्थता तथा वैयक्तिक चेतना के परस्पर संघात होते हैं जहाँ सामाजिक सम्बन्ध हमारी वर्गीय विचारधारा की भ्रान्तियों एवं स्वार्थों को उत्पन्न करते हैं। हम इतिहास का जो क्रमबद्ध विकास प्रस्तुत करते हैं वह हमारे आन्तरिक अनुभवों का तो प्रकाशन है लेकिन वह क्रम सामाजिक शक्तियों की निश्चयवादी परिणति भी है। हमें आज तक ऐसे किसी भी नियम की उपलब्धि नहीं हो सकी है जो विचारों एवं अनुभूतियों का नियमन करके

एक शाश्वत व्यवस्था प्रस्तुत कर सके। इस क्षेत्र में इतिहास के मनोवैज्ञानिक व्याख्याताओं को कोई सफलता नहीं मिली। अतः कामायनी के कथा के विकास के साथ साथ मनुष्यता के मनोवैज्ञानिक इतिहास का क्रम स्वीकार करना अवैज्ञानिक (इसे 'मनस्तत्व एवं मनोविज्ञान' शीर्षक अध्याय के अन्तर्गत भी प्रतिपादित किया गया है।) इसी तरह इतिहास को कोरे आर्थिक भौतिकवाद अथवा सामाजिक मनोविज्ञान के आधार पर भी नहीं समझा जा सकता।

हम यह मानते हैं कि इतिहास दार्शनिक अपने ऐतिहासिक तथ्यों की प्रतीकात्मक भाषा का उद्‌घाटन करता है। इस प्रक्रिया में अतीत वस्तु का रूप नहीं बदलता, बल्कि उसमें एक गहराई खुल जाती है। जलप्लावन की घटना को लेकर कवि ने इतिहास और देवसंसृष्टि के पतन की गहराई को प्राप्त किया है। उसने यज्ञ की ज्वाला तथा केन्द्रीभूत सुख की विषमता के मूलबोध को मनु में ईर्ष्या की ज्वाला और एकान्त हिंसक स्वार्थ में, तथा सारस्वत नगर में युद्ध की ज्वाला और सामाजिक विप्लव में रूपान्तरित किया है। किन्तु क्या ये घटनाएँ (मनु की ईर्ष्या, सारस्वत नगरध्वंस प्रक्रिया) ऐतिहासिक सत्य हैं ? अपने वर्तमान में स्थित होकर कवि ने कल्पित अतीत से जो प्रश्न पूछे हैं क्या वे भविष्य पर लागू हो सकते हैं ? लेकिन प्रसाद ने दर्शन सर्ग में आनन्द सर्ग तक इन्हें धार्मिक इतिहासवाद में ढाल दिया है।

खुद प्रसाद कहते हैं कि सिद्धान्ततः आदर्शवादी एक 'धार्मिक प्रवचनकर्ता' बन जाता है और यथार्थवादी 'इतिहासकार' से अधिक नहीं ठहरता। प्रसाद के अनुसार यथार्थवाद इतिहास की सम्पत्ति है और जीवन-बोध है। 'कामायनी' के कर्म सर्ग में मिथकीय मनु में पहली बार ऐतिहासिक चेतना अभ्युदित होती है जबकि चंचल जीवन में प्रतिष्ठित 'स्वर्ग' की ललक वर्तमान जीवन से मिलकर 'अभाव' बन जाती है। अतः 'कामायनी' के सन्दर्भ में कवि की यह स्थापना ठीक लगती है कि साहित्यकार न तो आदर्शवादी धर्मशास्त्र प्रणेता है, और न ही यथार्थवादी इतिहासकर्त्ता। इतिहास में दुखदग्ध जगत है और आदर्श में आनन्द पूर्ण स्वर्ग। प्रसाद ने इतिहासकार और धर्मशास्त्रप्रणेता के धर्मों का समन्वय अवश्य किया है। 'कामायनी' में इन दोनों के एकीकरण का आरम्भिक आदर्श तो मिलता है लेकिन संघर्ष सर्ग से बाद से दुःखदग्ध जगत और आनन्द पूर्ण स्वर्ग पृथक-पृथक हो जाते हैं। कवि ने मिथकीय अर्थात् पौराणिक युग की इस घटना, और विश्वसुन्दरी-प्रकृति के इस सौन्दर्य को स्वात्म अभिव्यक्ति में ढाल दिया है। फलतः उनकी ऐतिहासिक चेतना की स्पष्टता विलुप्त होती गई है। इतिहास लिखकर भी इतिहास के यथार्थ को (संघर्ष सर्ग से आगे) अस्वीकृत करते हैं; नया धर्मशास्त्र लिखकर भी वे (दर्शन सर्ग और उससे आगे–ऐतिहासिक यथार्थ के नाम पर इसे एकांगी मानते हैं, तथा इन दोनों का एकीकरण करने के बजाय इन्हें विरुद्ध और शुभ-अशुभ बना देते हैं। यह इतिहासकार और दार्शनिक प्रसाद के बीच का एक जबर्दस्त अन्तर्विरोध है।

● उनके इतिहासदर्शन के मूल तत्त्वों को प्राप्त करने के पूर्व एक बात शेष रहती

है। वे ऐतिहासिक तथ्यों (वस्तुओं एवं घटनाओं) की व्याख्या कैसे करते हैं, यह समझना लाजिमी है। हम इस व्याख्या की कुछ एक दिशाओं को इंगित कर चुके हैं : ऐतिहासिक तथ्य 'सूक्ष्म भाव एवं चिरन्तन सत्य' के रूप में शाश्वत है। दूसरी दिशा है : शाश्वत चेतना चिरन्तन सत्य को सुन्दर भाव में रूपान्तरित कर देती है। तीसरी दिशा है : इतिहास की शाश्वत चेतना की द्वन्द्वविहीन एवं संघर्षविहीन प्रतीकात्मक परिणति आनन्दमय है।

इन तीन दिशाओं के आधार पर हमें यह देखना है कि प्रसाद ने मूल इतिहास की व्याख्या किस तरह की है। उन्होंने अपने रहस्यवाद नामक लेख में कहा है कि आर्यलोग सदैव से अपने क्रियाकलापों में आनन्द, उल्लास और प्रमोद के उपासक रहे हैं। उनमें अद्वैत दृष्टि थी। इन्द्र आत्मवाद के, तथा वरुण विवेकपक्ष के आदर्श थे। आत्मवाद के साथ ही आनन्दवाद की विचार धारा फैली। कवि के अनुसार सप्तसिन्धु के प्रबुद्ध तरुण आर्यों ने विवेकवादी धारा की अपेक्षा आनन्दवाली धारा का अधिक स्वागत किया। अतः वैदिक आर्यों में आत्मवाद और यज्ञवाली विचारधारा की प्रधानता हो गई। इनमें से कुछ व्रात्य आर्यों ने विवेक के आधार पर नए-नए तर्कों की उद्भावना की। उन्होंने बुद्धिवाद के आधार पर नए-नए दर्शनों की स्थापना की। विवेक के तर्क से विकसित इस विचारधारा में संसार दुखमय माना गया तथा दुःख से छूटना ही परम पुरुषार्थ समझा गया।

अतः आनन्दवाद में आत्मवाद तथा बड़े-बड़े यज्ञों का उल्लास एवं प्रमोद प्रतिष्ठित हुआ, तथा बुद्धिवाद में विवेक और विज्ञान। इस तरह वैदिक संस्कृति में तर्क के आधार पर विकल्पात्मक बुद्धिवाद की धारा और आत्म के आधार पर संकल्पात्मक आनन्द की धारा बह उठी। आनन्द साधना ने विकल्पात्मक विचारों एवं तर्कों को छोड़ दिया। 'कामायनी' में ये दो धाराएँ और इनकी ऐतिहासिक चेतना स्पष्टरूप से झिलमिलाती हैं। वैदिक कर्मकांड और आनन्द के लिए श्रद्धा एवं आनन्द सर्ग, तथा बुद्धिवाद के लिए इड़ा एवं स्वप्न एवं संघर्ष सर्ग परिलक्षित हुए हैं। यही नहीं, कवि ने इन दो धाराओं के आधार पर वैदिक मनु के व्यक्तित्व को भी बाँट दिया है। इसी तरह उन्होंने कथासृष्टि को भी सारस्वतनगर एवं कैलाशलोक में विभक्त कर दिया है। अपनी 'शाश्वत चेतना' की धारणा को वैदिक संस्कृति के दर्पण में प्रतिफलित कराके उन्होंने इस ढंग से इतिहास की वस्तु बनाया है। इसी बोध के द्वारा प्रबन्धकाव्य में दुःखदग्धपूर्ण (यथार्थ) जगत एवं आनन्दपूर्ण (आदर्श) स्वर्ग का भी एकीकरण किया गया है।

'कर्म' (यज्ञ) के अलावा प्रसाद ने वैदिक संस्कृति में 'काम' की व्यापकता का समावेश किया है। 'कामायनी' में इतिहास के विकास के हेतु श्रद्धा मनु को काम एवं कर्म का सन्देश देती है। कामबाला के अनुसार काम से झिझकने पर मानवसृष्टि का भविष्य नहीं रहेगा, काम से ही विश्व का अभिराम उन्मीलन होता है, काम में ही महाचिति लीलामय आनन्द करती है और काम ही सर्ग-इच्छा का परिणाम है। इसी तरह कर्म शक्ति संचित करता है। शक्तिशाली मनुष्य प्रकृति पर विजय प्राप्त करता है, सकल

समृद्धियों को प्राप्त करता है और मानवता को विजयिनी बनाता है। यही चेतना का सुन्दर इतिहास है। इस तरह आदिम वैदिक परिवेश में कवि ने काम (आनन्द) तथा कर्म (शक्ति) को इतिहास के विकास का अधिनायक माना है। 'कामायनी' के अन्तर्गत कवि के इतिहास-दर्शन की दृष्टि यह है कि विषमता के कारण देव असफलताएँ हुई थीं, लेकिन समरसता एवं समन्वय पर आश्रित मानवता का इतिहास मंगलमय होगा।

वैदिक काम की शैवागमों में कामकला के रूप में उपासना हुई जिसमें आनन्द के साथ सौन्दर्य और उन्मद भाव जुड़ गया। 'कामायनी' में काम एवं लज्जा सर्ग में प्रकृति सौन्दर्य एवं मानवीय सौन्दर्य की उन्मादक व्यंजनाएँ हुई हैं, और समग्र वासना सर्ग प्रेमोन्माद के माधुर्य महाभाव से ओतप्रोत है। कामकला की यह सौन्दर्योपासना ही रहस्य एवं आनन्द सर्ग में सामरस्यवाली आनन्दोपासना में परिणत होती है। इस तरह हम साफ देखते हैं कि भारतीय साधना पद्धतियों के मनोदर्शन के आधार पर ही कवि इस कृति में मनुष्यता का मनोवैज्ञानिक इतिहास लिखने की कोशिश करता है। यहीं उसकी एकांगिता, एकांतिक्ता एवं अपूर्णता प्रकट हो जाती है। हमें तो यह भी प्रतीत होता है कि कर्म सर्ग में जिस ढंग से कथा-उद्घाटन हुआ है उसमें सोम सुरा, मनु काम तथा श्रद्धा कामिनी बन जाती है। यह कोरमकोर तीनों वज्रयानी धारणाओं के फलस्वरूप पतन का निर्देश है। इसी तरह सम्भवतः कवि ने आनन्द सर्ग में केवल शिव की नहीं, बल्कि योगेश्वर शिव की धारणा की प्रतिष्ठा की है। इसीलिए तंत्र और योग के प्रतीकों की बहुलता हो गई है और मनु पर सिद्धों की सहज साधना की भी झीनी छाया पड़ गई है। कवि के धर्मशास्त्रीय इतिहासवाद (मेटाफिज़िकल हिस्टोरिसिज़्म) की क्षीणरेखाएँ ये ही हैं। यह दृष्टि कवि प्रणीत मानवता के विकास के रूपक को भारतीय साधना प्रणालियों के विकास में, और मनुष्यता के मनोवैज्ञानिक इतिहास को पात्र मनु के चिन्तनों एवं अनुभूतियों में काफी सीमित कर देती है। इस तरह 'कामायनी' के इतिहास-दर्शन को विशिष्ट सांस्कृतिक-पैटर्न और उनकी विचारधारा दोनों मिलकर सीमित तथा संकुचित करती हैं।

अतः हम भलीभाँति देख सकते हैं कि कवि ने ऐतिहासिक तथ्यों की व्याख्या किस ढंग से की है।

ऐतिहासिक तथ्यों में निरपेक्षता (ऑब्जेक्टिविटी) होती है लेकिन कवि ने इन्हें आत्मत्व एवं मन की संकल्पात्मक मूल अनुभूति से अनुरंजित किया है। इसी वजह से कवि की ऐतिहासिक व्याख्या एवं निर्णयों का अन्तर्मुखी दृष्टिकोण विकसित हुआ है। इसी वेदना एवं आनन्द, यथार्थ एवं आदर्श, भाव एवं सत्य के आधार पर प्रसाद ने मानवता का विकास तथा मनुष्यता का मनोवैज्ञानिक इतिहास लिखा है। अतः कवि 'तिथिक्रम' के अन्तराल में झाँककर प्रतीक एवं धारणाएँ प्राप्त कर लेता है जिनमें से बीज-बिम्ब (दे. 'रूप-स्वरूपःमहाकाव्यत्व या महान-काव्यत्व' शीर्षक अध्याय) प्रधान हैं। 'कामायनी' में इन बीज-बिम्बों के शिखरों पर कल्पना के पंख खोलकर उड़ने के फलस्वरूप इतिहास की चक्राक (साइक्लिक) गति का उद्घाटन हुआ है।

प्रसाद ने बीज-बिम्बों के द्वारा ही वातावरण की रचना की है तथा सौन्दर्य साक्षात्कारों का चित्रांकन किया है। इनकी लड़ियों से ही क्रमशः धारणाएँ, प्रतीक और अन्यापदेश भी खुल पड़ते हैं। यह विकास रेखाक नहीं है, अपितु नियति की ताल एवं गति, तथा प्रकृति की लीला एवं सृष्टि से अनुमित है। इस तरह प्रसाद ने 'कामायनी' में इतिहास का उत्थान ताल एवं गति, और लीला एवं सृष्टि के द्वारा किया है। इस व्यापार के मूल में एक 'नृत्य' चल रहा है : सृष्टि, संहार, आनन्द, सौन्दर्य का तांडव ! ! यह बहुधर्मी तांडव की 'इतिहास' की प्रक्रिया है। यह तांडव संहार से सृष्टि और सृष्टि से संहार के चक्र में घूमता है; यह तांडव शाश्वत चेतना में भी मानसलोक का विधान करता है; यह तांडव 'प्रकृति' की उन्मीलन और निमीलन की भी मूलशक्ति है, और इसी से 'अनादि वासना' की कामकला भी विकसित होती है। यहाँ हमने सभी सूत्रों को एकत्र कर दिया है।

ऐतिहासिक तथ्यों (घटनाओं और वस्तुओं) के अर्थ खो जाया करते हैं क्योंकि उनकी यथार्थता भौतिक न होकर प्रतीकात्मक होती हैं। अतः ऐतिहासिक तथ्यों की प्रतीकात्मक यथार्थता हमेशा नई-नई व्याख्याओं तथा पुनर्मूल्यांकनों से जीवित रहती है। इन तथ्यों के निर्णय से हमेशा वैश्विकता (यूनिवर्सेलिटी) तथा विशिष्टता (पर्टिकुलेरिटी) के ध्रुवान्त का द्वन्द्व-द्वन्द्व वर्तमान रहता है। 'कामायनी' में पात्र मनु और मनु रूप मानवता, पात्र श्रद्धा और श्रद्धारूपा नारी, पात्र इड़ा और विवेकशक्ति के ध्रुवान्तों का सहद्वन्द्व इस स्थिति के दृष्टान्त हैं।

लेकिन असली बात तब अधिकाधिक खुलती है जब इतिहासकार-कवि प्रसाद इन द्वन्द्वों का संयोजन एवं निराकरण करते हैं। इस प्रक्रिया में उनके इतिहासदर्शन का मार्ग स्वयं ही खुल जाता है। इस प्रक्रिया का निर्धारण उनका वैयक्तिक स्वभाव तथा वर्गीय विचारधारा करती है। कवि ऐतिहासिक पुरुषों और मानव चरित्रों में व्यक्ति-वैचित्र्य को अस्वीकार करता है और उनमें 'असाधारण अवस्था' का ही अन्वयन करता है जो इन्हें साधारण बना देती है। अतः पुरुषों और चरित्रों का साधारणीकरण करके कवि उन्हें अभेदमय और निर्विकार बना देता है। 'कामायनी' में मनु, श्रद्धा और इड़ा सभी को भावनाओं का एक धरातल दे देता है; तथा इच्छा, क्रिया और ज्ञान की विभिन्नता को समाप्त करके (रहस्य सर्ग में) उन्हें अभिन्नता प्रदान कर देता है। यह प्रतीकात्मक ढंग से तो अवश्य सम्भव है कि द्वन्द्व एवं संघर्ष, विभिन्नता एवं विशिष्टता को समाप्त कर दिया जाए, लेकिन ऐतिहासिक विश्लेषण में द्वन्द्व न्याय ही शाश्वत चला करता है। अतः संघर्ष सर्ग के बाद प्रबन्ध काव्य के विधान में हम इतिहास न पाकर कोरा कल्पलोक (यूतोपिया) पाते हैं जो सामाजिक यथार्थता तथा सामाजिक इतिहास का अतिक्रमण कर गया है।

ऐतिहासिक घटनाओं और पात्रगत समस्याओं के ऐतिहासिक यथार्थ में दुःख और विवेक और तर्क विद्यमान रहते हैं। इतिहास के आलोक में जो जीवन उद्घाटित होता है उसमें गहरा यथार्थ प्रज्ज्वलित रहता है जहाँ द्वन्द्व और संघर्ष, महत्ता और लघुता,

मिलन और विरह, उत्थान और पतन, आदर्श और यथार्थ आदि संवलित रहते हैं। यह इतिहास मानवीय स्वभाव की छानबीन करता है। प्रसाद ने वेदना के आधार पर केवल सहानुभूति की अभिव्यक्ति की है। लेकिन भिन्नता, दुख और विवेक के सहअस्तित्व को नामंजूर कर देते हैं। यह भी उनका एक अन्य जबर्दस्त अन्तर्विरोध (कांट्रेडिक्शन) है कि वे संघर्ष सर्ग के बाद इड़ा के विवेक को भावुकता से, समाज के दुःख को कैलाश के आनन्द से तथा चरित्र के वैचित्र्य को समरसता से स्थानान्तरित कर डालते हैं। अपने इस सृजनात्मक कार्य की कीमत उन्हें ऐतिहासिक चेतना को खो देने में चुकानी पड़ती है।

दुख और तर्क का यह आदर्शवादी निषेध प्रसाद के इतिहासदर्शन को आनन्दवादी बना देता है। इस वजह से वे केवल श्रेय सत्य ग्रहण करते हैं, इस श्रेय सत्य के मूल चारुत्व को ही ग्रहण करते हैं। और उस मूल चारुत्व को भी तर्क एवं विवेक के द्वारा नहीं बल्कि रहस्य एवं प्रज्ञा के द्वारा ग्रहण करते हैं। इस भाँति इतिहास एक अभेद सुख और मिलन का रसानन्द बन जाता है। और इसी भाँति, कवि इतिहास-दर्शन से चलते चलते इतिहास के सौन्दर्यबोधात्मक दर्शन में अनुप्रवेश कर लेता है। अतः इतिहास के सौन्दर्यबोधात्मक दर्शन में भी रस की लोकमंगलवाली कल्पना का अभिषेक हो जाता है।

सारांश में, आनन्दवादी धारा बनाम विवेकवादी धारा, देव बनाम दानव द्वन्द्व वैदिक काम एवं कर्म, शक्ति एवं समर्पण, नृत्य एवं नियति, प्रकृति एवं सृष्टि, दुःखपूर्ण जगत बनाम आनन्दपूर्ण स्वर्ग, व्यक्ति-वैचित्र्य बनाम चरित्र साधारणीकरण, अणु बनाम लीला, वेदना बनाम आनन्द, सृष्टि बनाम संहार आदि के मूलाधारों पर प्रसाद ने अपने इतिहास-दर्शन को प्रस्तुत किया है जिसमें मानवता के विकास के रूपक एवं मनुष्यता के मनोवैज्ञानिक इतिहास को भी अनुस्यूत करने की उलझी हुई चेष्टाएँ हुई हैं। कवि का 'कामायनी'-सम्भूत इतिहास-दर्शन, आध्यात्मिक इतिहासवाद के रास्ते से होता हुआ, शनैः शनैः इतिहास के सौन्दर्यबोधात्मक दर्शन में उत्कर्ष प्राप्त करता है।

11 रूप-स्वरूप : महाकाव्य अथवा महानकाव्य ?

'महाकाव्य' के रचनागठन या संरचना (स्ट्रक्चर) का निर्माण करने की कोशिश एक काव्यशास्त्रीय चुनौती रही है। दंडी और विश्वनाथ ने महाकाव्य के जिस स्वरूप का साँचा तैयार किया वह भरत की परम्परा में नाट्यशास्त्रीय वस्तु-नेता-रस की तीन धुरियों पर चक्रित है। दंडी ने महाकाव्य के स्वरूप के संकेत किए और विश्वनाथ ने उन्हें एक सम्पूर्ण मध्यकालीन पौराणिक संस्कृति के धर्म अर्थ काम मोक्ष के चतुर्वर्ग के घेरे में बाँध दिया। यह संविधान धार्मिक और अभिजात्य नैतिकतावाला था। अतः महाकाव्य का रचनागठन नाटक के अनुकरण पर निर्मित किया गया, और उसका संसार धर्मशास्त्रों एवं राजसभाओं के युद्ध एवं रोमांस के वातावरण में रागरंजित हुआ। हम कह सकते हैं कि महाकाव्य की इकाई 'संस्कृति और समाज' है। यह इकाई समसामयिक एवं मध्यकालीन थी। यह इकाई न तो 'रामायण' जैसे आदिकाव्य तथा 'महाभारत' जैसे इतिहास से अनुमोदित है, अपितु यह नाट्यशास्त्र एवं तत्कालीन समाज की अनुवर्तिनी है। इसलिए जब हम बीसवीं शदी के महाकाव्यों पर इस इकाई को थोपते हैं तब पल्लवग्राही होकर 'साकेत' या 'कामायनी' के महाकाव्यत्व को छू भी नहीं पाते क्योंकि इनमें समाज-संस्कृति की सन्दर्भात्मक (कांटेक्चुअल) इकाई ही भिन्न है। फिर यह भी सवाल उठता है कि महाकाव्य का आधार क्या हो ? पहले यह आधार रचनागठनात्मक स्वरूप(स्ट्रक्चरल फार्म) था। मम्मट ने इसमें 'उत्तमकाव्य' की अन्वीक्षा प्रस्तुत की जो अर्थ एवं अभिव्यंजना (संघटना) पर केन्द्रित था। सम्भवतः मम्मट महानकाव्य को प्राथमिकता दे रहे थे जो नाटकीय बोध के कार्यव्यापार की सुव्यवस्था की अपेक्षा काव्यबोध की चर्वणा की अलौकिकता में तन्मय करा सके। महाकाव्य में संवाद का स्थान प्रायः वर्णन ले लेता है; यह दृश्य के बजाय श्रव्य हो जाता है; इसमें युगविशिष्टता से युगसामान्यता की ओर प्रयाण किया जाता है। महाकाव्य के माध्यम की इन विलक्षणताओं को शास्त्रीय बोध शायद समझकर भी कोई नया आधार नहीं दे सका। अतः अलंकार, रीति, गुण, रस, शब्दशक्तियों आदि की चर्चा करके भी महाकाव्य के सिद्धान्तवेत्ता नाट्यमुक्त ढाँचा प्रस्तुत नहीं कर पाए।

यूनानी परम्परा में भी कुछ ऐसी ही स्थिति पाते हैं। वहाँ भी त्रासदी के रचनागठन

का तो सूक्ष्म विश्लेषण हुआ है लेकिन महाकाव्य के बाबत मूलतः 'काल' की इकाई ग्रहण की गई है। वहाँ 'एपॉक' का कलात्मक अभियन्ता महाकाव्य है। अतः यूनानी परम्परा में महाकाव्य की सन्दर्भात्मक इकाई काल है। अरस्तू ने अपने गुरु प्लेटो की तरह काव्य को 'मिथक' या मिथ्या तो स्वीकार किया लेकिन महाकाव्य को अतीत की कथा अर्थात् इतिहास की संज्ञा दी। महाकाव्य के रूप में वे होमर एवं हेसियड की पुनर्प्रतिष्ठा करना चाहते हैं क्योंकि उनके गुरु ने उन्हें मिथ्याचारी और जादूगर कहकर अपने प्रजातंत्र से निर्वासित कर दिया था। अतः अरस्तू ने महाकाव्य में चमत्कार एवं आश्चर्य को भी स्थान दिया। अरस्तू ने 'काल' की इकाई को समझकर महाकाव्य को नाट्य से पृथक भी कर दिया। त्रासदी में एक व्यक्ति का प्रारब्ध होता है लेकिन (उनकी परिकल्पना में–) महाकाव्य में एक युगीन जीवन, मानवता का प्रारब्ध भी हो सकता है। अतः त्रासदी का छै तत्त्वोंवाला ढाँचा महाकाव्य में उन्होंने ही खुद नामंजूर कर दिया। प्रत्युत उन्होंने कार्य-व्यापार की विविधता, व्यापकता, निर्बधता को प्रतिपादित किया। महाकाव्य का काल सूर्य की एक परिक्रमा के बजाय सीमाहीन काल हो गया। अरस्तू ने महाकाव्य के हेतु कैथार्सिस की स्वीकृति का भी इशारा नहीं किया है। इसके एवज में उन्होंने प्रशान्ति (ट्रेंक्विलिटी) का अभिषेक किया। अतः उन्होंने एक ऐसे अतिप्राकृतिक एवं भावतीव्र समग्र कार्य की ही शर्त स्वीकार की जो विविधता एवं विस्तार से युक्त हो।

इसलिए 'कामायनी' के सन्दर्भ में हम उपर्युक्त दोनों दृष्टियों को ग्रहण करने में असमर्थ हैं। इसीलिए हमने यह प्रश्न उठाया है कि इस महाकाव्य का रूप-स्वरूप महाकाव्य है अथवा महान काव्य। इसीलिए हमें 'कामायनी' के महाकाव्य के लिए महानकाव्यात्मक आधुनिक तत्त्व ढूँढ़ने पड़ेंगे। हम यही करेंगे। 'कामायनी' में न तो 'काल' की, और न ही 'समाज-संस्कृति' की सन्दर्भात्मक इकाई पूरी तौर पर लागू की जा सकती है क्योंकि इसमें प्रागैतिहासिक एवं मिथकीय काल से लेकर महाकाल (शैव) का ग्रहण हुआ है; तथा आदिम मनुष्य (मनु) से लेकर मानवता और मानव के मानस का अभिधान हुआ है। यही नहीं, 'कामायनी' का बोध आधुनिक एवं रोमांटिक, मध्यकालीन एवं भविष्यकालीन, शैवानन्दवादी एवं यथार्थवेदनावादी भी है। इसके अलावा इस महाकाव्य का रचनागठन कार्यव्यापार के सूत्रों को तोड़ने-जोड़ने में नए-नए अनूठे प्रयोग करता है। इसीलिए हमें पहले 'कामायनी' के कला-माध्यम को समझना चाहिए।

● सौन्दर्यबोधशास्त्र की मान्यता है कि लिरिकल बोध के लिए प्रयुक्त्य माध्यम मुक्तकों का होता है क्योंकि भाव का एक ज्वार उठकर पूर्ण हो जाता है। उस उत्थान में तीव्रता, केन्द्रीयता और तत्स्फूर्ति होती है। अतः लिरिकल भावों की अभिव्यंजना किसी लघु कलारूप को चुनती है जिसमें शब्द स्वानुभूति की गूढ़ता को उभार लाते हैं जिससे अर्थ के बजाय अनुभव की प्रधानता हो जाती है। 'कामायनी' का बोध ऐसा ही लिरिकल है किन्तु इसे महाकाव्यात्मक माध्यम से विस्तारित किया गया है। अतः महाकाव्य का

रूप-स्वरूप तदनुरूप मोम जैसा पिघलकर रुई की तरह अमूर्त हो उठा है। मिसाल के तौर पर चिन्ता और आशा सर्ग में वैदिक चेतनावाले मंत्र हैं, तो श्रद्धा सर्ग में छन्द; काम सर्ग में छायावादी वसन्त चित्र है तो इड़ा सर्ग में लघु-लघु मुक्तकों के स्तबक; संघर्ष सर्ग में इतिवृत्तात्मक वेग है तो आनन्द सर्ग में विवरणात्मक फान्तासी। इससे यही स्पष्ट होता है कि कामायनी का रूप-स्वरूप कई माध्यमों का प्रयोग करते-करते लिरिकल बोध के लिए एक महाकाव्य के रचनागठन का अन्वेषण करता है।

'कामायनी' के कलामाध्यम में हम संवादों के भी कई तरह के प्रयोग पाते हैं। इसकी भी वजह है। इसमें कथा का बहिर्घटना प्रवाह तो केवल तीन सर्गों–कर्म, स्वप्न तथा संघर्ष में ही है। चिन्ता सर्ग में प्रलय की स्मृति है। आशा सर्ग में मनु द्वारा पाक यज्ञ किया गया है, श्रद्धा सर्ग में कामबाला कर्म एवं काम का सन्देश मात्र देती है, वासना सर्ग में मनु और अतिथि चाँदनी में देवदारुओं के निकुंज में यात्रा करते हैं, निर्वेद में मनु और श्रद्धा का मिलन होता है। इसके उपरान्त कथा ऐतिहासिक स्तर के बजाय आध्यात्मिक साधना पथ पर चलती है। इस तरह प्रसाद को 'कामायनी' में मूलतः अन्तर्घटना प्रवाह को आद्योपान्त अंकित करना पड़ा है। इसी वजह से काम-वासना-लज्जा सर्ग की त्रयी, और दर्शन-रहस्य-आनन्द सर्ग की त्रयी, दोनों ही क्रमशः मनोवैज्ञानिक तथा अन्यापदेशिक (ऐलिगारिकल) हो गई है। चिन्ता सर्ग में आत्मचिन्ता तथा इड़ा सर्ग में आत्मचिन्तन का स्वानुभव तथा स्मृतिमंथन है। इसीलिए बाह्य कार्य व्यापार की क्षीणता के कारण–सिद्धहस्त कवि नाटककार प्रसाद को नाटकीय विधियों का अवलम्ब लेना पड़ा है। अतः उन्होंने या तो स्वगत कथन को आत्मचिन्तन में ढाला है, अथवा दो पात्रों के बीच संस्कृति, काम, कर्म, जीवन और विश्व के प्रश्नों पर सौन्दर्यदार्शनिक संवाद कराए हैं। अब जो ये पात्र युगल (मनु-कामबाला, मनु-काम, नारी-लज्जा, प्रजापति इड़ा, मनु-त्रिपुर सुन्दरी श्रद्धा) परस्पर संवाद करते हैं, वे कभी तो मिथकीय पात्र हो जाते हैं (मनु-कामबाला), कभी मनोवृत्तियाँ (मनु-काम, नारी-लज्जा), कभी सामाजिक-राजनैतिक प्रतीक (प्रजापतिमनु-राष्ट्रस्वामिनी इड़ा), और कभी अन्यापदेश (साधक पुरुष और शक्ति)। इसलिए इन संवादों में केवल नाटकीयता और काव्यात्मकता ही नहीं निबन्धित है, बल्कि चार दृष्टियाँ अनुक्रमिक तथा सहवर्ती हो गई हैं। ये चार दृष्टियाँ हैं–(1) मनोभावों का उन्मीलन (विकास नहीं), (2) मानवता के विकास का रूपक, (3) मनुष्यता का मनोवैज्ञानिक इतिहास और (4) मनु अर्थात् मन के दोनों पक्षों–हृदय और मस्तिष्क–का (श्रद्धा एवं इड़ा के ब्याज से) सम्बन्ध निर्देश। कामायनी की 'कथासृष्टि' के ये ही आधार हैं (दे. 'कामायनी' का कविलिखित आमुख)। और, ये आधार आधुनिक तथा मौलिक हैं। इन आधारों पर ही 'कामायनी' का महाकाव्यत्व टिका है, न कि विश्वनाथ के चतुर्दश लक्षणों पर। इस भाँति 'कामायनी' का माध्यम कई आयामोंवाला है। अतः यहाँ बिम्ब और प्रतीक, पात्र और भाव, मनुष्य और मानवता के विकास एवं उन्मेष के प्रत्यक्ष एवं परोक्ष धाराप्रवाह मिलते हैं। कवि इन्हें जितना अधिक गूँथ सका है, उतना ही अधिक सफल उसका महाकाव्य हुआ है। हम उसके इस

महान एवं भव्य आयोजन से तो आश्चर्यचकित हैं क्योंकि वह अपने ढंग का पहला प्रयास है। किन्तु इसकी सफलता की कहानी दूसरी ही है। इसे कहने के लिए हम 'कामायनी' के माध्यम की मीमांसा कर चुके हैं। कवि ने जिस भाषा में यह सूक्ष्म एवं अमूर्त एवं शाश्वत कथा कही है वह 'दुर्लभ छाया' वाली भाषा है जो 'वेदना के आधार पर स्वानुभूतिमयी अभिव्यक्ति' करती है। इस अभिव्यक्ति के लिए यह भाषा 'नवीन शब्दों की भंगिमा...नवीन शैली, नया वाक्य विन्यास' रचती है। इसमें 'ध्वन्यात्मकता, लाक्षणिकता' के अलावा 'सौन्दर्यमय प्रतीकविधान' और 'स्वानुभूति की विवृत्ति' भी है। यह इस भाषा की आधुनिक मौलिकता है (दे. कवि का 'यथार्थवाद और छायावाद' शीर्षक लेख)। अतः इस कृति का माध्यम तथा भाषा, दोनों ही भिन्न हैं।

'कामायनी' के इन मूलभूत सौन्दर्यबोधशास्त्रीय अनुशासनों पर ध्यान न देने की वजह से इसमें शास्त्रीय रंगतवाले रस, मूल रस, नव रस ढूँढ़े जाते हैं। कभी-कभी तो कहीं-कहीं से बटोरकर वात्सल्य से लेकर वीभत्स और शान्त रस की कुछ पंक्तियाँ भी इकट्ठी कर ली जाती हैं। हमें तो यह कार्य तिलस्मी तथा जासूसी लगता है किशोरीलाल गोस्वामी के जैसा। महाकाव्य के कई सर्गों में तो संचारी भाव, अनुभाव या विभाव को ही पूर्णता मिली है। और यह पूर्णता संवेदना की गहराइयों की है जिसमें विभावानुभाव का शिखर-आरोहण नहीं है। जब पात्र ही मनोभावों के प्रतीक हैं तब उन पर रसचक्र थोपना ज्यादा संगत नहीं है। कुछ मनीषी इसमें नवों रसों के रसाभास पाते हैं। कुछ इसमें उद्विग्नता नामक नए रस की कल्पना करते हैं लेकिन सभी इसमें रस की शास्त्रीय तलाश करते हैं। यदि रस का मूल धर्म स्थायी संस्कारों का सौन्दर्यबोधात्मक (अलौकिक) तथा अनुभावात्मक (रसानन्द) हो जाना है, तब तो यह कृति विभावादि के बजाय संवेदना, शब्दशक्तियों के बजाय सौन्दर्यमय प्रतीक विधान, तन्मयीभवन के बजाय स्पृहणीय आभ्यन्तर विवृत्ति के सुकुमार मार्ग से भी यही लक्ष्य रससिद्ध कर लेती है। अतः हम तो यही कहेंगे कि हम उस 'दुर्लभ छाया' पर ही समाधिस्थ हों जिसका दर्शन एवं अनुभव कवि स्वयं करता है, और हमें भी कराना चाहता है।

इसके कला-माध्यम के स्वभाव, अनुभव तथा प्रभाव से परिचित होने के बाद अब हम इसके रचनागठन का भी संश्लेषण-विश्लेषण कर सकते हैं।

● कार्य व्यापार का साँचा लगभग सभी महाकाव्यों का स्वरूप यात्रा-प्रधान बना देता है। इसमें तो एक वैदिक कथा के विन्यास, मानवता के विकास तथा मनुष्यता के मनोवैज्ञानिक इतिहास–इन तीनों का समन्वय हुआ है। इसमें कवि इतिहास की घटना के भीतर भी 'कुछ' देखना चाहता है। उसका यह 'कुछ' चिरन्तन सत्य के रूप में प्रतिष्ठित सूक्ष्म अनुभूति या भाव है। इसलिए जब स्वयं कवि ही अपने महाकाव्य के काव्यतत्व का अन्वेषण कर रहा है, तब हम भी उसके इस 'कुछ' को परखें। यह कुछ 'मनन शक्ति की असाधारण अवस्था' है। इसमें सत्य और सौन्दर्य (चारुत्व) का कान्त संयोग है। अतः 'कामायनी' के महाकाव्य की इकाई 'चिरन्तन मानवीय सत्य तथा रमणीय सौन्दर्य' की है। हम इसे महाकाव्यत्व के महान काव्यत्व में रूपान्तर का केन्द्रीय

बिन्दु मानते हैं। इस नई इकाई में युगविशेष तथा संस्कृति विशेषवाली भारतीय तथा यूनानी इकाइयाँ स्वतः अन्तर्लीन हो जाती हैं। कवि ने इसीलिए किसी काल या समाज विशेष के स्थान पर वैदिक सांस्कृतिक पैटर्न के अन्तर्गत प्रकृति एवं सृष्टि एवं मन (मनुष्यत्व) की चिरन्तनता का आनन्दवादी विश्वात्मपरक इतिहास लिखा है (चेतना का सुन्दर इतिहास अखिल मानव भावों का सत्य)।

प्रकृति एवं संसृति एवं मन के चिरन्तन सत्य की प्रतिष्ठा कराने की इस आकांक्षा ने ही 'कामायनी' में सूक्ष्म अनुभूति या भाव को भी पात्रत्व से साक्षात् मानवीकृत किया है; जैसे काम, रति, नारी, लज्जा, चिन्ता, आशा आदि। कवि ने इन्हें 'कामायनी' की वैदिक कथासृष्टि में गूँथ दिया है। इनके द्वारा मनोभावों का उन्मीलन तो अवश्य होता है। किन्तु हम इसे 'मनुष्यता का मनोवैज्ञानिक इतिहास' मानने को अप्रस्तुत हैं। चिन्ता, आशा, श्रद्धा, काम, वासना लज्जा, ईर्ष्या, कर्म, स्वप्न, संघर्ष आदि में कौन-सा मनोवैज्ञानिक इतिहास है ? यह 'कामायनी' के पात्रों की विशिष्ट परिस्थितियों के बीच से उन्मीलित होते हुए मनोभावों का तो इतिहास हो सकता है, किन्तु मनुष्यता में इस क्रम और इस ढंग से मनोविज्ञान के विकसित होने के दावे को कोई भी आधुनिक मनोवैज्ञानिक कतई नहीं मानेगा। अतः ज्यादा से ज्यादा हम यह कह सकते हैं कि 'कामायनी' की वैदिक कथा के अन्तर्गत कवि ने मानवता के विकास का जो क्रम गूँथा है, केवल उसी क्रम के मुताबिक–घटनाओं एवं परिस्थितियों के चक्र में बँधकर–कुछ मनोभावों का उन्मीलन हुआ है। यह उन्मीलन केवल कथाक्रम के समानान्तर है। किन्तु इस उन्मीलन एवं विकास ने कृति को एक त्रिविध यात्रा-साँचा अवश्य प्रदान किया है। इसमें पहली है ऐतिहासिक यात्रा जो महावट से शुरू होकर सारस्वत नगर से होती हुई कैलाश में समाप्त होती है। दूसरी है मनोवैज्ञानिक यात्रा, जो काम-वासना और लज्जा सर्ग में पूर्ण हुई है। इसके अन्तर्गत पहले मनु रम्यनारी को प्राप्त करने के लिए (काम में सन्देश सुनकर) वासना सर्ग में एक अन्तर्यात्रा करते हैं जिसमें उनकी वासना क्रमशः स्नेह, मिलन और समर्पण में विकसित होती है। इसके बाद वासना सर्ग में लज्जा का प्रथम अनुभव करनेवाली रतिरूपा नारी लज्जा सर्ग में अपनी अन्तर्यात्रा शुरू करती है जिसमें उसकी रति क्रमशः शालीनता, गौरव, शोभा और समर्पण में विकसित होती है। इस तरह इस सर्गत्रयी में ही मनोवैज्ञानिक इतिहास की हल्की झलक मिलती है। और तीसरी यात्रा है आध्यात्मिक यात्रा। यह यात्रा दर्शन-रहस्य-आनन्द सर्ग की त्रयी में पूर्ण होती है। इस यात्रा में मनु 'पुरुष', तथा श्रद्धा 'शक्ति' हो जाती है। रहस्यसर्ग में मनु 'ईश्वर' तथा श्रद्धा 'त्रिपुरसुन्दरी होती है; तथा आनन्द सर्ग में मनु 'शिव' तथा श्रद्धा 'इच्छाशक्ति' हो जाती है। यह यात्रा तांत्रिकों और योगियों के प्रतीकों तथा रहस्यों का रंगढंग लिए हुए है। इस भाँति इस महाकाव्य के ढाँचे में तीन त्रयियाँ बनती हैं– (i) ऐतिहासिक यात्रा के गुम्फनवाली–कर्म-ईर्ष्या-स्वप्न-संघर्ष सर्ग की चतुष्टयी; (ii) मनोवैज्ञानिक विकास के गुम्फनवाली काम वासना-लज्जा सर्ग की त्रयी; और (iii) आध्यात्मिक साधनायात्रा के गुम्फनवाली दर्शन-रहस्य-आनन्द सर्ग की त्रयी।

चिन्ता सर्ग में मनु की अस्तित्ववादी चिन्ता है, तथा इड़ा सर्ग में मनु का बौद्धिक आत्मचिन्तन। ये दोनों सर्ग स्मृति एवं संस्कार प्रधान हैं जिनमें प्रत्यभिज्ञा केन्द्र में है। इनमें से चिन्ता सर्ग में कथा-वृत्त के बाहर की देव संसृति और जल-प्रलय की घटनाओं का निरूपण है; और इड़ा सर्ग में चिन्ता सर्ग से ईर्ष्या सर्ग तक घटे हुए सम्पूर्ण कार्यव्यापार तथा मानसिक संघर्ष का आत्मविश्लेषण। चिन्ता सर्ग में कवि आदिम परिस्थितियों में शून्यता, अकेलेपन, जड़ता, त्रास आदि के उस बोध को उद्‌घाटित करता है जो महाकाव्य में मनुष्य के अस्तित्ववादी प्रारब्ध की भयानकता लिए है। इड़ा सर्ग में वह कर्म एवं संघर्षशील सामाजिक मनुष्य की व्यथा तथा अपूर्णता, पश्चाताप तथा प्रतिहिंसा सामाजिक सम्बन्ध तथा वैयक्तिक स्वातंत्र्य की स्थितियों की मनोदार्शनिक मीमांसा प्रस्तुत करता है। इड़ा सर्ग में सभी पूर्ववर्ती घटनाओं का सारांशीकरण करके सूक्ष्म अनुभूति या भाव निर्मित किए गए हैं। अतः इसी सर्ग में परवर्ती सामाजिक जीवन के सभी बीज अंकुरित होने को सुगबुगा उठते हैं। इस सर्ग के चिन्तन का प्रवाह निर्वेद सर्ग तक चलता है। दर्शन सर्ग से तथा उससे आगे तो महाकाव्य का कथ्य ही एक फान्तासी-सा (फैंटेसी) हो जाता है।

महाकाव्य के रचनागठन या संरचना को इस तरह खंड-खंड विश्लेषित करने तथा उन्हें असफलतापूर्वक संश्लेषित करने में कवि को कई तकनीकों का इस्तेमाल करना पड़ा है। इनकी चर्चा हम आगे करेंगे। किन्तु प्रसाद जैसे कुशल नाटककार को यह सब कृति के माध्यम के स्वभाव-अनुशासन-प्रभाव के अनुसार ही करना पड़ा है। उनके इस महाकाव्य की इकाई 'चिरन्तन मानवीय सत्य तथा रमणीय सौन्दर्य' की है। अतएव उन्होंने पात्रों को प्रतीक बनाया है, तथा मानवीय वृत्तियों को पात्रत्व प्रदान किया है। अतः सभी कुछ सूक्ष्म अनुभूति या भाव में रूपान्तरित होने के लिए विकल है। यही उद्विग्नता है जो सम्पूर्ण महाकाव्य में परिव्याप्त है और मूल शक्ति के रूप में जागकर सचेतन हो उठी है। इन्हीं कारणों से बाह्य घटनाएँ गायब होती जाती हैं और अन्तर्निरीक्षण उन्मिषित होता आता है। कथातत्त्व की इस क्षीणता में उसके ऐतिहासिक आयाम को सर्वाधिक बिखरना पड़ता है। यह असन्तुलन इतना अधिक है कि काम-वासना-लज्जा सर्ग की त्रयी में कथा सूत्र नहीं के बराबर है; कर्म-ईर्ष्या-स्वप्न-संघर्ष की चतुष्टयी में कथापुँजीभवन हो गया है और दर्शन-रहस्य-आनन्द सर्ग में मनोवैज्ञानिक एवं इतिवृत्तात्मक सूत्र छूट से गए हैं।

कथा के बजाय इन सर्गखंडों को जोड़ने और पूर्ववर्णित चारों दृष्टियों को समन्वित करने के लिए कवि ने कुछ तकनीकी प्रयोग भी किए हैं : चिन्ता सर्ग में पूर्वदीप्ति (फ्लैश बैक) की पद्धति का व्यवहार हुआ है; काम सर्ग में स्वप्न (ड्रीम) के माध्यम से सोए हुए मनु को काम अपनी मिथकीय एवं प्रतीकात्मक कथा सुनकर काम के सन्देश बताता है; स्वप्न सर्ग में श्रद्धा को स्वप्न में ही आगामी घटनाओं का पूर्वज्ञान (प्रिमोनीशन) हो जाता है; दर्शन सर्ग में मनु नर्तित नटेश के आनन्द तांडव का दिवास्वप्न (डे-ड्रीम) देखते है; तथा रहस्य सर्ग में कवि एक तांत्रिक प्रतीकोंवाली यूतोपिया (यूटोपिया) रचकर

सामाजिक आलोचना तथा विश्व निर्माण सम्बन्धी अपना आदर्श प्रस्तुत करता है। आनन्द सर्ग में शिव शक्ति की सामरस्यदशावाली एक फान्तासी (fantasy) की भी रचना हुई है जहाँ विश्व सुन्दरी प्रकृति और शक्ति चेतन विश्व और कंचुक मुक्त पुरुष अखंड आनन्द में लीन हैं। इस तरह संवादों के विविध प्रयोगों के बाद कवि ने पूर्वदीप्ति, स्वप्न, स्वप्नपूर्वज्ञान, दिवास्वप्न, यूतोपिया एवं फान्तासी आदि के रूपों का इस्तेमाल किया है जो महाकाव्य के स्वरूप की विलक्षणता के परिचायक हैं। स्पष्ट है कि ऐसे प्रयोग घटना प्रधान महाकाव्य में असम्भव हैं। इनकी समर्थ सम्भावना तथा विश्व अनिवार्यता तो इसी माध्यम में मिलती हैं। जिससे एक साथ मनोभावों का उन्मीलन, मानवता के विकास का रूपक, मनुष्यता का मनोवैज्ञानिक इतिहास और मन के दोनों पक्षों का सम्बन्ध निर्देशन हुआ है।

● कथाबीजों की इन विविधताओं एवं विस्तारों के अलावा मनु का पात्रत्व इस कृति को महानकाव्यत्व प्रदान करता है। मनु कौन है ? मिथकीय मनु से हम परिचित हैं। कवि ने पहले सांख्य दर्शन सम्मत एक निष्क्रिय 'पुरुष' को प्रस्तावित किया है (लेकिन उसका निर्वाह नहीं कर सका)। इसके बाद मनु पाक याज्ञिक और सृष्टि के प्रथम मनुष्य हैं; फिर (इड़ा सर्ग में) प्रजापति तथा नरपशु होते हैं और अन्त में परम शिवतत्त्व में लीन होते हैं। मनु मन अर्थात् मानस भी हैं जिसके हृदय (श्रद्धा) एवं बुद्धि (इड़ा) दो पक्ष हैं। जो अतीत, वर्तमान तथा भविष्य तीनों को ही समेट लेते हैं। मनु श्रद्धायुत होकर काम बाला का वरण करते हैं तो निर्बाधित अधिकार भोगी होकर राष्ट्रस्वामिनी इड़ा के साथ बलात्कार करते हैं। इस तरह मनु अकेले पुरुष से गृहपति, प्रजापति और साधक में परिणत होते हैं। वासना सर्ग में काम तथा कर्म सर्ग में हिंसा को सीखकर मनु स्वप्न एवं संघर्ष सर्ग में हिंसा तथा काम से पूर्ण मिलते हैं किन्तु यही हिंसा जन शोषण एवं वर्गयुद्ध में, तथा काम अभिशाप एवं पाप में बदल जाता है। इस तरह मनु ही महाकाव्य है। वह अकेला भी है और भीड़ से लड़नेवाला भी। भोगी भी है और योगी भी; नरपशु भी है और देवात्मा भी; मानव के जो भी द्वन्द्वात्मक पक्ष हो सकते हैं वे सब मनु में केन्द्रित हैं। मनु, मानस, मानव, चिरन्तन मनुष्य तथा मानवता है। इसी वजह से श्रद्धा एक चिरन्तन वृत्ति तथा नारी है, और इड़ा आधुनिक राष्ट्रसत्ता एवं बुद्धि का प्रतीक है। इनके माध्यम से ही कवि एक परिपूर्ण मनुष्य तथा सम्पूर्ण मानवता की अपनी विचारधारा को आच्छादित करना चाहता है। इतने विपुल सम्भार से मनु का व्यक्तित्व-दर्पण दरक गया है। इसी तरह हम कम से कम श्रद्धा और इड़ा के मानवी-व्यक्तित्व में कवि की कुछ क्रान्तिकारी दिशाओं की झाँकी पाते हैं। श्रद्धा की रचना मानो 'एक घूँट' 'कामना' की नायिकाओं, 'तितली' की तितली, 'चन्द्रगुप्त' की कार्नेलिया तथा 'ध्रुवस्वामिनी' की कोमा का संग्रह करके हुई है। उस पर गृहपति मनु का अधिशासन है। इड़ा के चरित्र में कवि ने ध्रुवस्वामिनी में उठाए गए कदम का आधुनिकीकरण किया है। इड़ा आत्मस्वत्व और समानतावाली नारी है। राष्ट्रस्वामिनी के रूप में वह नियम पालन और राष्ट्रसत्ता की रक्षा की भी जिम्मेदारी समझती है। सेक्स

तथा परिवार के क्षेत्र में वह मनु की दासी या बन्दिनी नहीं रह सकी। वह संगिनी के रूप में यह प्रतिपादित करती है कि सेक्स निर्णय प्रजापति नहीं, स्वामिनी नारी करेगी, तथा समाज के अधिकारों को मनु निर्बाधित नहीं भोग सकते। इस तरह कर्तव्यमयी नारी (वुमेन ऑफ ड्यूटी) तथा समानताधर्मी नारी (वुमेन ऑफ इक्वेलिटी) के बीच प्रसाद बाद में चुनाव नहीं कर सके। यहाँ वे ध्रुवस्वामिनी के बोध का आधुनिक नर-नारी सम्बन्धों में प्रतिमानीकरण नहीं कर सके, और फलतः श्रद्धा के रोमांटिक एवं मध्यकालीन सम्बन्धों के प्रतिमानीकरण में भटक गए। एक महत्तम बात यह है कि इस महाकाव्यात्मक (प्रतीक एवं प्रतिनिधिवाले) शील-निरूपण में कवि नैतिकता के प्रति तटस्थ रहा है। वह नैतिकता आदि से विमुक्त होकर मानवीय सम्बन्धों के मूल को पहचानने को उद्विग्न है। इसलिए सामाजिक सन्दर्भ में पाप की धारणा केवल स्वप्न सर्ग में एक बार आई है। देवताओं का सुन्दर शाप ही मानवीय सृष्टि में पाप की परिभाषा बन जाती है (चिन्ता सर्ग में चिन्ता पुण्य सृष्टि में सुन्दर पाप थी।) इस प्रकार यहाँ कवि सम्पूर्ण मानवता तथा परिपूर्ण मनुष्य को अंकित करने की यूतोपियाई महत्त्वाकांक्षा रखता है किन्तु सामाजिक दृष्टिकोणों से हटते-हटते आध्यात्मिक रहस्यलोकों में विश्राम ढूँढ़ने लगता है। फलतः मनु और इड़ा–दर्शन सर्ग से आगे–शैवाद्वैतवादी आनन्द साधना करने लगते हैं और ऐतिहासिक पात्र, मनुष्यता के प्रतिनिधि मन के प्रतीक होने की अपेक्षा रहस्यवादी अनुभवों की विभिन्न अवस्था में अन्यापदेशित हो जाते हैं। महाकाव्य की चकनाचूर करनेवाली एकान्तिक दरारें ये ही हैं।

इस महाकाव्य की 'चिरन्तन मानवीय सत्य तथा रमणीय सौन्दर्य' की सन्दर्भात्मक इकाई में-से पहले अंश की मीमांसा के बाद अब हम रमणीय सौन्दर्य के सन्दर्भ का अन्वीक्षण करेंगे। 'प्रकृति के सौन्दर्य साक्षात्कार' वाले खंड में हम दूसरे दृष्टिकोण से इसका विश्लेषण कर चुके हैं। यहाँ हम महाकाव्य के रचनागठन की इकाई के प्रसंग में इसे स्वीकार करेंगे।

● यहाँ 'रमणीय सौन्दर्य' का व्यापक परिवेश लिया जा सकता है। कवि और काव्य की मूल वृत्ति नाटकीय कार्य (एक्शन) के बजाय काव्यवर्णन (डिस्क्रिप्शन) है। कवि ने इस भूमिका में विश्वसुन्दरी प्रकृति तथा (आत्म से अभिन्न–) आत्मरूप विश्व के द्वारा 'प्रकृत रस' का भी अभिधान किया है। इसके लिए प्रकृति और चेतन पुरुष पुरातन का विभाव, तथा विश्व और मनुष्य का विभाव लिया गया है। प्रकृति की शक्ति उसकी मूलशक्ति है, और मनुष्य की मूल शक्ति अनादि वासना है। इस तरह मानो प्रकृत रस के लिए मूलशक्ति और मानवीय रस के लिए अनादि वासना का आधार प्रतिपादित हुआ है। पहले के मूल में रमणीयता और दूसरे के मूल में सौन्दर्य है। इसीलिए कवि ने 'सौन्दर्यमय प्रतीक विधान' की बात की है न कि विभावादि के विधान की। विवरण के निमित्त यह 'कामायनी' का महान काव्यत्व है। इस विवरण के लिए प्रसाद ने दो दृष्टियों का मेल किया है। उनके ही अनुसार यथार्थवाद की विशेषताओं में प्रधान है लघुता की ओर साहित्यिक दृष्टिपातः तथा लघुता से तात्पर्य है व्यक्तिगत जीवन के दुःख

और अभावों का वास्तविक उल्लेख। कवि के ही अनुसार यथार्थवादिता में अकिंचन साधारण मनुष्य ही क्षुद्रता में महान दिखलाई पड़ने लगता है। अतः यथार्थवाद में दुःख संवलित मानवता की वेदना के अंश प्रचुरता से होते हैं। अतः यथार्थवाद का मूल भाव है वेदना। इसी तरह आनन्दवादी कवि ने आदर्शवाद का मूल आनन्द माना है। इस तरह प्रसाद ने दुःखदग्ध जगत और आनन्दपूर्ण-स्वर्ग का एकीकरण किया है। 'कामायनी' में चिन्ता सर्ग की प्रकृति, तथा स्वप्न एवं संघर्ष की मानव सृष्टि के साथ साथ दर्शन रहस्य और आनन्द सर्ग का स्वर्ग भी अंकित हुआ है। अलबत्ता कवि अपने इस जगत और स्वर्ग का एकीकरण नहीं कर सकता है। तांत्रिक प्रतीकों के द्वारा एकीकरण कराने से तो संघर्ष सर्ग के प्रश्न और भी धधक उठते हैं। कवि के बिखराव तीनों प्रकार के (मनोवैज्ञानिक, ऐतिहासिक, आध्यात्मिक) यात्रा-साँचों में दृष्टिगोचर हो उठे हैं।

वर्णन के लिए कवि ने अपने ढंग से यथार्थवादी वेदना तथा आदर्शवादी आनन्द का समन्वय किया है। उसने सभी वर्णन वेदना के आधार पर किए हैं। अतः उन आनन्दशिखरों में भी वेदना की अन्तर्धारा की उद्विग्नता है। इसके अलावा कवि ने शास्त्रीय ढंग के 'बाह्यवर्णन' नहीं किए हैं, बल्कि (वेदना के आधार पर) छायावादी ढंग की 'स्वानुभूतिमयी अभिव्यक्ति' की है। स्पष्ट है कि कवि वर्णन और अभिव्यक्ति जैसे शब्दों के द्वारा अपने आन्तरिक स्पर्श की विचित्रता को सम्प्रेषित करना चाहता है। इसके लिए वह नवीन वाक्य विन्यास, की रचना करता है। कुन्तकीय सुकुमार मार्ग का अन्वेषी कवि 'नवीन शब्दों की भंगिमा' अर्थात् दुर्लभछाया कीउद्विग्नता से रंजित होना चाहता है। कवि ने इस विचित्र उद्विग्न को 'तड़प' कहा है (दे. 'काव्य और कला तथा अन्य निबन्ध')। 'कामायनी' के विवरणों का रहस्य, जादू तथा तत्त्व यही नवीन शब्दों तथा वाक्यविन्यासवाली भाषा की तड़प है। ये सब कवि के साक्ष्य हैं। अतएव केवल रीति, गुण, शब्द शक्तियों के जाल में फँसाकर 'कामायनी' की भाषा का अनुशीलन केवल घोंघे, शंख और सीपियाँ ही दे सकेगा। हाँ, इन दृष्टियों से भी यथासम्भव अध्ययन किया जा सकता है। हम इसे तो स्वीकार कर सकते हैं। तथापि यहाँ भी प्रकृत रस पर आद्योपान्त नजर रखनी होगी। अतः 'कामायनी' में **आन्तरिक अभिव्यक्ति करनेवाले वर्णन हैं**। इन वर्णनों में वेदना, पीड़ा, दुःख, व्यथा, चिन्ता, संवेदन, विकल, अधीर, उद्विग्न विषमता, निरुपाय, करुणा जैसे शब्दों का एक वेदनावादी समूह है तो मधु, मादकता, पराग, सुख, मदिर, राग, रंग, चपल, उल्लास, उन्माद, चंचल, जैसे शब्दों का दूसरा आनन्दवादी समूह। कवि ने इस इन दोनों शब्द-कदम्बों को रहस्य कुतूहल, विचित्रता, रमणीयता और सौन्दर्य से निबन्धित किया है।

संवादों के अतिरिक्त महाकाव्य का दो तिहाई अंश इन वर्णनों से प्रचुर है जिनमें कवि के आन्तरिक स्पर्श की विचित्र 'पुलक' तथा 'तड़प' है। इन वर्णनों के कई तकनीकी प्रयोजन भी हैं। ये प्रभाव उत्पन्न करते हैं, संकेत करते हैं, दृश्यविधान रचते हैं, सामूहिक भावों का सम्प्रेषण करते हैं तथा अलंकारों की शोभा बिखराते हैं। ये वर्णन मनोवैज्ञानिक, सौन्दर्य बोधात्मक, दार्शनिक तथा यथार्थवादी विश्लेषण करने के भी

उपकरण बन जाते हैं; जैसे काम एवं वासना सर्ग में प्रकृति वर्णन मनोविश्लेषण करते हैं; लज्जा सर्ग में अनुभावादि के वर्णन सौन्दर्य बोधात्मक विश्लेषण करते हैं, संघर्ष सर्ग में सारस्वतनगर और वर्ग संघर्ष के वर्णन यथार्थवादी विश्लेषण करते हैं, तथा रहस्य सर्ग एवं आनन्दसर्ग में त्रिपुर एवं प्रकृति के वर्णन दार्शनिक विश्लेषण करते हैं। इन वर्णनों के सौन्दर्यबोधात्मक सम्प्रेषण तथा कथासूत्र-संकलन के विषय में ये तथ्य विचारणीय हैं।

चिन्ता सर्ग में भीषण प्रकृति-प्रलय का बाह्य वर्णन है। भारवि के जैसा ओजपूर्ण और भयानक। यह वर्णन मनु में चिन्ता, जड़ता, शून्यता, मृत्यु, अवसाद और अकेलेपन के अस्तित्वबोध को प्रकारान्तर से धू-धू करके उद्दीप्त करता है। किन्तु यह एक स्वतंत्र वर्णन खंड ही है जिसकी निर्वाह-भूमि सांख्य दर्शनवाली है। आशा सर्ग प्रकृत रस को प्रचुरता से व्यंजित करता है। इसमें हिमालय और रजनी के वर्णन हैं। यहाँ अलसाई प्रकृति प्रबुद्ध होकर जागती है और ललित लीलाएँ करने लगती है। श्रद्धा सर्ग में कामबाला का छायावादी पुलक एवं लावण्य की दुर्लभ छायावाला वर्णन है जिसकी भूमिका काम सर्ग तथा कर्म सर्ग को निवेदित करती है। इस वर्णन में सौन्दर्य के विकल परमाणु पराग कण, लघु अवयव आदि प्रकृति की रमणीयता के भी मूल तत्त्व हैं। इस प्रकृति परमाणु से रचित श्रद्धा का पराग शरीर और हृदय की बाह्य एवं उदार अनुकृतिवाला सौन्दर्य मिलकर प्रथम सौन्दर्य-तत्त्व का सिद्धान्त प्रस्तुत करता है। काम सर्ग के अन्तर्गत मधुमय वसन्त और माधवी निशा के प्रकृत रस की लीला अंकित हुई है जिसमें सौन्दर्यमय प्रतीक विधान के साथ-साथ लाक्षणिकता तथा ध्वन्यात्मकता का भी समाहार हुआ है। यह छायावादी 'अभिव्यंजनात्मक वर्णन' की परम सिद्धि है। इसके पूर्ण कंट्रास्ट में रहस्य सर्ग की तांत्रिक भाषा तथा रहस्यात्मक प्रकृति-शक्ति की बिम्बावली है। इसी वर्णन के पूरक रूप में आनन्द सर्ग की विश्वसुन्दरी प्रकृति के लासरासयुत आनन्दोत्सव है। मानो रहस्य सर्ग की त्रिपुरसुन्दरी श्रद्धा के उपरान्त कवि ने विश्वसुन्दरी प्रकृति के द्वारा जड़ और चेतन को आत्मा का अभिन्न अंग बना दिया है। कामसर्ग का मधुमय वसन्त देवताओं के अनन्त वसन्त से तुलनीय है जहाँ पारिजात, कल्पवृक्ष स्वर्गंगा आदि का निवेश हुआ है। देवताओं की क्रीड़ा यहाँ मनुष्य के अभ्यंतर की लीला बन जाती है। यहाँ वसन्त और निशा के भी बीच में उद्दीपन के रूप में स्वयं प्रकृति ही है। यहाँ भी अणु ही सौन्दर्यमयी चंचल कृतियों का उल्लास, ह्रास, नृत्य, मान और जागरण व्यंजित करते हैं। और, वसन्त-निशा की यह माया-छाया मनु की इन्द्रियों की चेतना का भी विन्यास करती है। अतः श्रद्धा सर्ग के कामबाला के सौन्दर्य वर्णन में प्रयुक्त कला-सिद्धान्त का विस्तार इस सर्ग में हुआ है।

वासना सर्ग में सांकेतिक वर्णन हुआ है जिसका सूक्ष्म अन्वेषण हमने 'काम और 'रति' वाले अध्याय में किया है। इस सर्ग में एक ओर बादलों में दो बिजलियों को फाँसने वाले मधुरिमा के जाल राका में बिछुड़े हुए कोक युगल, प्रकृति में मानवी के प्रति करुणा-ममता (पशु के माध्यम से), लघु जलदखंड के रथ में आरूढ़ चन्द्रमा की यात्रा, प्रकृति का कौमुदी में स्वप्न महोत्सव, विभव मतवाली प्रकृति की विमलराका मूर्ति

आदि के संकेतों से गुँथी हुई गृहपति मनु और विगतविकार अतिथि (नारी) की भी अन्तर्यात्रा का समानान्तर विनयन हुआ है। बिजलियों के युगल की अविरत लड़ाई मनु और अतिथि को चेतना के पाश में बाँधने का अन्तर्द्वन्द्व है, राका में बिछुड़े हुए कोक मनु के कानों में काम के सन्देश गुँजाते हैं; पशु के प्रति अतिथि की ममता मनु की काम जन्य ईर्ष्या के दृप्त फण को फैला देती है, रथारूढ़ चन्द्रमा की यात्रा मनु को अतिथि के साथ हृदय की सौन्दर्य प्रतिमा को पहचानने की यात्रा हो जाती है, प्रकृति का स्वप्नशासन मनु को अवचेतन के स्वप्न पथ में चलाने लगता है जहाँ अनादि वासना चिरन्तन स्नेह में बदल जाती है, विमल राका मूर्ति के रूप को निरखते हुए मनु के सामने अतिथि की रम्य नारी-मूर्ति उपस्थित हो जाती है और वे मिलन तथा समर्पण की मंजिलों में पहुँच जाते हैं, तथा अन्ततोगत्वा एक शिशु की तरह बालिका-सी नारी के साथ उनकी अधीर वासना का केन्द्रीभूत सुखबोध ही मधुर साधना की स्फूर्ति में ढल जाता है। वासना के विकसित होते हुए विभिन्न रूप अन्ततः दोनों को शिशु बना देते हैं (कामसर्ग के देवता चिर किशोर वय वाले थे।) इस दुहरी यात्रा के द्वारा कवि हमें लज्जा सर्ग में ले आता है।

लज्जा सर्ग में मन की आन्तरिक वृत्ति लज्जा को पात्र बनाकर उसका वर्णन किया गया है। जिस तरह वासना सर्ग में मनु की अन्तर्यात्रा अंकित है, उसी तरह इस सर्ग में चमत्कृत बाला-सी नारी की अन्तर्यात्रा का विवरण है। इस अन्तर्यात्रा में मन के बन्धन से मुक्त रति रूप नारी, अपनी ही छाया प्रतिमा लज्जा के कारण, हृदय से परवश श्रद्धारूप नारी में रूपान्तरित होती है। महाकाव्य की दृष्टि से तो यह सर्ग अनापेक्षित है, किन्तु यह एक महान सर्ग है। इस वर्णन में कुतूहल बोध का विस्तार हुआ है। जिस तरह चिन्ता एवं वासना सर्ग में मनु में कुतूहल जागता है, उसी तरह इस सर्ग में नारी में कुतूहल जागते हैं और मनोविकारों का जन्म होता है। अतः इस सर्ग में नारी के सात्त्विक भाव (स्तम्भ, स्वेद, रोमांच, स्वरभंग, वेपुथ, वैवर्ण्य, अश्रु व प्रलय) अंगज अलंकार (भाव, हाव, हेला), अन्त्यज अलंकार (शोभा, कान्ति, दीप्ति, माधुर्य, प्रगल्भता, औदार्य, धैर्य), स्वभावज अनुभाव (लीला, विलास, विच्छति किलकिंचित् विभ्रम, मद, ललित, विहृत, तपन, मौग्ध्य, विक्षेप, कुतूहल, चकित्, केलि) तथा दश सुभग गुणों का भी मिला-जुला छायावादी ढंग का काव्यतात्त्विक विधान हुआ है। यह काव्यतात्त्विक वर्णन शास्त्रीय शृंगार की परम्परा का अनूठा नवीकरण करता है। हम यह भी देखते हैं कि काम, वासना तथा लज्जा तीनों सर्गों की विवृति संवादात्मक है।

कर्म तथा ईर्ष्या सर्ग में कथा सूत्रों का सघन गुम्फन है। ईर्ष्या सर्ग में गर्भावस्था वाली श्रद्धा का रूप वर्णन आलस्य, कृशता व बोझ की विशिष्ट व्यंजना करता है।

स्वप्न सर्ग में मनुष्य के नगर (सिटी ऑफ़ मैन) का वर्णन है जिसका विस्तार संघर्ष सर्ग में हुआ है। इस वर्णन के द्वारा प्रसाद ने आधुनिक युग, आधुनिक पूँजीवादी सभ्यता, तथा भौतिकवादी वैज्ञानिक दृष्टिकोण आदि की आलोचना की है। इस वर्णन में प्रसाद की विचारधारा और उनके रोमांटिक जीवन बोध का पूरा कलादशकोण (कलाइडिस्कोप)

दिखलाई देता है। इसमें मनुष्यता को नग्नरूप, निर्बाधित अधिकार भोगनेवाले स्वेच्छाचारी प्रशासक, सामूहिक चेतना का छिन्न-भिन्न होना, आर्थिक शोषण और वर्ग संघर्ष, भौतिक हलचल और भौतिक विप्लव आदि का निपण विश्लेषण हुआ है। यहाँ वर्णन का प्रयोजन आधुनिक युग एवं पूँजीवादी सामाजिक व्यवस्था का यथार्थवादी विश्लेषण करना है। इन्हीं दो सर्गों में जो युद्ध का वर्णन है उसमें भूतनाथ के तांडव तथा त्रस्त प्रकृति के निर्णय का, तानाशाह मनु और क्रान्ति करती हुई जनता का, नरपशु के बलात्कार और राष्ट्रस्वामिनी स्वाधिकार का भी संयोग हुआ है। हमें यह समझ में नहीं आता कि आधुनिक युग से इस 'युद्ध' में कवि ने वैदिक अस्त्र-शस्त्रों और पौराणिक देवशक्तियों का उपयोग करके कौन-सा औचित्य प्रदर्शित किया है। यदि हम इस वर्णन के प्रसंग में कवि की विचारधारा को थोड़ी देर के लिए नजरन्दाज कर दें तो निस्सन्देह इसका फलक विराट है। कवि ने सामाजिक व्यवस्था और व्यक्ति चेतना की इसी विसंगति को मानसलोक में उभारने के लिए रहस्य सर्ग में तांत्रिक एवं यौगिक भूमि को अपना डाला है। इच्छा, क्रिया तथा ज्ञान के इस कविप्रणीत त्रिलोक में जो वर्णन हुए हैं उनमें एक ओर तो मध्यकालीन रहस्यवाद है, तो दूसरी ओर आधुनिक समाज के सामूहिक मनुष्य की इच्छा, क्रिया, ज्ञान के बीच भिन्नता एवं विषमता। रहस्य सर्ग की इस फान्तासी में दार्शनिक विश्लेषण किया गया है। यहाँ ऐतिहासिक कथा लापता है। रहस्य सर्ग के नए त्रिपुर वर्णन का पूर्ववर्ती दर्शन सर्ग में वर्णित नटेश के आनन्द तांडव का दिवास्वप्न या विभ्रम (इल्यूज़न) है। यह संघर्ष सर्ग के भीषण नरसंहार के कंट्रास्ट में आनन्द नृत्य की ब्रह्मांड लीला को प्रस्तुत करता है क्योंकि दोनों के मूल में शिव (भूतनाथ एवं नर्तित नटेश) ही हैं। एक विराट् ब्रह्मांड पटल (कास्मिक प्लेन) में वह वर्णन 'कामायनी' के काल एवं देश बोध को अनन्त और अखिल बना देता है। संघर्ष सर्ग के युद्ध का यह दार्शनिकीकरण सृष्टि स्थिति-संहार लीला के परिवेश में हुआ है, और दोनों (युद्ध एवं आनन्द) का ही मूल ताल 'नृत्य' है।

इसी तरह चिन्ता सर्ग में वर्णित प्रकृति-प्रलय नृत्य के कंट्रास्ट में आनन्द सर्ग में वर्णित विश्व सुन्दरी मांसल प्रकृति का नृत्य (लास रास) भी दृष्टव्य है। आनन्द सर्ग में वर्णित हिमालय यात्रा भी वासना सर्ग में वर्णित हिमालय यात्रा से भिन्न है। इसमें धार्मिक प्रतीकों की इतनी प्रचुरता है कि यह यात्रा अन्यापदेश हो गई है। इसी तरह संघर्ष सर्ग के सारस्वत-प्रदेश के निर्माण के कंट्रास्ट में कवि ने आनन्द सर्ग के मानस-प्रदेश की शैवाद्वैतवादी यूतोपिया की रचना की है। इस आन्तरिक लोक की रचना में दार्शनिक मध्यकालीनतावाद की ओर पलायन हुआ है। (इसका विस्तृत विवेचन 'विचारधारा तथा कल्पलोक का अभिधान' शीर्षक अध्याय में हुआ है)।

सारांश में, इन वर्णनों में कवि ने स्वप्न, पूर्व स्वप्नज्ञान, दिवास्वप्न, फान्तासी और यूतोपिया आदि का शिल्पिक विन्यास किया है; इन वर्णनों में कवि का छायावादी अभिव्यक्तिवाला काव्य सिद्धान्त लक्षित हुआ है; इन वर्णनों में प्रकृत रस एवं मानवीय रस का समानान्तर योग हुआ है; इन वर्णनों में विश्लेषण के कई प्रतिमान उभरे हैं; तथा

इन वर्णनों में नियति एवं नृत्य की गतियाँ (ताल) एवं लएँ समन्वित हुई हैं; तथा इन वर्णनों के पटल कथा सृष्टि की सूक्ष्म अनुभूति या भाव का अभिधान करते हैं। प्रायः ये वर्णन ही कृति को महान काव्यत्व से मंडित करनेवाले प्रतिमान हैं। वर्णनों की इस विविधा के कारण भी कवि को अपने कुछ सर्गों का नाम बदलना पड़ा है; यथा, यज्ञ सर्ग का नाम 'कर्म', इला सर्ग का नाम 'इड़ा', युद्ध सर्ग का नाम 'संघर्ष' स्वीकृति सर्ग का नाम 'निर्वेद' आदि हो गया है।

● इन वर्णनों की लड़ी की जो सर्वांगीण देन है, वह है 'कामायनी' में विविध लोकों की अतिरंजना।

कामसर्ग में वसन्तलोक के अंकन के साथ-साथ देवसृष्टि की अपनी विलास शृंगार-लीला की दुनिया है। वासना सर्ग में प्रकृति का 'स्वप्न शासन' है और मनु की वासना की 'साधना का राज' है। लज्जा सर्ग में नारी का अन्तर्लोक है; कर्म सर्ग में गृहपति मनुष्य का पहला आदिम परिवार है और संघर्ष सर्ग में मनुष्य का नगर है। दर्शन सर्ग में नटेश्वर शिव का नृत्यलोक है; रहस्य सर्ग में तांत्रिक त्रिलोक है और आनन्द सर्ग के अन्तर्गत कैलास में आनन्द एवं समरसता बाला लोक है जहाँ प्रकृति तक लासरास निरत है। **देवताओं** की सृष्टि में केन्द्रीभूत सुख है; **मनुष्यों** के नगर में विषम प्रभुत्व सुख है; **त्रिलोक** में इच्छा-क्रिया-ज्ञान की अस्तव्यस्तता है और कैलाश लोक में आनन्द है। इस भाँति इन चार कल्पलोकों (यूतोपियाओं) में हम सुख से इच्छा की ओर, और इच्छा से आनन्द की ओर प्रयाण करते हैं। सम्पूर्ण महाकाव्य का प्रतीकात्मक इतिहास यही है। इसमें कर्म और काम की शक्ति की साधना हुई है; वैदिक काम की, तथा शैव-शाक्त शक्ति की। इसीलिए सम्पूर्ण महाकाव्य का केन्द्रीय दार्शनिक रचनागठन यज्ञ, शक्ति एवं भोग के त्रिभुज को एक कथाचक्र से घेर लेता है जिसके केन्द्र में मनु, मनुष्य, मन, मानव और मानवता पर्यवसित होती है। यह एक तंत्रालोक जैसा ढाँचा है। इस ढाँचे पर कई प्रारूप (माडल) गढ़े गए हैं जिनमें वैदिक प्रारूप, आधुनिक प्रारूप तथा शैव प्रारूप तो बेहद स्पष्ट है। वैदिक प्रारूप में केन्द्र में काम एवं कर्म है; आधुनिक प्रारूप के केन्द्र में शक्ति, प्रकाश (चेतनता) एवं आनन्द (समरसता)। आधुनिक प्रारूप में कवि ने सामूहिक जीवन के विघटन और संघर्ष को अन्वित किया है जहाँ विज्ञान और प्रभुत्व, कर्म और वर्गशोषण, भौतिक सुविधा और आत्मिक शून्यता के भीषण परिणाम दिखाए गए हैं। इसकी तुलना में शैव प्रारूप में वैयक्तिक मोक्ष का श्रेय एवं प्रेय अभिव्यंजित हुआ है जहाँ सुख आनन्द में, ज्वाला प्रकाश में, चेतना चैतन्य में, तथा पुरुष-'पुरुष' शिव में रूपान्तरित हो गया है। रहस्य सर्ग में विश्व-व्यवस्था का सूक्ष्म दार्शनिक पुनर्निर्माण होता है, तो आनन्द सर्ग में इस नई विश्व-रचना के अन्तर्गत अन्तश्चेतना का अखंड एवं चिरन्तन उन्मेष होता है। इस तरह यज्ञ, शक्ति और भोग के बीजों से वैदिक, आधुनिक एवं शैव माडल अंकुरित हुए हैं। महाकाव्य के रचनागठन का मूल रहस्य यह है। इन्हीं मॉडलों के चहुँओर कवि ने कथा से अधिक वर्णनों को अनुस्यूत किया है (जिसे हम निरूपित कर चुके हैं); और इनके गहनतर स्तरों में दर्शनों का स्पन्दन

तोला है। शैव माडल में नव सृष्टि का आनन्द तांडव (दर्शन सर्ग), तंत्र एवं योग की उपाय-सिद्धियाँ (त्रिपुरसुन्दरी एवं समाधि–रहस्य सर्ग) तथा शैवाद्वैत आनन्दवाद (शिवशक्ति का अद्वय तथा पुरुष प्रकृति का सामरस्य–आनन्द सर्ग) की झाँकियाँ मिलती हैं। आधुनिक मॉडल में व्यक्ति बनाम समूह, स्वतंत्रता बनाम व्यवस्था, शोषण बनाम जनक्रान्ति की ज्वलन्त चुनौतियाँ उठाई गई हैं जिन पर रोमांटिसिज़्म तथा मार्क्सवाद की हल्की छायाएँ इंगित होती हैं। इसी के अन्तर्गत बौद्धिक तर्क और आत्मचिन्तन और आत्म निर्वाह की आधुनिक प्रवृत्ति स्पष्ट हुई है (इड़ा सर्ग); तथा इसी के दायरे में कर्म सर्ग में अन्वित मनु की संघर्ष प्रियता तथा समाज में जीवन को भोगने की तृष्णा शामिल की जा सकती है। वैदिक मॉडल में यज्ञ की ज्वाला (पाक यज्ञ) और कर्म-सुख (शक्ति, विजय, श्री, मंगल) का दर्शन विश्लेषित हुआ है। लेकिन इसी प्रारूप के अन्तर्गत कवि ने (कर्म सर्ग में) यज्ञ बनाम हिंसा, सुख बनाम करुणा तथा भोग बनाम ज्ञान के दार्शनिक प्रश्न भी उठाए हैं। हाँ उनकी तर्क पद्धति पर क्रमशः बौद्ध, गांधी और वेदान्त दर्शनों का भी प्रभाव प्रतीत होता है। वैदिक प्रारूप के अन्तर्गत ही कवि ने महान सेक्स-क्रान्ति भी उपस्थित की है। कवि के अनुसार बड़े-बड़े यज्ञों का उल्लासपूर्ण आयोजन करनेवाले वैदिक आर्य काम और आनन्द और स्वत्व के उपासक थे। इसीलिए कवि ने काम की आनन्द एवं शक्तिवाली सिद्धि पर श्रद्धा सर्ग से लेकर वासना सर्ग तक समाख्यान किया है। इसी वजह से 'कामायनी' के आरम्भ में मृत्यु-नृत्य है, तथा अन्त में जीवन-नृत्य।

इस तरह हम देखते हैं कि प्रसाद ने महाकाव्य के रचनागठन में ये तीन प्रतीकात्मक सांस्कृतिक-दार्शनिक-सामाजिक प्रारूप संग्रथित किए हैं। ये इस असफल 'महाकाव्य' का महान काव्यत्व हैं जिसकी वजह से ही वे एक साथ मनोभावों का उन्मीलन, मानवता के विकास का रूपक, मनुष्यता का मनोवैज्ञानिक इतिहास तथा मन के दोनों पक्षों का विभिन्न सांस्कृतिक पैटर्नों में सम्बन्ध-निर्देश प्रस्तुत कर सके। किन्तु हम कवि के इस चतुर्विध प्रस्तुतीकरण के दावे की सफलता और सामर्थ्य को नामंजूर करते हैं। कई कारण हम बता चुके हैं, और शेष कारणों का निदर्शन 'विचारधारा तथा कल्पलोक का अभिधान' शीर्षक अध्याय में करेंगे।

● रचनागठन, माध्यम, वर्णन और प्रारूपों के संयोग से महाकाव्य में कुछ 'बीज बिम्ब' (जेनेरिक इमेजेस) उदित हुए हैं जो आर्केटाइपल बिम्बों की गरिमा को छू लेते हैं। इनमें जातीय अतीत तथा सामूहिक अवचेतन का मिथकीय जादू छिपा हुआ है, जो चिरन्तन तथा अभिनव है। कवि की काव्य शास्त्रीय स्थापना के अनुसार हम कह सकते हैं कि ये बीज बिम्ब 'असाधारण अवस्था के ऐतिहासिक रूपान्तर हैं। महाकाव्य के कुछ बीज–बिम्ब 'बिन्दु–अणु', 'प्रकृति', 'नियति', 'प्रलय', 'ज्वाला', 'सुख', 'कौन', 'नृत्य', 'शक्ति', 'आनन्द', आदि हैं। कवि ने प्रकृति, सृष्टि, सौन्दर्य, शरीर आदि की मूल इकाई कण, अणु और बिन्दु को माना है। सारे महाकाव्य में यह अणुवादी दार्शनिक दृष्टि रेखांकित करणीय है। श्रद्धा का शरीर परमाणु रचित है, वसन्त में उल्लासवश कण कण अनुराग रंजित होते हैं, मूल शक्ति के उठकर खड़े होने पर परमाणु बाल दौड़ पड़ते हैं,

भूतनाथ के संहार नृत्य में परमाणु विकल हो उठते हैं, नटेश के तांडव नृत्य में चेतन परमाणु अनन्त में बिखरने लगते हैं, विश्व सुन्दरी प्रकृति के नर्तन में विश्वकमल के अणु अणु परिवर्तित हो जाते हैं। इसी तरह 'बिन्दु' की लीला है : कान्ति किरण रंजित तारे का एक बिन्दु विकसित होते-होते त्रिपुर के तीन बिन्दु, तथा त्रिलोक के मध्यबिन्दु के रूप में मनु तक हो जाता है। प्रकृति नियति और प्रलय के बिम्ब सांख्य दर्शन, कथा-शिल्प, कुतूहल को पोषित करते हैं। प्रकृति पंचभूतोंवाली (चिन्ता), वसन्त की प्रिया (काम), भूतनाथ के नृत्य से भयभीत (संघर्ष), विभव मतवाली (वासना), और विश्व सुन्दरी (आनन्द) है। नियति मनु को शून्यता तथा अकेलेपन में छोड़ती है तथा वासना सर्ग में दो अपरिचितों का मेल कराती और रहस्य सर्ग में कर्मचक्र चलाती है। इसी तरह प्रलय सृष्टि का कंट्रास्ट उपस्थित करता है। ज्वाला का बिम्ब तो बहुत अधिक प्रतीकोंवाला हो गया है। यज्ञ की ज्वाला के जलने पर मनु देवताओं की वासना की ज्वाला के अभिशापों की याद करते हैं। यही ज्वाला कर्मसर्ग में जलन (ईर्ष्या) और अन्तर्दाह बनती है, संघर्ष सर्ग में युद्ध की ज्वाला बनती है तथा रहस्यसर्ग में त्रिपुर को मिलाने वाली हैरण्यगर्भ ज्वाला होकर बुझ जाती है। यज्ञ ज्वाला ही सुख, प्रभुत्व सुख और हिंसा का विधान करती है तथा संघर्ष सर्ग में युद्ध ही एक 'सामूहिक यज्ञ' बन जाता है। शक्ति के बिम्ब का प्रतीक तो सारे महाकाव्य को ही गूँथता है : श्रद्धा सर्ग में कामबाला शक्ति के बिखरे हुए कणों का समन्वय कराने पर मानवता के विजयिनी होने का सन्देश देती है। मनु भौतिक शक्ति की उपासना करते हैं (कर्म से संघर्ष सर्ग तक) और शक्ति से ही श्रम तथा शोषण का जाल फैलाते हैं। अन्ततः यह शक्ति शिव की शक्ति में रूपान्तरित हो जाती है, पहले इच्छा शक्ति होकर और बाद में आनन्द शक्ति होकर। महाकाव्य में मूलशक्ति के जागने पर अनादि वासना हँस उठती है, अनादि वासना की कामशक्ति मनु को सुख भोग की ओर ले जाती है। संघर्ष सर्ग में यह जनशक्ति और राष्ट्रशक्ति में भी रूपान्तरित होती है; तथा अन्त में प्रकृति ही शक्ति, तथा शक्ति ही श्रद्धा हो जाती है। इस भाँति शक्ति की प्रतीक शृंखला सारे महाकाव्य को ऊर्जा देती है। अन्ततः नृत्य के बीज-बिम्ब में भी हम कई उपछायाएँ पाते हैं। सारा काव्य नृत्य बिम्ब की गति एवं ताल से स्पन्दित हो रहा है। चिन्ता सर्ग में प्रकृति का तांडवमय (भैरव) नृत्य है, वासना सर्ग में अतिथि नारी के हृदय के आनन्द का रासनृत्य है; स्वप्न सर्ग में भूतनाथ का संहार नृत्य है; दर्शन सर्ग में नटेश का सुन्दर आनन्द पूर्ण तांडव है; रहस्य सर्ग में महाकाल का विषम नृत्य है तथा आनन्द सर्ग में विश्वसुन्दरी प्रकृति का लास रास है। सम्पूर्ण महाकाव्य को ये छहों नृत्य एक नृत्य-नाटिका (बैले) तथा संगीत-नाटिका (ऑपेरा) भी बना सकने में समर्थ हैं। किन्तु इन्होंने सम्पूर्ण महाकाव्य को ताल और लय और गान, झंकार और गूँज से आन्दोलित कर दिया है। इस कृति में यह एक महत्तम सौन्दर्य-बोधात्मक प्रयोग हुआ है जिसके अन्तर्गत काव्य संगीत, नृत्य, चित्र, गान और नाट्य कलाओं का मेल कराके एक संश्लिष्ट काव्य (टोटल पोएट्री) का मार्गान्वेषण हुआ है। अतः महान काव्य की इस महान खोज में महाकाव्य

का रचना गठन भरभरा-सा गया है। इस तरह हमने 'कामायनी' के बीज-बिम्बों के मिथकीय जादू की प्रारम्भिक थाह ली है। मिथक और स्वप्न की मीमांसा अन्यत्र की गई है।

● 'कामायनी' के रूप-स्वरूप के इस सर्वेक्षण में हमने यही पाया है कि इस कृति पर न तो एक संस्कृति की चेतन इकाई लागू की जा सकती है, और न ही एक युग (एपॉक) की इकाई। यह कृति कतिपय क्रमागत नियमों और बन्धनों में नहीं जकड़ी है। अतः इसका रचनागठन महाकाव्य नहीं है। इसकी सन्दर्भात्मक इकाई 'चिरन्तन मानवीय सत्य एवं रमणीय सौन्दर्य' वाली है। अतः इसमें 'महा' काव्य की अपेक्षा महत् या महान काव्य का समाहार हुआ है। प्रसाद ने वेदना की अन्तर्धारा को एक सौन्दर्यतात्त्विक सिद्धान्त (एस्थेटिक प्रिंसिपल) के रूप में तो ग्रहण किया है। लेकिन आनन्दवादी होने के नाते त्रासदी की महानता को नहीं समझ सके। इसकी कीमत उन्हें चुकानी पड़ी। वे निर्वेद के बाद सामाजिक यथार्थता का अतिक्रमण करते हुए कृति को रहस्यात्मक त्रिपुर तथा कैलाश के आनन्द लोक में घसीट ले गए। यह उनके यूतोपियाई अन्तर्विरोध की भी उपज है। एक बात और भी है। 'महा' तथा 'महत्' या 'महान' का निश्चय करनेवाले तत्त्व केवल कवि की प्रतिभा ही नहीं होते, बल्कि माध्यम (मीडियम) एवं विषय-वस्तु (कान्टेंट) भी होते हैं। प्रसाद ने एक लिरिकल विषयवस्तु को क्लासिकल ढाँचे में बाँधने के प्रयत्न किए हैं किन्तु हमने देख ही लिया है कि उन्हें माध्यम को भी मोम की तरह से तदनुकूल ढालना पड़ा है। अतः महाकाव्य के नियम और बन्धन छिन्न-भिन्न हो गए हैं। उनका स्थान नए-नए संवादात्मक प्रयोगों; स्वप्न, दिवास्वप्न, फान्तासी, यूतोपिया आदि के विधानों, खंडात्मक विभाजनों, भाषा के नए अभिव्यंजना प्रयोगों आदि ने ले लिया है। 'कामायनी' में ये अभिनव सुकुमार मार्ग ही उसे महान काव्य बना सकते हैं। कथा सृष्टि का चरित्र भी तो चतुर्विध रहा है। जिससे महाकाव्य का रचनाबोध अनिवार्यतः टूटेगा। इसके अलावा कवि का बोध भी छायावादी रहा है जिसकी वजह से भी विश्वनाथ का साँचा पुराना सिद्ध हो गया है। अतएव 'कामायनी' में कहीं-कहीं भिन्न-भिन्न कारणों से भिन्न-भिन्न रूपोंवाला महा (महत्–) काव्य अवश्य झिलमिलाता है।

सारांश में हम यही कह सकते हैं कि कवि मानो अनजाने ही संश्लिष्ट 'काव्य' को ढूँढ़ने में व्याकुल है। वह काव्य और दर्शन के मार्ग से चलकर 'कामायनी' में नृत्यकला, नाट्यकला, चित्रकला और संगीत कला की कान्त मैत्री करा देता है।

12 'विचारधारा' (आइडिओलाजी) तथा 'कल्पलोक' (यूतोपिया) का अभिधान

जयशंकर प्रसाद का एक इन्द्रजाल है। प्रसाद अन्तर्मुखी (रोमांटिक) इतिहासकार और दार्शनिक कवि हैं। वे प्रेम, सौन्दर्य और संस्कृति के त्रिकोण से इतिहास को अंकित करते हैं। अन्त में महाकाव्य में उन्होंने अपनी समग्र विचारधारा तथा कल्पलोक, दोनों का परिपूर्ण उत्कर्ष किया है। 'कामायनी' में उनका रसाविष्ट काव्यात्मक दर्शन शनैः शनैः बिम्बों, प्रतीकों, फान्तासियों, स्वप्नों, दिवास्वप्नों की धारणाओं का अभिधान करता हुआ तांत्रिकों-योगियों वाला नीरस-सा दार्शनिक काव्य हो गया है। प्रसाद की शैली ने, पारलौकिकता ने, सुन्दर रहस्यात्मकता ने, और मानवता ने भावुक तथा संवेदनशील सहृदयों को निरन्तर आनन्द विभोर किया है यह तो अनुचित नहीं है ! लेकिन इस श्रद्धा और आदर ने प्रसाद की मानस-निर्मितियों, उनके मानसिक विकास तथा ऐतिहासिक चेतना पर अपेक्षित ध्यान नहीं दिया है। 'कामायनी' इसका उदाहरण है। गजानन माधव मुक्तिबोध, तथा नगेन्द्र के ग्रन्थों के अलावा इस महाकाव्य पर कोई विशेष गम्भीर काम नहीं हुआ। प्रसाद ने 'कामायनी' में 'अखिल मानव भावों के सत्यवाला चेतना का सुन्दर इतिहास' लिखा है (श्रद्धा सर्ग)। यही उनकी विचारधारा तथा उनके कल्पलोक का संसार है। छायावाद के अन्तर्गत प्रसाद ही एक ऐसे कवि हैं जिन्होंने काव्य की रसपूर्ण भावभूमि पर कायम रहकर राज्य, समाज, राष्ट्र, सामाजिक परिवर्तन, न्याय और कानून, मनुष्य और मानवतादि पर दार्शनिक विमर्श किया है, 'कामायनी' में। तो, कवि की यूतोपिया क्या है ? उनके किस प्रकार के मस्तिष्क में कैसे इसका संस्कार-परिष्कार हुआ ? वह कौन है जो प्रसाद को अपने इन्द्रजाल में बाँधे है ! इनके उत्तर हम देंगे, प्रसाद नहीं। प्रसाद ने इन सवालों को मनु की अन्तरात्मा में झाँककर पूछा है और हम इनका उत्तर उनकी ही यूतोपिया के समाजशास्त्र, मनोविज्ञान, सौन्दर्यबोधशास्त्र, आदि के आधार पर देंगे।

यूतोपिया एक आदर्श राष्ट्रकुल है (जिसकी सत्ता कहीं नहीं है) जिसके नागरिक परिपूर्ण अवस्था में रहते हैं और उनमें मानवीय प्रकृति की कोई भी त्रुटियाँ या कमियाँ या दुर्बलताएँ नहीं होतीं। ऐसी अवस्था तो 'कामायनी' के अन्तिम सर्ग के अन्तिम पृष्ठों में ही है क्योंकि चिन्ता सर्ग से निर्वेद सर्ग तक मुख्यतः मनुष्यता की त्रुटियों तथा

विषमताओं का ही अंकन हुआ है। लेकिन कल्पलोक में अन्याय, सामाजिक विषमता, राज्य-प्रकृति, सामाजिक यथार्थता आदि की भी तो आलोचना होती है। यह 'कामायनी' में है। इस तरह विचारधारा और कल्पलोक के विश्लेषण के लिए सम्पूर्ण महाकाव्य उपजीव्य है। समाजशास्त्र के आधार पर यूतोपियन चेतना का भी अनुशीलन होता है ताकि इस प्रकार की मानसिक वृत्ति के उद्भव का, इसके ऐतिहासिक विकास के प्रधान चरणों का, और इसकी क्रियाधर्मी महत्ता (फंक्शनल सिगनिफिकेंस) का पता लग सके। 'कामायनी' में मूलतः चिन्ता सर्ग से लेकर इड़ा सर्ग तक एक विशिष्ट सामाजिक विकास का निरूपण है; स्वप्न सर्ग और संघर्ष सर्ग में राज्य एवं राष्ट्र की आलोचना है; तथा दर्शन सर्ग से लेकर आनन्द सर्ग तक एक परिपूर्ण मनुष्य-रूप समाज की फान्तासी है। हम यह भी कह सकते हैं चिन्ता सर्ग से लेकर निर्वेद सर्ग तक सामाजिक यथार्थता एवं सामाजिक परिवर्तन के प्रति सामाजदार्शनिक प्रसाद की विचारधारा पाते हैं; तथा दर्शन सर्ग से लेकर आनन्द सर्ग तक कवि प्रसाद की वैयक्तिक यथार्थता तथा यूतोपियन मानस पाते हैं। इस चरण में हम बारहवीं-तेरहवीं शताब्दीवाले शैवाद्वैतवादी दर्शन की आनन्द धारा के अनुकूल एक पूर्ण आनन्दरूप मनुष्य को, तथा कालिदासीय तपोवन-संस्कृति को आदर्शीकृत होते हुए पाते हैं। यूँ लगता है कि इन तीन सर्गों में स्वयं प्रसाद ने कालिदास तथा अभिनवगुप्त की कलात्मक पुनर्व्याख्या की है। रहस्य सर्ग में हमें तंत्रलोक की त्रिपुरसुन्दरी कामायनी मिलती है, तो आनन्द सर्ग में 'लासरास' (पार्वती और राधा की लीला की कान्त मैत्री करानेवाले) नृत्य में तल्लीन 'विश्व सुन्दरी' प्रकृति का दर्शन होता है। 'कामायनी' की यूतोपिया में ऐतिहासिक एवं रूपकात्मक विकास के क्रमिक चरणों की अधूरी छाया अवश्य झिलमिला उठती है। इसकी एक प्रधान क्रियाधर्मी महत्ता यह भी है।

● जैसा कि हमने अभी इशारा किया है, कार्ल मानहाइम मानते हैं कि, यूतोपिया विचार (थाट) की ऐसी कोई भी प्रक्रिया है जो अपनी प्रेरणा सीधे सामाजिक यथार्थता की शक्ति से प्राप्त नहीं करती, बल्कि प्रतीक, फान्तासी, स्वप्न, विचार आदि जैसी अनास्तित्वमान धारणाओं से अनुप्रेरित होती है। मानहाइम यह भी स्पष्ट करते हैं कि यूतोपियन तत्त्व न केवल राजनीतिक क्रियात्मकता में समूहकारी शक्ति के रूप में संचरणशील होते हैं, बल्कि एक गूँथनेवाली डोर के रूप में भी क्रियाशील रहते हैं जो एक सामूहिकता के विभिन्न वर्गों की यथार्थता सम्बन्धी धारणाओं को एक सूत्र कर देती है। ये सामान्य सिद्धान्त पश्चिमी की जूठन तथा नकल नहीं है बल्कि आधुनिक बौद्धिक परम्परा का अधुनातन विकास हैं जिन्हें राष्ट्रीय रंग में ढालकर प्रत्येक देश का बुद्धिजीवी उपयोग में ला सकता है। 'कामायनी' में मिथकीय, ऐतिहासिक और आधुनिक यथार्थता को कुछ सांख्य तथा छायावादी तथा शैव धारणाओं में भी ढाल दिया गया है। एकाध बार तो ऐसा लगता है कि सम्पूर्ण महाकाव्य इन धारणाओं के शैलशृंगों पर ही छलाँग लगाता है। चिन्ता सर्ग में पुरुष, प्रकृति, नियति और प्रलय; आशा में कुतूहल और मधुर रहस्य; श्रद्धा में शक्ति और विजय; काम में संसृति, माया और छाया; लज्जा

में रति और लज्जा; कर्म में वासना और यज्ञ, ईर्ष्या में अभाव और मुक्ति; इड़ा में बुद्धि और द्वन्द्व; संघर्ष में शक्ति और न्याय दर्शन में आनन्द तांडव; रहस्य में त्रिलोक; आनन्द में समरसता, आनन्द, चेतना और आलोक आदि की धारणाएँ कथा और रूपक को अनुस्यूत कर देती हैं। यही नहीं, ये धारणाएँ सामाजिक प्रक्रिया को मानसिक विकास से भी सम्बद्ध करती हैं। नाना प्रकार के सामाजिक समूहों को एक सूत्र करने में 'कामायनी' भारतीय मानवता के विकास का अप्रौढ़ समाजशास्त्र पेश करती हुई भासित होती है। इसमें आदिम वैदिक परिवेश (प्रकृति, पुरुष, नियति, संसृति, देव मंडल के अभिधानवाला) किस तरह धीमे धीमे संघर्ष सर्ग के बाद शैव परिवेश में रूपान्तरित हो जाता है, यह ध्यान देनेवाली संरचना है। इस बात को हम थोड़ा विस्तार से बताते हैं। चिन्ता नासक पहले सर्ग की विक्षुब्ध पंचभूतोंवाली प्रकृति और निष्क्रिय पुरुष मनु आशा सर्ग में महत् कुतूहल ('मैं') बनकर व्यक्त होता है। कर्म सर्ग में यह वैदिक आर्य है, हिंसक और कर्मकांडी है जिसकी वेदान्तवादी आलोचना उपनिषत्लोचना श्रद्धा करती है। अतः कर्म सर्ग में एक प्रकार से वैदिक जीवन प्रणाली और उपनिषदीय जीवन दर्शन के बीच छायावादी ढंग का विवाद है। कर्म सर्ग के बाद पूँजीवादी व्यवस्था और बौद्धिकतावादी राजनीति दर्शन के अनुरूप अत्याचारी तानाशाह मनु जनता से परकीयकृत (एलियेनेटेड) होकर क्रान्ति द्वारा भगा दिए जाते हैं। आधुनिक मनुस्मृति के संविधान नियामक (किन्तु प्लेटो की जैसी 'रिपब्लिक' को न माननेवाले) मनु प्रजापति तथा राष्ट्रपति हैं। दर्शन सर्ग से मनु पंचकंचुकावृत्त साधक 'पुरुष' हो जाते हैं। इसके बाद वे ईश्वर तत्त्व से सदाशिवतत्त्व और शिव तत्त्व का उपाय करते हैं और आनन्द सर्ग तक आकर जीवनमुक्त एवं सिद्ध योगी हो जाते हैं। इस तरह इस कृति में कवि सांख्य, वैदिक वेदान्त, तंत्र और शैव दर्शन की धाराओं का तालमेल करते चले जाते हैं। आगे हम इसका सुविस्तृत विश्लेषण करेंगे।

● अगली गहराइयों में उतरने के पहले हम प्रसाद के त्रिमुखी मानस का अनुमान कर लें जो यथार्थता का आहरण करता है। प्रसाद का मानस मिथकीय, ऐतिहासिक तथा रोमांटिक था। उनके इस त्रिमुखी मानस का ही विकास सर्वान्त में 'यूतोपियन मानस' में हुआ। उनका ऐतिहासिक मानस उनके ऐतिहासिक नाटकों में द्रष्टव्य है जो 'ध्रुवस्वामिनी' में आकर एक सेक्स-क्रान्ति तक का वरण कर लेता है। 'अजातशत्रु' में गौतम बुद्ध की, 'स्कन्दगुप्त' में एक रोमांटिक प्रेमी की तथा 'चन्द्रगुप्त' में एक क्रान्तिकारी जन नेता की अनुमितियाँ वे कर चुके थे। भोग और द्वन्द्व की भी कल्पनाएँ वे 'कामना' 'एकघूँट' तथा 'जनमेजय के नागयज्ञ' में कर चुके थे। 'स्वर्ग के खंडहरों में', 'इन्द्रजाल', 'आँधी' आदि के शीर्षक बोधों को वे कथा के सांचों में ढाल चुके थे। इस ऐतिहासिक पटल पर उन्होंने द्वन्द्व, काम, दर्शन, संघर्ष और युद्ध के विषय में अपनी जीवन दृष्टियाँ निर्मित की थीं। 'कामायनी' में ये विचारधारा के रूप में सूक्ष्म-अमूर्त प्रसुमन पा गई। उनका रोमांटिक मानस नारी को दया, माया, ममता, मधुरिमा, समर्पण आदि के सौभाग्य-गुणों से मंडित कर चुका था जिसके मूल में काम और सौन्दर्य,

संस्कृति और कला अन्तर्निहित थी। 'चन्द्रगुप्त' में आकर तो सभी नायिकाएँ गान, और नृत्य और प्रणय की लीलाओं कलाओं में प्रवीण मिलती है। यही उपच्छाया उनकी 'कामायनी' में भी है। जिसमें श्रद्धा ललित कला का ज्ञान सीखने के लिए गन्धर्व देश तथा गान्धार देश से होती हुई हिमालय के उत्तरगिरि में आ जाती है। मनु को वह काम एवं कर्म का सन्देश देती है (दे. श्रद्धा सर्ग) और इस तरह कामकला विकसित होती है–'मूलशक्ति' के रूप में। ये सब समन्वय और संयोग उनके ऐतिहासिक मानस की वर्षों की उपलब्धियाँ हैं। 'कामायनी' में भी हम नृत्यों के कई नाटकीय उत्सव पाते हैं। चिन्ता सर्ग में प्रकृति के पंचभूतों का भैरव तांडव है; संघर्ष में प्रजा और प्रजापति के बीच रुद्रतांडव है; दर्शन में नर्तित नटेश का आनन्द-तांडव है और आनन्द सर्ग में विश्व सुन्दरी प्रकृति का लास रास (नृत्य) है। कामायनी में नृत्यगानपरक नामकरण भी हैं : प्रकृति सुन्दरी, सिन्धुसेज पर सोती हुई धरावधू, त्रिपुरलोक की त्रिपुरसुन्दरी, कामायनी तथा आनन्दसर्ग की विश्वसुन्दरी प्रकृति। ये सभी सूत्र प्रसाद की ऐतिहासिक चेतना के मिथकीय चेतना एवं रोमांटिक चेतना में रूपान्तरण के जबर्दस्त संकेत देते हैं। 'कामायनी' के मिथकीय परिवेश की वजह से हम उनके मिथकीय मानस का भी निरूपण करेंगे। मिथकीय मानस की बुनियादी भित्ति इच्छा या श्रद्धा है क्योंकि तर्क के अनुप्रवेश से मिथक समाप्त हो जाती है। श्रद्धा और इड़ा के संवाद (निर्वेद सर्ग में) इस तथ्य को प्रमाणित करते हैं। किन्तु मिथक में इतिहास का आलोक उन्हें रूपकात्मक और प्रतीकात्मक बना देता है। वस्तुतः आधुनिक मिथकलिपिक मिथकों को मानवता के शैशव तथा आदि मनुष्य के शैशव का भावात्मक सामूहिक अवचेतन अन्वय मानते हैं। खुद प्रसाद ने मिथक को 'गाथा' नाम देते हुए महाकाव्य के आमुख में कहा है कि ये आदिम युग के मनुष्यों के भावपूर्ण इतिवृत्त हैं; तर्कबुद्धि को ऐसी घटनाओं में रूपक का आरोप कर लेने की सुविधा हो जाती है। वे भी गाथा (मिथक) को प्रागैतिहासिक तथा सामूहिक चेतना की दृढ़ और गहरे रंगों की रेखाओं से अंकित एक अतिरंजित स्मृति पटल मानते हैं। मिथक की प्रतीक धर्मिता के बाबत वे कहते हैं कि गाथा में चरित्रों के साथ भावनाओं का भी बीच-बीच में सम्बन्ध लगा हुआ-सा दीखता है। इसीलिए (अपने ही आमुख के अनुसार) उन्होंने मनु अर्थात् मनन के सहयोग से मानवता के विकास का रूपक दिया है। उन्होंने इसे 'मनुष्यता का मनोवैज्ञानिक इतिहास' बनाने की भी चेष्टा को स्वीकार किया है जहाँ वे 'इतिहास की घटना के भीतर कुछ देखना चाहते हैं'। उनके अनुसार यह 'कुछ' सूक्ष्म अनुभूति या भाव है जो 'चिरन्तन सत्य' अर्थात् आर्केटाइपल बिम्बों या सामूहिक अवचेतन के रूप में प्रतिष्ठित रहते हैं। मिथकीय मानस यथार्थता से जो पलायन (बुरे अर्थों में नहीं) करता है उसे वह प्रतीकात्मक संविकल्पों (सिम्बालिक इक्विवेलेंट्स) के रूप में अभिव्यक्त करता है जिससे कि सामाजिक यथार्थता द्वारा असफल बना दी गई कामनाएँ और आवेश सन्तुष्ट हो जाते हैं। मनु अर्थात् मनन, मानवीय भाव अर्थात् श्रद्धा, इड़ा अर्थात् मनुष्यों की शासिका सांकेतिक अर्थ की भी अभिव्यक्ति करते हैं जिससे कवि को कोई आपत्ति नहीं है। वे इस सूक्ष्म अनुभूति या

भाव का अगला विस्तार करते हैं कि मन (मनु) के दोनों पक्षों, हृदय (श्रद्धा) और मस्तिष्क (इड़ा) के सम्बन्ध पर भी इस 'कथा-सृष्टि' अर्थात् कल्पलोक को लिया जा सकता है। 'कामायनी' में पहले देवअसफलताओं का इतिहास 'स्वर्ग के खंडहरों' में प्रतिध्वनित होता है, फिर उजड़े सारस्वत नगर में मानवीय असफलताओं का इतिवृत्त है। इस तरह इस कथा-सृष्टि में दो संसृतियाँ उजड़ती हैं : पहली है देवसृष्टि जो विलास और सुख और सोम और यज्ञ से डूब जाती है; तथा दूसरी है मानवसृष्टि जो वासना और सुख और प्रभुत्व और हिंसा से जल जाती है। दोनों के ही कारण एक से हैं : अहं (दम्भ) तथा सुख की प्यास। 'ऐसा मानस अयथार्थ अन्तर्मुखी एवं प्रतीकात्मक इच्छा-पूर्ति के क्रियाधर्मों को बहिर्मुखी यथार्थता में घुला-मिला देता है' (कार्ल मानहाइम)। यदि इच्छापूर्ति के ये प्रतीकात्मक संविकल्प धार्मिक हुए तब तो उनका धार्मिक पक्ष सामाजिक भी हो जाता है। उदाहरण के लिए हम 'कामायनी' में यज्ञ त्रिदिक विश्व और शिव के प्रतीकात्मक संविकल्पों को लें। यज्ञ वैदिक युग का एक कर्मकांड है। चिन्ता सर्ग में ज्ञात होता है कि देव-यजनों में सोमपान ने वासना, लोभ, सुख, भोग को उकसाया। कर्मसर्ग में मनु जब सोम पीकर यज्ञ करते हैं तो श्रद्धा बेहद घबड़ा जाती है क्योंकि वह जानती है कि वासना-धारा मानवता-धारा को सुखा सकती है। होता भी यही है। यज्ञ में पशुबलि मनु को हिंसक बना देती है। अगले संघर्ष-सर्ग में वैदिक यज्ञवाली सोम-मादकता का स्थान सारस्वत नगर में शक्ति से उत्पन्न प्रभुत्व और शोषण ले लेते हैं। तदुपरान्त सारस्वत नगर में प्रभुत्वसुख के लिए युद्ध होता है जिसे कवि सामूहिक बलि कहता है। अब हम त्रिदिक विश्व का उदाहरण लें। यह एक तांत्रिक धारणा है। लेकिन कवि ने इसे अन्तर्मुखी आह्लाद (सब्जेक्टिव एक्सटेसी) में ढाल दिया है। यहाँ त्रिपुरदाह ने तो शिव की क्रोधाग्नि से होता है और न ही किसी शत्रुता के कारण। शैवागमों में इच्छा-क्रिया-ज्ञान का परस्पर विरोध है। ये शिवतत्त्व हैं। शैव दर्शन में रवि-सोम-अग्नि 'बिन्दु' हैं। अब प्रसाद ने इसे अभिनवगुप्तीय रसशास्त्र में ढाल दिया है। त्रिपुरसुन्दरी श्रद्धा अपनी स्थिति से इन्हें मिला देती है, और देव-यजनों की निरन्तर जलती आ रही ज्वाला शान्त हो जाती है। इसके बाद 'कामायनी' में कहीं भी ज्वाला का नाम नहीं आया। प्रलय लहरों ने ज्वाला को बुझाया; मनु ने यज्ञ करके इसे पुनः जलाया और श्रद्धा ने इसे बुझाकर समन्वय द्वारा पुनः (अब) मानसरोवर की कोमल नर्तन करनेवाली लहरों को उठाया। इसी तरह ही शिव के मिथक के सामाजिकीकरण का उदाहरण है। चिन्ता से श्रद्धा तक पात्र मनु और सांख्य दर्शन के पुरुष मनु का रूपान्तरण दर्शन सर्ग से कंचुकावृत्त शिव अर्थात् 'पुरुष' में हो जाता है जो अन्ततः 'वह चेतन पुरुष पुरातन' एवं स्वयं हिमालय हो जाता है। हम देखते हैं कि इन प्रकारों से मिथक के धार्मिक पक्ष भी सामाजिक हो जाया करते हैं। इन्हीं परिवर्तनों में रूपकत्व है और ऐसे परिवर्तनों में ही 'विचारधारा' का रंग चढ़ जाता है जिसे स्वयं कवि ने महाकाव्य के आमुख में सामूहिक चेतना के दृढ़ और गहरे रंग की रेखाएँ कहा है।

लेकिन इस सामाजिकीकरण में ही कवि इन प्रतीकात्मक संविकल्पों तथा अन्तर्मुखी आह्लादों को संग्राहिक (कलेक्टिव) बनाता है। इससे ही उसके सामाजिक समूह की विचारधारा का उत्थान होता है। प्रसाद के आधुनिक एवं रोमांटिक मानस का उत्स यह है। कवि-रूप में वे प्रेम और सौन्दर्य के उपासक थे; इतिहासकार के रूप में वे अतीत के स्वर्णयुगों की संस्कृति के यात्री थे; दार्शनिक रूप में वे आनन्दवादी और बौद्ध करुणा के माननेवाले थे; सामाजिक मनुष्य के रूप में वर्तमान सामाजिक जीवन को विषम, हिंसक, क्रूर, पतित और शापित मानते थे (देखिए 'कंकाल' और 'तितली') तथा एक चिन्तक रूप में सामाजिक प्रारब्ध में किसी भी परिवर्तन के लिए वे वैयक्तिक उत्तरदायित्व के समर्थक थे। इसीलिए वे 'कामायनी' में भी परिवर्तन प्रजा की 'शक्ति' नहीं करती, बल्कि चेतना (अन्तश्चेतना) की गहरी 'पूर्णकला' करती है। महाकाव्य में व्यवहार-बंध (बिहेवियर पैटर्न) की नैतिक सिद्धि हुई है, श्रद्धा द्वारा। इसमें इड़ा और जनता की क्रान्तिशक्ति आसुरी (किलाताकुल ही जन-नेतृत्व करते हैं) बना दी गई है जो हिंसा, विनाश और द्वन्द्व को बढ़ाती है। अतः वे सामाजिक निर्वाण के बजाय कैलाश प्रतीक की तीर्थयात्रा द्वारा नैतिक निर्वाण का पंथ स्वीकार करते हैं। लगता है कि वे आद्यन्त सामाजिक घटनाओं का समाधान योग तथा भोग के सामंजस्य द्वारा कराते रहे हैं। उनके सभी चरित नायक ऐसे हैं। 'कामायनी' में भी श्रद्धा तपस्वी मनु को हताश और क्लांत बताती है, और कहती है कि तपस्वी आकर्षण से हीन होकर आत्मविस्तार नहीं कर सकता क्योंकि तप ही केवल जीवन सत्य नहीं है। यह तो क्षणिक दीन अवसाद है। इसीलिए वह काम का सन्देश देती है जो मंडित और सर्ग-इच्छा का परिणाम होकर 'मूलशक्ति' तथा ईश का रहस्य वरदान है। इसीलिए मनु साधक योगी तथा आनन्द भोगी बनते हैं। इस तरह हम देखते हैं कि प्रसाद ने अपने मानस के अनुरूप ही सामाजिक प्रक्रिया को देखा है। यह ठीक है कि स्वच्छन्दतावादी होने के नाते उनके आधुनिक बोध में सामाजिक रूढ़ियाँ न होकर सामाजिक उन्मुक्ति (सोशल रिलीज) है काम तथा कर्म की; लेकिन इसके साथ ही उसमें जीवन की वास्तविक, कुरूप एवं यथार्थ धाराओं के प्रति उदासीनता, विरक्ति, तटस्थता, पलायन भी जागृत हुआ है। अपने समसमय के अन्य इतिहासकारों, पुरातत्त्ववेत्ताओं, संस्कृत विद्वानों तथा कलाविदों की तरह इतिहासकार-मानवतावादी प्रसाद भी सामाजिक मर्यादाओं के प्रति तो निष्पक्ष हो चले थे लेकिन व्यक्ति के उद्धार के लिए वे वर्तमान की सभी संगठित एवं रूढ़ संस्थाओं के प्रति पूर्णतः विश्वास खो चुके थे। अतः एकान्तिक विकल्प के रूप में उनमें एक क्लासिकल पुनरुत्थान की रोमांटिक अन्तश्चेतना प्रबुद्ध हुई। इसीलिए 'कामायनी' में अन्त में सामाजिक परिवर्तन की बौद्धिक खोज के बजाय नैतिक निर्वाण (एथिकल साल्वेशन) की (शिव की काशी नगरी वाली) तीर्थ यात्रा ही शुरू हो गई।

अतः उनके त्रिमुखी-मिथकीय, ऐतिहासिक एवं रोमांटिक-मानस की उपरिदत्त मानसिक निर्मितियों (मैंटल कांस्ट्रक्ट्स) के अनुसार हम उनके 'संश्लिष्ट यूतोपियन मानस' की गहराइयों में थाह लगा सकते हैं। तो, 'कामायनी' उनके इस संश्लिष्ट

यूतोपियन मानस में संस्कारित एवं परिष्कृत हुई है जिसमें यथार्थता का अधिग्रहण उस विलक्षण ढंग से किया गया है जिससे कि यह कृति एक कल्पलोक भी हो गई है। इसके लिए हमने कवि के साक्ष्य भी प्रस्तुत किए हैं। अतएव हमने एक महत्तम प्रश्न का यथार्थपूर्ण उत्तर दे दिया है।

● अब हम उनकी कलाकृति में कल्पलोक के ऐतिहासिक विकास के कुछ महत्त्वपूर्ण चरणों की मीमांसा कर सकते हैं।

इतिहास-बोध की दृष्टि से यह कृति मिथकीय अतीत में हिमालयपटल पर शुरू होती है। (चिन्ता, आशा, श्रद्धा सर्ग)। आशा सर्गवाला वैदिक पाक यज्ञ हमें कर्म सर्ग में सीधे वैदिक युग में अर्थात् ऐतिहासिक अतीत में ले आता है। इड़ा, स्वप्न और संघर्ष सर्ग हमारा साक्षात्कार वर्तमान से कराते हैं। इनमें नगर-पटल है। दर्शन, रहस्य और आनन्द सर्ग में हम कालदेशमुक्त महाकाल में यात्रा करते हैं जहाँ पुनः मांसल और चेतन हिमालय-पटल है। कैलास नित्यता और जीवन, आनन्द आलोक, चेतना और समरसता का प्रतीक है। वह शिव-पार्वती की क्रीड़ा-भूमि है। किन्तु दर्शन के आधार पर कवि हमें पुनः बारहवीं-तेरहवीं शताब्दी की तांत्रिक एवं शैवाद्वैतवादी भूमि में ले आता है। इस तरह 'कामायनी' में कई संक्रमण (ट्रांजीशंस) हैं : वैदिक युग से कृषियुग में, कृषि युग से औद्योगिक युग में, सामन्तवादी युग से पूँजीवादी युग में तथा सामूहिक सामाजिकता से वैयक्तिक मुक्ति के युग में। इस वजह से 'कामायनी' में जीवनदृष्टि तथा तकनीक, दोनों ही दृष्टियों से फान्तासीया एवं विरोधाभास भरे हैं, विशेषतः निर्णयों और निर्माणों में। यह एक दुःखद परिणाम ही है कि संघर्ष में राज्य, राष्ट्र, प्रजा, जनता, क्रान्ति, भौतिक विज्ञान तक की महत् धारणाओं के ले आने के बाद प्रसाद एक अत्याचारी प्रजापति को उखाड़ने के बाद एक साधक-वैरागी-योगी को प्रतिष्ठित कर देते हैं सन् 1936 में ! यह उनके यूतोपियन मस्तिष्क का ही प्रक्षेपण है कि उन पर दार्शनिक मध्यकालीनतावाद का पुरास्वप्न छाया रहा। पुनरुत्थानवादी यूतोपियाओं की यही नियति हो जाती है। टामस मूर की यूतोपिया (1516) में भी यही हुआ था। समसामयिक सामाजिक नर्ममानों (नार्म्स) तथा संस्थाओं के प्रति मानवतावादी दृष्टिकोण अक्सर निरपेक्ष हो जाया करता है।

'कामायनी' को चेतना के धरातल पर परखने पर भी विचित्र विकास मिलता है। चिन्ता, आशा, श्रद्धा और काम सर्ग में मिथकों का उपयोग है जहाँ आशा सर्गवाला अहं बोध अनादि वासना, मूलशक्ति, और कुतूहल की अन्विति करता है। कर्म, इर्ष्या, इड़ा स्वप्न, संघर्ष और कुछ अंशों में निर्वेद सर्ग में यथार्थता का उपयोग है–जहाँ कर्म सर्ग से व्यक्ति स्वातंत्र्य के विरोधाभास उभरने लगते हैं, और संघर्ष सर्ग में आधुनिक बोध की आत्मपरायीकृत त्रासदी अनुभूत होती है। इसके उपरान्त दर्शन, रहस्य और आनन्द सर्ग में फान्तासी-दिवास्वप्न तथा अन्तर्लोक का उपयोग है जहाँ अन्तर्मुखी चेतनमानवतावादी बोध आलोकित होता है। सारांश में, हम **मिथक** से **यथार्थता** की ओर आते हैं, तथा तदुपरान्त **स्वप्न** में आनन्दविभोर हो जाते हैं। कथासृष्टि प्रागैतिहासिक-वैदिक हिमालय

से शुरू हो कर शैव हिमालय में समाप्त होती है। यह चेतना दार्शनिक विस्तार से भी प्रतिफलित हुई है। दर्शन की दृष्टि से यह महाकाव्य 'मृत्यु के नृत्य' से शुरू होकर 'जीवन के नृत्य' में पर्यवसित होता है। यह सही है कि वेदान्त की तरह इसमें जगत मिथ्या न होकर विषमता की पीड़ा से अस्त-व्यस्त है और माया भ्रम ने होकर एक शक्ति है, प्रकृति है। पहले सर्ग (चिन्ता) में पंचभूतोंवाला मृत्यु नृत्य करती हुई प्रकृति और निष्क्रिय पुरुष हैं। इसमें पुरुष निष्क्रिय तथा प्रकृति सक्रिय है एक देवसृष्टि का संहार करने में। सांख्य भूमिका का अगला विकास आशा सर्ग में होता है–जहाँ मनु को 'मैं हूँ' का बोध होता है। इसमें महत् कुतूहल होकर व्यक्त होता है। श्रद्धा सर्ग में चेतना का विकास होता है–शक्ति और विजय के लिए। शक्ति काम की और विजय कर्म की। काम सर्ग में काम का इच्छा रूप में उदय होता है जहाँ तृप्ति के साथ रति का योग है। काम और रति के मिलन से ही मूलशक्ति उठ खड़ी होती है। यह दार्शनिक समीकरण मन (मनु) के साथ उनके स्वप्न-मनोजन्मा संस्कार में होता है। लज्जा सर्ग में नारी (रति) और अतृप्तिलीला-सी लज्जा का अन्तर्साक्षात्कार होता है। यहाँ रति नारी की ही मनोछाया है जो समर्पण की माया बुनती है। एक प्रकार से काम-वासना-लज्जा सर्ग की त्रयी सेक्स-मनोविज्ञान का एक ललित शिक्षायतन है–जिसमें पुरुष की कामलालसा (काम), नारी पुरुष के प्रेमकलात्मक सम्बन्धों (वासना) तथा नारी को चेतन-अवचेतन अन्तश्चेतना (लज्जा) का एक अभिनव कुमारसम्भव लिखा गया है (ये तीन सर्ग महाकाव्य के बिना भी स्वतंत्र और श्रेष्ठ हैं) कर्म सर्ग से कथा को व्यावहारिक समाजशास्त्र का घटनाक्रम मिलता है किन्तु इसमें यज्ञ बनाम कर्म (वैदिक सृष्टि), सुख बनाम करुणा (बौद्ध दृष्टि) तथा भोग बनाम ज्ञान (शैव दृष्टि) भी अन्तर्लीन हैं। इड़ा सर्ग में बौद्धिक एवं वैज्ञानिक क्रान्ति का प्रखर एवं अन्तर्मुखी आलोचनाशील (क्रिटीक) है। संघर्ष सर्ग में पुनः दुर्निवार आधुनिक विषमताएँ उभरी हैं। इसमें व्यक्ति बनाम समूह, स्वतंत्रता बनाम व्यवस्था, शोषण बनाम विप्लव की आधुनिक सामाजिक प्रक्रियाएँ औद्योगिक क्रान्ति के पटल में भीषण रूप में अंकित हुई हैं। वास्तव में कर्म सर्ग से कथा सृष्टि की जो घटना चक्र मिलता है वह यज्ञ से नगरनिर्माण, संघर्ष, विप्लव, जनविद्रोह, युद्ध, पराजय हिमालय-यात्रा आदि को समेटता हुआ दर्शन सर्ग तक आता है। दर्शन सर्ग तक एक विशुद्ध (शैवाद्वैतवादी) अन्तर्लोक है। रहस्य सर्ग में पहले तो तीन लोकों के गोलकों द्वारा इच्छा (वासना, कर्म), क्रिया (संघर्ष) एवं ज्ञान (इड़ा) की पूर्ववर्ती आलोचनाओं का तत्त्वगुम्फित पुनराख्यान हुआ है, और इसके बाद तंत्रसाधना की रंगतवाला मानसिक त्रैलोक्य का त्रिपुरसुन्दरी द्वारा रसशास्त्रीय समन्वय हुआ है। अन्तिम आनन्द सर्ग में पुनः अकेला 'पुरुष' (मनु) 'चेतना पुरुष पुरातन' हो जाता है। इसमें शिवतत्त्व की सिद्धि तथा शिव-शक्ति का सामरस्य है। इसमें रहस्य सर्गवाली त्रिपुरसुन्दरी श्रद्धा के अतिरिक्त विश्वसुन्दरी प्रकृति है जो लासरास निरत है। यह एक फान्तासी है। इस तरह अन्तिम तीन सर्गों में यूतोपिया के विधानों, तथा **दिवास्वप्न** में इच्छापूर्ति (दर्शन), त्रिकोण का **प्रतीकात्मक** समन्वय (रहस्य) और आनन्द की **फान्तासी** (आनन्द)

का व्यवहार हुआ है। चेतना के ये निवेश 'कामायनी' की विचारधारा का सन्धान करते हैं। अब हम यूतोपिया की मानसिक निर्मितियों को प्राप्त करने की ओर अग्रसर हो सकते हैं। लेकिन इसके पहले एक बात शेष रह जाती है। इतिहास-बोध की दृष्टि से हमने संस्कृति के आधार पर जो सम्भावित विभाजन किया है उसके अन्तराल में मनु की चेतना भी झिलमिलाती है द्वन्द्व-रूपों में। हम देखतें हैं कि चिन्ता सर्ग से लेकर कर्म-सर्ग (और ईर्ष्या सर्ग के पूर्वार्द्ध) तक मनु की अतीत के प्रेतस्वप्न (नाइटमेयर्स) भय, मृत्यु, नियति के रूप में जकड़े रहते हैं। इसके बाद संघर्ष सर्ग तक वे वर्तमान में कर्मलीन, संघर्षरत, द्वन्द्वदग्ध रहते हैं। दर्शन से वे भविष्य (?) की ओर उन्मुख होते हैं जहाँ विश्रान्ति आनन्द एवं समरसता है। इड़ा सर्ग में पहुँचकर मनु अतीत से स्वयं को विच्छिन्न कर लेते हैं और संघर्ष सर्ग तक घोर वर्तमान में मौजूद रहते हैं। ईर्ष्या सर्ग में उनमें नवीनता के प्रति आज तक चला आ रहा कुतूहल लुप्त-सा हो जाता है। यही विलयन उन्हें आधुनिक संसार में ले आता है। इसके साथ हमें यह भी नहीं भूल जाना चाहिए कि वासना सर्ग तक मनु को अकेलापन, अपरिचय (अजनबीपन), चिन्ता, आत्मपरायापन सालता रहता है। निश्चित ही सुदूर अतीत एवं मध्यकाल में उन्होंने आधुनिक बोध के भारतीय अस्तित्ववाद की यंत्रणाओं का आत्मभोग किया था। जरा चिन्ता सर्गवाले छै अस्तित्व-बिम्बों को देखें : मृत्यु, प्रलय, अकेलापन, अस्तित्व, प्रकृति और नियति। हम जानते हैं कि प्रसाद के समय तक पश्चिमी अस्तित्वाद का प्रभाव कतई नहीं था। प्रसाद कियर्केगार्द या सार्त्र से भी अपरिचित थे। वास्तव में जब कभी भी अमूर्त्त तत्त्वों और मिथकीय चिरन्तनता की भूमिका पर अन्वीक्षा होती है तब जो महत्तम समस्या उभरती है, वह है अस्तित्व के बोध तथा घाव की ! 'कामायनी' अस्तित्ववादी बोध का पहला हिन्दी महाकाव्य भी है।

इसके बाद यूतोपिया की मानसिक निर्मितियाँ स्पष्ट हो सकती हैं।

● यूतोपिया में कई मानसिक निर्मितियाँ और प्रतीकात्मक संविकल्प हैं जिनका संस्कार तथा परिष्कार हुआ है। यूतोपिया-अध्येता समाजशास्त्री दार्शनिकों (–मानहाइम, रसेल, रिचर्ड गरवर आदि–) ने यूतोपियन मस्तिष्क की मानसिक निर्मितियों के दो भेद किए हैं :–विचारधारात्मक तथा कल्पलोकात्मक। विचारधारात्मक निर्मितियों का प्रयोजन मौजूद यथार्थता को कायम रखने के लिए प्रशंसा करना अथवा उसे बदलने के लिए निन्दा करना होता है। कल्पलोकात्मक निर्मितियाँ उस यथार्थता के परिवर्तन के हेतु संग्राहक क्रियात्मकता को प्रेरित करती है यदि वह परिवर्तन उनके आदर्शों के अनुरूप हो। इस प्रक्रिया में यूतोपिया-बोध के अन्तर्गत ये निर्मितियाँ यथार्थता का अतिक्रमण (ट्रांसेंड) करती हैं। इस तरह ये सामाजिक प्रक्रिया तथा मानसिक विकास के बीच सम्पर्कसूत्र बन जाती हैं।

यथार्थता का अतिक्रमण करने में अन्य रिनैसाँपरक यूतोपियाओं की तरह 'कामायनी' में भी जो निर्णय लिए गए हैं वे विरोधाभासपूर्ण तथा फान्तासीपरक हैं क्योंकि उनमें ऐतिहासिक विकास के चरण सामाजिक यथार्थता की भीषणता के सामने

डगमगाने लगते हैं। 'कामायनी' में भी रूसो की 'सोशल कांट्रेक्ट' नामक यूतोपिया की तरह–निरंकुशता (डेस्पाटिज़्म) की कठोर भर्त्सना की गई है लेकिन समाज परिवर्तन के लिए सामाजिक समझौते तथा सामाजिक उत्तरदायित्व के निषेध का मार्ग भी अपनाया गया है। वस्तुतः 'कामायनी' में समाज की प्रकृति को एक भीषणता एवं विषमता की नियति से जकड़ दिया गया है और मनुष्य, विशेषतः व्यक्ति की प्रकृति के रूपान्तरण के आदर्श के प्रति आस्था-विश्वास मजबूत किया गया है। इस नजरिए के कारण 'कामायनी' में सारस्वत देश के निर्माण के बाद मानस देश को वैसा ही सूना, बताया गया है। इसी वजह से प्रकृति और विवेक के समन्वय के बजाय प्रकृति और भाव का समन्वय हुआ है। प्रसाद का एक दूसरा लक्ष्य भी है। वे निरंकुश और अहंभोगी स्वतंत्रता के प्रखर विरोधी के रूप में प्रकट होते हैं (संघर्ष सर्ग, कर्म सर्ग) लेकिन वे व्यवस्था (आर्डर) के भी उतने ही प्रवीण समर्थक हैं। उनके समसमय के गुलाम भारत और उपनिवेशवादी व्यवस्था में निरंकुश प्रजापति का कालाशासन चल रहा था। अतः बैकुंठ को ढूँढ़नेवाले मध्यकालीन भक्तों की तरह उन्होंने भी व्यक्ति के नियमन को ही व्यवस्था का पर्याय बना डाला। सामाजिक परिवर्तन के अगले चरण को वे प्रस्तुत नहीं कर पाते। इसलिए उनकी 'व्यवस्था' की परिकल्पना में मानसिक त्रिलोक का एकीकरण (समन्वय) ही श्रेय है। इसी तरह उनकी स्वतंत्रता की परिकल्पना में व्यक्तिगत स्वतंत्रता का स्थान पुरुष (मानव) की मात्र नैतिक मुक्ति ले लेती है। अतएव नैतिक मुक्ति एवं त्रिलोक के समन्वय की निर्मितियों के द्वारा वे अपने समसमय की बहिर्गत यथार्थता का अतिक्रमण कर डालते हैं। 'कामायनी' का कैलास-समाज तथा समन्वित त्रिलोक ही प्रसाद की समाज तथा राज्य सम्बन्धी यूतोपिया का मॉडल बन जाते हैं जहाँ मानवीय अपूर्णताएँ विलुप्त हो जाती हैं। श्रद्धा सर्ग से मनु यथार्थता के नजदीक आना शुरू करते हैं और दर्शन सर्ग से यथार्थता का अतिक्रमण करने लगते हैं। अन्त में सम्पूर्ण 'कामायनी' का सूक्ष्म भाव या अनुभूति (रूपक, प्रतीक, अन्यापदेश रूप में) में अमूर्तीकरण एवं सारांशीकरण हो जाता है। मनु का पलायन यथार्थता से भागने से अधिक यथार्थता का अतिक्रमण है। समाजशास्त्रीय शब्दावली में प्रसाद के भोग-योगवादी बोध में पलायन का यह निजी हाशिया है। उनके बौद्धिक दृष्टिकोण में नियति की महत्तम भूमिका रही है जो घटनाओं की अनिवार्यता है। मनु का भागना मनु की इच्छा न होकर नियति है। कर्म सर्ग में मनु श्रद्धा को त्याग देते हैं क्योंकि वे संघर्ष करना चाहते हैं, नवीनता को प्राप्त करना चाहते हैं तथा परिवर्तन के बौद्धिक रिनैसाँ को भी समझना चाहते हैं। सारस्वत नगर में हमें पलायनवादी मनु के स्थान पर 'चिरमुक्त पुरुष' की धारणा मिलती है जो चिर बन्धनहीन है और झंझा की गति से बढ़ता है। सारस्वत नगर से मनु द्वन्द्व और संघर्ष में पराजित होकर 'भागते' हैं (किन्तु) हिमालय में पुनश्च चिन्ता करने के लिए। यहाँ प्रसाद का बौद्धिक दृष्टिकोण मनु को बैठा देता है अर्थात् वे हिमालय के शान्त तपोवन में रम जाते हैं। रहस्य सर्ग में वे सामाजिक प्रक्रियाओं के विषय में त्रिलोकों के माध्यम से (श्रद्धा मुख से) निर्णयों को प्राप्त करते हैं। इस तरह

प्रसाद ही मनु के माध्यम से व्यक्ति-स्वातंत्र्य वाले क्षयिष्णु स्वच्छन्दतावाद की स्वयंमेव आलोचना करते हैं, और स्वयं ही लोकोत्तर आत्ममुक्ति का व्यक्तिवादी दर्शन पुनश्च स्वीकार कर लेते हैं। इसका समाधान वे एक सामाजिक कमी के रूप में करने में अक्षम भी थे। अतः उनका व्यक्तिवादी समाधान एक मध्यकालीन तांत्रिक रूपक से प्रेरित रोमांटिक अन्तर्लोक है। उनके मनु को सामाजिक यथार्थता इन्द्रजाल-सी लगती है (ले चल इस छाया के बाहर मुझको दे न यहाँ रहने; या, भाग अरे मनु ! इन्द्रजाल से कितनी व्यथा न झेली है ?)।

● विचारधारात्मक रूप से मनु यथार्थता का प्रत्यक्षीकरण कैसे करते हैं, इसे कई प्रतीकात्मक संविकल्पों के द्वारा बेहद सफाई के साथ समझा जा सकता है। हम पहले 'ज्वाला' को लेते हैं। देवसृष्टि के समय पशुयज्ञों की पूर्णाहुति की ज्वाला उन्हें याद आती है मानो वही आज जलनिधि में प्रलय लहरों की माला बन गई है (चिन्ता सर्ग); आशा सर्ग में सागर तीर उनका अग्निहोत्र जलने लगता है जो कि कर्म सर्ग में फिर से वेदी पर ज्वाला की फेरी बनता है अर्थात् मनु भी पशु बलि करते हैं। मनु यज्ञ करते हैं, यज्ञ के बाद सोम का मादक पान करते हैं और सोमपान के बाद वे अन्तर्दाह में जलने लगते हैं। धूम कुंडल में उन्हें ज्वाला का 'वही' भयानक नाच दिखता है। श्रद्धा भी सोमपान करती है और उसके भी अधर मन की ज्वाला से सूखने लगते हैं। यही ज्वाला (ईर्ष्या सर्ग में) मनु की जलन बन जाती है। संघर्ष सर्ग में इड़ा मनु को याद दिलाती है कि जनता से उनका युद्ध एक सामूहिक बलि है (–नर बलि) जो 'उसी' धधकती वेदी ज्वाला की प्रतिध्वनि है। रहस्य सर्ग में जब श्रद्धा की स्मिति महाज्योति रेखा-सी त्रिकोण में दौड़ती है। तब उनके सहसा सम्बद्ध होने पर ज्वाला जागती है। लेकिन यह ज्वाला सुनहरी (रवि सोम चन्द्र के संयोगवाली) अर्थात् हिरण्यगर्भा है और शक्ति की तरंग है। इस ज्वाला ने स्वप्न, स्वाप तथा जागरण को भस्म करके इच्छा क्रियाज्ञान को मिलाकर लय कर दिया। इसके बाद ज्वाला बुझ जाती है। ज्वाला के बुझने पर यज्ञ और उसके साथ संलग्न वासना, विलासिता, हिंसा, सुख, प्रभुत्व आदि के व्यापार भी समाप्त हो जाते हैं। ज्वाला के बुझने पर प्रलय लहरें कोमल नर्तन करती हुई लहरें हो जाती है और धर्म का प्रतिनिधि वृषभ (पशु) सोमलता से आवृत्त हो जाता है। पहले सोम सुख और वासना की ओर ले जाता था। अब वह आनन्द और मोक्ष की ओर ले जाता है, इला को बाँध ले जाता है तथा काम को पूर्णकाम कर देता है।

ज्वाला-यज्ञ-सोम की त्रयी के साथ हम महाकाव्य में प्रकृति को भी गुँथा हुआ पाते हैं। सांख्य तथा शैवाद्वैत में प्रकृति और पुरुष के सम्बन्ध हैं। कवि ने अपने जीवन दर्शन के अनुरूप प्रकृति और नियति, प्रकृति और संसृति तथा प्रकृति और प्रलय के संयोग भी किए हैं। ये कवि के चिरन्तन प्रारब्ध-बोध (सेंस ऑफ ईटर्नल डेस्टिनी) के द्योतक हैं जिन्हें वह सामाजिक प्रारब्ध से भी महान, रहस्यमय, आकर्षणमय और कुतूहलमय मानता है। उनका यह दृष्टिकोण सारी 'कामायनी' की मिथकीय घटनाओं को एक अद्भुतवृत्त से बाँधता है तथा तर्कशीलता और सामाजिक विवेक को ही बना देता है।

'कामायनी' में प्रकृति भी संहार स्थिति और सृष्टि के नियतिचक्र से गुँथी है और जगत की सृष्टि का स्पन्दन अर्थात् उन्मेष प्रसरण एवं निमेष भी है। इस तरह प्रकृति-नियति-संसृति का चक्र भी एक ही केन्द्र का दूसरा वृत्त बनाता है। कथाचक्र के केन्द्र मनु के चारों ओर ये दोनों वृत्त घूमते हैं। इसका स्पष्टीकरण रहस्य सर्ग में कर्मचक्र और नियतिचक्र के उल्लेख द्वारा हो जाता है। इन वृत्त छल्लों की वजह से भी मनु कभी पुरुष हो जाते हैं, कभी पुरुष तत्त्व, कभी चेतन पुरुष पुरातन; तथा प्रकृति कभी माया हो जाती है, कभी शक्ति, कभी श्रद्धा, कभी लासरास निरत मानसी-गौरी और कभी विश्वसुन्दरी। चिन्ता सर्ग की प्रकृति पंचभूत के भैरव मिश्रण से भीषण तांडव करती है; देवता पराजित हो जाते हैं। लेकिन प्रकृति दुर्जेय रहती है। हाँ देवताओं के स्वायत्त दम्भ के कारण प्रकृति पदतल में विनम्र एवं विश्रान्त अवश्य हो जाती है। आशा सर्ग में प्रकृति प्रबुद्ध होती है और आवरण मुक्त हो जाती है। काम सर्ग में अनादि वासना रति अव्यक्त प्रकृति के उन्मीलन की चाह रखती है और प्रकृति लता में ही माधव का ह्रास फूटता है। माधव का सरस कुतूहल (लज्जा सर्ग में) सारी प्रकृति में अपनी छाया-माया के साथ फैलता हुआ नारी को कुतूहल से बाँध लेता है। इसके पहले आशा सर्ग में प्रकृति संसृति का सन्देश देते हुए श्रद्धा कह चुकी होती है कि प्रकृति के यौवन का शृंगार वासी फूल नहीं करते। अतः मनु को सुमन (पंचपुष्पबाण) के सुन्दर खेल खेलने चाहिए। संघर्ष सर्ग में जब भीषण नरसंहार की भूमिका प्रस्तुत होती है तब मनु दुर्धर्ष प्रकृति तक के कम्पन को अपने हृदय मंथन से क्षुद्र बताते हैं। मनु को पुनः जलप्लावनवाली प्रकृति याद आती है। इस सर्ग में प्रकृति के साथ मनुष्य के निरन्तर संघर्ष के प्राणिशास्त्रीय दृष्टिकोण को स्वीकार किया गया है (प्रकृति संग संघर्ष निरन्तर अब कैसा डर ?)। इड़ा मनु से कहती है कि उसने ही उन्हें प्रकृति के संग संघर्ष सिखाया है। ऐसा प्रतीत होता है कि पुनः सारस्वत नगर में जो एक रुद्र तांडव हुआ उसमें प्रकृति तथा प्रजा एक तरफ हो गई, तथा मनु अकेले पड़ गए (तो फिर मैं हूँ आज अकेला जीवन रण में)। आनन्द सर्ग में आकर चिन्ता सर्ग के ठीक कंट्रास्ट में चारों ओर व्याप्त लासरास में मांसल होकर कल्याणी प्रकृति हँस उठती है, पुरुष पुरातन की तरह हिमालय पर्वत स्पन्दित हो उठता है। प्रलय वाली लहरें कोमल नर्तन करने लगती हैं, चिन्ता सर्गवाले हिमालय के जड़ हिमखंड रश्मिमंडित हो जाते हैं तथा विश्वसुन्दरी प्रकृति संसृतिधर्मा हो जाती है। अलौकिक परिवेशवाली यह प्रकृति मानो काम सर्ग की मानवीय परिवेशवाली प्रकृति की ही दिव्य उदात्त परिणति है।

कवि ने प्रकृति की 'शक्ति' को भी विचारधारात्मक रूप दिए हैं। आनन्द सर्ग में प्रकृति शिव की 'शक्ति' हो जाती है। यही विमर्श 'शक्ति' शोभा भी है और कर्म भी। यह शक्ति का अन्तर्मुखी आह्लाद वाला आयाम है। इसका दूसरा आयाम यज्ञ की ज्वाला से जुड़ा है जो, सारस्वत नगर में (यज्ञ के सामूहिक बलि में बदलते ही) शक्ति-संघर्ष हो उठता है। यदि यज्ञज्वाला से वासना और सुख और प्रभुत्व उत्पन्न होते हैं तो संघर्ष ज्वाला से श्रम और यंत्र और शोषण फैलता है। हमें इन दोनों आयामों के अन्तरों

का ध्यान पूरे महाकाव्य में रखना चाहिए, अन्यथा अर्थान्तरन्यास हो सकता है। प्रसाद के वर्गीय विरोधाभासों को स्पष्ट करने के लिए 'शक्ति' की धारणा महत्त्वपूर्ण है। वे शक्ति का लावण्ययुक्त रूप और अतिचारी स्वरूप, दोनों ही प्रस्तुत करते हैं। वे देवताओं को प्रकृति का शक्तिचिन्ह मानते हैं जो विराट् के सामने निबल रहे (आशा सर्ग)। मानव सन्दर्भ में वे शक्ति और विजय का योग करते हैं (शक्तिशाली हो विजयी बनो)। शक्ति के बिखरे और व्यस्त विद्युत्कणों का समन्वय करके मानवता विजयिनी हो सकती है। यह प्रसाद का निजी बोध है जिसके अनुसार देव-असफलताएँ विषमता से उत्पन्न हुई थीं और भावी मानव-सफलताएँ अर्थात् विजएँ समन्वय (समरसता) पर आश्रित हैं। यह सफलता कर्म के भोग तथा भोग के कर्म से प्राप्त होगी क्योंकि यह जड़ (मनुष्य) का चेतन आनन्द है (श्रद्धा सर्ग)। इस कर्म और भोग का अन्तर-आरोप मय धारण यज्ञ के द्वारा न होकर कर्म एवं काम के द्वारा होगा। प्रसाद ने 'मूलशक्ति' की धारणा प्रस्तुत की है जो प्रेमकला है (यह लीला जिसकी विकस चली वह मूलशक्ति थी प्रेमकला) अर्थात् जिसमें रति एवं काम का मिलन है। मनु काम को जगत की ज्वालाओं का मूल अभिशाप समझते हैं क्योंकि देवों के कामातिचार के कारण ही प्रलय हुआ। लेकिन श्रद्धा काम को ईश का रहस्यवरदान तथा विश्व का अभिराम उन्मीलन बताती है। मनु को अब भान होता है कि अनादि वासना तो मधुर प्राकृतिक भूख समान है और रतिरूप में वह आकर्षण बन हँसती है तथा तरल वासना हो जाती है (जो आकर्षण बन हँसती थी रति थी अनादि वासना वही, जाग उठी थी तरल वासना मिली रही मादकता)। काम तृष्णा विकसित करता है तो रति तृप्ति दिखाती है। इस तरह प्रसाद ने रति-काम युग्म से मूलशक्ति की धारणा का विकास किया। कालिदास ने भी काम और रति, दोनों को 'आतुर उत्कंठित' कहा है (मात्कवि. 3.15.)। प्रसाद ने काम सर्ग में इसी को अपनी व्याख्या की है। रति की लीला को पुरुष एवं नारी में स्पष्ट करने के लिए क्रमशः वासना और लज्जा सर्गों का विन्यास हुआ है। प्रसाद का प्रेमकला का भाष्य यही है जो उनके सम्पूर्ण कृतित्व में ज्योतिर्मान है। इस तरह शक्ति के लावण्ययुक्त रूप के आयाम की व्याख्या यह है। किन्तु दूसरे आयाम का आरम्भ इस अमोघ शक्ति के संकुचन से होता है (इड़ा सर्गः 'संकुचित असीम अमोघ शक्ति')। इस आयाम में मूलशक्ति के स्थान पर 'महाशक्ति' की धारणा मिलती है जिसे राग, नियति, विद्या, कला और काल के पाँच कंचुक बाँध लेते हैं। यह शैवाद्वैतवादी प्रतीक धारणा तो है किन्तु अस्तित्ववादी मनुष्य की यथावत्ता का निर्धारण भी कर देती है। इसका रूपान्तरण राजनैतिक शक्ति के रूप में होता है (स्वप्न, संघर्ष सर्ग)। पूर्ववर्ती मनोदार्शनिक आयाम के मुकाबले यहाँ प्रसाद स्वयं काँपकर निर्बल हो जाते हैं। इस शक्ति को जनता (प्रजा) के हाथ में आज नहीं दे पाते। वे संघर्ष सर्ग की फ्रांसीसी क्रान्ति जैसी वर्ग-संघर्षवाली भूमिका में अपने गहरे विक्षोभ तथा वर्गीय चरित्र के कारण इस जनशक्ति को असुर नेताओं (किलात आकुलि) के हाथ सौंप देते हैं और इस तरह अपनी यूतोपिया के एक विराट् सामाजिक प्रारब्ध को पथभ्रष्ट कर देते हैं। यह प्रसाद की खेदपूर्ण विचारधारात्मक परिस्थिति है। शायद

उनके अनुसार सारस्वत नगर की भौतिक सभ्यता तथा वैज्ञानिक संस्कृति में शक्ति के विद्युत्कण पुनः बिखर गए हैं। ठीक हो सकता है। किन्तु मानवता की विजय इसके सामूहिक कल्याणकारी अधिकार द्वारा ही हो सकती है। प्रसाद इस शक्ति के समन्वय का आधुनिक प्रारूप नहीं दे पाते। काम और रति के मनोदार्शनिक समन्वयवाला प्रारूप सामूहिक क्रियात्मकता और सामूहिक परिवर्तन में लागू नहीं हो सकता था। इसे वे जानते थे। अतः यूतोपिया 'कामायनी' में यह शक्ति मरण पर्व से आगे जीवन पर्व का उत्सव नहीं मना पाती। अतः निर्वेद सर्ग में हम देखते हैं कि युद्ध और संहार और खंडहर पर बैठी हुई इड़ा ग्लानि से भरी हुई अग्निशिखा-सी धधक रही है। यही नहीं, आधुनिक युग, आधुनिक नगर तथा आधुनिक राज्य और समाज भी अतीत एवं सपना बन जाते हैं। (आज पड़ा है वह (मनु) मुमूर्ष-सा वह अतीत बन सपना था)। क्या सामाजिक प्रक्रिया के प्रति प्रसाद का बौद्धिक दृष्टिकोण यह है ? अतएव उनके सामने कोई दूसरा विकल्प ही नहीं है कि वे पुनः चेतन पुरुष पुरातन की ओर लौटकर उसे निज शक्ति से तरंगायित करें और एक अमूर्त विश्व-चेतना को पुनः पूर्णकाम की प्रतिमा बना दें। उन्होंने यही किया। विश्वकमल का तांत्रिक रूपक लेकर शक्ति के अणु-अणु को आनन्द सुधा के रस में छलका दिया। 'कामायनी' के अन्त में हम यह भी पाते हैं कि हिमालय के शान्त तपोवन अर्थात् एक मध्यकालीन दार्शनिक लोक में जगत की ज्वाला से अति झुलसकर मनु आ जाते हैं। उनके पीछे उनकी अर्धांगिनी भी जगमंगल के लिए आती हैं। वे युगल अब वहीं बैठे-बैठे संसृति की सेवा करते हैं (जगत से बाहर आकर !)। वहाँ मन की प्यास बुझानेवाला मानसरोवर है। सारस्वत नगर के निवासी अपने व्यर्थ, रिक्त जीवन घट को पीयूष-जल से भरने वहाँ आते हैं। कवि के इस पारदर्शी विरोधाभास पर किसी टिप्पणी की अपेक्षा ही क्या है !

● अन्तर्मुखी ढंग से प्रसाद का लक्ष्य है कि मनुष्य की इच्छाएँ पूरी हों। इसके लिए इच्छा, क्रिया और ज्ञान का समन्वय आवश्यक है तथा समाज में सुख और हिंसा और भौतिकता और वासना की विषमता का न होना भी अनिवार्य है। वे चाहते हैं कि रामराज्य की तरह एक ऐसा समाज हो जहाँ कोई शापित-तापित-पापयुक्त न हो, जहाँ समरसता हो, जहाँ आनन्द हो, जहाँ भौतिकता न हो और जहाँ विश्वकल्याण करुणा से मानवता विजयिनी हो जाए। यह सर्वथा उचित है। लेकिन क्यों ? कैसे ? कहाँ ? किस प्रकार ? किस 'मानवता' के लिए ये आदर्श हैं ? इन सवालों के उत्तरों में ही उनके मानसिक विकास, उनकी जीवनधारा, उनके यूतोपियन मस्तिष्क और सामाजिक यथार्थता के प्रति उनका बौद्धिक दृष्टिकोण भी उद्घाटित होता है। उन्होंने स्वयं भी इच्छा, क्रिया और ज्ञान को क्रमशः कर्म सर्ग, संघर्ष सर्ग और इड़ा सर्ग में आधुनिक पटल पर उभारा है और स्वयं ही रहस्य सर्ग के तीनों पृथक लोकों में इनकी प्रतीकात्मक-दार्शनिक-मनोवैज्ञानिक अन्तर्मुखी कटु आलोचना की है। इस त्रयणुक क्रान्ति में कुतूहल के रूप में स्वयं उन्होंने ही अपनी बौद्धिक एवं भावात्मक जिज्ञासा को भी प्रकाशित किया है। लेकिन उनका यह प्रकाश दीपन रोमांटिक और अन्तर्मुखी है। अलबत्ता हम इसे घोर

अहं पूजक व्यक्तिवादी दीपन नहीं कह सकते। ये आलोचनाएँ उनकी यूतोपिया की भूमिकाएँ हैं।

पहले कुतूहल को लें। आशा सर्ग में विराट् को देखकर उनमें कुतूहल परक 'कौन' प्रश्न उठता है और वे ब्रह्मांड को गति देनेवाले, प्रलय-सा भ्रूभंग करनेवाले को जानना चाहते हैं जिसका सन्धान नक्षत्र और विद्युत्कण करते हैं, जिसके रस से वनस्पति सिंचती है, जो अनन्त रमणीय है। अर्थात् वह 'कौन' विराट् सत्य, शिव और सुन्दर है। इसी के साथ-साथ उनमें अस्तित्वबोध–"मैं हूँ !" जाग्रत होता है। आशा सर्ग का यह उन्मेष ऋचात्मक है। इसका दूसरा चरण वासना सर्ग में है जिसमें मनु सुन्दरी श्रद्धा के आकर्षण को 'कुछ' 'क्या' 'कहीं' 'कैसा' 'कौन' आदि के प्रश्नों से अनिर्वचनीय अनुभव के रूप में प्रकट करते हैं। यह कौतूहल विराट् का न होकर रति का है। श्रद्धा के प्रति उनका यह कुतूहल प्रेमकला का भाष्य है (कौन-गा रहा यह सुन्दर संगीत ? कुतूहल रह न सका फिर मौन)। यही काम-रहस्य लज्जा सर्ग में उन्मिषित होता है जब रतिरूपा नारी लज्जा से पूछती है कि तुम कौन बढ़ती आ रही हो ? तुम कौन हो जो हृदय की सारी स्वच्छन्दता छीन रही हो ? स्वप्न सर्ग में प्रजापति बनने के बाद मनु इड़ा से भी (श्रद्धा से जैसा) प्रश्न पूछते हैं कि तुम किसकी हो और ये जन किसके हैं ? यह एक महान सामाजिक और राष्ट्रीय प्रश्न है जो निरंकुश, प्रभुत्वदम्भ में चूर और नियामक प्रजापति के अतिचार को अपने अन्तर्विरोधों के साथ प्रस्तुत करता है। यही कुतूहल (रहस्य सर्ग) मनु की अन्तर्यात्रा में पुनः उत्पन्न होता है जब वे श्रद्धा से पूछते हैं कि अब मुझको कहाँ ले चली हो ? त्रिदिक् विश्व के आलोक बिन्दुओं को देखकर वे श्रद्धा से पुनः पूछते हैं कि मुझे बताओ कि ये कौन नए ग्रह हैं और मैं किस लोक के बीच पहुँचा हूँ ? हम देखते हैं कि प्रसाद ने यह सारी प्रश्नमाला मनु के मुख से ही मुखर की है और ये सभी दर्शनशास्त्र की तात्त्विक समस्याएँ हैं। प्रसाद ने इनका समाधान तो अन्तर्लोक में कर दिया है लेकिन बहिर्लोक में इन्हें विषम, भीषण, क्रूर, द्वन्द्वपूर्ण तथा भेदपूर्ण सिद्ध किया है। यहाँ सामाजिक प्रक्रिया तथा मानसिक विकास, सामाजिक यथार्थता तथा अन्तर्मुखी आह्लाद, सामाजिक धारा तथा यूतोपियन मस्तिष्क के बीच भयंकर खाई है। कवि की सामाजिक पक्षवाली पकड़ बिखरती जाती है। और वह यथार्थता का वांछित अतिक्रमण करने की विचारधारा की सार्थकता का आत्मतर्क करके आत्मछल कर डालता है। इसीलिए कवि प्रकृति (सामाजिक परियोजनाओं के हेतु) और नियति (उनके प्रारब्ध के हेतु) के ध्रुवान्तों में तेजी से दौड़ने लगता है। इन कुतूहल प्रश्नों से यह स्पष्ट हो जाता है कि कवि का ब्रह्मांड (यूनिवर्स) न्यूटन, कोपर्निकस, मार्क्स, डार्विन और आइंस्टाइन वाला न होकर रहस्यात्मक (त्रिपुर), धार्मिक (आनन्द कैलाश) और सौन्दर्य तात्त्विक (विश्वसुन्दरी प्रकृति) है। इसीलिए उसे फान्तासियों की रचना के मौके मिले और वह कथासृष्टि में रूपक तत्त्व (बीच-बीच में) संलग्न करता चला गया।

यज्ञ के बजाय काम एवं कर्म की ओर प्रयाण वस्तुतः एक दूसरी संस्कृति में अनुप्रवेश है जिसमें इच्छा प्रधान है। यूँ 'कामायनी' में इच्छा ही केन्द्र है (श्रद्धा रूप में)।

इसका परिणाम ही श्रेय है (काम मंगल से मंडित श्रेय सर्ग इच्छा का है परिणाम)। यही नई इच्छा मनु को श्रद्धा की ओर खींचती लाती है; और यही इच्छा तत्त्व रूप में शब्द-स्पर्श-रस-रूप-गंध का पान है। यह मादकता की लहर उठाती है; यह जीवन की मध्यभूमि के रूप में नव रसधारा से सिंचित होती है। इस लोक में संसृति भावचक्र चलाती है और यहाँ मनोमय विश्व है। इसी लोक की भावभूमि पुण्य तथा पाप की जननी है। सर्ग इच्छा से लेकर रहस्य-लोक तक की इच्छा के निरूपण में इच्छा के प्रति प्रसाद उदार रहे हैं। कर्म लोक में उन्होंने कर्म सर्ग तथा संघर्ष सर्ग की सारतात्त्विक दुःखद आलोचना की है। यह कर्म देश धुएँ की धारा-सा मलिन है और यहाँ सारस्वत नगर के अनुभवों का संचित क्रियातंत्र है जो यंत्र के निर्माण द्वारा श्रम, कोलाहल, पीड़न, प्रवर्तन फैलाता है। इस लोक में गर्व और हिंसा है। यहाँ भौतिक जीवन की हलचल है। यहाँ असन्तोष, तृष्णा, वासना है और यहाँ संघर्ष-विफलतावाला कोलाहल का राज्य है। यहाँ भूख से पद्दलित लोग हैं और शासनादेशघोषणाएँ उन पर विजयों की हुँकार सुनाती हैं। यहाँ वैभव और यश की लालसा के कारण अपराध फैलते हैं। कर्म सर्ग में यज्ञ के कारण जो सुख और हिंसा और अहं का पोषण हुआ था; तथा संघर्ष सर्ग में जो भौतिक हलचल और विप्लव हुआ था, उसको कवि ने रहस्य सर्ग में त्रिलोक की धारणाओं में लिपिबद्ध कर दिया है। इसी तरह इस सर्ग के ज्ञान लोक में हम निर्मम न्याय तथा बुद्धिचक्र को पाते हैं। यहाँ सूखापन है और जीवन रस अछूता है। यहाँ सामंजस्य के प्रयास विषमता फैलाते हैं और यहाँ के विज्ञान भरे अनुशासन क्षण-क्षण में परिवर्तनशील हैं। सारांश में, इन तीनों की भिन्नता की वजह से मन की इच्छा 'पूरी' नहीं हो पाती। इस भाष्य में आधुनिक समयोजना (कोआर्डिनेशन) की विधि को कवि ने मध्यकालीन तांत्रिक एवं यौगिक प्रतीकों के द्वारा सम्पन्न कराया है जो एक अन्तर्मुखी संविकल्प है–अयथार्थ, मनोकल्पित, असम्भव तथा मध्यकालीन ! त्रिलोकों की यह मीमांसा कवि के चिन्तन-रूपाकारों (थॉट पैटर्न्स) का निष्कर्ष देती है। किन्तु हम तो कवि की पक्षधरता को भी परखना चाहेंगे जो कथा-चक्र में उद्घाटित होती। अस्तु।

● (i) विश्व क्या है ? और मनुष्य क्या है ?

प्रसाद की कल्पनावाला ब्रह्मांड विराट, अनन्त रमणीय और एक मधुर रहस्य है। यह ब्रह्मांड रहस्यात्मक, धार्मिक और सौन्दर्यतात्त्विक है। भौतिकता और बौद्धिकता, समाज और राष्ट्र इसके विषम रूप हैं। तब तो यह विश्व बड़ा ही अमूर्त तथा अन्तर्मुखी हो जाता है। कवि विश्व को एक बन्धनहीन परिवर्तन मानता है जो रूप बदलता रहता है। उन्मुक्त विश्व का शून्य एवं चीत्कार भरा नर्तन गतिमय होता चला जाता है। इस विश्व जीवन में अभिशाप है, और अभिशाप में ताप भरा है। लेकिन जनता के मन में तो यह पुकार-सी फैल गई है कि विश्व एक नियम से बँधा है। लेकिन मनुष्य (मनु) मानता है कि वह स्वयं चिर-बन्धनहीन है और महानाशवाले सृष्टि के बीच के एक क्षण में भी वह अपनी चेतनता की तुष्टि माँगता है (संघर्ष सर्ग)। इस तरह विश्व की यह धारणा अवैज्ञानिक है, तथा इसके अनुसार जनता बनाम नियामक, नेता बनाम समाज

परस्पर विरोधी हो जाते हैं। इस गतिमय उन्मुक्त विश्व में व्यक्ति (मनु) परतंत्र नहीं रहना चाहता अर्थात् वह समाज का विनाश करके भी अपने क्षण की तुष्टि करने को स्वतंत्र है। श्रद्धा के अनुसार एक ओर यह जग उदार है तो दूसरी ओर तम का नींद जाल ओढ़े हुए सोता है। इसमें बुद्धि के अनुशासनवाला परिवर्तन अमंगल है (दर्शन) क्योंकि वह (इड़ा) जीवन की अन्धानुरक्ति है। यही विश्व कर्मलोक है (रहस्य मार्ग)।

(ii) और मनुष्य क्या है ?

इड़ा कहती है कि यह मनुष्य-आकार अपने आवरणों में निर्मित चेतना का एक विकसित विश्व है (संघर्ष)। इसलिए प्रसाद इसी विश्व को केन्द्र मान लेते हैं, इड़ा से असहमत होते हुए भी। इस मनुष्य कि चिति-केन्द्रों में चलनेवाला संघर्ष द्वयता का भाव भरता है। यहाँ स्पर्धा में केवल उत्तम मनुष्य ही बचे रहते हैं। वर्ग-केन्द्रों के संघर्ष के बजाय चिति-केन्द्रों के संघर्ष के कारण व्यक्ति चेतना-सी है और मनु इसीलिए रागपूर्ण होकर भी द्वेष-पंक में सने हैं। बुद्धि की साधना जीवन को केवल उपयोगवादी मानता है। इस बोध के कारण 'अपनेपन' के सुख की आराधना होती है। मानवतावादी प्रसाद अपने में सब कुछ भर करके व्यक्ति के विकास के (कर्म) तथा निर्बाधित अधिकार भोगने (संघर्ष) के विरोधी हैं। यहाँ उनकी श्रेष्ठ प्रगतिगामी चेतना है। इसका प्रसरण उन्होंने मनु के द्वन्द्वों में किया है। मनु के मन में जब अभाव जागते हैं–और वे 'वर्तमान जीवन के सुख से योग जहाँ होता है' तब जागते हैं–तब मनु प्राणों के रिक्त अंश को मादकता से भरने लगते हैं (कर्म)। यह केवल प्रसाद के नायक (पुरुष) का चिरपरिचित रोमांटिक विकल्प है। फलतः मनु में स्नेह का तीव्र अन्तर्दाह होता है और वह उद्दाम तरल वासना में धधक उठता है। यहाँ सुख का जन्म है। मनु कहते हैं कि अपना सुख ही स्वर्ग है और अभाव ही स्वर्ग बन जाता है। अभाव का बोध वर्तमान है। इस तरह कर्म सर्ग में मनु में पहली बार वर्तमान बोध अँगड़ाई लेता है। उन्हें सारी संसृति विरह भरी, एवं निराशा का क्षितिज सदा रक्त प्रतीत होती है। वे स्वीकार करते हैं कि अतीत सुन्दर सपना हो जाता है तथा सारा वर्तमान रोकर बीतता है। इस वर्तमान बोध में मस्तिष्क-हृदय का राग-विराग का विरुद्ध भाव है (इड़ा)। वर्तमान से वंचित होकर मनु अपने भविष्य में भी रुद्ध रहते हैं। (इड़ा)। इस तरह मनु के पास इतिहास नहीं शेष रहता। अतः वे शाश्वत् कालातीत त्रिलोक का अन्तर्दर्शन करते हैं। आत्मचिन्तक मनु का यह रूप एकान्तिक स्वच्छन्दतावादी है। उनमें आधुनिक का बोध जागता है। वे स्वयं से वार्तालाप करते हुए कहते हैं कि तुम ही अपने सहाय हो; प्रकृति के रहस्य पटल को विज्ञान के सहज साधन उपायों से खोलते चलो; तुम केवल बुद्धि के कहे को मानो तथा सबका शासन नियमन करते हुए बढ़ते चलो (इड़ा)। इस तरह प्राकृतिक मनुष्य एक आधुनिक समाज का प्रशासक हो जाता है। मनु स्वयं कहते हैं कि जब मैंने बुद्धिवाद को अपना लिया है तब मैं सहज रूप से बढ़ा। अब जीवन केवल कर्मों की पुकार बन जाए ताकि सुख-साधन का द्वार खुला रहे। लेकिन नगर-राज्य के महानृपवादी संविधान को बनानेवाले मनु गणतंत्रवादी कतई नहीं है। अतः मनु के माध्यम से प्राप्त आधुनिक

समाज और राज्य के प्रारब्ध सम्बन्धी निर्णय भी अप्रामाणिक हैं। मनु में रोमांटिक नायक पुकार उठता है कि प्रजापति होकर भी क्या मेरी अभिलाषा अपूर्ण रहे ? क्या मैं कुछ भी न पाऊँ ? क्या मुझे केवल ज्ञान देकर इड़ा जीवित रह सकती है ? (संघर्ष)। इड़ा बताती है कि विश्व एक लय है, नियम से बँधा है। वह ठीक कहती है। लेकिन मनु पूछते हैं कि मैं उसमें लीन क्यों होऊँ ? इसमें क्या सुख धरा है ? मनु कहते हैं कि मैं शासक हूँ। मैं चिर स्वतंत्र हूँ, मेरा अधिकार इड़ारानी पर भी असीम होना चाहिए। भले ही सकल व्यवस्था अतल में अभी डूब जाए। इस व्याख्या में प्रसाद बहिर्गत यथार्थता अर्थात् अपने समय के उपनिवेशवादी सामंतवादी भारत में शोषक, प्रजापति (जमींदार), शासक (अंग्रेज) के चरित्र को प्रतिनिधित्व देते हैं। लेकिन आतंकवादी मनु एक असामाजिक, अहंदम्भी तथा निजी अधिकारों के भोगनेवाले तानाशाह हैं। इसलिए ऐसे मनु के द्वारा ध्वस्त सारस्वत नगर पदललित जनता की भी असफलता नहीं होगा। इन राजनैतिक संवादों के बाद नृपतंत्रवादी मनु को निर्वासित कराकर प्रसाद को पुनः इड़ा और जनता के बीच के प्रजातंत्र की नींव रखनी चाहिए थी। ये असफलताएँ, अव्यवस्था सत्ताधारी मनु की है। इस मनु के अनुभव में उपनिवेशवादी सामन्तवादी गुलाम राष्ट्र तथा राज्य के अनुभवों का आक्षेप है। अतः प्रसाद एक स्वतंत्र, प्रजातांत्रिक क्रान्तिकारी समाज-परिवर्तन और आधुनिक गणतंत्र का मॉडल नहीं दे पाए।

(iii) प्रजा क्या है ?

स्वप्न और संघर्ष सर्ग में प्रजा आती है। प्राचीन भारतीय गणतंत्रों की दुनिया में मुग्ध रहनेवाले प्रसाद प्रजा को क्रान्ति की वरदान बेला में भी राष्ट्र-स्वामिनी की आज्ञाकारिणी बनाए रखते हैं। जो राजद्वार पर अवरुद्ध खड़ी है। वे प्रजा और पुत्र और जनता के बीच भेद नहीं कर पाते क्योंकि इन दोनों सर्गों में ये दोनों राजनीतिक धारणाएँ घुलमिल गई हैं। यही मेल सारस्वत नगर में हुआ है जिसका शासक आतंक से शासन करनेवाला और प्रजापति है; और जिसकी व्यवस्था शोषण तथा सुख पर टिकी है। 'कामायनी' की समाप्ति के दौरान (1926-35) प्रजा जनता भी हो चली थी। कवि ने इसका थोड़ा अनुभव करके लिखा भी, 'प्रजा आज कुछ और सोचती अब तक जो अविरुद्ध रही'। यह फ्रांसीसी क्रान्ति या बोल्शेविक क्रान्ति की रक्तरंजित छाया से झिलमिल स्थिति भी हो सकती है। कवि अपने इतिहास-ज्ञान के अन्वेषण द्वारा औद्योगिक समाज के चार स्तम्भों का जिक्र भी करता है। इस समाज में विज्ञानमयी अभिलाषा तेजगति से विकास करती है, जीवन की असीम (आर्थिक) आशाएँ बढ़ती जाती हैं, सत्ताधारी वर्ग अधिकारों की सृष्टि करके उनकी मोहमयी माया में बँधता है तथा कभी न जुड़नेवाली वर्गों की खाई फैलाती जाती है। मनु राजद्वार बन्द करवाते हैं। वे राष्ट्र स्वामिनी (राष्ट्रशक्ति) का अपहरण करके उसका भोग करना चाहते हैं। अतः वे भीषण नरसंहार करते हैं। देश में यही परिस्थिति 'कर्मभूमि', 'रंगभूमि', 'गोदान' में भी प्रतिबिम्बित हो रही थी। संवेदनशील प्रसाद भी इससे अछूते नहीं थे। 'तितली' में वे भी वर्तमान के अभाव का साक्षात्कार करते हैं। लेकिन वे आगे न चलकर रोमानी

या मध्यकालीन यूतोपियाओं में भटक जाते हैं।

(iv) शासक ने क्या किया और जनता ने क्या पाया ?

शासक ने राष्ट्रस्वामिनी और जनपद कल्याणी राष्ट्र शक्ति (इड़ा) के साथ बलात्कार किया लेकिन शासक राजदंड लेकर यह भी बताता है कि उसने क्या किया : शासक ने तृप्तिकर सकल सुख के साधन बताए, श्रमविभाजन किया और वर्ग बनाए; शासक जनता को पशु-अवस्था और वन्य-समाज से निकालकर पूँजीवादी समाज में ले आया है (संघर्ष)। इन दावों पर उत्तर जनता देती है : तुमने हमें अधिक संचयवाला लोभ सिखाया (निजी-सम्पत्ति); तुमने यंत्रों से हमारी प्रकृति-शक्ति छीन ली तथा शोषण करके जीवनी को जर्जर बना दिया; तुमने हमारे बल पर जिन्दा रहकर भी इड़ा पर यह अत्याचार किया है। अतः ओ यायावर ! अब तुम्हारा निस्तार कहाँ है ? अकेले मनु जनता से भयंकर युद्ध करते हैं; जनता को 'प्रकृति के पुतलों का भीषण दल' कहते हैं। भीषण नरसंहार होता है। जनता यही प्राप्त करती है। प्रसाद का राजनीतिक विश्लेषण इस स्थल में सर्वोच्च शिखर पर है। किन्तु इड़ा के बजाय आकुलि-किलात को नेता बनाकर वे अनजाने ही भयंकर प्रतिक्रियावादी और जनविरोधी वृत्ति का मेल भी कर डालते हैं। यह प्रसाद का एक त्रासद अन्तर्विरोध है।

(v) नया शापित प्रजातंत्र कैसा है ?

इस प्रजातंत्र में तथाकथित 'उत्तम मनुष्य' (मनु) ही स्वतंत्र बनने को तैयार है लेकिन वह सारा कलुष औरों पर ढालकर अपना अलग तंत्र रखता है। उसने जलन तथा वासना को जीवन-भ्रम में पहला स्थान दिया है और प्राणमयी ज्वाला का प्रकाश ग्रहण नहीं किया है। इस प्रजातंत्र में अनजान समस्याएँ उठती हैं, एकता नष्ट होती है, भेद बढ़ता है, दुःख मिलता है, तुष्टि सदा दूर रहती है, अनन्त कोलाहल-कलह चलता है और दृष्टि संकुचित हो जाती है। आधुनिक सभ्यता की यह एक सशक्त आलोचना है। इस सभ्यता की आधुनिक संस्कृति में जीवन-नद हाहाकार भरा है जिसमें पीड़ा-तरंगें उठती हैं, लालसा भरा यौवन सूख जाता है, नए सन्देह उत्पन्न होते हैं, स्वजनों का विरोध फैलता है, शस्यश्यामला प्रकृति दलित दारिद्रय बिखराती है और मनुष्य तृष्णा-ज्वाला का पतंग बन जाता है (इड़ा)। इस समाज में वर्गों की खाई बढ़ती जाती है। कवि इस संस्कृति में इड़ा, काम तथा श्रद्धा की भूमिका की संरचना करता है। इड़ा एक हाथ में जीवन-रस सार भरा कर्मकलश लिए है तथा दूसरे हाथ से विचारों के नभ को थामे है। वह राष्ट्रस्वामिनी तथा जनपद-कल्याणी है किन्तु उसके जनपद में लोग लालसा-घूँट पिए हुए मत्त हैं (दर्शन)। श्रद्धा के अनुसार इड़ा जीवन की अन्धानुरक्ति है और उसने चेतना का भौतिक विभाग करके जग को बाँट दिया। इड़ा के प्रतीक को यदि हम इन रूपकों के परिवेश में स्वीकार कर लें तो यह कार्य इड़ा का न होकर इड़ा को वश में करनेवाले शासक और सुखभोगी मनु का है। इस प्रजातंत्र में श्रद्धा की भूमिका–कवि के अनुसार एक विस्मृति है। सुख साधन में बीतनेवाले कुछ क्षणों के लिए मनु उस पूर्ण आत्मविश्वास-रूप को भूल जाते हैं। विशुद्ध विश्वासमयी श्रद्धा इस संसृति का मूल है।

मनु को श्रद्धा ने रम्य सौन्दर्य तथा परहित का बोध दिया है, उनके पशु हृदय को संवेदनमय बनाया है तथा जीवन की चिर अतृप्ति में सन्तोष भरा है। यही श्रद्धा अन्त में निर्विकार मातृमूर्ति हो जाती है (यह मातृमूर्ति है निर्विकार)। सबसे अन्त में वह पूर्णकाम की प्रतिमा हो जाती है (आनन्द)। वस्तुतः यह उनकी इच्छा का नारीत्वकरण है।

(vi) इस प्रजातंत्र में नियम (लॉ) और न्याय (जस्टिस) का क्या स्वरूप है ?

प्रसाद ने 'कामायनी' में नियम के विचार को नियति और सृष्टि से जोड़ा है। उनका यह नियम नियति के रूप ब्रह्मांड पर भी लागू होता है (वरुण आदि सब घूमते रहे हैं किसके शासन में अम्लान।)। लेकिन जहाँ शक्ति है वहाँ सीमा के टूटने की अराजकतावादी प्रवृत्ति है। प्रसाद नियति और श्रद्धा की कान्त कोमल मैत्री कराने की ओर भी उन्मुख होते हैं। लेकिन नियति एक अलौकिक न्यायविधान के रूप में (संघर्ष सर्ग में) प्रकृति के द्वारा मनु के सारस्वत-नगर के नियम-तंत्र को भी तहस-नहस कर देती है। इस तरह एक 'चिरन्तन व्यवस्था' दुबारा कायम हो जाती है। प्रसाद को इस नियति-नियम की धारणा में सामाजिक न्याय के बजाय दैवी न्याय पर ज्यादा आस्था है। प्रसाद की न्याय-सम्बन्धी धारणा नैतिक आदर्श (ऐथिकल आइडियल) की अनुगामिनी है जिसके मूल में श्रद्धा और करुणा है। अतः यह न्याय-धारणा अपराध से अधिक पाप पर, दंड से अधिक क्षमता पर, निष्पक्षता से अधिक उदारता पर बल देती है। यह उनके सांस्कृतिक मानवतावाद का परिणाम है। संघर्ष और सुख के बीच कवि श्री प्रसाद की न्याय-धारणा असफल हो जाती है, क्योंकि यहाँ श्रद्धा की भूमिका सम्भव नहीं है। अतः प्रसाद नियति-नियम का सहारा लेकर अभिशाप, पाप, संस्कार आदि को सामने ले आते हैं। कर्म एवं संघर्ष सर्ग में यह दृष्टव्य है। इसी समस्या के पूरक रूप में स्वतंत्रता (फ्रीडम) एवं व्यवस्था (ऑर्डर) का सवाल उठता है। एक अतिचारी एवं अत्याचारी शासक अपने सुख तथा अधिकार के लिए सारी व्यवस्था को डुबा सकता है यदि उसमें परहित बोध न हो। पशुबलि द्वारा मनु प्राकृतिक व्यवस्था को खंडित करते हैं तथा निर्वाधित अधिकार के भोग के लिए मानवीय व्यवस्था डुबा देते हैं। राष्ट्रस्वामिनी एवं जनपद कल्याणी इड़ा मनु को निर्बाधित अधिकार नहीं देना चाहती। वह उन्हें 'नियम परतंत्र' बनाना चाहती है, जबकि प्रजापति स्वच्छन्दता लूटना चाहता है। कर्तव्यों की भूमिका में श्रद्धा आती है। अन्ततोगत्वा शासक, चिरस्वतंत्र, अधिकार-संग्राहक मनु एक भयंकर विकल्प चुन डालते हैं : मेरी रानी इड़ा या सामूहिक बलि अर्थात् भीषण युद्ध (संघर्ष)। प्रसाद ने आधुनिक नगर-राज्य (सिटी-स्टेट) के लिए इस तरह के नियम नियति मिश्रित संविधान की कल्पना की है। वस्तुतः प्रसाद का सारा जीवन ब्रिटिश साम्राज्य के युद्ध, शोषण एवं आतंक, देश की गुलाम तथा सामन्तीय समाज के भीषण अन्धकार में बीता। वे स्वयं भी सामाजिक सक्रियता से तटस्थ-से रहा करते थे और अतीत की संस्कृति के प्रति प्रीत थे अतः उनकी समझ में राजनीतिशास्त्र एवं राजनीति दर्शन की महत्तम सफलता है 'उत्तम' मनुष्यों को विषमता, युद्ध, हिंसा,

वासना, निरंकुश अतिचारी से बचाना। 'कामायनी' की राजनीतिक विचारधारा का दृष्टि पथ भी तदनुरूप ढला। इसमें राज्य की उपेक्षा हुई है तथा व्यक्ति को अत्यधिक संश्लेषण प्रदान किया गया है। वे व्यक्ति का नैतिक निर्वाण चाहते हैं जबकि अहंपूजक मनुष्य का नाश करनेवाला तो एकान्त स्वार्थ है। श्रद्धा अपने सुख को विस्तृत करके सबको सुखी बनाने का सन्देश देती है (कर्म)। लेकिन यह कार्य केवल मनुष्य ही नहीं कर सकता। जनपद-कल्याण वहाँ नहीं पनप सकता जहाँ निजी सम्पत्ति और वर्गाधिकार हैं। इसको समाप्त करना सामाजिक समानतावाली साम्यता होगी। प्रसाद की 'कामायनी' में यह प्रक्रिया तांत्रिक प्रतीकों के माध्यम से अकेले व्यक्ति या मनु श्रद्धा युगल के अन्तर्जगत में घटी है। 'कामायनी' में यह नहीं बताया गया कि इतना भीषण रक्तपात वाला संघर्ष करने के बाद, और एक व्यवस्था को उखाड़ फेंकने के बाद प्रजा का क्या बने ? उसकी शिक्षा, उसका अर्थतंत्र, उसका राजतंत्र, उसका नागरिक धर्म उसकी राष्ट्रनीति (तुम दोनों देखो राष्ट्रनीति) क्या हो ? केवल मनु के भागने से ही सारस्वत प्रदेश उजाड़ कैसे हो सकता है जबकि जनता ने बागडोर सँभाल ली थी ? इससे यही निष्कर्ष निकलता है कि प्रसाद एक भीषण क्रान्ति को प्रस्तुत तो कर देते हैं लेकिन स्वयं भयभीत होकर उसे निरुद्देश्य विलीन हो जाने देते हैं। वे कोई अन्य यूतोपिया न बनाकर अन्तर्मुखी अन्तश्चेतनावाद प्रतिष्ठित करके छुट्टी पा लेते हैं। अँधेर है कि एक अतिचारी के खिलाफ एक साधक योगी को बैठाया गया है। यह उनके 'प्रेमपथिक' वाले बोध का ही सांस्कृतिक सिलसिला मालूम होता है। ये प्रसाद की विचारधारा के अन्तर्विरोध हैं जो उनकी सामाजिक प्रतिबद्धताओं (सोशल कमिटमेंट्स) की सीमाओं और दिशाओं को उजागर करते हैं। उदाहरण के लिए 'कामायनी' यूतोपिया में हमें कई प्रकार के पुर-निवेश और राज्य-संविधान मिलते हैं। इनमें से पहली है देवसृष्टि। इसमें यज्ञ, केन्द्रीभूत सुख, स्वायत्त शक्ति, वासना सरिता में मदमत्त विलास की वजह से देवताओं के नगर के विनाश का निरूपण है। यह वैदिक मॉडल पर निर्मित हुआ है। देवताओं के नगर के बाद सारस्वत नगर के पुर-निवेश का जो पहला काव्यात्मक चरण है वह संस्कृत काव्योंवाली कोई मध्यकालीन नगरी लगता है (स्वप्न)। इसी नगर का दूसरा चरण इसे बीसवीं शताब्दी की पूँजीवादी सभ्यतावाला आधुनिक नगर बना देता है (संघर्ष)। यहाँ एक पाश्चात्य मॉडल है। यह सम्राट तथा बाद में सर्वसाधारण मनुष्य का नगर है। इसी निर्मिति की परिणति तांत्रिक मॉडल पर बने आधुनिक त्रिलोक में हुई है। हमें यहाँ यह तथ्य गम्भीरता से रेखांकित कर लेना होगा कि विलासी देवताओं की विलुप्त संसृति में यज्ञ की प्रधानता है; संघर्षरत मनुष्य के नगर में शक्ति की प्रधानता है तथा तंत्रालोकित त्रिलोक में समन्वय की प्रधानता है। प्रसाद का अन्ततोगत्वा लक्ष्य है : व्यवस्था (समरसता) और स्वतंत्रता (मुक्ति) का पुनर्व्यवस्थापन ! यह एक अन्तर्मुखी आह्लाद के माध्यम से प्रतिपादित किया गया है ! अतः उनके इन्द्रजाल यही हैं !

● अब अन्त में हम प्रसाद की 'कामायनी' में कल्पलोकात्मक फान्तासियों का निरूपण करेंगे।

कवि की यूतोपिया क्या है ?

कवि ने आत्मभूमि में प्रकृति (नेचर) और चितिमय चैतन्य (साइकिक स्प्रिट) का सामरस्य कल्पित किया है। इसकी तुलना में हम रूसो के मॉडल का समीकरण याद कर सकते हैं जिसमें प्रकृति और तर्कशील (रीजन) का समझौता है। प्रसाद अतीत के क्लासिकल पुनरुत्थान की चेतना में रोम-रोम पगे थे और इसके साथ ही वे सामाजिक जीवन की व्यापक धाराओं से असम्पृक्त से रहते थे। इसलिए उनमें अन्तर्मुखी मानवतावाद का जो विकास हुआ उसमें भी प्रचलित सामाजिक नर्ममानों (नार्म्स) तथा संस्थाओं (इंस्टीच्यूशंस) के प्रति विरक्ति, असफलता तथा तटस्थता की भावना है। अतः वे 'कामायनी' में सामाजिक अन्याय की कठोर आलोचना करते हैं लेकिन सामाजिक न्याय और सामाजिक परिवर्तन की भूमिका नितान्त छोड़ते चले जाते हैं। 'कामायनी' में सामाजिक उथल-पुथल को उन्होंने केवल 'भौतिक हलचल' और 'भौतिक विप्लव' कहा है (इड़ा : 'भौतिक हलचल से यह चंचल हो उठा देश ही था मेरा'; संघर्षः 'भौतिक विप्लव देख विकल वे थे घबराए')। सामाजिक (या भौतिक) उथलपुथल का जन्म आर्थिक और राजनीतिक पुनराभियोजनों (रि-एडजस्टमेंट्स) की उपज है। अपने देश में उस समय के सत्याग्रह आन्दोलन, असहयोग, साम्प्रदायिक दंगे आदि इसकी अभिव्यक्ति थे। यूरोप में इनकी परिणति बूर्जवा क्रान्तियों में हुई। गांधी ने, सामाजिक शक्तियों को नैतिक अग्नि में तपाने के लिए तोल्सतोय के आदर्श को ग्रहण किया और नैतिक अग्नि में तपी हुई इन सामाजिक शक्तियों (अहिंसा, सत्य, त्याग, ट्रस्टीशिप आदि) के द्वारा 'रामराज्य' के रूप में एक ऐसी आदर्श समाज की यूतोपिया की घोषणा की जिसमें रूसो, रस्किन, थोरों के मॉडल भी भारतीय मिथकीय यूतोपिया को समसामयिक अर्थ देने के लिए आरोपित किए गए थे। प्रेमचन्द्र भी 'सेवासदन', 'कर्मभूमि', 'रंगभूमि'; 'प्रेमाश्रम' आदि में ऐसी सामाजिक यूतोपियाएँ रच रहे थे। अतः प्रसाद की 'कामायनी' में भी हम सामाजिक यथार्थता का एक बेहद अतिक्रमण करनेवाला बोध पाते हैं क्योंकि उनका मानस त्रिमुखी था। वे बारहवीं-तेरहवीं शताब्दी के दर्शनों की भावुक, रहस्यमय और मधुमय भ्रान्तियों (इन्द्रजाल) के प्रति प्रीत रहे और उनके माध्यमों से ही निष्क्रिय तथा अमूर्त्त आदर्श प्राप्त करते रहे। हम इस बौद्धिक दृष्टिकोण को 'दार्शनिक मध्यकालीनतावाद' कह चुके हैं। यथार्थता के आग्रहण की यही विधि प्रसाद ने अंगीकार की। 'कामायनी' में यह पूर्णरूपेण है। उन्होंने स्वप्न तथा संघर्ष सर्ग की बहिर्गत यथार्थता के तत्त्वों के साथ अयथार्थ अन्तर्मुखी एवं प्रतीकात्मक इच्छापूर्ति (विशफुलफिलमेंट) के क्रियाधर्मी का मिलन कराया (ज्ञानदूर कुछ क्रिया भिन्न है इच्छा क्यों पूरी हो मन की; इच्छा क्रिया ज्ञान मिल लय थे, दिव्य अनाहत पर निनाद में श्रद्धायुत मनु बस तन्मय थे।)

'कामायनी' की यूरोपियन चेतना पहले मिथक का चिन्तन और अनुशीलन करती है। पहले उसमें अहंबोध और व्यक्तिबोध के रूपकात्मक, मनोवैज्ञानिक एवं दार्शनिक विकास की परिकल्पना हुई है। स्वयं कवि ने अपना प्रारम्भिक लक्ष्य बताया है : 'चेतना का सुन्दर इतिहास अखिल मानव भावों का सत्य; विश्व के हृदय पटल पर दिव्य अक्षरों

से अंकित हो नित्य'। तो कवि चेतना के (सुन्दर) इतिहास को दिव्य अक्षरों से लिखना चाहता है। वह दर्शन सर्ग से तंत्र, योग और शैव दर्शन के प्रतीकों में ये दिव्य अक्षर पाता जाता है। बीच में कवि को सामाजिक अक्षरों का इस्तेमाल करना पड़ता है। लेकिन काम प्रेरित श्रद्धा के दिव्य उत्साह-वचन 'भ्रान्त अर्थ' प्रदान करते हैं। अतः कर्म सर्ग में भ्रान्त अर्थों की अतिरंजना शुरू हो जाती है। सामाजिक प्रक्रियाओं और ऐतिहासिक विकास के चरण मानो इन भ्रान्त शब्दार्थों की समाजशास्त्रीय लिंग्विस्टिक्स हैं। अहंबोध और कामबोध से अन्विति मनु एक मिथकीय, गोप और वन्य परिवेश में रहते हैं। अतः उनके रूपक का निर्वाह सम्भव हो जाता है। लेकिन जब वे क्रम-सन्देश से सज्जित होकर इतिहास और यथार्थता में अनुप्रवेश करते हैं, जब वे प्रकृति के साथ संघर्ष करते हैं, जब वे प्रजातंत्र में अकेले मनुष्य की चरितार्थता को प्राप्त करना चाहते हैं तब उन्हें विश्व इतिहास, और जटिल एवं विराट आधुनिक युग की महान सामाजिक घटनाओं का सामना करना पड़ता है। मनु के माध्यम से प्रसाद जो चुनाव करते हैं वह स्वयं कवि की यथार्थता सम्बन्धी धारणा का वर्गीय आरोपण भी है।

पहले हम कुछ भ्रान्त अर्थों ('भ्रान्त अर्थ बन आगे आए बने ताड़ थे तिल के') को लें। प्रसाद कहते हैं कि पहले सिद्धान्त बनता है तब उसकी पुष्टि होती है और बुद्धि उसका कोरा समर्थन करती है। इसी तरह व्यक्ति-जीवन में मन पहले अपना कोई मत निश्चित-सा कर लेता है और उस मत को साकार बनाने का सपना देखता रहता है। इसके लिए वह बुद्धि के दैवबल का प्रमाण भी देता है। इस तरह से प्रसाद ने सिद्धान्त और मत को इस अगुआई को पेश किया है जिससे कि सत्य प्रकाशित होता है। क्या सत्य के अन्वेषण का यह मार्ग ही सही है ? क्या सत्य सामाजिक यथार्थता का प्रक्षेपण नहीं है ? क्या सत्य केवल चेतना की उपज है; भूत उसका नियमन नहीं करता ? प्रसाद इस सन्दर्भ में केवल तर्कों की निन्दा करते हैं, न कि सत्य प्राप्त करनेवाले इस भ्रान्त मार्ग की। हम यह जानते हैं कि व्यवहार (कर्म) सत्य के अर्थ बदल देता है। यदि उस अर्थ को स्वीकार न किया जाय तब मनुष्य के स्वप्न तथा जगत की यथार्थता के बीच की खाई में सापेक्षित सत्य के बजाय निर्विकल्प सत्य के भ्रान्त अर्थ ही प्रेषित होंगे। और, ये अर्थ 'स्वर्ग' की तलाश करेंगे। देवताओं ने भी केन्द्रीभूत सुख तथा निर्बाध विलास तथा स्वायत्त अधिकारवाला ऐसा ही स्वर्ग भोगा था। मनु भी कर्म को यज्ञ का अर्थ देकर सपनों का स्वर्ग पाने में विश्वास करने लगते हैं। यह सही है। किन्तु प्रसाद ने अनिवार्यता और अभिलाषा के बीच, स्वतंत्रता और अराजकता के बीच कैसा चुनाव किया है ? हमारे मत के अनुसार प्रसाद उस रास्ते का इशारा श्रद्धा के द्वारा करते हैं। यह रास्ता उनकी यूतोपिया (स्वर्ग) है। लेकिन वे इतिहास और समाज और आधुनिकता की अपनी आदर्श स्वप्नवादी आलोचना के लिए मनु को फासिस्ट जैसे नरक में उतारते हैं। चिरमुक्त पुरुष, निरंकुश प्रजापति, केवल अपना सुख भोगनेवाले मनु के द्वारा वे एक साँस में सारी आधुनिकता, सारे प्रमाणित इतिहास और बौद्धिक क्रान्ति की एकांगी आलोचना कर डालते हैं। जनता, राष्ट्रस्वामिनी इड़ा, नियति काम, कर्म आदि की उनकी

अपनी धारणाएँ भी चकनाचूर हो जाती हैं। इसकी भूमिका कर्म सर्ग में है। श्रद्धा मनु से पूछती है कि क्या यही तुम्हारी मानवता है अर्थात् यज्ञ-सोम और वासना ? वह यह भी कहती है कि एकान्त सुख वासना-धारा है, लेकिन सबका सुख मानवता-धारा है; एकान्त स्वार्थ भीषण है जो अपना नाश कर देगा। वह कर्म यज्ञ के स्थान पर सृष्टि यज्ञ का आग्रह करती है। वह दुख और पीड़ा से मुक्त मानवता की यूतोपिया चाहती है। इसीलिए वह हिंसा और करुणा के बीच की भ्रान्ति को स्पष्ट करती है। आदिम प्रतीकों के माध्यम से मनु कहते हैं कि मृगया एक सहज लब्ध सुख तथा जीवन के संघर्ष का पाठ है। तो श्रद्धा उत्तर देती है कि निरीहों का यह वध निरर्थक है और (चारणगोप संस्कृति के प्रतीकों में) देह-गेह छुड़वाती है। यह हिंसा-सुख ही प्रभुत्व सुख में बदल जाता है। इस स्थल पर ऐतिहासिक एवं अस्तित्ववादी मनु का उत्तर है कि मैं स्वर्गीय सुखों पर प्रलयनृत्य देख चुका हूँ जिसके बाद नाश और चिरनिद्रा है। इसलिए मैं चलदल-से डोलते हुए मानवीय सुख को भोगना चाहता हूँ; मैं चिरप्रशान्त मंगल के बजाय झंझावात की तरह या समीर की तरह गतिमान होकर संघर्ष करना चाहता हूँ। तो प्रसाद केवल 'सुख' के आधार पर इतिहास बोध और आधुनिक जगत का दिग्दर्शन करते हैं। यह उनका एकांगी चुनाव है। यह प्रसाद के यूतोपियन मानस तथा सामाजिक स्थिति का चुनाव है। प्रसाद इसे ही समग्रता के रूप में क्यों मनवाते हैं ? ऐसे चुनाव के तदनुकूल परिणाम स्वप्न एवं संघर्ष में हुए। अतः प्रसाद की विचारधारात्मक स्थिति यह है।

अतएव श्रद्धा के गृह की पहली नन्हीं-सी सुकुमार यूतोपिया बनती है जिसमें मंगल मय प्रकृति और सरल पशु पालनवाला गोप (पेस्टोरल) बोध है। तकली कातना, ऊन और कपास के वस्त्र बनाना, प्रकृति के अंचल में पवित्र जीवन बिताना, संघर्षों और हिंसा से दूर रहना आदि का वरन करनेवाली इस पहली गृह-यूतोपिया में समाज और राज्य के आयाम कट गए हैं। इसी प्रसाद-स्वर्ग की परिणति आनन्द सर्ग में अन्तर्भूमि में होती है और वहाँ भी समाज तथा राज्य के आयाम विलुप्त हैं। बीच का ऐतिहासिक चरण कवि के बौद्धिक दृष्टिकोण के अनुसार–'भ्रान्त अर्थों' की अतिरंजना है। इसी वजह से कर्म सर्ग से संघर्ष सर्ग के दौरान हम पाक यज्ञ से पशु यज्ञ की ओर, काम से वासना और प्रभुत्व की ओर ज्ञान से सत्य विकृति की ओर, अन्तर्सुख से अभावपरक अन्तर्दाह की ओर, बलि से युद्ध की ओर, कर्म से भौतिक विप्लव की ओर, सोमप्रेरित अमरता के बजाय सुखभोगी क्षणिकता की ओर, सामूहिक कल्याण भावना से व्यक्ति विकास की ओर, श्रद्धा से छल की ओर, तथा अतीत से वर्तमान की ओर आते हैं। कर्म का प्रतीकीकरण 'ज्वाला' में होता है (यह हम निरूपित कर चुके हैं)। वैदिक, मध्यकालीन और मनोवैज्ञानिक प्रतीकों को प्रसाद आधुनिक समाज की नूतनताओं पर लागू करते हैं। मनु को तो इन प्रतीकों के अर्थों में नवीनता या कुतूहल नहीं मिलता लेकिन प्रसाद इसमें विषमता मानते हैं। प्रसाद इन प्रतीकों का ही दार्शनिक नवोन्मेष करना चाहते हैं। अतः संस्कृति के अर्थों की एक महाभ्रान्ति उद्भूत होती है। हम यहाँ एक प्रश्न पूछ सकते हैं कि मनुष्य और व्यक्ति के बीच प्रसाद स्पष्ट क्यों नहीं हो सके ? वे मनुष्य

मनु को हमेशा दार्शनिक पुरुष या पूँजीवादी तानाशाह व्यक्ति के स्वरूपों से घुला-मिला देते हैं। रूपक के निर्वाह का यह शिल्पगत जोखिम उनकी मानसिक निर्मितियों को बहुत उद्भ्रान्त कर देता है। इस कृति में उनकी 'मनुष्य की धारणा' बेहद वायवी अमूर्त, तथा सूक्ष्म है। इतिहास क्रम में, दर्शन में और आधुनिक युग में मनुष्य की अनेक विविध तथा विरोधाभासपूर्ण धारणाएँ रही हैं। क्या मनुष्य मात्र एक घटना है जो आदिम जलप्लावन में बच गया है अथवा वह कोई महान सृष्टि-यज्ञ की योजना भी रचता है ? क्या वह निर्माता है अथवा केवल नियति की इच्छा का पुतला ? क्या वह अस्तित्वतः स्वतंत्र पैदा हुआ है अथवा कई जंजीरों में जकड़ा हुआ पैदा हुआ है जिसका भाग्य कर्म सिद्धान्त तय कर चुका है ? क्या वह इन बन्धनों से अपने ही प्रयत्नों से मुक्त हो सकता है अथवा सामूहिक सहकारिता के द्वारा क्या वह मूलतः अच्छा है अथवा मूलतः बुरा ? क्या वह अराजकता एवं हिंसा में ही रहता है अथवा विश्वास और नवजागरण भी प्राप्त करता है ? अन्ततः सवाल यह है कि मनुष्य की तात्त्विक प्रकृति आध्यात्मिक है अथवा भौतिक ? मानवीय व्यक्तित्व के कई पक्ष हैं (जैसे कि प्रसाद का ही मानस त्रिमुखी है)। वह अच्छा, बुरा, क्रूर, उदार, सृजनात्मक, ध्वंसात्मक, संकीर्ण, विशाल दृष्टिवाला आदि आदि है। अर्थात् वह एक द्वन्द्वात्मक इकाई है। उसका अस्तित्त्वत्व और सारतत्त्व उसकी भूत (मैटर) तथा चेतना की सामाजिक सम्भावनाओं के अनुरूप विकसित होते हैं। प्रसाद ने भौतिकतावादी आधुनिक मनुष्य को उच्चतर मूल्यों से विहीन बना दिया है (संघर्ष, स्वप्न)। यह उनका एकांगी निर्णय है। एक आध्यात्मिकवादी मनुष्य की रचना में वे यथार्थ से भी 'भागे' हैं। यह उनकी दूसरी एकांगिता है। मनुष्य की अपनी आवश्यकताओं का बोध स्वतंत्रता है। भौतिक जगत (प्रकृति) के जीतने के बाद वह गुणात्मक रूप से विकसित भी होता है। किन्तु चैतन्य, मूल्यों और सांस्कृतिक जीवन का यह विकास पुनः प्रकृति के सम्पर्क से ही होता है। प्रसाद यह विकास भौतिकता से असम्पृक्त कराकर करते हैं। यह आदर्शवादी प्रसाद का प्रबल अन्तर्विरोध है। मनु के गृह-संस्था के बाद नगर-व्यवस्था में आने पर समाज में कई सामाजिक परिवर्तन होते हैं। शासन और उत्पादन की समस्याओं का सामना करने पर इड़ा, जनता और मनु में भी कई परिवर्तन होते हैं। अतएव सामाजिक परिवर्तन दोनों प्रकारों से होता है। यह परिवर्तन हमारी उन आस्थाओं द्वारा तेज गति प्राप्त करता है जो हमारे 'अभिलषित' समाज की धारणाओं से जुड़ी होती हैं। यह परिवर्तन शासित जनता और सत्ताधारी शासक वर्ग के सम्बन्धों के द्वारा भी होता है। प्रसाद दर्शन सर्ग से अभिलषित समाज के प्रति अपनी आस्थाओंवाली यूतोपिया बनाने लगते हैं, तथा सामाजिक संस्थाओं के क्रियाधर्मों (फंकशन्स) को भुला देते हैं। उनकी यूतोपिया की द्वन्द्वात्मक बुनावट यही है।

दर्शन सर्ग से आनन्द सर्ग तक रची जानेवाली अपनी यूतोपिया के संकेत सूत्र उन्होंने सारे महाकाव्य में फैलाए हैं। उन्होंने स्वयं कहा है कि वे कल्पना का सुन्दर और मधुर कल्पलोक (यूतोपिया) साकार करना चाहते हैं (आह कल्पना का सुन्दर यह लोक

मधुर कितना होता) जिसमें छाया में (यथार्थ में नहीं) सुख-स्वप्नों का दल सोता रहता। यह उनका दिवास्वप्न है। इस दृष्टिकोण से उन्होंने मनुष्य के बजाय मनुष्य की चेतना का सुन्दर इतिहास लिखा है। अतः उनकी यूतोपिया सुन्दर और मधुर होने के साथ-साथ आदर्शवादी अमूर्त्तन है। उनका यह इतिहास काम और कर्म के द्वारा लिखा जा सकता है जिसमें मंगल और कल्याण के मूल्य हैं। यह इतिहास अखिल मानवों का विश्व इतिहास होगा और इसमें 'मानव भावों' के सत्य होंगे अर्थात् इसमें मानव चिन्तन का यथार्थ उतना प्रधान नहीं होगा क्योंकि इस यथार्थता के कारण मानव जगत (विश्व) विषमता की पीड़ा से स्पन्दित हो रहा है। प्रसाद उसे हृदय के स्पन्दन से आनन्द तांडव में बदलना चाहते हैं (दर्शन सर्ग) अर्थात् यहाँ द्वन्द्व-संघर्ष के बजाय समन्वय-समरसता के आधार पर अन्तभूर्मि का विकास होगा। इसमें प्रकृति की शक्ति के व्यस्त, निरुपाय विद्युत्कणों का समन्वय करके मानवता विजयिनी हो जाएगी (शक्ति का निरूपण भी हम कर चुके हैं)। प्रसाद मानते हैं कि देव, असफलताएँ विषमता से पैदा हुई थीं इसलिए मानव-सृष्टि समरसता पर आधारित होगी। उनकी यूतोपिया का धर्म एक पहेली-सी व्यस्त जीवन को सुलझाना है (पहेली-सा जीवन है व्यस्त उसे सुलझाने का अभिमान)। इसे सुलझानेवाला मनुष्य 'अनजान' है (हम 'कुतूहल' के सन्दर्भ में इसका निरूपण कर चुके हैं)। वह इच्छा (श्रद्धा) के काम मंगल से मंडित श्रेय द्वारा इसे सुलझाता है (न कि ज्ञान द्वारा)। मन की इच्छा का पूर्ण होना इस मानवीय यूतोपिया का परम भागवत है। अतः इसके लिए एक ओर इच्छा-क्रिया-ज्ञान का समन्वय होना चाहिए तो दूसरी ओर सुख, हिंसा, वासना, और भौतिकता की विषमता नहीं होनी चाहिए। ऐसी यूतोपिया में कोई भी शाप-ताप-पाप-भय नहीं होगा, समरसता होगी, अखंड आनन्द होगा, महाचेतना का विलास होगा। इस तरह चेतना का इतिहास व्यक्ति-चिन्ता से शुरू होकर विश्व-चेतना में परिपूर्ण हो जाएगा (वह विश्व-चेतना पुलकित थी पूर्ण काम की प्रतिमा)। इस कल्पलोक में चिन्ता सर्गवाला जड़ हिमालय, चन्द्रकिरीट रजतनग, पुरुष पुरातन-सा स्पन्दित हो उठेगा और शिव की (कवि कल्पित–) विमर्श शक्तिरूपा मानसी-गौरी का दृष्टि-साभ्य करेगा (जो रस-साम्य भी हो सकता है)। सारांश में, कवि-कल्पित मानव-भावों के सत्य वाली चेतना का इतिहास यों है : अहंबोध से व्यक्तिबोध, व्यक्तिबोध से आधुनिक बोध विश्व-चेतना बोध तक !! आशा सर्ग से ईर्ष्या सर्ग तक अहं बोध से व्यक्तिबोध का विकास है। इड़ा सर्ग से संघर्ष सर्ग तक एक त्रासद, भयानक और निरर्थक आधुनिक बोध का अस्तित्व मिलता है। इड़ा सर्ग में इड़ा के प्रतीक-चरित्र से अधिक मनु इतिहास तथा अस्तित्व के घाव की स्मृति से छटपटाते हुए ज्ञानगोचर होते हैं (इड़ा से मिलन तो बहुत बाद में होता है)। प्रसाद ने आधुनिक बोध के इस वर्गीय स्वरूप का विनयन देव-दानव द्वन्द्व और देवसृष्टि की मृत्यु की भूमिका पर किया है। नाश एवं मरण पर्व की पृष्ठभूमि की वजह से ही यह बोध अस्तित्त्ववादी भी है। इस बोध की स्मृति को रंगनेवाली एक तो देवसृष्टि है, और दूसरी गृहसृष्टि। दोनों ही उजड़ चुकी है।

कवि ने इड़ा सर्ग में असुर संस्कृति की और देवसंस्कृति की जो तुलना की है उससे मानवसृष्टि से सम्बन्धित उनके विचारों पर प्रकाश पड़ता है। प्राचीन भारत के रूप में वे इस प्रागैतिहासिक घटना का विश्लेषण करते हुए कहते हैं कि यह देव-दानव द्वन्द्व वस्तुतः जीवन के सम्बन्ध में नए विचार को लेकर चला था। एक ओर देवताओं का जीवन दृष्टिकोण यह था कि वे स्वयं आराध्य हैं, वे केवल आत्ममंगल करते हैं; वे शक्तिकेन्द्र हैं अतः किसी की शरण पाने की क्या जरूरत है; उनके जीवन विकास का शक्ति-स्रोत आनन्द उच्छलित है। सारांश में, वे प्राणों की पूजा करते थे। इस दृष्टिकोण की तुलना में असुरों (दानवों) का जीवन दृष्टिकोण था जो एक दीन देह की पूजा करता था, और प्राणों के सुखसाधनों के लिए नियमों के बन्धन बनाता था। यह जीवन दर्शन अहंता को शक्तिकेन्द्र मानता है। इन दोनों दृष्टिकोणों में दुर्निवार हठ था। अतः युद्ध हुआ, संघर्ष हुआ। इस भूमिका पर मनु आत्मचिन्तन करते हुए सोचते हैं कि तनरक्षा और तनपूजा के कारण मुझमें भी स्वातंत्र्यमयी उच्छृंखलता एवं आत्ममोह का प्रवर्त्तन है; मैं भी तो अब तक इस विरुद्ध संघर्ष से संचालित हो रहा हूँ। मनु देवताओं के वंशज तथा मानव संसृति के आदि पुरुष भी कहे गए हैं। अतः मनु इस द्वन्द्व के आर्केटाइपल बिम्ब और सामूहिक अवचेतन के प्रतीकात्मक धाराधर हैं। मनु एक बात प्राप्त कर लेते हैं : सचमुच श्रद्धाविहीन होकर वे पूर्ण आत्मविश्वास खो चुके हैं। अतः एक ओर वासना-तृप्ति ही उनका स्वर्ग बनती है तो दूसरी ओर अहंपूजा उनका भौतिक जगत। कवि कहता है कि मनु सुन्दर और जड़ देहमात्र की पूजा करने लगते हैं। यह नहीं वे मानव को देव-द्वन्द्व का प्रतीक भी घोषित करते हैं ('इस देव-द्वन्द्व का वह प्रतीक-मानव ! कर लें सब भूल ठीक')। वे विषमता के विष को समरसता के अमृत द्वारा समाप्त करना चाहते हैं।

क्या वे देवताओं के स्वर्ग की पहली यूतोपिया, श्रद्धा-गेह की दूसरी आर्केडिक यूतोपिया के पश्चात् सारस्वत नगर की तीसरी यूतोपिया में कुछ नई दिशाओं को प्रस्तुत कर सके ? क्या प्राण-पूजा और देह-पूजा के बीच इड़ा की भूमिका से वे कुछ नया समाज दर्शन दे सके ? जहाँ तक हम समझते हैं कि उन्होंने इड़ा को विज्ञान (विचार) तथा आधुनिक पूँजीवादी समाज की व्यवस्था (कर्मकलश) के अलावा प्रजास्वामिनी एवं जनपद कल्याणी के रूप में भी अंगीकार किया है। इन तीनों रूपों में से उन्होंने पहले दो स्वरूपों को विनष्ट किया है, तथा तीसरे स्वरूप को उलझा दिया है। मनु मनुष्य का पहला नगर (दि सिटी ऑफ मैन) बनाते हैं। जहाँ इड़ा की प्रतिभा-प्रसन्न एवं विज्ञानमयी दृष्टितम (प्रकृति एवं रहस्य) के सभी बन्द रास्ते खोल देती है। स्वप्न सर्ग में हम क्रमशः मन्दिरों-प्राचीरों-अन्तःपुरोंवाले मध्यकालीन नगर का आधुनिक नगर में विकास पाते हैं जहाँ स्वर्ग बन जाते हैं, श्रम के द्वारा उत्पादन एवं शोषण होता है तथा सामूहिक आर्थिक कर्म नगर राज्य की श्री को निखार देते हैं। श्रद्धा इस शहर में जब आती है तो उसे यह एक 'आश्चर्य लोक' लगता है। श्रद्धा ने मनु के हाथों से वासना चषक पिया था; लेकिन इड़ा प्यास न बुझानेवाले ज्ञान आसव का चषक ढालती है। इड़ा शीतल सौमनस्य

बिखराती है जिसमें जड़ता का कोई भास नहीं है। एक हलके संकेत से संघर्ष सर्ग में यह सारा वातावरण नृपतंत्र-कंसतंत्र (टाइरनी) बनाम 'नए शापित' अर्थात् उपनिवेशवादी प्रजातंत्र (कोलोनियल डेमोक्रेसी) के द्वन्द्व में बदल जाता है। अब मनु एक **विदेशी**, नृशंस, यायावर तानाशाह हैं जो सारस्वत नगर की राष्ट्रशक्ति और राष्ट्रस्वामिनी के साथ बलात्कार करते हैं और जनता पहले तो द्वार पर सत्याग्रह करती है किन्तु बाद में विप्लव कर देती है। मनु की पाशविक बल पर निर्भर तानाशाही खत्म होती है; जनता अपने राष्ट्र तथा अपने विवेक और सामूहिक कर्म को बचा लेती है। किन्तु प्रसाद पुनः ऐसे मनु के पास क्यों जाते हैं ? इसके बाद तो 'कामायनी' की यूतोपिया का नेतृत्व जनमनु को करना चाहिए था क्योंकि जनता के सामूहिक कार्य वर्गविहीन स्वतंत्र संघों में ही नया उन्मेष पा सकते थे। तब यही मानवीय चेतना का यथार्थ एवं सामाजिक इतिहास होता। संघर्ष सर्ग में सामाजिक क्रान्ति की शुरुआत को प्रसाद अन्त (रुद्र का तांडव) मान लेते हैं और मानो जनता के सामूहिक कार्यों के प्रति किंकर्तव्यविमूढ़ हो जाते हैं। यह प्रसाद की विचारधारा का ही नतीजा है। जनता तो आर्थिक गुलामी और राजनीतिक आतंक की जंजीरें तोड़ती है लेकिन सारस्वत नगर आजाद होने के बजाय उजड़ जाता है। जनता के सार्वजनिक जोश की लहरों में प्रसाद उसके नाविक नहीं बन सके। वे सामाजिक यथार्थता का अतिक्रमण कर गए। पुरानी व्यवस्था को नष्ट तो उन्होंने करा दिया लेकिन विनष्ट संस्कृति के प्रतिनिधि मनु को पुनः मानव का प्रतीक बनाकर–रूपकत्व के निर्वाह के लिए–अपने क्रान्तदर्शी कवि को अन्धा कर डाला। वे सामन्तशाही समाप्त करवाते हैं, विदेशी (यायावर या परदेशी) नृपतंत्र का तख्ता उलटवा देते है। लेकिन एक समाजवादी जनतंत्र या कल्याणकारी समाजतंत्र के प्रति उदासीन हो जाते हैं। इसके एवज में वे विश्वकल्याण, विश्वकरुणा, विश्व-चेतना, विश्वसुन्दरी, चेतना पुरुष पुरातन आदि के रहस्यात्मक एवं अमूर्त अन्तर्मुखी आह्लादो (सब्जेक्टिव एक्सटसीज़) के यायावर हो जाते हैं। अतः हम देखते हैं कि चिन्ता सर्ग से ईर्ष्या सर्ग तक मनु को कर्म रहित एवं कामपूर्ण 'अकेलापन' घेरे था जो कुतूहल के द्वारा दूर हुआ। लेकिन कर्म सर्ग से संघर्ष सर्ग तक उन्हें 'आत्मपरकीयता' जकड़ लेती है। इस तरह प्रारम्भिक अकेलेपन और परवर्ती आत्मपरायेपन में स्वयं प्रसाद की अन्तश्चेतना प्रतिबिम्बित हो उठती है। इस प्रकार यह तीसरी यूतोपिया भी नष्ट होती है।

इसके बाद वे अपने दो अन्य यूतोपिया-मॉडल प्रस्तुत करते हैं जो परस्पर एक दूसरे के विकास हैं। इनमें से पहला रहस्य सर्ग में तथा दूसरा आनन्द सर्ग में है। इन दोनों प्रारूपों का निर्देशन दर्शन सर्ग में मनु द्वारा देखी गई नर्तित नटेश की आनन्द तांडव वाली फान्तासी करती है। यह फान्तासी शैवाद्वैत के प्रकाशरूप शिव के ब्रह्मांड-ताल पर रची गई है। सत्ता का स्पन्दन डोल चलता है और अर्द्धनारीनटेश्वर शिव-संहार-सृजन के युगल पादों से अनाहत नाद कर उठते हैं जिससे दिशाकाल लुप्त हो जाते हैं, एक महादोल की तरह शिव झूलने लगता है, निखिल ब्रह्मांड नृत्यु विह्वल हो जाता है और भीषणतर प्रकृति का सुन्दर स्वरूप उभर आता है। इस नृत्य में शिव के पाँचों कृत्यों

सृष्टि, स्थिति, संहार, तिरोभाव एवं अनुग्रह का मिलन है। इस फान्तासी के बाद मनु देश तथा दिशा के अक्ष से मुक्त होकर मात्र 'पुरुष तत्त्व' हो जाते हैं। अतः इसके बाद की दोनों यूतोपियाएँ देश-काल मुक्त अन्तर्भूमि पर अभ्युदित होती हैं।

देवसृष्टि, गृहसृष्टि और सारस्वत नगर की सृष्टि के बाद मनु अपने सूने 'मानस प्रान्त' में सृष्टि करते हैं (देश बसाया पर उजड़ा है सूना मानस देश यहाँ)। देश एवं काल एवं कर्म एवं व्यक्ति के चारों आयामों में मुक्त रहस्य सर्ग का यह त्रिपुरमिलन एक ओर तो नियति के चक्र से मुक्त है तो दूसरी ओर अपरिवर्तनशील अर्थात् नित्य है। इसमें पहले त्रिदिक विश्व के इच्छा, क्रिया एवं ज्ञान के जो तीन पृथक-पृथक लोक (गोलक) हैं उनमें हम 'त्रिपुररहस्य' या 'तंत्रालोक' 'शैवागमों' वाला दर्शन पाकर आधुनिक जगत, आधुनिक समाज तथा आधुनिक मनुष्य की कलिकालबोधमयी आलोचना पाते हैं। सभी मध्यकालीन यूतोपियाओं के रचना-शिल्प के अन्तर्गत पहले कलिकाल के वर्णन के रूप में समसमय का त्रास, पाप, नरक और यथार्थ अंकित किया जाता है; तदुपरान्त बाद में बैकुंठ, स्वर्ग, कैलाश आदि का स्वप्न एवं आदर्श एवं पुरुषार्थ आलोकित किया जाता है। रहस्य सर्ग में तीनों लोकों का अलग-अलग वर्णन बहुत कुछ इसी रंगत का है जिसमें कहीं-कहीं शैवाद्वैत, योग, शाक्त, माहेश्वर, और हैरण्यगर्भ दर्शनों के प्रतीक एक साथ आए हैं। और वे भ्रान्तियाँ पैदा करते हैं। धर्मप्रवण विद्वानों के लिए यह सर्गांश बौद्धिक एवं आध्यात्मिक रस्साकशी का विशेष मसाला देता है जिससे कि वे प्रसाद के दार्शनिक विचारों की पूँछ की खोखली किताबी छानबीन करने में जुटे रहते हैं और कला मंथन का अमृत कलश अज्ञात देवता उठा ले जाते हैं। वस्तुतः सांख्य दर्शन मूलशक्ति 'प्रकृति' है, माहेश्वर में 'शक्ति' हैरण्यगर्भ और वैदिक में यज्ञ। रहस्य सर्ग के अन्त में प्रसाद ने श्रद्धा के द्वारा त्रिपुरदाह तथा त्रिपुरमिलन कराया है। यह उनकी अपनी कल्पना है। किन्तु इसकी प्रक्रिया तंत्र और योग के रूपकों से ग्रहण की गई है। यह प्रक्रिया रसशास्त्रानुमोदित अधिक है, मंत्राशास्त्रानुमोदित कम। यह ठीक है कि इस अंक में 'बिन्दु', 'नाद', 'काम', 'कला' के प्रतक भी चालू हैं किन्तु कवि का साँचा काव्यात्मक है। हम इसे प्रसाद की कलात्मक चतुरता और सामाजिक असमर्थता मानते हैं कि इस सर्ग में आकर वे भ्रान्तियों, रहस्यों, मध्यकालीन दर्शनों में एक विकसित होते हुए सामूहिक बोध को बहका देते हैं। देश-काल के अक्ष के विलुप्त होने के बाद (रहस्य सर्ग में) निराधार महादेश में नवीन सचेतनता उदित होती है। इस तरह हिमालय में साधना पथ कायम हो जाता है जहाँ प्रदर्शिका श्रद्धा आगे, तथा साधक मनु पीछे है। त्रिदिक् की फान्तासी में मनु इच्छा-क्रिया-ज्ञान के त्रिकोण के मध्यबिन्दु हैं। कर्म, संघर्ष, इड़ा के बजाय अब हम इच्छाशक्ति, ज्ञानशक्ति और क्रियाशक्ति को पाते हैं। तीनों लोकों के सम्बद्ध होने की प्रक्रिया अवश्य रहस्यवादी है। किन्तु इसके बाद की 'लय' में श्रद्धायुत मनु बस तन्मय हो जाते हैं। अनन्त शून्य की भूमिका में शक्तिरूपा श्रद्धा मनु की नर्तित नटेश के चरणों में समरसता के लिए ले चलती है। यहाँ त्रिपुरसुन्दरी ('कामकला' का पर्याय) है और पंथप्रदर्शिका (इटर्नल फेमिनीन) भी है। 'पुरुष' (शिव)

रूप शिव की आदि शक्ति है। यहाँ से 'सृष्टि' का आविर्भाव 'लीला' से समन्वित होता है। रहस्यसर्ग से मनु ('पुरुष' तत्त्व के प्रतीक) 'ईश्वर'–तत्त्व हो जाते हैं क्योंकि यहाँ कामकला स्वरूपा त्रिपुरसुन्दरी श्रद्धा है। इस तरह हम देखते हैं कि देशकालकर्म व्यक्ति संयुक्त सारस्वत नगर की यूतोपिया में सारस्वत नगर की राष्ट्रस्वामिनी और जनपद कल्याणी इड़ा है तो देशकालकर्मव्यक्तिवियुक्त त्रिकोण में मनु की अन्तर्भूमि की यूतोपिया की नेत्री त्रिपुरसुन्दरी और कामकला श्रद्धा है। ये दोनों ही नारी-शक्तियाँ हैं, लेकिन इस सर्ग से दोनों ही एक ही श्रेय की ओर चलती हैं। इन दोनों यूतोपियाओं में 'शक्ति' केन्द्र में हैं :–पहली में भौतिक शक्ति, और दूसरी में श्रद्धा शक्ति !

अन्तिम यूतोपिया कैलाश और मनु-श्रद्धा के तपोवनवाली है। अब कर्म सर्ग की गृह-यूतोपिया का विश्व-तपोवन में रूपान्तरण हो जाता है। इसमें केन्द्र आनन्द है। यहाँ कैलाश में आनन्द एवं समरसता का लोक है जहाँ–त्रिपुरसुन्दरी के बाद–विश्वसुन्दरी प्रकृति लासरासनिरत है। यहाँ मनुष्य या व्यक्ति के निर्वाण के बजाय जीवन के मोक्ष या निर्वाण को प्रस्तुत किया गया है। आनन्द, समरसता, चेतना और आलोक इन चार दार्शनिक प्रतीक-स्तम्भों पर इस यूतोपिया का महल खड़ा है। इसका देश कैलाश (हिमालय) है तथा काल महाकाल। प्रसाद ने कालिदासीय तपोवन-संस्कृति के ऊपर अभिनवगुप्तीय रसालौकिकता का आरोप करके इस यूतोपिया का नित्य निवेश किया है। इसमें रहस्य सर्ग के पूर्वार्धवाले शाप-ताप-पाप नहीं हैं, अहन्ता लुप्त है सत्य सतत है, सुन्दर चिर है, मानव निर्विकार है, द्वैत समाप्त हो गया है, सदाशिव तत्त्व (आशा सर्ग के 'मैं' हूँ के स्थान पर 'यह मैं हूँ' का बोध) का उन्मेष है, और कामायनी जगत की मंगल कामना है। यहाँ कल्याणी प्रकृति हँस उठती है, चारों ओर चेतना विलास करती है और अखंड घना आनन्द छा जाता है। सारांश में, यहाँ आकर बौद्धिक खोज के बजाय तीर्थदर्शन हो जाता है, कार्य के बजाय समाधि ले ली जाती है, और सामाजिक रिनैसाँ के बजाय जीवनमुक्ति आदर्श बन जाती है। प्रसाद ने श्रद्धा के माध्यम से तपस्वी के नेता होने का विरोध किया था, इड़ा के माध्यम से आतंक फैलानेवाले तानाशाह को समाप्त किया था लेकिन यहाँ एक साधक-वैरागी को बैठाया गया है संघर्ष सर्ग की सामाजिक बूजर्वा क्रान्ति के बाद। क्या बीसवीं शती के चौथे दशक में इस तरह की क्रान्ति के बाद विश्व में कहीं भी ऐसा हुआ है। प्रसाद की आनन्द लोक की इस लीला में सामाजिक शक्तियाँ कहाँ चली जाती हैं ? इस अन्तिम स्वप्निल-स्वर्गिक यूतोपिया की क्रियाधर्मी महत्ता (फंक्शनल सिग्निफिकेंस) क्या है ? एंगेल्स ने कई यूतोपियन समाजवादियों की आलोचना की है क्योंकि वे निष्क्रिय एवं अमूर्त आदर्शों में सामाजिक चेतना को भटकाते हैं। प्रसाद तो मानवतावादी हैं। उनमें यह बहाव एक महत्तम त्रासदी है क्योंकि 'कामायनी' में वे संघर्ष सर्ग तक ऐतिहासिक एवं रूपकात्मक विकास को दिग्दर्शित कराने में काल तथा दिशा (देश) के प्रत्यक्षतः ऐतिहासिक अक्ष में ही गतिशील रहे थे। देश और काल के अक्ष को तोड़कर प्रसाद ने 'कामायनी' महल को एक स्वर्ग का खंडहर बना दिया। नचिकेता की तरह हम यह पूछ सकते हैं कि प्रसाद का यही

आनन्द और आलोकधर्मी देशकालविमुक्त गणतंत्र (रिपब्लिक) क्या प्राप्त करेगा ? उसकी सामाजिक सार्थकता और मानवीय आदर्श क्या हैं ? उसके रचनाकार प्रसाद के आदर्श क्या हैं ? क्या सभी मनुष्यों को साधक अथवा निष्क्रिय तपोवनवासी हो जाना चाहिए ? यह तो प्लेटो की दार्शनिक नृपति की धारणा अथवा कौटिल्य की जनपदकल्याण कर्त्ता चक्रवर्ती सम्राट की धारणा से भी पिछड़ जानेवाली धारणा है।

इस तरह प्रसाद ने देवसृष्टि, गृह-सृष्टि, सारस्वत नगर, त्रिलोकैक्य तथा कैलाश लोक के माध्यम से पाँच प्रकार की यूतोपियाओं के मॉडल पेश किए हैं जिनमें से केवल अन्तिम दो को उन्होंने श्रेय एवं श्रेष्ठ माना है। यही उनकी 'कामायनी'-यूतोपिया की संरचना अथवा रचनागठन (स्ट्रक्चर) तथा उनके यूतोपियन मानस का रूपाकार(पैटर्न) है।

● हमने प्रसाद के अन्तर्विरोधों तथा 'कामायनी' के विरोधाभासों को स्पष्ट किया है। कवि और कृति, दोनों के शुक्ल पक्ष एवं श्याम पक्ष को उभारकर हमने यही कोशिश की है कि हमारे प्रतिमान आधुनिक और खरे हों। प्रसाद के यूतोपियन मानस की पुनर्रचना करने में तथा यूतोपियन के रूपकात्मक एवं ऐतिहासिक चरणों के विकास का अनुसन्धान करने में हमने स्वतः ही कई विचार-केन्द्र प्रस्फुटित होते हुए पाए हैं। हमने 'कामायनी' का विशुद्ध सौन्दर्यतात्त्विक अनुशीलन नहीं किया है क्योंकि यह इस मोनोग्राफ की परिधि के बाहर का क्षेत्र है। इस गवेषणा में हमने यही पाया है कि प्रसाद ने 'कामायनी' में भौतिक जगत की अत्याचार एवं आतंकपूर्ण प्रथाओं (यज्ञ, देवविलाप), तथा परिपाटीबद्ध सामाजिक अत्याचारों (कस्टमरी टायरेनीज़), दोनों के विरुद्ध आवाज उठाई है। लेकिन दोनों के विपरीत उन्होंने एक स्वप्न, एक स्वर्ग की रचना की है। यहाँ चरित्र तथा घटनाएँ, दोनों ही बीच-बीच में अन्यापदेश हो जाते हैं। यहाँ मध्ययुगीन घृणा एवं अपराध की दृष्टि से आधुनिक सभ्यता की विवेचना की गई है; यौन का विवेचन पाप के बजाय भोग में केन्द्रित है। यह एक विद्रोही स्वच्छन्छतावाद का परिणाम है। यूतोपिया में नारीत्व सम्बन्धी कुछ धारणाएँ उभरी हैं : आत्मविश्वासरूपिणी श्रद्धा, राष्ट्रस्वामिनी इड़ा, त्रिपुरसुन्दरी कामायनी और विश्वसुन्दरी प्रकृति। मनु इनमें-से कर्तव्यमयी नारी तथा भोगमयी नारी के बीच चुन नहीं पाते; बल्कि प्रसाद भोग और योग दोनों को मिलाने के लिए प्यासे हैं। मनु के लिए मातृत्व से श्रद्धा का रमणी-पक्ष समाप्त हो जाता है जबकि कवि के अनुसार मातृत्व से ही नारी-जीवन का सर्ग-मंगल-आरम्भ होता है।

पश्चाताप और त्याग पर आधारित आनन्द सर्ग में मनु की नैसर्गिक प्रकृति बदल जाती है अर्थात् वे एक अतिमानव (सुपरमैन) हो जाते हैं। लेकिन मनु को सामाजिक मनुष्य बनानेवाले सारस्वत नगर की ही सत्ता उजड़ जाती है। क्यों ? मानो 'प्रेमपथिक' के राही का पंथ ही 'कामायनी' में आनन्द पंथ हो जाता है। दर्शन सर्ग में मृत्युपर्यन्त आत्मा की यात्रा न होकर मनुष्य की अन्तर्भूमि में तीर्थयात्रा है। वह प्रसाद का केवल अपेक्षाकृत सही कदम है। 'कामायनी' में वैदिक-अलौकिकता तथा मध्यकालीन

आध्यात्मिकता ने छायावादी संस्कार प्राप्त किए हैं। लेकिन इसका अन्त दार्शनिक मध्यकालीनतावाद में हुआ है। अलबत्ता महाकाव्य के अधिकांश में एक स्वर प्रबल है : सनातन रूढ़ि (ऑर्थोडाक्सी) के प्रति कुतूहल एवं परिवर्तन की दृष्टि; मनु के रूपकात्मक, दार्शनिक एवं ऐतिहासिक उन्मेष में कवि ने अनजाने ही आधुनिक मनुष्य के 'अकेलेपन' अजनबीपन तथा आत्मपरायेपन के बोध को भी गूँथ दिया है। यह उनकी जागरूकता का सर्वोत्तम अभिषेक है। 'कामायनी' का सारत्व यही है कि एक यह वैयक्तिक दुनिया हैं, मानसिक दुनिया हैं, न कि सामाजिक दुनिया और भौतिक दुनिया। इसमें मानवीय अनुभव के कुछ चुने हुए आयामों को ही कवि ने अपनी विचारधारा के वशवर्ती होकर उद्घाटित किया है। इसमें विवेक और विज्ञान, तर्क और कर्म को नीचा दर्जा दिया गया है; संदर्शन (विजन), प्रज्ञा (इंट्यूशन) तथा अयुक्ति (इर्रेशनल) को अपेक्षाकृत ऊँचा आसन मिला है। दर्शन, रहस्य और आनन्द सर्गों में भूचित्र भी अलौकिक हो जाता है क्योंकि इनमें जिन यूतोपियाओं एवं फान्तासियों का अभिधान हुआ है वे देश, काल, कर्म एवं व्यक्ति से विमुक्त हैं। ये लोक वस्तुतः हमारी दुनिया के प्रतीप प्रतिबिम्ब हैं, हमारी सामूहिक आकांक्षाएँ हैं और हमारे अतीत के व्यतीत मोह हैं। इसीलिए इनमें आकर हमारी जिन्दगी एक अन्यापदेश (एलीगरी) बन गई है। मनु मानो प्रतीकात्मक पुनर्जीवन प्राप्त करते हैं। क्या मौर्यों, गुप्तों और हर्षवर्धन की व्याख्याओं एवं संस्कृत के कई कवियों तथा ग्रन्थों के छायानुवादों के बाद प्रसाद की उपलब्धि यही होनी चाहिए थी ? जैविक अस्तित्व के बजाय प्रतीकात्मक जीवनन पर आग्रह ? तब तो हमें कहना पड़ेगा कि प्रसाद ऐतिहासिक बोध को सामाजिक विज्ञानों से नहीं जोड़ सके, चाहे उसे शाश्वत मूल्यों से भले ही संलग्न कर दिया हो। इस महाकाव्य में जैविक जीवन उजाड़ दिया गया है; और उखाड़े गए जीवन पर (समरसता की धारणा के आरोपण में) पृथ्विक जीवन का सामाजिक साम्य नहीं है।

ऐसा लगता है कि अभिनवगुप्त का उन पर काफी असर था। (रहस्य सर्ग का भाव लोक, आनन्द सर्ग में प्रकृति का लास रास, आदि)। अभिनवगुप्त ने रस एवं तंत्र का, भोग एवं आनन्द का समन्वय किया है। प्रसाद ने इसमें मनुष्य और अतिमानव का, विचारधारा और यूतोपिया का भी सामंजस्य कर डाला है। किन्तु 'कामायनी'-महल भी देशकालवियुक्त होकर एक फान्तासी बन गया। 'कामायनी' वाला स्वप्न तथा स्वर्ग सन् '36 में ही एक पुच्छलतारे की तरह चलकर राख हो गया। उनके समवर्ती पंत, निराला और प्रेमचन्द में-से किसी ने भी प्रसाद के इस संदर्शन के जादू को प्रोत्साहित नहीं किया क्योंकि 'कामायनी' का तात्त्विक (सौन्दर्यतात्त्विक नहीं) बोध स्वयं ही एक छाया है, एक माया है और एक लीला है।

13 'मिथक' से 'स्वप्न' की ओर छलाँग

मिथक मानवजाति का सामूहिक स्वप्न एवं सामूहिक अनुभव है, और स्वप्न एक व्यक्ति की सुप्त आकांक्षा। मिथक प्रागैतिहासिक घटना या आस्था है, जबकि स्वप्न एक प्रतीकात्मक इच्छाभिव्यक्ति। प्रतीक दोनों में विद्यमान है, पृथक-पृथक ढंग से। मानव-चेतना मिथकीय चेतना से ही विकसित होकर यथार्थवादी (ऐतिहासिक–) चेतना में परिवर्तित होती है। ऐतिहासिक चेतना के साथ ही मिथकीय चेतना विलुप्त होकर संस्कार मात्र–या, जुंग की शब्दावली में, 'सामूहिक अवचेतन'–रह जाती है। आधुनिक एवं ऐतिहासिक चेतना में मिथक का बार-बार नवोन्मेष होता है, लेकिन आर्केटाइपल बिम्बों, चिरन्तन प्रतीकों और व्याख्याओं के रूप में। 'कामायनी' में मिथक से स्वप्न में एक लम्बी छलाँग लगाई गई है जिससे यथार्थता–विशेषरूप से सामाजिक यथार्थता का अतिक्रमण किया गया है। इसी वजह से 'कामायनी' में कवि के मिथकीय मानस एवं यूतोपियाई मानस की गहरी रेखाएँ झिलमिला उठी हैं (दे. 'विचारधारा और कल्पलोक का अभिधान' शीर्षक अध्ययन में कवि के मानस का विश्लेषण)।

मिथक मनुष्य का आदिम काव्य है। आदिम मनुष्य का मन मिथकवित् (मिथोपोएइक) था। नृतत्त्व शास्त्र के टाइलर, फ्रेज़र, मेलिनोव्स्की, पाल रेडिन जैसे विद्वानों ने मिथक की चिरन्तनता की छानबीन की है। मिथक के विलुप्त हो जाने पर भी उसकी विचार वस्तु (थीम) का उत्तरजीवन बना रहता है। मिथक के दो धरातलों की वजह से ऐसा होता है। पहला धरातल प्रत्यक्षीकरण का, तथा दूसरा अवधारणा का है। प्रत्यक्षीकरण के धरातल पर आर्केटाइपल बिम्ब स्थित होते हैं, तथा अवधारणा के धरातल पर प्रतीक। जब भी सामाजिक जीवन में द्वन्द्व उपस्थित होता है तभी मिथक का प्रतीकीकरण नए पक्ष को उद्घाटित कर देता है। इसीलिए कहा जाता है कि मिथक मानवीय चिति (ह्यूमन साइकी) की यथार्थता में संस्कार रूप में सुरक्षित रहती है। भारत में जलप्लावनवाली घटना असीरियाई बेबी लोनियन स्त्रोतों से चलकर आई है। जलप्लावन की आदिम घटना मनु की मिथक से अनुस्यूत हो गई है। शतपथ ब्राह्मण का समय 3000 ई. पू. से 2500 ई. पू. का है। बाद में जल प्रलय में विष्णु के तीन अवतार–मत्स्य, कच्छप एवं वाराह–भी सम्बद्ध हुए हैं। कवि ने 'कामायनी' में जलप्लावन

के साथ यज्ञ के कर्मकांड को भी प्रस्तुत किया है। इसका भी प्रयोजन है। प्राचीन काल के भारोपीय परिवारों का केन्द्र चूल्हा था। आर्यों में अग्नि की उपासना का प्रधान कारण यही है। अग्नि के साथ ही यज्ञ संलग्न हुआ। अग्नि पितृ, गृहपति और विशपति तीनों हैं। कवि ने वैदिक यज्ञ और काम के मंगल बोध से महाकाव्य का आरम्भ लक्षित किया है। यह प्रक्रिया ही आदिम प्रारूपों (आर्केटाइप्स) का पुनरान्वेषण है। मनु, यज्ञ एवं काम तीनों ही पावन हैं। मिथक का प्रधान चरित्र पावनता है। मिथक की यथार्थता ऐतिहासिक न होकर पुनीत होती है। मिथक की यह पुनीत यथार्थता (सेकरेड रियलिटी) उसे तर्कपूर्व चिन्तन (प्रि-लॉजिकल थॉट) में अनुस्युत करती है। इसलिए मिथक की अन्तर्भूमि चिन्तन न होकर अनुभूति है। इसीलिए प्रसाद को भी आमुख में कामायनी-कथा में अन्तर्निहित 'सूक्ष्म अनुभूति' की बोधकता स्वीकार करनी पड़ी है। जब कवि को यज्ञ की नई व्याख्या करनी पड़ी तब उसे यज्ञ की ज्वाला के आर्केटाइप को वासना की ज्वाला में, देवताओं और दानवों के द्वन्द्व को संघर्ष सर्ग के युद्ध में तथा प्रलय को अद्वैतवादी संहार धारणा में रूपान्तरित करना पड़ा। इस कायांतरण (मेटामार्फोसिस) में मिथक का आधा जादू विलुप्त हो गया। यही नहीं, जलप्रलय तथा मनु के वर्तमान विश्लेषण में मिथकीय प्रत्यक्षीकरण भी विलुप्त हो गया। मिथक का स्वभाव ही ऐसा है कि बौद्धिक व्याख्याओं आदि में उनका प्रत्यक्षीकरण विलीन हो जाता है। उदाहरण के लिए प्रसाद ने मनु, इड़ा और श्रद्धा का अन्यापदेशिकीकरण करने की जो कोशिश की है, वह असफल सिद्ध हुई।

मिथक में आस्था (बिलीफ), तथा इससे भी अधिक हठात्-विश्वास (मेक-बिलीफ़) का आधार रहता है। इसी भूमि पर मिथकीय कल्पना का हवामहल खड़ा रहता है। आस्था ही मिथक को यथार्थ तथा पुनीत बनाती है। इसी वजह से मिथकों को धार्मिक चेतना सत्य भी मानती है। मनु और श्रद्धा का संयोग मिथक के इस तत्त्व को सर्वाधिक उन्मिषित करता है। मनु के बाद शुभ कर्म में प्रवृत्त करनेवाली श्रद्धा प्रकट होती है (प्रश्नोपनिषद, 60 वाँ प्रश्न, चौथा मंत्र)। ऋग्वेद के श्रद्धासूक्त (10/151) में कहा गया है कि श्रद्धा से ही अग्निहोम की आग दीपित होती है, विजयी होने का श्रद्धा–विश्वास उत्पन्न करती है तथा याज्ञिकों को भोग देती है। इसी तरह शतपथ ब्राह्मण (1/8/2–10) में मनु के पाकयज्ञ से पोषित इड़ा उनकी दुहिता है जिसके साथ मिलकर उन्होंने मानव-सृष्टि की। कवि को मिथकों की बौद्धिक व्याख्या में उनके स्वरूप को ही बदल देना पड़ा है। तिस पर भी अन्यापदेश का रचनातंत्र अकुशल ही रहा है। कवि ने मनु और श्रद्धा को तथा मनु और इड़ा को विभिन्न सामाजिक जीवनों की भूमिकाओं में आविर्भूत किया है।

मिथकीय चिन्तन में प्रकृति भूमिका भी अनुपम होती है। मिथक का प्रारूप (मॉडल) प्रकृति की अपेक्षा समाज होता है। इसलिए प्रकृति सामाजिक जगत का ही बिम्ब हो जाती है। मिथकीय मानस में प्रकृति भी एक महान समाज हो जाती है जहाँ मनुष्य पशु, पक्षी, पर्वत, झरने की तरह उसका एक अंगमात्र होता है। अर्नस्ट कैसीरर ने इस तत्त्व पर गम्भीरता से विचार किया है। 'कामायनी' में वसन्त (काम सर्ग) तथा प्रकृति (आनन्द

सर्ग) भी एक समाज है। उसमें प्रकृति की सृष्टि और माया दोनों ही मानवीय क्रियाधर्मों का निर्वाह करती हैं

● मिथक ऐतिहासिक स्थिति (हिस्टोरिकल सिचुएशन) का अतिक्रमण करती है। अतः यह मनुष्य को ऐतिहासिक स्थिति भुलवा देती है। इस विस्मरण का तात्कालिक नतीजा यह होता है कि मिथकीय काल (मिथिक टाइम) चिरन्तन या महाकाल हो जाता है जहाँ न तो क्रम है, न परिवर्तन, और न ही गति। इस महाकाल में विकास और परिवर्तन का स्थान कायान्तरण ले लेता है। रहस्य सर्ग में त्रिकोण और त्रिपुर के रूपान्तरण महाकाल के सन्दर्भ में ही होते हैं। इसके साथ ही हम मनु तथा श्रद्धा की ऐतिहासिक स्थितियाँ भूल जाते हैं और मनु शिव में तथा श्रद्धा शक्ति में रूपान्तरित होती चली जाती है। इस तरह से मनु-श्रद्धा-इड़ा की वैदिक मिथकवाली त्रयी का पुनरान्वेषण महाकाल (ग्रेट टाइम) में होता है जहाँ श्रद्धा इच्छा का और इड़ा ज्ञान का प्रतीक बनती है। कवि जब मनु को मन का, इड़ा को बुद्धि का, तथा श्रद्धा को हृदय का अन्यापदेश बनाने की ओर अग्रसर होता है तब तर्क के ताप से मिथक का इन्द्रजाल झुलस जाता है। उसका स्थान रहस्यात्मक धर्मसाधनाएँ ले लेती हैं।

महाकाव्य में रहस्यात्मक धर्मसाधनाओं के भी समावेश के कारण हम मिथक बनाम धर्म के द्वन्द्व पर थोड़ा विचार कर सकते हैं।

आधुनिक मिथकशास्त्रियों के अनुसार मानव संस्कृति के विकास में यह लक्षित करना बहुत मुश्किल है कि कब मिथक का अन्त और धर्म का प्रारम्भ हुआ क्योंकि धर्म अविश्रान्त रूप से मिथकीय तत्त्वों से सम्बन्धित एवं गर्भित है। मेलिनोव्स्की ने कहा है कि यदि मार्गान्वेषण खतरों से भरा है तथा समस्याएँ अनिश्चित हैं, तब बहुत अधिक विकसित जादू, और उसके साथ मिथकशास्त्र का विकास होता है। शाक्त एवं शैव, नाथ एवं सिद्ध साधनाओं के सन्दर्भ में यही हुआ। इनमें गूढ़ ज्ञान तथा रहस्यवाद भी विकसित हुआ। जादू अन्धविश्वासों की औसत, तथा धर्म सर्वोच्च नैतिक आदर्शों की प्रतीकात्मक अभिव्यंजना माना गया है। लेकिन जब धार्मिक विश्वासों को जादू से सम्बद्ध कर दिया गया, तब वे भी अंधविश्वास हो गए। वस्तुतः जादू के आदिम कला, आदिम मिथक, आदिम विज्ञान और आदिम धर्म, चारों पर्यवसित रहे हैं क्योंकि मनुष्य के कुतूहल से ही जादू का जन्म हुआ। 'कामायनी' में चिन्ता सर्ग का रहस्यात्मक कुतूहल प्रकारान्तर से वैदिक कर्मकांडों में पर्यवसित हुआ है लेकिन 'इन्द्रजाल', 'कुतूहल', 'रहस्य' जैसे शब्द अवश्य शेष रह गए हैं। 'कामायनी' में क्रियाधर्मी देवताओं (फंक्शनल गॉड्स) की जिस वैदिक सूची में हम दूसरे सर्ग में परिचित होते हैं (विश्वदेव, सविता या पूषा सोम, मरुत चंचल पवमान) वे 'प्रकृति के शक्ति चिन्ह' हैं। इसके उपरान्त हम विशेषतः शिव और काम जैसे दो इष्टदेवताओं (पर्सनल गॉड्स) की लीला पाते हैं जिन्हें कवि ने मानवीय स्थितियों से संग्रथित किया है। 'कामायनी' में जिस मानवसृष्टि की कथा है उनमें कुंठाओं (इन्हिबिशंस) एवं नैतिक निषेधों (टैबूज़) का वातावरण नहीं है। केवल श्रद्धा (बिलीफ़) के रूप में नैतिकता का चरित्र उभर रहा है, कुछ कर्मों से बचने

की इच्छा और कुछ को करने की इच्छा जाग रही है। यह मिथकीय खुलापन ही इस महाकाव्य का कुहक है। हाँ, यज्ञज्वाला के रूप में पहला नैतिक निषेध, और धवल वृष (आनन्द सर्ग) तथा ऊर्वशीमेष (वासना सर्ग में) जैसे पशुओं के रूप में प्रथम टोटेम उभरते हैं। कवि ने पशु की बलि कराकर संघर्ष और हिंसा की भी नींव डलवाई है। स्वप्न सर्ग में हम प्रजापति को 'नरपशु' के रूप में भी पाते हैं (...नरपशु कर हुँकार उठा)। कवि ने इसी नरपशु को संघर्ष सर्ग के बाद से पाशों और कंचुकों से मुक्त करना शुरू किया है, तथा अन्त में उसे 'शिव' युत कर दिया है। कवि ने इस महाकाव्य में रुद्र, शिव, नटेश और भूतनाथ के मिथक-बिम्ब का प्रयोग किया है। जहाँ तक जादू का सवाल है वह रहस्य सर्ग के रहस्यात्मक परिवेश में पर्याप्त है। इन परवर्ती सर्गों में प्रकृति भी साधिका की तरह रहस्यात्मक हो गई है। मिथक में प्रकृति के मौलिक तत्त्व मनुष्य के सामाजिक जीवन का प्रक्षेपण हो जाते हैं।

इस भाँति 'कामायनी' का मिथकीय परिवेश ऐतिहासिक स्थिति का विस्मरण कराता है। हम यह विश्वास कर लेते हैं कि जलप्लावन और मनु की कथा यथार्थ है, क्योंकि यह पुनीत है, अतः यह सत्य है। इस तरह मिथक की यथार्थता पुनीत होती है। औसत हिन्दी पाठक, और कुछ विरले विद्वान, 'कामायनी' में निहित मिथकीय तत्त्वों के कारण उसे श्रद्धा और पूजा की वस्तु भी मानते पाए जाते हैं। मिथक का जादू ही यह है। मिथक की सिद्धि महाकाल में निरन्तर होती रहती है और पाठक या श्रोता अपने ऐतिहासिक काल के अतिक्रमण करने की आकांक्षा तृप्त कर लेता है। सहृदय बोध का यह महत्तम आयाम है और इस कृति में मूर्तिमान है (अधिक विस्तार के लिए देखें : 'सहृदय बोध और कवि का संसार' शीर्षक अध्याय)। मिथक-सत्य तथा इतिहास-सत्य में मौलिक अन्तर है। मिथक-सत्य श्रद्धा पर आश्रित है, जबकि इतिहास सत्य विज्ञान पर। मिथक सत्य कर्मकांड से गुँथा है और इतिहास–सत्य तथ्यों से। तथ्यों को संकलित करने के बाद उनकी व्याख्या करने पर ऐतिहासिक सत्य मिलता है। इसके असमान विवेचन में मिथक का प्रत्यक्ष ही विलीन हो जाता है। हाँ, ऐतिहासिक प्रतीकों को मिथकीय सत्व से अवश्य जोड़ा जाता है जिससे आर्केटाइपों का पुनरान्वेषण सम्पन्न होता है। 'कामायनी' में प्रसाद ने अपने सामाजिक जीवन के तनावों और समस्याओं को आर्केटाइपल बिम्बों में गर्भित करके 'मानवता के सत्य' की तलाश की है। इसी अन्वेषण के समानान्तर प्रयुक्त मिथक के भी नए-नए आयाम उद्‌घाटित हो गए हैं। मिथकीय प्रतीकीकरण की यह प्रक्रिया 'कामायनी' में 'रूपकतत्त्व' के उपक्रम में उद्‌घाटित हुई है।

● इसी अनुक्रम में कवि ने मिथकीय भूगोल (मिथिक ज्योग्राफ़ी) का भी विन्यास किया है : हिमालय, मानसरोवर, हिमालय का साधना पथ, और अन्ततः कैलाश पुनीत स्थल का भी आधान करते हैं। हिमालय शिखर एकबारगी ही आनन्द शिखर, साधना-शिखर और चेतन पुरुष-पुरातन हो जाते हैं। रहस्य सर्ग का त्रिकोण एवं त्रिपुर भी तत्त्वतः पुनीत स्थल ही हैं जो रहस्य से मंडित हैं। मिथकीय चेतना के लिए वे यथार्थ हैं। मिथकीय चेतना के धाराप्रवाह में आनन्दसर्ग की यूतोपिया भी यथार्थ हो जाती है

क्योंकि वह पुनीत है। वहाँ औसत आधुनिक अभिमत भी असम्भवतः और असंगति का आक्षेप करना ही भूल जाता है; प्रत्युत उक्त मिथकीय कल्पना से गहराई में प्रभावित भी हो जाता है। प्रसाद ने मिथकीय स्थलों का चित्रण भी ऐसे मोहक ढंग से किया है कि रहस्य फैलता गया है (दे. प्रकृति के सौन्दर्य-साक्षात्कार शीर्षक अध्याय)। इन स्थलों को उन्होंने ऐतिहासिक भूगोल से संलग्न किया है ताकि सिन्धु, सरस्वती, कैलाश आदि प्रतीक भी हो जाएँ। ऊन और सूत को तकली में कातने का वैदिक नारी कर्म करनेवाली कामबाला (श्रद्धा) से मनु का मिलन सिन्धु-तट पर होता है (तद्वाऽएतत्स्त्रीणां कर्म यदूर्णासूत्रम्। शत. 12/7/2/11)। कामबाला के सौन्दर्य-वर्णन के कई अंश भी शतपथ ब्राह्मण से अनुकृत है। वह सुजघना, लम्बी कायावाली, सुन्दर लम्बे केशोंवाली, क्षीण कटि वाली, तथा उन्नत ललाटवाली भी हैं। पाकयज्ञ स्थल जब श्रद्धा (शतपथ में इड़ा) आती है जब उससे मिलने मित्रा-वरुण आते हैं। वरुण सिन्धुपति (ऋ. 7/64) है। अतः विवेकवादी धारा के तट पर श्रद्धा का आगमन प्रतीकार्थक भी हो जाता है। मित्र वरुण युग्म दिवारात्रि के प्रतिनिधि भी हैं। चिन्ता की रात्रि और आशा की ऊषा के बाद ही श्रद्धासर्ग में यह मिलन होता है। वरुण की वर्षा के बाद शरद में यह मिलन होता है। ग्रीष्म अग्नि और शरद पुरोडाष माना गया है। इस भाँति प्रतीकात्मक आहुतियों से यज्ञभूमि पुनीत हो गई है।

इड़ा मनु को सरस्वती तट पर मिलती है। सरस्वती का नाम ऋग्वेद में आया है (V 52। 17। 8; VII- 18-19) द्रशद्वती और सरस्वती दो वैदिक नदियाँ थीं जो कुरुक्षेत्र में बहती थीं। (कनिंधम की पुरातात्त्विक रिपोर्ट में इसका विवेचन हुआ है)। बाद में सरस्वती विद्या की देवी भी हो गई। 'कामायनी' में नदी और देवी, दोनों स्वरूपों का प्रतीकीकरण हुआ है क्योंकि इड़ा (विद्या) वहीं रहती है। कठोपनिषद में बुद्धि (इड़ा) को सारथी कहा गया है जो एक हाथ में मन की कई वल्गाएँ थामे है। 'कामायनी' में इड़ा एक हाथ में कर्मकलश धरे हैं, तथा दूसरे हाथ को उठाकर विचारों के नभ को अवलम्ब दिए है। ऋग्वेद के वाङ् के स्वरूप को कवि ने इड़ा में मिलाया है। दसवें मंडल के 125 वें सूक्त में वाङ् कहती है कि 'मैं रुद्र के लिए धनुष खींचती हूँ। मैं जन के लिए संघर्ष करती हूँ। मैं आकाश और पृथ्वी में व्याप्त हूँ।...मैं रानी (राष्ट्री) हूँ। मैं एश्वर्यों का संकलन करती हूँ (10/125/3)। मैं पवन की तरह भुवन और विश्व को वश में करती हुई चलती हूँ।' स्वप्न एवं संघर्ष सर्ग की इड़ा में ये वैदिक चरित्र गुण शामिल कर लिए गए हैं।

इसी भाँति कैलाश और हिमालय-भूमि तांत्रिकों, योगियों और शैवों की पौराणिक तथा रहस्यात्मक साधना-भूमि में रूपान्तरित कर दी गई है। कैलाश हृदय शिखर हैं जहाँ पूर्ण शान्ति विराजती है, और काल चक्र का परिवर्तन नहीं है। कैलाश में जड़ और चेतन, नित्य और अनित्य एक हो गए हैं। यह आनन्द-शिखर भी है। इस तरह 'कामायनी' में मिथकीय भूगोल के रंग भरे हुए हैं।

कैलाश मिथकीय काल की धारणा का भी संकेत करता है। ऐतिहासिक काल

निरन्तर, परिवर्तमान और अग्रगामी होता है; लेकिन मिथकीय काल चक्राक (साइक्लिक) होने के साथ-साथ शाश्वत और पूर्वगामी भी होता है। मिथकीय काल का प्रत्यावर्तन (रिवर्सल), भी हो सकता है। सृष्टि-संहार चक्र, नियति-चक्र, कर्म-चक्र, आदि की धारणाओं ने 'कामायनी' में मिथकीय काल के अक्षों को उभारा है। अतः रहस्य सर्ग में काल का स्थगन (सस्पेंशन) हो जाता है, दर्शन सर्ग में स्पन्दन (pulse) और आनन्द सर्ग में स्थैर्य (फिक्सेशन)।

इस भाँति हम 'कामायनी' में मिथक, मिथकीय चेतना और मिथकीय बोध को पाते हैं। मिथक बिम्बों को कथा में प्रवाहित करने (यज्ञ → जवाला → वासना → हिंसा → युद्ध → त्रिपुर दाह; कण → शक्ति → काम → श्रम → शान्ति; आदि) का जो महत्तम परिणाम प्राप्त हुआ है, वह है 'कामायनी' में इतिहास की अपेक्षा संस्कृति के दर्शन का भी उन्मीलन। हमने 'कामायनी' में प्राप्त इतिहास-दर्शन का भी सारगर्भित निरूपण किया है। इस सन्दर्भ में हम यही कह सकते हैं कि प्रतीकों का यह इतिहास इस महाकाव्य में संस्कृति के दर्शन की भूमिका बन गया है जिसने जीवन की सांस्कृतिक शैलियों को भी निरूपित किया है। 'महाकाव्यत्व अथवा महानकाव्यत्व' शीर्षक अध्याय में हमने तीन सांस्कृतिक प्रारूपों (कल्चरल माडेल्स) को ढूँढ़ा है। इनके केन्द्र में प्रतीकों का इतिहास ही गूँथा है। फलस्वरूप इन महाकाव्य में कथा प्रागैतिहासिक (वैदिक) हिमालय से शुरू होकर शैव हिमालय में समाप्त होती है; अकेला मनुष्य अन्त में पुरातन चेतन पुरुष हो जाता है। इसमें सम्पूर्ण महाकाव्य ही सांस्कृतिक शैलियों से जीवमान हो उठता है; चिन्ता-आशा-श्रद्धा सर्ग में वैदिक पर्यावरण है; काम-वासना-लज्जा सर्ग मनोवैज्ञानिक एवं रोमांटिक हैं; कर्म में मुक्त पुरुष का भोग है; इड़ा-संघर्ष सर्गों में आधुनिक पूँजीवादी संस्कृति तथा निर्वाधित व्यक्ति वैचित्र्य की आलोचनाएँ हैं; एवं दर्शन-रहस्य-आनन्द सर्गों में शैवागमों, तंत्रालोक, प्रत्यभिज्ञान आदि के आधार पर समन्वय-समरसता, आनन्द-प्रकाश, आदि की सिद्धि है जिसमें भोग तथा योग का सामंजस्य हो गया है।

❐

● अब हम इस महाकाव्य के दूसरे पक्ष–स्वरूप–की मीमांसा करेंगे। मिथक से स्वप्न में छलाँग लगाने में कवि ने सामाजिक यथार्थता का अतिक्रमण किया है। उसने जो स्वप्न रचे हैं वे मनु के कामस्वप्न और श्रद्धा के पूर्व स्वप्नभास से लेकर दर्शन सर्ग के दिवास्वप्न, रहस्य सर्ग की फान्तासी तथा आनन्द सर्ग के कल्पलोक का भी समावेश करते हैं। इसके अलावा इसके अन्तर्गत संघर्ष सर्ग का आधुनिक प्रेतस्वप्न (नाइटमेयर) भी शामिल है।

स्वप्न के ये रूप-प्रतिरूप एक ओर तो मिथकीय कल्पना के जादू से बँधे हैं, दूसरी ओर यथार्थता से भयभीत पलायन करते हैं और तीसरी ओर वैयक्तिक असफलताओं, आदर्शों तथा आकांक्षाओं का अन्तर्लोक रचते हैं। 'कामायनी' में 'स्वप्न' के ये तीन

प्रधान आयाम हैं जो स्वयं स्वप्न को भी व्यापक प्रयोजन प्रदान करते हैं।

रोमांटिक कवि 'स्वप्नद्रष्टा' होता है और 'स्वप्निल लोकों' को बसाता है। क्या दार्शनिक-इतिहासकार प्रसाद ऐसे थे ? इसका उत्तर घुमावदार है।

प्रसाद के स्वप्नलोक-निवेश की प्रक्रियाएँ भी मनोवैज्ञानिक हैं। उन्होंने प्रायः निद्रा, अलसचेतना, अंगड़ाई, तन्द्रा के अन्तराल में चेतना, चेतन की किरणें (या फ्लक्स) या जागरण का अवाच् कथन किया है जिसका तात्पर्य स्पष्ट रूप से अवचेतना एवं स्वप्न (ड्रीमिंग) का एक युगल है। इसे वे नृत्य की संज्ञा से भी जोड़ते हैं जिसका तात्पर्य इनका कलात्मक पुनर्निर्माण है। 'कामायनी' में अवचेतन-स्वप्नयन के युग्म की पृष्ठभूमि में प्रायः वेदना, व्यथा, चिन्ता, अभाव और द्वन्द्व का भाव भी मौजूद रहता है। यह छायावादी सौन्दर्यतात्त्विक दृष्टि से आन्तरिक अनुभूति का, तथा उनके इतिहास-दर्शन की दृष्टि से विवेकवादी धारा की यथार्थता का सामंजस्य है। लेकिन मनोवैज्ञानिक दृष्टि से इसका आयाम आत्मपीड़न-रति (मेसोशिज़्म) में भी खुलता है। दार्शनिक अनुगामिता की दृष्टि से आनन्दवादी प्रसाद करुणा और वेदना और दुख से भीगे रहे थे। 'आँसू' नामक मुक्तक काव्य में दुःख की भूमिका पारदर्शी है। अन्तर्दाह (फैल रही थी घनी नीलिमा अन्तर्दाह परम से;...अन्तर्दाह स्नेह का तब भी होता था उस मन में), आत्मसमर्पण ('इस अर्पण में कुछ और नहीं केवल उत्सर्ग छलकता है...सर्वस्व समर्पण करने की विश्वास महातरु छाया में–'), दुःख-पूर्ण अनुभवों की खोज आदि आत्मपीड़नरति के अन्तर्गत आते हैं। थियोडोर राइक ने तो यहाँ तक कहा है कि सामाजिक आत्मपीड़नरति सांस्कृतिक उपलब्धियों को सिद्ध करती है। इस काव्य में यज्ञ की ज्वाला के अर्केटाइपल बिम्ब से यही विन्यस्त हुआ है (देखें, 'इतिहासदर्शन' शीर्षक अध्याय)। मूलतः आत्मपीड़नरति का उद्‌गम फान्तासी है। प्रसाद ने यथार्थता को अस्वीकार कर दिया है, लेकिन उसका पुनर्निर्माण अपनी शैव एवं छायावादी बिम्बावली के अनुरूप किया है जिसमें विभ्रम (इल्यूज़न), दिवा स्वप्न (डे-ड्रीम्स) तथा वशीकरण (हैल्युशिनेशस) शामिल हैं।

सुखभोग का परिणाम दंड और अभिशाप है। केन्द्रीय वस्तु (थीम) को देवताओं की सृष्टि के विलयन, मनु के गुहागृह के विघटन, और सारस्वत नगर के भीषण विप्लव के द्वारा प्रकट किया गया है। सुख-भोग के विकल्प के रूप में त्याग और करुणा का प्रतिपादन हुआ है। कर्म सर्ग में श्रद्धा यही प्रतिपादित करती है कि एकान्त सुख वासना धारा है, तथा त्यागपूर्ण सबका, सुख मानवता-धारा है, इसी तरह मृगया की हिंसा के निरोध में करुणा का प्रतिदान हुआ है। मनु में आत्मपूर्ति का इच्छा चिन्ता उत्पन्न करती है, और इस चिन्ता का उद्‌गम अभिशाप-मय है (जिसे तुम समझे हो अभिशाप जगत की ज्वालाओं का मूल)। यही चिन्ता इड़ा-सर्ग में चिन्तन और कर्म के अक्षों में विस्तृत होती है तथा संघर्ष सर्ग में मनु स्वयं अपने विरुद्ध अर्थात् आत्मध्वंसक अर्थात् आत्मपीड़क हो जाते हैं क्योंकि उन्हें अब यह नई चिन्ता ग्रस लेती है कि सारस्वत नगर तो भरापूरा हो गया लेकिन मानस प्रान्त सूना का सूना है। अतः वे हृदय की रानी इड़ा

का दुःखद पीछा करते हैं। यहाँ हमने आत्मपीड़नरति के सन्दर्भ में चिन्ता की केन्द्रीयता को उद्घाटित किया है क्योंकि ऐसी भित्ति पर कवि की फान्तासियों के स्वप्नलोक चित्रित हैं।

● अब हम दिवास्वप्नों की प्रकृति तथा कवि के दिवास्वप्नों की मानसिक वैयक्तिकता (मैंटल प्राइवेसी) की अनुमिति कर सकते हैं।

दिवास्वप्न में स्वप्न के दो तत्त्व–निद्रा तथा अनुभाव–नहीं होते। उनका स्थान चेतना की धारा के अन्तर्गत फान्तासी और मिथकीय कल्पना ले लेती है जिसे कवि ने 'लीला' और 'छाया' शब्दों में अभिव्यक्त किया है। दिवास्वप्न स्वप्न की दृश्य फान्तासी के असमान विचार-फान्तासी होते हैं। ये अभिलाषा एवं महत्त्वाकांक्षा की तृप्ति करते हैं और बहुधा कथा-चक्र के रूप में खुलते हैं जहाँ कवि या नायक रूप कवि केन्द्र में होता है। अतः एक ओर तो वे काव्यात्मक सृष्टि के स्रोत हैं तथा दूसरी ओर वैयक्ति सुखों की काल्पनिक विजय के काव्य। इन दोनों दिशाओं के कारण दिवास्वप्नों में प्रेषणीयता धूमिल हो जाती है और वे रोमांटिक हो जाते हैं। 'कामायनी' में त्रिपुर और आनन्द तांडव तथा कैलाश लोक की मूल विषयवस्तु यथार्थ नहीं है क्योंकि उनके केन्द्र में अनुभव की प्राथमिकता हट गई है। उनका केन्द्र फान्तासी है। 'कामायनी' में इन सभी स्थलों में यथार्थता सिद्धान्त का परित्याग हुआ है ताकि फान्तासी की रचना हो सके। इस रचना में सुख (प्लेज़र) की कामना का भी अस्थायी त्याग हुआ है ताकि आनन्द की सिद्धि हो सके। यह एक विचित्र ढंग की क्षतिपूर्ति है। यथार्थता की वास्तविकता से 'चिरबन्धन मुक्त' होकर मनु परवर्ती फान्तासियों में सामरस्य अवस्था तथा आनन्द के साधना-पथों में स्वर्ग और आनन्द को सिद्ध करते हैं। इस तरह अपने स्वप्न-पथों में कामायनी-नायक मनु सामाजिक यथार्थता का अतिक्रमण करते हैं जहाँ कल्पना में तृप्ति प्राप्त होती है। 'कामायनी' के स्वर्गिक (मनोवैज्ञानिक शब्दावली में, काल्पनिक) कल्याण का सार यही है। इसमें निद्रा-स्वप्न की रूपात्मक विकृतियों (डिस्टार्शंस) से आसानी से बचा गया है, तथा चेतना की धारा के साहचर्यों को मधुरतापूर्वक ग्रहण किया गया है।

चेतना की किरणों का पुंज (फ्लक्स) बेहद अन्तर्मुखी है। इसमें मानसिक वैयक्तिकता की इतनी प्रचुरता है कि कला की प्रकृति से इसका विरोध हो जाता है। 'कामायनी' में कवि के अनुभव की प्रकृति ऐतिहासिक–मिथकीय–रोमांटिक है (दे. 'विचारधारा तथा कल्पलोक का अभिधान' शीर्षक अध्याय); और कृति की कलात्मक प्रकृति प्रातिभ, रूपकात्मक, प्रतीकात्मक एवं शब्दबिम्बात्मक है। इसीलिए 'कामायनी' में चेतना की धारा का जो प्रवाह है वह चेतन तथा अवचेतन दोनों कूलों का स्पर्श करता है, कवि की यथार्थ (वेदना) तथा आदर्श (आनन्द) की दृष्टियों का तथाकथित एकीकरण करता है। और उसके जगत (दुख) तथा स्वर्ग (मुक्ति) की धारणाओं का साधारणीकरण करता है। इसका परिणाम सहृदय-बोध के अन्तर्गत दुरूहता और रहस्यात्मकता का समुपरंजन है। कृति के अनुषंग में चेतना-प्रवाह साहचयों

की लड़ियाँ खोलता चलता है जिससे कि प्रकृति, नियति, यज्ञ, अणु, वासना, शक्ति आदि के बीज-बिम्ब नई-नई स्थितियों में नए दिवास्वप्नों के उत्स बन जाते हैं (दे. 'रूप स्वरूप : महाकाव्यत्व अथवा महानकाव्यत्व' शीर्षक अध्याय)। कवि ने आनन्द तांडव, त्रिपुर और कैलाश के जो 'स्वप्न' रचे हैं। उन सभी में दिशा-काल की ऐतिहासिक चेतना लुप्त हो गई है। यह तथ्य रेखांकनीय है। कवि के अनुभवों की प्रकृति ने इन फान्तासियों के पंथ भी बदले हैं; यथा, दर्शन सर्ग में नर्तित नटेश का दिवास्वप्न है, रहस्य सर्ग में कैलाश और शिवतत्त्व की प्राप्ति की तथा लास रास रत प्रकृति की मिथकीय स्वप्निलता है। फान्तासी-मार्ग की मनोवैज्ञानिक सत्यता यहाँ दृष्टि गोचर है–यथार्थ सुखों के बजाय फान्तासीपंथवाले आनन्द की प्राप्ति। कवि ने बताया है कि भौतिक हलचलों एवं विषमताओंवाला सारस्वत-प्रदेश निर्मित कराकर मनु सुख पा जाते हैं और सुख तथा नियम प्रदान कर देते हैं, लेकिन उनका मानस प्रदेश सूना पड़ा है जिसमें आनन्द एवं मुक्ति की आवश्यकता है। 'कामायनी' में दर्शन सर्ग से भविष्य की ओर या महाकाल की ओर प्रयाण शुरू होता है जहाँ कर्म के बजाय विश्रान्ति, सुख के बजाय आनन्द, तथा संघर्ष के बजाय मुक्ति की सिद्धावस्था है। इसी क्रम में कवि ने रोमांटिक व्यक्ति-स्वातंत्र्य की अपेक्षा लोकोत्तर आत्ममुक्ति का व्यक्ति-सा-धारणीकरणवाला संदर्शन प्रकट किया है। कवि के कलात्मक स्वप्न के मार्ग ये ही हैं। सारांश में, इन 'स्वप्नों' में देश एवं काल मुक्त हैं, तथा मानसिक क्रियात्मकता में रहस्यकुतूहल (जादू) एवं इच्छापूर्ति (समरसता, आनन्द) के चेतन-अवचेतन-धारा-प्रवाह हैं।

● आधुनिक मनोवैज्ञानिक प्रयोगकर्ताओं ने यह भी पाया है कि मिथक और परीकथा, निजंधर और अन्यापदेश के दो युगल परस्पर अनुस्यूत हैं। (मार्टिन एस. बर्गमान; सम्पादक राबर्ट लिंडर की पुस्तक का लेख) मिथक और दिवास्वप्न की विधा स्वप्नमूलक होती है : पहली में स्वप्न तथा दूसरे में वैयक्तिक स्वप्नों का अन्वयन होता है। द्वन्द्वमान की दृष्टि से मिथक और दिवास्वप्न में वाद (थीसिस) से सीधे एकरूपता (यूनिफार्मिटी) की ओर अग्रसर हुआ जाता है जबकि यथार्थता में प्रतिवाद होता है, और वाद-प्रतिवाद का समन्वय। 'कामायनी' में इच्छा-क्रिया-ज्ञान के समन्वय के बजाय उनकी समरूपता (वे सम्बद्ध हुए फिर सहसा जाग उठी थी ज्वाला जिनमें) है। इसी तरह इड़ा श्रद्धामयी हो जाती है, और मनु श्रद्धायुत (श्रद्धायुत मनु बस तन्मय थे)। इसी तरह जड़ और चेतन समरस हो जाते हैं (समरस थे जड़ या चेतन सुन्दर साकार बना था)। इसी वजह से मनु मनुष्य, मनन तथा मानवता का एकत्व हो जाते हैं, तथा मनुष्यता ही मनु, पुरुष एवं मनन में अंशरूप हो जाती है। अंश-अंशी की एक समरूपता यथार्थता के अतिक्रमण का परिणाम है। इस अतिक्रमण के पीछे कवि का जीवन-दर्शन भी गुँथा हुआ है जो वर्तमान और यथार्थ के दुख, अभाव एवं पतन को अस्वीकार करता है, और उसके स्थान पर आदर्श की शक्ति, प्रमोद एवं आलोक का अभिषेक करता है। मिथक से स्वप्न में छलाँग लगाने का यह मनोवैज्ञानिक विकास इसी ढंग का हुआ है। फलतः कवि के 'स्वप्नों' में विज्ञान का तिरस्कार है, वर्तमान की विषमता है, दुख की भयानकता है और

अभाव का पतन है। इसीलिए प्रसाद भारत के अतीत स्वप्न तथा विश्व सुन्दरी प्रकृति पर इतना मुग्ध हैं कि सम्पूर्ण 'कामायनी'–यात्रा को वहीं ले जाते हैं। यह उनका आमूल अन्तर्विरोध (कांट्राडिक्शन) है।

कवि के 'स्वप्नों' की मानसिक वैयक्तिकता के कारण हम 'कामायनी' के स्वप्नलोकों में सन्देश, उद्‌बोधन और माधुर्य को ही पाते हैं। उनका यूतोपियाई मानस भविष्य के बजाय अतत में रमण करता है। अतीत में रमण करने की मूल प्रवृत्ति 'कामायनी' में मिथकीय काल की रहस्यात्मक सृष्टि में तन्मय हो गई है। अतः कवि भविष्य के स्वप्नों के बजाय अतीत के मिथकीय स्वप्नों एवं धार्मिक संदर्शनों से लुभाता है। सारे भटकावों के बाद कवि अन्ततोगत्वा मातृ बिम्ब एवं पितृबिम्ब की प्रतिष्ठा कर देता है। ईर्ष्या सर्ग में मनु वासना सर्गवाले 'पशु' का वध करते हैं, और वर्तमान का दंश भोगते हैं। इसी टोटेमपशु की हत्या के फलस्वरूप कुछ निषेध (टैबू) जन्म लेते हैं जैसे अहिंसा, करुणा, ममता, नियम, अपराध आदि। किन्तु पशुवध का कर्मकांड संघर्ष में मनु को ही 'नरपशु' बना देता है। अर्थात् मनु ही टोटेम-प्रतीक हो जाते हैं। प्रसाद ने अनजाने ही मिथक के इस बड़े रहस्य को छू लिया है। यही उद्‌घाटन उन्होंने एक और स्थल पर किया है। मिथक में आदिम अपराध के प्रति नैतिकता और भय की भावना नहीं रहती। प्राचीन कथा में इड़ा अथवा श्रद्धा मनु की पुत्री है, और कालान्तर में पत्नी भी। यहाँ इस आदिम अपराध की अपेक्षा है। यह मिथक से दिवास्वप्न के सूक्ष्म अन्तराल को प्रकट करता है। इस सन्तरण में धार्मिक चेतना के समावेश के फलस्वरूप ही ऐसा हुआ है, और हो जाता है।

फान्तासीय इच्छापूर्ति (विश-फुलफिलमेंट) इन 'कामायनी'–मार्गों में धार्मिक आस्था ने दिवास्वप्नों के चित्रों को संस्कारित किया है। इस बात को ध्यान में रखना चाहिए। इन 'स्वप्नों' में कवि ने 'सूक्ष्म अनुभूति या भाव' के 'चिरन्तन सत्य' को अभिव्यक्त किया हैं अतः एक बीज-बिम्ब कई दृश्यों में विभिन्न गतियों (नृत्यों) में उन्मीलित हुआ है। कर्म-काम-चिन्ता की पहली त्रयी कर्म-इड़ा-संघर्ष सर्ग में यथार्थ भूमि पर खुली है, तथा रहस्य सर्ग में इच्छा-क्रिया-ज्ञान लोक की त्रयी के लोक के रूप में वर्णित हुई है। इसी तरह नृत्य का चित्रण है जो प्रकृति के संहार तांडव, अतिथि के हृदय के आनन्द के रास, संघर्ष सर्ग में भूतनाथ के भैरवनृत्य, रहस्य सर्ग में महाकाल के विषमनृत्य और आनन्द सर्ग में विश्व सुन्दरी के लास रास में विभिन्न रूपों में प्रकट हुआ है। प्रायः सभी बीज-बिम्बों के विषय में यही कहा जा सकता है (दे. 'रूप-स्वरूप महाकाव्यत्व अथवा महानकाव्यत्व' शीर्षक अध्याय भी)।

● 'कामायनी' में सामाजिक यथार्थता और वर्तमान के जो चित्रण हैं उनमें प्रेतस्वप्न का बोध विद्यमान है। इसका विस्तृत निरूपण 'विचारधारा तथा कल्पलोक का अभिधान' शीर्षक अध्याय में हुआ है। कवि ने वैदिक मॉडल तथा आधुनिक मॉडल, दोनों को अस्वीकृत करके शैवतांत्रिक मॉडल को स्वीकार किया है। इस चुनाव में प्रसाद की वैयक्तिक मनोवृत्ति, छायावादी जीवन बोध तथा वर्गीय चरित्र तीनों का प्रभाव परिलक्षित

होता है। समरूपता एवं समरसता की तलाश में कवि ने दो दृष्टियों का विध्वंस किया है : विलास और सोम और यज्ञ से देवसृष्टि मिटी है; तथा वासना प्रभुत्व और हिंसा से मनुष्य की सारस्वत-सृष्टि। दोनों के कारण एक-से हैं और दोनों में ही सुख (प्रभुत्व) तथा अहं (दम्भ) ही हेतु थे।

यही बात हम कई प्रकार के पुरनिवेशों में पाते हैं जहाँ चिन्ता और हिंसा, दुःख और विषमता, भोग और स्वार्थ, विज्ञान और विवेक, भेद और तृष्णा, विलास और अभाव, आदि कई सामाजिक जटिलताएँ तथा वैयक्तिक कुंठाएँ भी उत्पन्न करते हैं। देवसृष्टि का निर्बाध विलास और स्वायत्त सुख एवं सारस्वत सृष्टि का निर्बाधित अधिकार और पूँजीवादी भीषणता–ये आधुनिक युग के ज्वलन्त यथार्थ को उभारते हैं। किन्तु कवि इन्हें प्रेतस्वप्न के धरातल पर पहुँचाकर भागने का सन्देश देता है (आँख बन्द कर लिया क्षोभ से, "दूर-दूर ले चल मुझको,...ले चल इस छाया के बाहर मुझको दे न यहाँ रहने")। इसके उपरान्त समाज और आधुनिकता के हाशिए गुम हो जाते हैं, तथा प्रकृति के अंचल (मुक्त नील नभ के नीचे या कहीं गुहा में रह लेंगे) में परवर्ती माधुर्य-आनन्द-चैतन्य मूलक दिवास्वप्नों की फान्तासियाँ रची जाती हैं।

सारांश में, कवि आधुनिक त्रासदी और यथार्थता का अतिक्रमण कर जाता है। इसीलिए इस प्रबन्ध-काव्य में मिथक से स्वप्न में छलाँग लगाई गई है।

परिशिष्ट

'कामायनी' की समकालीन प्रासंगिकता

I

'श्रद्धा की मुस्कानें और महाकाव्य के लीलाकमल का खिलना।'

जयशंकर 'प्रसाद' का अपना एक रोमांटिक त्रैलोक्य था जिसमें आनन्द और सौन्दर्य और शिवत्व के लोक थे। उनका वह वैयक्तिक त्रिपुर एक ऐसी प्रक्रिया से गुज़रा कि 'कामायनी' में आते-आते वह इच्छाशक्ति, क्रियाशक्ति और ज्ञानशक्ति का कालतांत्रिक त्रिपुर हो गया। अर्थात् उसमें 'शक्ति' केन्द्र में क़ायम हो गई। वह शक्ति **मन**, मन के देवता **काम,** तथा मन के प्रतीक **मनु** की भी संचालिका हुई। शक्ति के स्पन्दित होने की अनेक प्रक्रियाएँ हो सकती हैं (परा, पश्यन्ती, मध्यमा, वैखरी, पर-अपर)।

शक्ति के कई रूपक हो सकते हैं : पुरुष-**प्रकृति,** उपाय-**प्रज्ञा**, शिव-**शक्ति,** कृष्ण-**राधा,** मदन-**रति,** कुलिश-**कमल** इत्यादि। अर्थात् जयशंकर प्रसाद ने अपने **रचना-संसार** में 'शक्ति नारी' को एक कर दिया है। छायावादी प्रसाद ने नारी की शक्ति को भाव या इच्छा माना है। उसका चेतन वरदान रूप सौन्दर्य है; तथा गुणधर्म हैं लज्जा एवं हास–यह प्रसाद का **नारी-संसार** है। प्रसादीय नारी अर्थात् मुसक्यान की एक सरल सुन्दर रेखा ! किन्तु श्रद्धा के पीछे 'उस' मुख की 'वह' मुस्कान कैसे पहचानेंगे हम ?

इन वर्षों के दौरान अब यह सच्चाई ज्यादा खुलती चली जा रही है कि हिन्दी के कृतिकारों में सबसे विविध और बहुल, समृद्ध और दुर्लभ, विलक्षण और विशिष्ट नारी-संसार की अनुभावना तथा अनुरंजना करनेवाले अकेले प्रसाद ही हैं। उनकी नारियाँ यदि कालिदास की नारियों के बराबर अभिषेक करके मांसल हो उठती हैं, तो किंवदन्तियोंवाले रोमांसों के लीलाचमत्कारों को छोड़कर नर्तकियों-गायिकाओं के-जैसे आभिजात्य प्रणय-व्यापारों में प्रगल्भा सिद्ध होती हैं। उनके नाटकों, कहानियों और कविताओं में वास्तविक नारियों की छायाएँ खोजना तो मुश्किल है क्योंकि हमारे पास उनके निजी जीवनी के पर्याप्त सबूत नहीं हैं। अलबत्ता उनके नारी-संसार से कुछ अनूठे और अनागत नतीजे हासिल हो सकते हैं। किंवा हम उनके नारी-लोक के अनुभव का साँझा की सकते हैं।

सबसे पहले उनके नाट्य रूपकों में नारियों का क्रियाव्यापार और लीला-संसार

इतना प्रबल है कि वे नायिका-प्रधान लगने लगते हैं। दूसरे, उनके नाटकों की नब्बे प्रतिशत नारियाँ रमणियाँ और युवतियाँ हैं और वे पत्नियों के बजाय प्रेमिकाएँ हैं। तीसरे, वे लगभग सभी तीन कलापों तथा विद्याओं में प्रवीण हैं–(i) संगीत और नृत्य, (ii) प्रेम और रोमांस तथा (iii) स्वच्छन्दता और संस्कार। इस तरह प्रसाद की प्रेमिकाएँ, या युवतियाँ, या रमणियाँ सुसंस्कृत (कल्चर्ड) भी हैं, तथा एक नागर सामन्तीय संस्कृति में सांस्कृतिक (कल्चरल) भी। वे सभी कम से कम गान और प्रेम में तो बेहद चतुर और चेतन हैं। यह उनमें से कुछ नारियों का दालमंडी के झरोखोंवाला समसामयिक बनारसी पर्यावरण भी हो सकता है। इस तरह प्रौढ़ प्रसाद ने उक्त विशेष क्षेत्र से भी नारियों का तरोताज़ा सम्पर्क तथा अनुभव लिया है। यह ग्रहण नवीन और सत्य है। इस ग्रहण में उन्होंने अतीत के स्वर्णकालों का सम्मोहक रंग भर दिया है। इसलिए उनके परवर्ती नाटकों तथा कहानियों की नारियाँ यथार्थ एवं वास्तविक हैं। छायावादी कवियों में केवल प्रसाद ही नारी के जगत को इतने नज़दीक से सचमुच देख सके हैं।

अब इसकी दूसरी दिशा लें। ये नारियाँ बेहद स्वतन्त्र तथा स्वच्छन्द होने के बावजूद, पुरुषों के सम्पर्क में बुद्धिमती तथा युवकों के सम्पर्क में भावुक होने के बावजूद, जीवन-संस्कारों को सुरक्षित करने में भी शीलवती एवं शक्तिमयी हैं। अतः इनकी परिणति आत्मसम्मान के साथ-साथ त्याग और सेवा, उत्सर्ग और उन्माद में भी होती है। इस तरह आत्मरति से आत्मसम्मान, और आत्मसम्मान से आत्मबलिदान के पंथ पर चलनेवाली उनकी प्रमुख नारियाँ रूप और त्रिगुण में रोती तथा हँसती हैं।

व्यक्तिगत नारियों के निचोड़ से रची गई उनकी **महानारी** 'कामायनी' में सघन और सूक्ष्म, अमूर्त और आदर्श होकर श्रद्धा में अवतरित हुई हैं। कवि ने इस **महाकाव्य** के कई आयामों में अपना रचना-संसार विकसित किया है। उसकी नारियों की सृष्टि के भी दो द्वन्द्वयुक्त अनुभव-पैटर्न केन्द्रीभूत हुए हैं; यथा, भावमयी श्रद्धा और तर्कमयी इड़ा। इनमें से पहली विश्वमित्र मातृमूर्त्ति है और दूसरी जनपद-कल्याणी रानी है। वस्तुतः यह नारियों के अमूर्त तथा मूर्त, रोमांटिक तथा आधुनिक अभ्युदय का तत्कालीन संघर्ष है। इस संघर्ष को प्रेमचन्द्र ने भी झेला था। फलतः 'रंगभूमि' की सोफ़िया और 'कर्मभूमि' की सक़ीना के बाद 'गोदान' में उन्होंने गोविन्दी के मुकाबले मालती के रूप में एक आधुनिक नारी का आविर्भाव कराया जो भीतर से मधुमक्खी और बाहर से तितली होने के अलावा भीतर-बाहर से अकुंठ और बुद्धिजीवी है। नारी सम्बन्धी अनुभवों को केन्द्रीभूत करने की प्रसाद की दूसरी अन्य दिशा भी रही है। नारी के मिथकवित्वपूर्ण आर्केटाइपल-स्वरूप में उसे विश्वरानी, जगत की मान तथा हृदय की सौन्दर्य-प्रतिमा के रूप में उभारने के बाद उसकी वैश्विक (यूनिवर्सल) संरचना करते हैं : **नारी** दुर्बल है और अपने हृदय का समर्पण कर चुकी है। किन्तु उसकी एक छायामूर्ति **लज्जा** है जो चेतना का उज्ज्वल वरदान अर्थात् सौन्दर्य की **धात्री** है; गौरव-महिमा तथा शालीनता सिखलानेवाली **अध्यापिका** है; और चंचल किशोर सुन्दरता की रखवाली करनेवाली **रक्षिका** है। इस ढंग से प्रसाद नारी और नारीत्व को एकैक करते हैं।

पुरुष की हृदय-प्रतिमा नारी है, नारी की छाया-प्रतिमा लज्जा है, और लज्जा रति की प्रतिकृति है–इस निजी कामसूत्र को पकड़कर प्रसाद लज्जा को रति से, तथा नारी को प्रीति से जोड़ देते हैं। इसी उपक्रम में नारी लज्जा से अपना जीवन-पथ और आलोकमयी संसृति-रेखा पूछती है। नारी की शारीरिक **दुर्बलता** ही चेतना के उज्ज्वल वरदान के कारण **शक्ति** बन जाती है। इस तरह कवि की मनस्तात्त्विक मानसिक तृप्ति और नारी की शारीरिक क्षतिपूर्ति हो जाती है।

हाँ, तो प्रसाद ने इसी तरह नारी और नारीत्व की तदात्मकता क़ायम की है ! उन्होंने यह समरसता फ्रायडीय अवचेतन के आधार पर स्थापित न करके चेतना (महाचिति) या चैतन्य (शिव) के धरातल पर की। उन्होंने **'सौन्दर्य'** को चेतना का उज्जवल वरदान माना; तथा **'सत्य'** को चेतना का सुन्दर इतिहास। उनके सौन्दर्यतत्त्व में अनन्त आकांक्षाओं के **सपने** हैं। तो सत्य-तत्त्व में अखिल मानव-**भाव** हैं। किन्तु भाव और स्वप्न–दोनों का बिन्दु एक है। वह है चेतना। यह आंशिक अभिनवगुप्तवादी प्रसाद के आदर्श चिन्तनरथ की भी धुरी है। उन्होंने यह भी स्पष्ट किया है कि इतिहास तो **विश्व के हृदयपटल** पर अंकित होता है, लेकिन सौन्दर्य **पुरुष के हृदय पटल पर** आकर्षक बनता है। अतः निरंकुश कवि स्वयंमेव इतिहास-शक्ति के बजाय नारी-शक्ति की ओर मुड़ जाता है। यहाँ भी स्वेच्छाचारी कवि का अन्तर्मुखी मनोविश्लेषण ही उद्‌घाटित होता है जो 'कामायनी' की भौतिक इतिहास-प्रक्रिया को त्रिपुर-सुन्दरी की मुसक्यान से संचालित करता है।

यह मुसक्यानों का संसार ही तो है जो 'कामायनी' में आदिम प्रतीकों, काव्यशास्त्रीय लक्षणों, तांत्रिक पारिभाषिकों और आभीरचर्याओं से बहुविध मंडित हो उठा है। ग़ैर-एकेडेमिक ढंग से समझने पर भी यह ऐसा ऐन्द्रजालिक संसार है जो कामबाला और श्रद्धा, कामायनी और नारी को उन्मीलित करता है। आदिम कामबाला कुछ दिनों से गन्धर्वों के देश अर्थात् गांधार (अफ़गानिस्तान) या किन्नौर (हिमाचल प्रदेश) में भी रह आई है। साथ में उसने ललितकला का ज्ञान भी हासिल किया है। अतः कविचित्त में वह गांधार देश की ही रही होगी। यह कामबाला एक गम्भीर और मुग्धा किशोरी है जिसके सौन्दर्य का आदिम विधान है किन्तु जिसका नखशिव क्लासिकतया भारत-यूनानी है, एवं जिसका रूप-वर्णन छायावादी है।

ऐसी किशोरी गन्धर्व-कुमारी के मुख पर पहली मुस्कान भोले सौन्दर्य और अँगड़ाते भाव को प्रकट करती है–*"और उस मुख पर वह मुसक्यान ! / रक्त किसलय पर ले विश्राम/अरुण की एक किरण अम्लान/अधिक अलसाई हो अभिराम/ ॥"*

इस आदिम तथा लवलीन मुस्कान का ही खुला–चपल एवं चंचल–रूप **हँसी** है। हँसी लज्जा के कारण अवगुंठित होकर स्मिति (मुस्कान) बन जाती है। किन्तु हँसी विनोद और कृति का भी साधन है। हँसी की शिक्षा का क्षेत्र रति-रहस्य है। काम की अनादि वासना अर्थात् रति ही आकर्षण बनकर हँसती है ('जो आकर्षण बन हँसती थी रति थी अनादि वासना वही')। इसमें छायावादी गणित ने रति को अनेक

गुणित आकर्षण बना दिया है। उसकी हँसी का उद्गम अनादि वासना है। इसी तरह रति की प्रतिकृति को कवि ने लज्जा बना दिया है। लज्जा चपल सौन्दर्य की धात्री है। इस भाँति प्रसाद ने अनादि वासना और चपल सौन्दर्य को एकतान कर दिया है। इस शोभागणित में अनादि वासना का प्रगटाव हँसी है और सौन्दर्य का सिमटाव लज्जा।

वासना-सर्ग में एक ओर **सृष्टि** के हँसने से अतिथि की आँखों में अनुराग खिलता है, और दूसरी ओर **अतिथि** के हँसने से एक अधीर कुतूहल छाता जाता है। वासना की हँसी का ही रूपायन 'लज्जा'-सर्ग में स्मित में हुआ है। लज्जा के कारण **तरल हँसी** ही स्मित बन जाती है जिससे **नयनों में बाँकापन** भर जाता है। फलतः (बाँकेपन से) प्रत्यक्ष भी सपना बन जाता है। फलतः स्वप्नदशा में अनुराग का **बाँकापन** भरना लज्जा के अक्षरों–स्मित–का काम है। यही नहीं, यह स्मित ही तो नयनों और अधरों को एकधर्मी भाषा देती है–अधरों की हँसी और अधरों का चुम्बन; अधरों की रेखाएँ और अधरों की गूँजें ! इस ढंग से प्रसाद स्मिति और हँसी का काव्यशास्त्र और कामशास्त्र उद्घाटित करते हैं। नारी की यही मुस्कान–स्मित रेखा–आँसू-से भींगी नयन-रेखा का भी सामंजस्य करती है। यही नारी की शक्ति और दुर्बलता के बीच का संघर्ष है जो उसके उर में नित्य होता रहता है। इसी उपक्रम में वह पुरुष को ऐसा सन्धि-पत्र लिखने को विवश होती है–जिसमें एक ओर समर्पण (आँसू) तथा दूसरी और विजय (स्मित) की सन्धि है। अभिनेत्री की तरह वह यह सन्धि-पत्र अपनी स्मिति-रेखा से लिखती है। यहाँ तक आकर कवि ने नारी के आन्तरिक लोक का उद्घाटन किया है और नारी-शक्ति को हँसी, आँसू तथा मुस्कान में पिघलाया है।

लेकिन इसी के समानान्तर कवि ने नारी के स्वरूप का अन्धाधुन्ध आदर्शीकरण भी किया है अर्थात् उसे रति, लज्जा, दुर्बलता, मादकता, कोमलता, सुन्दरता, भावुकता, आलस्य आदि से परे (अब) 'केवल श्रद्धा' बना दिया हैः नारी=श्रद्धा। यह अमूर्तीकरण मध्यकालीन कवि तुलसीदास तथा गुप्तकालीन कवि कालिदास की स्थापनाओं से भी चर्व्यमाण लगता है। तुलसी ने शंकर को विश्वास रूप, तथा भवानी को श्रद्धा-रूप मानकर मंगलाचरण लिखा है, तो कालिदास ने परमेश्वर तथा पार्वती को वाक् और अर्थ का सम्पृक्त रूप माना है। प्रसाद ने नारी को श्रद्धा रूप बनाकर विश्वास के हिमालय की उस तलहटी में पीयूषधारा सी बहते रहने का विधान किया है–जहाँ जीवन का सुन्दर समतल है। अर्थात् श्रद्धारूप नारी पुरुष के विश्वास के आश्रय में रहकर जीवन में अमृत्व तथा समत्व का अनवरत संचार करती है। यहाँ हम झिलमिलाता हुआ वैष्णव-हाशिया पाते हैं : **महाभाव** का।

लेकिन शैवानन्दवादी प्रसाद अब अमूर्तनों (एन्सट्रैक्शंस) की अगली संरचना में तांत्रिक रहस्यसाधनाओं में भटक जाते हैं। तांत्रिक हाशियों पर **महामुद्रा** का संयोजन होता है; और श्रद्धारूपनारी ही त्रिपुरसुन्दरी हो जाती है। अब श्रद्धा की स्मित रेखा महाज्योति-रेखा-सी बनकर त्रिपुर के तीनों बिन्दुओं में फैलती है तथा जब (जीवन के

समतल के बजाय) त्रिपुर में विषमता व्याप्त होती है–तब एक ओर महाकाल का विषम नृत्य है तथा दूसरी और विश्वरन्ध्र का विषम कृत्य। अतः आगे हमें तांत्रिक पारिभाषिकों का ही अनगढ़ा आतंक मिलता है।

श्रद्धा की स्मिति, त्रिपुर, रेखा, बिन्दु आदि मिलकर एक तांत्रिक यंत्र बनाते हैं। यंत्र-मंत्र का आयत्तीकरण करने की तांत्रिक पद्धति हैं। यहाँ तांत्रिक मंत्र आनुष्ठानिक है, न कि सौन्दर्यतात्त्विक। अतः श्रद्धा की स्मिति-रेखा महाज्योति-रेखा बनती है जो त्रिपुर के तीन ज्योतिर्मय बिन्दुओं को मिलाती है जिससे 'नेति नेति' कहती हुई सुनहली ज्वाला निकलती है। यदि श्रद्धा की स्मिति तीन बिन्दुओं में दौड़ती है तो ज्वाला महाशून्य में धधकती है। यहाँ एक बुनियादी सवाल उठता है कि क्या तांत्रिक अनुभव एक सौन्दर्यानुभव में रूपान्तरित हो सकता है ? क्या दार्शनिक काव्य कवि के काव्यदर्शन से दामन बचा सकता है ?

'कामायनी' के रहस्य सर्ग में कला और कर्मकांड के बीच का उपर्युक्त सम्बन्ध इतना उलझा है कि इन प्रश्नों का दो टूक जवाब नामुमकिन है। तांत्रिक पारिभाषिकों को कलात्मक पारिभाषिकों में तब्दील करने में प्रसाद ने प्रतीकार्थों को आमूल बदल डाला है। अतः हम श्रद्धा की इस मुस्कान को विशुद्ध कला की भूमि पर नहीं खींच सकेंगे।

यहाँ 'त्रिपुर' एक **यंत्र** भी है। कवि ने त्रिभुवन और त्रिदिक् विश्व को एकधर्मी बनाया है। तीनों **बिन्दु** तीन लोक भी बनते हैं। त्रिपुर की यंत्रमय ज्यामिति **'त्रिकोण'** है जिसके मध्य बिन्दु मनु हैं। इस त्रिकोण के तीनों बिन्दु विपुल शक्तिवाले हैं अर्थात् इच्छाशक्ति, क्रियाशक्ति और ज्ञानशक्ति वाले बिन्दुओं में क्रमशः भाव-चक्र, कर्म-चक्र और बुद्धि-चक्र चलता है। स्पष्ट है कि प्रसाद ने उपर्युक्त संरचना में तन्त्र, शैव, शाक्त आदि दर्शनों का अनमिल घोल उत्पन्न किया है। यहाँ त्रिपुर न तो दैत्य है; न ही त्रिपुर लोहे, रजत तथा स्वर्ण से बना है; न ही वह स्वर्ग-पृथ्वी-पाताल का त्रिभुवन है; और न ही रवि-सोम-अग्नि का 'बिन्दु' है। शायद प्रसाद की यह कल्पना रसशास्त्र पर आधारित है। इच्छा, क्रिया और ज्ञान शक्तियाँ भी हैं तथा लोक भी; इन लोकों के क्रमशः अरुण, श्यामल और रजत रंग हैं। इन लोकों की पृथक-पृथक आलोचना तो कवि ने श्रद्धा द्वारा पहले ही कराई है। यहाँ बाद में उनके बिन्दु एवं शक्ति-रूपों को ही श्रद्धा मिलाती है। अतः त्रिपुर **शरीर** का तंत्र है और त्रिकोण **यंत्र**। यहाँ तीन हाशिए खुलते हैं। पहला हाशिया स्थूल शरीर, सूक्ष्म शरीर और कारण शरीर का है जिसके केन्द्र बिन्दु मनु हैं। वासनाएँ स्थूल शरीर के साथ है। अतः वासनाओं से ऊपर उठना त्रिपुर-शरीर से ऊपर उठना है। यही रसात्मक त्रिलोकीदाह है। कवि का एक दूसरा रूपक भी उद्घाटित होता है। श्रद्धा इच्छा या कामतत्त्व का भी ग्रहण करती आ रही हैं कथानक में। उसकी स्मिति 'स्फूर्ति' है और 'सम्मोहन' है। अतः त्रिकोण में उसकी भूमिका त्रिपुरसुन्दरी की हो जाती है। लज्जा सर्ग में वह नारी-रूप होकर पीयूष-स्त्रोत सी बही है, तो रहस्यसर्ग में अमृतमयी है। (कवि ने इस तीन बिन्दुओं

को त्रिगुणात्मक भी माना है।) दूसरे हाशिए के अन्तर्गत योगियों के अनुसार मूलाधार चक्र में सोई हुई कुन्डलिनी जब छठे आज्ञा-चक्र में पहुँचती है तब जीव (मनु) अपने अहं एवं द्वैत को भस्म कर देता है। इसीलिए यहाँ प्रलय-पावक, चितिमय-चिता के भी पारिभाषिक आ गए हैं। अतः यहाँ कुन्डलिनी का ऊर्ध्वगमन भी है। इस गमन के समय ही ऊष्मा का अनुभव होता है जिससे यह रौद्रीशक्ति कहलाती है। कवि ने श्रद्धा की मुसकानरूपी कुन्डलिनी को महाशून्य में ऊपर-नीचे धधकती लचकीली-ज्वाला के ललित रूपक से प्रकट किया है। किन्तु यहाँ भी प्रसाद ने तब्दीली की। उन्होंने पहले इच्छा-क्रिया-ज्ञान को मिला दिया है जिससे वे अनाहत नाद में लीन हो गए हैं (इसके पूर्व त्रिकोण में प्रलयपावक की शक्तितरंगों ने विषमता भस्म कर दी है)। अतः श्रद्धा की मुस्कान उन बिन्दुओं को सम्बद्ध करती है और वह मुस्कान ही मानो उद्‌बुद्ध कुन्डलिनी है जो महाज्योति-रेखा-सी उत्थान करती है। इस क्रम में ज्योति ज्वाला बनकर फैलती है जिससे स्वप्न, स्वाप और जागरण **भस्म** तो हो जाते हैं; एवं इच्छा-क्रिया-ज्ञान मिलकर **लय** हो जाते हैं। तांत्रिक वृत्त में हम देखते हैं कि तीनों बिन्दु सहसा सम्बद्ध होते हैं और सकल विश्व में शृंग तथा डमरू का निनाद बिखर उठता है। शैवदर्शन में रवि-सोम-अग्नि को 'बिन्दु' तथा शान्ता-शम्भु-शक्ति को 'नाद' कहते हैं। किन्तु यहाँ भी कवि ने रसदर्शन के बाद भाषा-दर्शन का प्रकाशन किया है। यह इसका तीसरा हाशिया है। डमरू-नाद सृष्टि का ताल है जिससे वर्णों की उत्पत्ति हुई हैं। शृंगी नाद ध्वनि है। यहाँ कवि ने कालिदास की तरह वाक्‌शक्ति को भी उभारा है। परावाक् मूलाधार-चक्र में है। मनु इसके केन्द्रबिन्दु हैं। यह **सुषुप्ति** की तरह है। पश्यन्ती-वाक् मणिपूर-चक्र में है जहाँ अग्नि त्रिकोण बनता है और शक्ति-तरंग पावक की तरह निखर उठती है। मध्यमा वाक् अनाहत-चक्र में है जहाँ वायुषट्‌कोण बनता है। यह **स्वप्न** की तरह है। अन्ततः वैखरी शब्दवृत्ति **जागृति** की तरह फैल उठती है। कवि ने स्वप्न (मध्यमावृत्ति), स्वाप (परा कृति) तथा जागरण (वैखरीवृत्ति) को भस्म कराकर सारे विश्व में तो **शृंग और डमरू निनाद** बिखराया है, किन्तु श्रद्धायुत मनु को **अनाहत नाद** में तन्मय किया है। यह सब कुछ 'नेति-नेति' के बीजमंत्रों के द्वारा हुआ है। कवि ने यहाँ ब्रह्मरन्ध्र के बजाय विश्वरन्ध्र की कल्पना करके तन्त्र को लोक दृष्टि भी देने की अपनी कोशिश की है। इस तरह कवि ने **महादेश** में 'त्रिपुर' का दर्शन कराकर उसके यंत्र अर्थात् त्रिकोण को **महाकाल** के विषम नृत्य द्वारा भस्म कराया है। अतः कवि ने हिरण्यगर्भ दर्शन की श्रद्धाशक्ति, शैव-दर्शन का प्रकाश एवं विमर्श, तथा योगियों की शब्दवृत्तियों का अपना कलात्मक किन्तु क्लिष्ट मेल कराया है। इस मेल के कारण रहस्यात्मक प्रतीकों के सन्दर्भ बदले हैं, तांत्रिक अनुष्ठानों में गड्‌डमड्‌ड हुआ है, तथा 'त्रिपुर' एवं 'त्रिकोण' की कामायनीमूलक स्वेच्छाचारी संरचनाएँ हुई हैं। निष्कर्षतः हमें यही लगता है कि प्रसाद ने अपने सौन्दर्यबोधात्मक अनुभव को जबर्दस्ती तांत्रिक भाषा के द्वारा प्रकट करने का प्रयोग किया है क्योंकि उनका कोई भी तांत्रिक अनुभव नहीं था। अतः इस प्रसंग में उनकी सौन्दर्यबोधात्मक भाषा मानो गुम हो गई है।

श्रद्धा की मुस्कान का तीसरा इन्द्रजाल आनन्द सर्ग में फैला है। उसकी पहले वाली त्रिपुरसुन्दरी-मुस्कान से प्रसादीय ढंगवाला छायावादी त्रिपुरदाह हुआ था। अब–आनन्द सर्ग के सन्दर्भों में–हम पुनः जीवन-वसुधा का समतल पाते हैं जहाँ **समरसता** है और जहाँ शाप, ताप एवं पाप नहीं है। (लज्जा सर्गवाला 'जीवन का **सुन्दर** समतल' यहाँ 'जीवन का **समरस** समतल' हो जाता है)। अतः यहाँ सब भेदभाव विलुप्त हैं। यहाँ श्रद्धा-मनु की पूर्णावस्था भी है ("यह–मैं हूँ") तथा यहाँ विश्व एक हो चुका है। यहाँ हृदय की सौन्दर्य-प्रतिमा श्रद्धा **पूर्णकाम की प्रतिमा** है। अर्थात् प्रकाशरूप शिव का शक्ति में प्रवेश (बिन्दु) और स्फूर्तिरूप शक्ति का प्रकाशरूप शिव में प्रवेश (नाद) हो चुका है जिससे 'काम' (=बिन्दु + नाद) की प्रतिमा श्रद्धा 'कामायनी' हो जाती है। अतः शुरू की कामबाला ही श्रद्धा होते हुए कामायनी बनती है। श्रद्धा के मधु अधरों की छोटी-छोटी रेखाएँ स्मिति की लेखाएँ बनकर विकसित हो उठती हैं। वे लेखाएँ मानो रागारुण किरण कला-सी हैं। इस सर्ग में श्रद्धा की स्मिति-लेखाओं से विश्वसुन्दरी प्रकृति का लास-रास शुरू हो उठता है। श्रद्धा के हँसने से अग-जग मुखरित दो उठता है। अतः कामायनी श्रद्धा की इस तीसरी मुस्कान और हँसी से हिमवती पाषाणी प्रकृति मांसल होकर विश्वसुन्दरी हो जाती है। अतः त्रिपुरसुन्दरी (श्रद्धा) का **लास्य** और विश्वसुन्दरी (प्रकृति) का **रास** स्वयं एकरूप होकर शाक्तों की 'महामुद्रा' और वैष्णवों के 'महाभाव' को मिलाकर लय करता है। इधर कामायनी विहँसती है और उधर लासरास में विह्वल कल्याणी प्रकृति हँसती है। अतएव कामायनी और कल्याणी, त्रिपुरसुन्दरी और विश्वसुन्दरी, श्रद्धा और प्रकृति, नारी और लज्जा, आदि को तद्रूप मिलानेवाली हैं ये रहस्यमय मुस्कानें ! मुस्कान और हँसी ही जड़ या चेतन को समरस करती हैं, सुन्दर को साकार बनाती हैं, सबमें एक ही चेतना का विलास फैलाती हैं और अखंड आनन्द को घनीभूत करती हैं।

इस तरह 'कामायनी'-महाकाव्य श्रद्धा की मुस्कानों के कमलों से शनैः शनैः खिलता खुलता गया है। उसके मुख की पहली मुस्क्यान, गांधार देश से ललितकला का ज्ञान सीखकर आनेवाली, आदिम कामबाला की मुस्कान है। श्रद्धा गांधार देश से क्यों आई ? क्या यहाँ कार्नेलिया की याद रच-बस गई है ? क्या प्रसाद भारतीय-गांधार (इंडों-हेलेनिक) संस्कृति का मिश्रित आदर्श खोज रहे हैं ? **कला** सीखनेवाली कामवाला मनु को **काम** की ओर प्रेरित करती है। अतः कथातन्त्र के लौकिक दर्पण में वह 'कामकला' का भाष्य है। काम सेक्स भी है तथा कर्म भी। नारी-श्रद्धा की दूसरी स्मिति-रेखा को लज्जा ढूँढ़ती है और उस रेखा पर वह नारी से आँसू की पराजय तथा हँसी की विजय का सन्धि पत्र लिखाती है। त्रिपुरसुन्दरी श्रद्धा की तीसरी मुस्कान से त्रिकोण के मध्यबिन्दु मनु में इच्छा-क्रिया-ज्ञान का लय होता है। और अन्ततः कामायनी-श्रद्धा की पूर्णकाम मुस्कान से विश्वसुन्दरी-प्रकृति **लासरास** में विह्वल हो उठती है।

भला, मुस्कान को और क्या चाहिए ? एक महाकाव्य, असर होने तक ! और 'उस'

मुख की 'वह' मुस्कान न तो प्रसाद भूले थे और न ही हम भूलेंगे। किन्तु श्रद्धा न जाने कितनी मांसल और लोकमाँगलिक युवतियों के रूप-गुण-धर्म का अमूर्त्त तथा अमृत प्रतिबिम्ब है !! इसे कौन कहेगा ?

II. समकालीन दुविधाएँ

मूलरूपेण तो 'कामायनी'-कथा (या पूर्ववर्ती 'इड़ा'-गाथा) निवेद सर्ग में ही पूरी हो जाती है। इसलिए बाद के अन्तिम दो सर्गों ने ही कई समस्याएँ उठा दीं तथा महाकाव्य की स्वायत्त स्वजातिक-सामाजिक-सांस्कृतिक-सौन्दर्यबोधात्मक प्रभावान्विति ढीली छोड़ दी, किंवा आवृत्ति कर डाली। यह अनुमान करना भी गलत नहीं होगा कि अन्तिम दो सर्ग लगभग एक वर्ष के अन्दर लिखे गए। तब तक कवि प्रसाद राजयक्ष्मा से जर्जर होते जा रहे थे। स्वभावतः वैसा काव्यविववेक शेष नहीं रहा। एवज़ में तीर्थयात्रा का श्रद्धा-भाव, शिव-शक्ति की उपासना में प्रबल निष्ठा, आतंक के ऊपर विजयी होकर बिराजतीं शाक्त एवं यौगिक तंत्र की साधनाएँ, तथा आनन्दवाद की दार्शनिक मानसिकतावाले कई कर्मकांड एवं अनुष्ठान आयोजित होते हुए मिलते हैं। साहित्य, कला और कर्मकांड का यहाँ आर्ष एवं आद्य मेल है। उन्हें अपनी महायात्रा का आभास हो चला होगा।

सर्वप्रथम महाकाव्य के 'आमुख' वाली गूढ़ पहेली हम (अ) के अन्तर्गत लेते हैं।

(अ) 'आमुख' में उल्लिखित मिथक और इतिहास के अनेकार्थक स्तरों को कैसे अलगाएँ ?

महाकाव्य के समापन पर स्वयं कवि ने आमुख (1936) में महाकाव्य के महा अर्थ के कई लय हुए स्तरों को अन्वेषित करने का आह्वान किया है।

'कामायनी' में चिन्ता से लेकर निर्वेद या दर्शन सर्ग तक महाकाव्य की परिपूर्णता में मिथक-इतिहास-संदर्शन का चक्र पूरा हो जाता है।

तदपि कृति के 'आमुख' में मनीषी रचनाकार ने मिथक (गाथा) और इतिहास के सम्बन्धों, तथा मिथक से इतिहास में भाववादी-सौन्दर्यतात्त्विक दृष्टियों से संक्रमण पर कई सवाल उठाए हैं। इस क्रम में उन्होंने वे अनलिखी आकांक्षाएँ भी कह डालीं जिन्हें वे महाकाव्य में समाविष्ट करना चाहते थे (और शायद नहीं कर सके) तथा मनु-श्रद्धा-इड़ा के गाथाचरित्रों के कारण उन दिशाओं का संकेत भी किया जिन्हें अनुशीलनकर्ता पाठक आइन्दा अन्वेषित करें (क्योंकि शायद वे दिशाएँ उन्हें महाकाव्य पूरा होने के बाद सूझीं)।

वस्तुतः आमुख एक भावी पाठक की आसनी पर बैठकर परियोजित हुआ है।

इतिहासवेत्ता प्रसाद कहते हैं कि **'मनु'** प्रथम पथ-प्रदर्शक और अग्निहोत्र प्रज्ज्वलित करनेवाले तथा अन्य कई **वैदिक कथाओं के नायक** हैं। वे **भारतीय इतिहास** के भी आदि पुरुष हैं। 'श्रद्धा' कामगोत्र की बालिका है इसीलिए उसे कामायनी भी कहा गया है।

'इड़ा' प्रजापति मनु की पथ-प्रदर्शिका, मनुष्यों का शासन करनेवाली कही गई है।...कवि प्रतीकार्थों को खोलता है कि मानवीय भाव अर्थात् श्रद्धा और मनन (मनु) का समन्वय होकर प्राणी को एक नए युग (मन्वन्तर) की सूचना मिली। इड़ा का बुद्धिवाद श्रद्धा और मनु के बीच व्यवधान बनाने में सहायक होता है। बुद्धि का विकास, राज्य-स्थापना इत्यादि इड़ा के प्रभाव से ही मनु ने किया। फिर बुद्धिवाद के विकास में, अधिक सुख की खोज में, दुःख मिलना स्वाभाविक है।

यहाँ तक मिथक में निहित पवित्र तथा चिरन्तन प्रतीकों की स्वाभाविक व्याख्या स्वयं कवि ने की है।

किन्तु **वैदिक कथाओं** के अर्द्धदैवी-अर्द्धमानुष नायक मनु को **भारतीय इतिहास** का भी आदि पुरुष स्वीकार कर लेने का मतलब इतिहास के सत्य तथा मिथक के पूर्वेतिहासिक गल्प (गप्प) को एकैक मान लेना है। इतिहासविद प्रसाद द्वारा मिथकों की व्याख्या बेहद मौलिक है किन्तु जब उन्होंने दोनों के बीच की विभाजक-रेखा मिटा दी तो महाकाव्य में तथा ज्ञान के समाजशास्त्र में समकालीन समस्याएँ सीना तानकर खड़ी हो गईं।

प्रसाद की यह मान्यता सही है कि गाथा (मिथक) को सामान्यतः मिथ्या कह दिया जाता है। लेकिन आदिम (प्रागैतिहासिक) युग में मनुष्यों ने अपने ज्ञानोन्मेष के अरुणोदय में जो भावपूर्ण इतिवृत्त संगृहीत किए वे संग्रहकारिणी तर्क-बुद्धि के परे थे क्योंकि उनकी घटनाएँ अतिरंजित तथा विचित्र थीं। वे सामूहिक चेतना की स्मृति में सुरक्षित थीं। अतः स्मृति-केन्द्रित होने के कारण उनमें वास्तविक घटनाओं का परिवर्तनशील सत्य विलीन होता गया और एवज़ में मानवता का चिरन्तन सत्य प्रकट हुआ। प्रसाद कहते हैं कि प्राचीन श्रुतियों-स्मृतियों का निरुक्त के द्वारा अर्थ करना पड़ा। वे अर्थ (i) भावमूलक व्याख्या, (ii) रूपक का आरोप, अथवा (iii) कोई गहरा मनोवैज्ञानिक अन्वेषण हो सकते हैं। इस तरह प्रसाद ने मिथक-व्याख्या की समकालीन विधियों का संकेत किया है और इन्हीं व्याख्याओं की तलाश का आह्वान करने तथा चुनौती देने के क्रम में समस्याएँ खड़ी कर दी हैं : "यह आख्यान इतना प्राचीन है कि **इतिहास** में रूपक का भी अद्भुत मिश्रण हो गया है। इसीलिए मनु, श्रद्धा और इड़ा इत्यादि अपना **ऐतिहासिक अस्तित्व रखते हुए**, सांकेतिक अर्थ की भी अभिव्यक्ति करें तो मुझे कोई आपत्ति नहीं। मनु अर्थात् मन के दोनों पक्ष, हृदय और मस्तिष्क का सम्बन्ध क्रमशः श्रद्धा और इड़ा से भी सरलता से लग जाता है।...हाँ 'कामायनी' की कथा-शृंखला मिलाने के लिए कहीं-कहीं थोड़ी-बहुत कल्पना को भी काम में ले आने का अधिकार मैं नहीं छोड़ सका हूँ।"[1]

प्रसाद ने 'कामायनी'-चक्र में विश्व-चेतना तथा मानवता के सामूहिक अनुभवों को एकतान एवं अखंड कर दिया है; मिथक में व्याख्या के बजाय, इतिहास के घटना केन्द्रित सामान्य सत्य से भी विराट्, एक भाव केन्द्रित चिरन्तन सत्य को प्रतिष्ठित किया है; उस

1. 'कामायनी' आमुख, जयशंकर प्रसाद, सातवाँ संस्करण, भारती भंडार, इलाहाबाद, पृ. 7-8

चिरन्तन सत्य अर्थात् मिथक (गाथा) के गूढ़ अर्थ को निकालने के लिए रूपक की, मानवीय भाव की, प्रतीक की तथा इतिहास की सौन्दर्यबोधात्मक पद्धति का अर्थोद्घाटक चतुरंग प्रस्तावित किया है। इसके बाद भी मिथक और इतिहास को तदाकार या एक मान लेने की मनोवैज्ञानिक-ऐतिहासिक-वैज्ञानिक-दार्शनिक गलती उन्होंने सजग और सतर्क रहकर कर डाली है। इसलिए महाकाव्य में अन्वित अन्य समस्याएँ भी बेहद जटिल और मुश्किल हैं। अब हम उन्हें लड़ीवार लेना चाहेंगे।

(आ) क्या हम 'कामायनी' को अन्यापदेशिक (एलिगॉरिकल) तथा प्रतीकात्मक प्रबन्ध भी मानें?

'भाषा बड़ी ही मायाविनी होती है। वह जितना उद्घाटित होती है, उससे ज्यादा छिपाती है (हज़ारी प्रसाद द्विवेदी)।' कला-साहित्य में शब्दार्थों के परे ऐसे कई अवगुंठन होते हैं जिनका अनावरण रूपकचक्र (मेटेफर), अलंकारादि तथा अभिव्यक्ति की अन्य तरकीबें, जैसे मिथक, अन्यापदेश, प्रतीक, रूपक, बिम्ब, आद्यरूप आदि करती है। इनमें-से कुछ की कुछ प्रवृत्तियाँ आपस में गुत्थमगुत्थ हो जाती हैं जिससे स्पष्ट लक्ष्मण-रेखाएँ खींचना सम्भव नहीं है। फिर भी कुछ अवधारणाओं का निरूपण करना प्रसंगात होगा।

अन्यापदेश (एलीगरी) पूरे कथावृत्त में गुँथा होता है। अगर प्रकट कथा के अर्थ से तलवर्ती तथा अन्तर्वर्ती एक अन्य अर्थ भी उद्घाटित होता है तो वह अन्यापदेश है। वस्तुतः यह मूलकथा मंत्र का विस्तारित भाष्य है।

कवि ने कहा है कि 'कामायनी' का आख्यान इतना प्राचीन है कि इतिहास में रूपक का भी अद्भुत मिश्रण हो गया है। कवि द्वारा 'रूपक' पारिभाषिक का व्यवहार समीचीन नहीं है। होना चाहिए–अन्यापदेश या प्रतीक (सिम्बल)। हम पहले अन्यापदेश का प्रसंग लेते हैं। स्वयं कवि ने यह आकांक्षा प्रकट की है कि महाकाव्य मानव-चेतना के, या मानव-सभ्यता के विकास का इतिहास भी अभिव्यक्त करे।

अगर सतह की कथा ऐहिक जीवन से ही निबद्ध रहती जैसी कि लगभग चिन्ता सर्ग से निर्वेद सर्ग तक है तब अन्यापदेशिकता पर विचार हो सकता है, भले ही शृंखला टूटी हो, अन्तराल हों। इसमें अन्यापदेशिक काम-लज्जा-वासना की सर्गत्रयी मनोवैज्ञानिक प्रतीकीकरण तथा मानवीयकरण से समृद्ध होकर भी कथा के मूर्त सूत्रों को ढील-सा देती है। संघर्ष और स्वप्न सर्ग जिस सभ्यता के विकास और निर्माण तथा विघटन का निरूपण करते हैं वह आधुनिक पूँजीवादी तथा बाद में तानाशाही शासन के उभरने तथा जनता द्वारा घेराव ('घेराव' प्रतिकर्म भारतीय राजनीति में डॉ. राममनोहर लोहिया की देन है) का प्रक्षेपण है। उसके पूर्व कर्म और ईर्ष्या सर्ग में दूर के प्रतीकों की कौड़ियाँ लाने पर हमें आखेटक सभ्यता तथा कृषि-व्यवस्था की झलक मिल जाती है। निर्वेद के बाद दर्शन सर्ग में नर्तित नटेश का आनन्द तांडव, रहस्य सर्ग में तांत्रिक अनुष्ठान द्वारा त्रिपुर-दाह तथा आनन्द सर्ग में शैवागम सिद्धान्त के अनुरूप सामरस्य स्थापना आदि

खुद ही कथा की सतह को बिलकुल विलीनप्रायः कर देते हैं। ऐसे में तलवर्ती तथा सहवर्ती कथा-विस्तारण का आपूरण नहीं होता। अतः अन्यापदेश खंडित होता जाता है।

अन्यापदेशिकता के लिए पात्रों का मूल सत्व तो स्थिर रहना चाहिए (जैसा कि जायसी के 'पद्‌मावत' में पद्‌मिनी, रतनसेन, नागमती, राघवचेतन, अलादीन सुलतानू के साथ हुआ)। लेकिन इसमें इड़ा में आमूल परिवर्तन होता है–वह श्रद्धा की अनुयायिनी हो जाती है। पुरुष मनु, प्रजापति मनु तथा नरपशु होने के उपरान्त शैवतत्त्व के पुरातन पुरुष हो जाते हैं। कामबाला श्रद्धा से कामायनी और शाक्त-तंत्र की त्रिपुरसुन्दरी होकर अन्ततः पूर्णकाम हो जाती है। ऐसे में अन्यापदेश का एकतान-व्यापार असम्भव है।

अतएव हम 'प्रतीक' और 'रूपक' केन्द्र से विचार करते हैं।

यहाँ **'रूपक'** से हमारा तात्पर्य रूपक अलंकार न होकर रूपक-चक्र (मेटेफर) है। आरम्भिक बात यह है कि 'रूपक' ऐसी उपमा है जिसमें 'ज्यों/जैसे' अथवा 'सदृश' नहीं हैं और दो विपरीत प्रतीत होनेवाली वस्तुओं का तादात्म्यीकरण है। इस तरह 'रूपक' एक परिवहनकर्ता अलंकार है। इसकी निचली दशा **'रूपकाभास'** (मेटेनीमी) की है जिसमें एक व्यवहार से दूसरा तात्पर्य समझा जाता है–उदा.–भाले (= भाले लिए लोग) चले आ रहे हैं; वरुण (=समुद्र) क्षुब्ध है; कलातस्करों ने श्रावस्ती का सहेत-महेत (= बर्बाद) कर डाला आदि। बड़े फ़लक पर रूपक और प्रतीक परस्पर-स्पर्धी हो जाते हैं।

अतः **प्रतीक** (सिम्बल) में हम–फिलहाल–रूपक भी चिपका लेते हैं। प्रतीक को भी शब्द की यथार्थ सतह के अर्थ के नीचे अवस्थित माना जाता है जिसमें सत्य का अधिवास है। 'नीचे' क्या है? कितना नीचे? कौन-सा सत्य? कई सवाल उठते हैं। प्रसाद की स्थापना है कि इतिहास के सत्य की अपेक्षा आदिम मानवता की सामूहिक चेतना में चिरन्तन सत्य अन्तर्निहित होते हैं जो घटनाओं से परे भाव के अंग होते हैं। उन्होंने यह गौरव 'गाथा' अर्थात् मिथक को दिया। इसलिए हम (यहाँ) मिथक को भी शामिल कर लेते हैं। रूपक-मिथक-प्रतीक की त्रयी से बात बन जाती है।

सर्वप्रथम। छायावादी महत् काव्य 'कामायनी' में **मिथकें** प्रयुक्त हुई हैं जो कथा में / कथान्तर से रूपकात्मकता एवं प्रतीकात्मकता लाती हैं–महाजल-प्लावन, हिमालय, कैलास, महामत्स्य, काम-सोम, अरुण-मित्र, महाबट से बँधी नौका, मनु-श्रद्धा, इड़ा, यज्ञ-ज्वाला आदि। ये कहीं प्राकृतिक शक्ति से जुड़ी हैं, कहीं मानव के सांस्कृतिक इतिहास से।

मिथक और भाषा का उद्‌गम एक है। प्रतीक आदिम भाषा से सम्बन्धित हैं। अवचेतन से उद्‌बुद्‌ध होने के कारण प्रतीकों की भाषा स्वतः प्रकट होती है। इसलिए प्रतीकों का प्रयोग भाषा, मिथक, धर्म, जादू, कला, दर्शन तथा दैनिक क्रियाकलापों में मिलता है।

इसलिए प्रतीक मूल (आदि) शक्ति को आद्यबिम्बों की शक्ति में परिणत कर देता

है : जैसे, हिमालय, पंचभूत, प्रलय, ज्वाला आदि। इस प्रकार्य में यह रहस्यानुभूति से भी सम्बन्धित होता जाता है : हिमालय कैलास में, ज्वाला त्रिपुर की सुनहरी ज्वाल में, पंचभूत (अपने) तांडवमय नृत्य में, प्रलय प्रलयमयी क्रीड़ा में। ऐसे अगणित उदाहरण हैं।

अब हम कह सकते हैं कि **प्रतीक** एक **अनिश्चित अभिव्यक्ति** है जिसके **अनेक अर्थ** हो सकते हैं और जो लगभग **अपारिभाषित** रहकर रहस्यमय एवं वैयक्तिक रहता है।

इन कारणों से प्रतीक-योजना कई प्रकार से होती है; जैसे, प्रक्षेपण, साहचर्य, समीकरण, स्थानापत्ति आदि। तथापि प्रतीक में इरादतन सादृश्य या द्वयार्थता नहीं होती।

आमुख में प्रसाद ने अपना इरादा बताया है–'यदि मनु अर्थात् मनन के सहयोग से मानवता का विकास रूपक है तो भी बड़ा ही भावमय और श्लाघ्य है। यह मनुष्यता का मनोवैज्ञानिक इतिहास बनने में समर्थ हो सकता है।...मानवीय भाव अर्थात् श्रद्धा और मनन का समन्वय होकर प्राणी को एक नए युग की सूचना मिली। इस मन्वन्तर के प्रवर्तक मनु हुए। मनु भारतीय इतिहास के आदि पुरुष हैं। श्रद्धा कामगोत्र की बालिका (कामायनी) है; इड़ा प्रजापति मनु की पथ-प्रदर्शिका, मनुष्यों का शासन करने वाली कही गई है। अनुमान किया जा सकता है कि बुद्धि का विकास, राज्य-स्थापना इत्यादि इड़ा के प्रभाव से ही मनु ने किया।...इसलिए मनु, श्रद्धा और इड़ा अपना ऐतिहासिक अस्तित्व रखते हुए, सांकेतिक अर्थ की भी अभिव्यक्ति करें तो मुझे कोई आपत्ति नहीं।...मनु अर्थात् मन के दोनों पक्ष हृदय और मस्तिष्क का सम्बन्ध क्रमशः इड़ा और इड़ा से भी सरलता से लगा जाता है।'

मिथक में इतिहास का विलय करके दोनों को एकरूप करके प्रसाद ने पात्रों को शाश्वत भावों का प्रतीक भी घोषित कर दिया। जब देश-काल की चेतना को छोड़ दिया जाए, तो शुद्ध चेतनालोक में खोजबीन करने पर शाश्वतता ही आएगी। इससे सतह पर नक्श कथाचक्र और अमूर्त प्रतीक-चिह्नों के बीच जो दरार पड़ी वह कथाचक्र की अराओं (कीलों) को छिन्न-भिन्न करने के साथ-साथ इतिहास को कोरमकोर नकार देती है। निर्वेद सर्ग के बाद **'विश्व-चेतना'** और **'पूर्ण मनुष्य'** की शैव अवधारणाओं को ही विकसित करने में अपने आधुनिक कवि किसी समाजवेत्ता के सामने कोरे समाधान बताते हैं जिनके सूक्ष्म आध्यात्मिक विश्वास तथा नैतिक मान्यताएँ आज शक के घेरों में आ जाती हैं। स्वयं कवि द्वारा प्रचारित सामूहिकता तथा सामाजिकता के आधार विलुप्त हो जाते हैं। शेष बचता है शैव प्रतीकों के आधार पर 'व्यक्ति पुरुष' की त्रिपुर के उपरान्त आनन्द-लोक में मुक्ति! इस तरह कृति के उत्तरचतुर्थ का प्रतीक-संसार हमारे वस्तुपरक संसार के समानान्तर स्वप्न एवं यथार्थता के द्विपर्ण (बाइनरी) की तरह कभी न मिलने के लिए संकल्पित हो आता है।

कवि ने **रहस्य सर्ग** में भाव, कल्पना तथा कुछ पारिभाषिक भी 'शिवसूत्रविमर्शिनी' (वसुगुप्त) से और कुछ शाक्त तंत्र से लिए हैं। ये प्रतीकों का प्रकरण प्राप्त कर लेते हैं और द्वयर्थक भी हो जाते हैं। जैसे श्रद्धा के 'शक्तिचक्र' के सन्धान में गुरु (मनु)

के सहकार से 'विश्वसंहार' हो जाता है। तंत्र में यह 'त्रिपुरदाह' है। तदनुसार श्रद्धा 'त्रिपुरसुन्दरी' हो जाती है। 'संहार' में सब कुछ जल जाता है–स्वप्न, स्वाप, जागरण। शरीरस्थ कालाग्नि (चितिमय चिता) के सम्मुख महाकाल (शिव) का विषय नृत्य चलता है। इसी के समानान्तर त्रिकोण, बिन्दु, योगियों की 'लय' अवस्था, शृंग और डमरू निनाद, अनाहत निनाद आदि भी आए हैं। मनु शक्तिमान अर्थात् श्रद्धाशक्तिमान अर्थात् 'श्रद्धायुत' होकर तन्मय हो जाते हैं। त्रिपुर (इच्छा-क्रिया-ज्ञान) के लयात्मक मिलन की कल्पना कवि की है। इसी तरह 'प्रलय-पावक' और महाशून्य में 'सुनहली ज्वाला' शैव महायोग के सामरस्य एवं यौगिक समाधि की समानान्तर दशाओं का प्रतिभास कराती है। इस सिस्टम में श्रद्धा-मनु अब पति-पत्नी न रहकर गुरु-शिष्य हो जाते हैं। इस तरह साधनाओं के कई सिस्टमोंवाले शब्दों के प्रयोग से रहस्य, भ्रान्ति तथा आडम्बर फैले हैं।[1] सर्ग अन्त में 'दिव्य' शब्द का प्रयोग अगले सर्ग की प्रतीक-भूमि की सूचना देता है।

हम एक अन्य सिस्टम में स्थित होते हैं। **आनन्द सर्ग** में उज्ज्वल रस है जिसमें रुग्ण क्षयग्रस्त कवि ने स्वयं आनन्द-चैतन्य-सौन्दर्योदात्त की ध्यान-दशा सिद्ध कर ली थी। इसमें शान्त व शृंगार की अद्‌भुत सन्धि है।

चिरमिलित प्रकृति की अदृश्यावस्था में **आनन्द-सिन्धु** निजशक्ति तरंगायित है; जीवन-वसुधा समतल है, समरसता परिव्याप्त है। सारे मनुष्य एक कुटुम्ब के ही हैं तथा **एक विश्व** एक नीड़ बन गया है। इस अवस्था में स्वपरान्य-सम्बन्ध विलीन हो चुके हैं। चारों ओर अभेद-सागर लहरा रहा है। अहं-इदं की लयावस्था है। यह मूर्त विश्व चितिशक्ति की ही विराट् देह है।

ऐसी **विश्व-चेतना** से पुलकित कामायनी 'पूर्ण काम' (का प्रतीक) है (पहले वह 'कामकला' थी)। और, क्षण भर में **विश्वसुन्दरी** प्रकृति का **लास रास** शुरू हो गया (दर्शन सर्ग के नर्तित नटेश के आनन्द तांडव के बाद)। वनलक्ष्मी ने मंच पर केशर रज बिखराई, चिरन्तन वसन्त आ गया, हिमखंड मणिदीपों की तरह प्रकाश फैलाने लगे, रश्मियाँ अप्सराएँ बनकर नृत्य-संगिनी हुईं। ऐसी कल्याणी प्रकृति-सुन्दरी हँस रही है।

चन्द्र किरीट धारण किए हिमधवल कैलास शिखर पर **पुरुष-पुरातन मानसी-गौरी** (मानसरोवर) की लहरों का भी कोमल नर्तन देख रहा है। चारों ओर जड़ चेतन में समरसता छाई है; सुन्दरता साकार हो गई है, चेतना का विलास हो रहा है तथा अखंड आनन्द छा गया है।

'दिव्य' शब्दों से यह स्पष्ट है कि 'समरसता' तथा 'अद्वैतावस्था' के चक्रों पर पूरा सर्ग रथारूढ़ है। सर्वत्र द्विपर्णा (बाइनरी) मैत्री है (संकेत कामना बनकर बतलाती दिशा मिलन की)।

प्रकृति 'विश्वसुन्दरी' है। वह विश्वमूर्ति भी है। मूर्तिमान **एक विश्व** में **एक मानव कुटुम्ब** बनाकर **विश्व-चेतना** व्याप्त हैं। इसकी अभिव्यंजना विश्वनीड़ में विश्वसुन्दरी

1. अधिक विस्तार के लिए पतराम गौड़ की पुस्तक देखें।

प्रकृति का लास रास है जिसे चन्द्रकिरीट धारण किए पुरातन पुरुष स्वयं देख रहा है। जयशंकर प्रसाद ने इस सर्ग का शिवरात्रि (1935) के दिन समापन किया। तब तक वे राजयक्ष्मा की भयंकरता के चंगुल में फँस चुके थे।

एक सिस्टम से दूसरे किसी भी प्रकार के सिस्टम (योग, तंत्र, शैव, रोमांटिक, पूँजीवादी, क्लासिक, मनोवैज्ञानिक, नृतत्त्वशास्त्रीय, राजनीतिक, मिथकीय दार्शनिक, सौन्दर्यबोधात्मक आदि) में कूदने पर हमें भिन्न **प्रतीक-परिवार** मिलते हैं। फलस्वरूप महाकाव्य/उपन्यास/गाथा के वे ही पात्र, घटनाएँ, समस्याएँ, जीवनदृष्टियाँ रूपान्तरित हो जाती हैं। ऊपर देखा ही जा चुका है कि रहस्य सर्ग और आनन्द सर्ग के विभेदक सिस्टम में प्रवेश करने पर यह सब कुछ किस तरह संघटित एवं संगठित हुआ। अतः कथासूत्र के मुकाबले प्रतीकों की एकतानता तथा एकरूपता कतई कायम नहीं रह सकती। यह होना भी नहीं चाहिए। लेकिन 'कामायनी' में तो ऐसा कई बार हुआ। **सिस्टम-अन्तरण** की प्राविधिकी (ट्रांसफर टेकनालॉजी आफ़ दि सिस्टम्स) का थोड़ा खुलासा कर लें। जो श्रद्धा त्रिपुरसुन्दरी का प्रतीक होकर योगतंत्र के द्वारा तीन वृत्तियों के प्रतीक, अर्थात् इच्छा-ज्ञान-क्रिया के 'त्रिपुर,' का दाह करती हैं, वही आनन्द-सर्ग में पूर्णकाम होकर विश्वसुन्दरी से एकात्म स्थापित करके आनन्द की विधायिका हो जाती है। सारस्वत प्रदेश की रानी इड़ा अपनी जनपद-कल्याणी की प्रसिद्ध भूमिका और आधुनिक समाज की निर्मम आलोचना करती है। विरोधाभास (पैराडाक्स) तो यह है कि वह अब खुद को निषिद्ध अवनति का कारण मानती है, समाज-संगठन के नियमों को विषम तथा दाहक घोषित करती है। उसे लगता है कि समृद्धि के लिए लोगों की आहुति की जा रही है और चारों तरफ भय तथा अशान्ति छा गई है। उसने जीवन-धारा के सुन्दर प्रवाह को अवरुद्ध कर डाला। श्रद्धापुत्र मानव-कुमार की अभिभाविका के रूप में उसे साथ लेकर वह विदा होती है। **आनन्द सर्ग** में वह एक गैरिक-वसना संन्यासिनी तथा तीर्थयात्री होकर सोमलता से लदे धर्मप्रतीक वृषभ को साथ लेकर हिमालय में कैलास स्थित मानसरोवर पर शान्त तपोवन में पहुँचकर, श्रद्धा के चरणों में शीश नवाकर, धन्य होती है। वह मानवता के पापों को धोने आई है। यथार्थ और दुःख से निर्विकल्प एवं चमत्कारपूर्ण भावमुक्ति का नवोल्लास लगता है, यह।

यह स्पष्ट होता है कि इच्छा (श्रद्धा) तथा क्रिया (इड़ा) के योग से मनन (मनु) के प्रतीकत्व का ढाँचा अब तक बिलकुल छिन्न-भिन्न हो चुका होता है। रूपक-गाथा का स्वप्नसर्ग तक वाला सन्तुलन खंडित हो चुका है। प्रजातंत्र और लोकमंगल की संस्थापिका सारस्वत प्रदेश की रानी इड़ा को जब नितान्त भाववादी जीवनदर्शन की धुरी पर घुमाया गया तो उसके लिए त्रिपुर में या आनन्द-लोक में अपनी कोई भी निर्णायक भूमिका शेष नहीं बचती। क्या हम बुद्धि एवं विवेक एवं प्रगति से नितान्त विहीन अपने आधुनिक संसार और समाज में तपोवन-संस्कृति कायम करने का सन्देश पाते हैं? क्या कामबाला ने यह महान सन्देश नहीं दिया था कि मानवीय सृष्टि में कर्म के भोग तथा

भोग के कर्म का नियम है, कि प्रकृति पुरातनता का परित्याग करके नित्य नूतनता का सर्जना करती है, कि प्रकृति की भौतिक शक्तियों के संश्लेष तथा मानवता के साथ स्वयं शक्तिशाली बनने पर ही मनुष्यता ऐतिहासिक संघर्षों में विजयी होगी ? मनु-केन्द्र पर तो स्थिति और भी जटिल है। एक तो वह पहले ईर्ष्या तथा एकान्त स्वार्थ के कारण गर्भवती श्रद्धा का परित्याग करता है; दूसरे सारस्वत प्रदेश में जनता पराजित होने के बाद पुनः अपने सामाजिक दायित्वों से बचने के लिए कामायनी तथा शिशु कुमार को छोड़कर रात में भाग जाता है। इसी प्रकार सारस्वत नगर में जनसम्राज्ञी इड़ा के प्रजापति-महामंत्री होकर भी वे उसे अपनी हृदय-सम्राज्ञी बनाने की तानाशाही बरतते हैं तथा उसके साथ बलात्कार तक करते हैं। वही मनु यथावत् होकर शैवागम भूमिकाओं में पंचकंचुक मुक्त शिवत्व-वृत्त में अहं का इदम् में प्रसार कर डालते हैं। वास्तव में तो एक ओर तानाशाह, स्वार्थी, ईर्ष्यालु, भोगी, अहंवादी मनु है तो दूसरी ओर बुद्धिनेत्री इड़ा, प्रजातांत्रिक मानवाधिकारों के प्रति जागरूक जनता, परित्यक्ता भोली-भाली पत्नी-माँ कामायनी तथा समस्त प्राकृतिक शक्तियाँ हैं। यही कहा जा सकता है कि रूपकत्व-और-प्रतीकत्व का निर्वाह भाववादी जीवनदर्शन तथा रहस्यवादी प्रवृत्ति के कारण नहीं हो सका। दूसरे सिस्टम में प्रतीकार्थ तो बदलेंगे अवश्य, किन्तु यहाँ तो बिलकुल उल्टे-पुल्टे हो गए हैं–पद्धति की दृष्टि से भी। ऐसा क्यों हो गया कि पात्रत्व तथा चरित्र गायब हो गए और वृत्तियों एवं अवधारणाओं के वायवी मानवीकरणों की छायाएँ ही गतिमान हो गईं ?

रहस्य और दर्शन सर्ग के प्रतीक-विधानों की पहेलियों से जूझने के बाद हम पीछे की ओर मुड़ते हैं।

कवि मुक्तिबोध (1917-1964) ने अपने ढंग से ऐहिक कथा-सूत्र को सुलझायाः मनु आधुनिक मध्यवर्गीय व्यक्ति का, इड़ा उसकी बुद्धि तथा श्रद्धा उसकी भावुकता का प्रतीक या प्रतिनिधि है। इसी लड़ी को बढ़ाने पर किलात-आकुलि आसुरी वृत्तियों के, वृषभ धवल धर्म का, कर्म सर्ग का, पशु सभ्यता की आखेटन अवस्था का, तकली-कुटीर आदि कृषि-अवस्था के प्रतीकादि के चाप खींचे जा सकते हैं। और आगे : देव-संसृति सुखभोगवासना का, हिमालय प्रकृति की विकृति तथा अभिव्यक्ति का, सारस्वत नगर की सभ्यता का पुनर्निर्माण वैज्ञानिक-प्रौद्योगिक उन्नति, प्रजातंत्र के वर्ग-विभाजन और सत्ताधारी वर्ग के अधिनायकवाद का प्रतीक अथवा सूचक-संकेतक है। काम तथा रानी रति स्वयं छायारूप पात्र होकर आए हैं। लज्जा रति की प्रतिकृति है। वस्तुतः चिन्तासर्ग से इड़ा सर्ग तक प्रतीक-विधानों के सिस्टमों को रहस्यवाद तथा दार्शनिकता की संसक्ति से ज्यादा नहीं जूझना पड़ा। इसलिए चिन्ता-आशा-श्रद्धा की सर्गत्रयी में वैदिक-सभ्यता को मिथकों एवं कर्मकांडों (बलि, अग्निहोत्र अवशिष्ट अन्न, यज्ञ-**ज्वाला**, प्रलय आदि) के सिस्टम से जुड़ा प्रतीक-विधान है। अभी इड़ा का अनुप्रवेश नहीं हुआ है, तथा कामबाला भी श्रद्धा या रागात्मिकता वृत्ति नहीं बनी है। मनु अवश्य चिन्तन-मनन करते हैं। इस सिस्टम के 'विराट्' 'अनन्त', 'रमणीय', 'महाशक्ति', 'महाशून्य' आदि

साम्प्रदायिक रहस्यवाद के क्षेत्र के न होकर आद्यरूपात्मक (औपनिषदिक) हैं। देवसृष्टि के विलास-विनाश तथा प्रकृति-प्रलय के परिवेश में आद्यरूपात्मक प्रतीक ही उभर सकते हैं।

आशा के अरुण लोक में हिमालय-सौन्दर्य और मनु की अनादि वासना से जन्मा प्राकृतिक सौन्दर्यबोध मधुरता, हँसी, आकुलता, सुख, कल्पना के प्रथम तंतुजालों के साथ उद्‌बुद्ध होता है। श्रद्धा सर्ग में 'काम' तथा 'सौन्दर्य' की धुरी पर कुतूहल एवं रहस्यवाले संकेत खुलते हैं।

काम-वासना-लज्जा की दूसरी सर्गत्रयी मनोवैज्ञानिक रूपकों-संकेतों-प्रतीकों-चिन्ह्रों से अत्यन्त प्रचुर है। इसमें वृत्तियों का मानवीयकरण तो हुआ ही है, उनके मनोदेहात्मक लक्षणों का एक ललित एवं सांकेतिक कामसूत्र भी रच डाला गया है। इस त्रयी में कथासूत्र तो स्वप्नादेश या छायाप्रतिमाओं का है। वस्तुतः दैहिक तृष्णाअग्नि, ऐन्द्रियिक विह्वलता, कामातुरता, प्रणय मादकता, गोपनीय मधुरता, आत्मरति-आत्मपीड़नरति-परपीड़नरति आदि की असंख्य सूक्ष्म रागदशाओं का एक 'लोको ज्ज्वलनीलमणि' लिखा गया है। महाकाव्य की सर्वोत्तम उपलब्धि यही सर्गत्रयी है। इसमें अभिधा, स्वभावोक्ति तथा संकेत के स्तर भी बहुत हैं। उनसे आगे रूपकों, उपमाओं, उत्प्रेक्षाओं, प्रतीकों और मिथकों का भी सहकार है। यहाँ रूपकों, रूपकाभासों तथा संकेतों की बहुलता इसलिए है कि अनुभूतियों-संवेदनाओं-ऐन्द्रियिकता की प्रमुखता है तथा इनके आदि उद्‌गम अवचेतन (अनकानशस) एवं सामूहिक अवचेतन (कलेक्टिव अनकानशस), प्रजातीय अतीत (रेसियल पास्ट) तथा आद्यप्रारूप (आर्केटाइप्स) हैं।

यौवन मनुष्य के जीवन-चक्र की परिपूर्ण अवस्था है। यौवनावस्था में स्वास्थ्य और सौन्दर्य और आवेग अपने चरमोत्कर्ष पर होते हैं। इस दशा में 'काम' का मनोसाम्राज्य होता है उसी तरह जैसे प्रकृति-चक्र में मधुमय 'वसन्त' परिपूर्ण ऋतु है। अतः मनु के जीवन में काम का आगमन मधुमय वसन्त के रूप में होता है। इस प्रतीक-मंडल में अत्यधिक तरलता, सरसता, प्रेमलता, व्याकुलता मन को आप्लावित करती हैं। इनके रूपकाभासी तथा उत्प्रेक्षापूर्ण संकेत भरे पड़े हैं। अन्य अनेक सांकेतिक चिह्नकों (सेमिओटिक मार्कर) से मनु को काम-संदर्शन होता है–फूल, हँसी, सौरभ, संगीत, कलरव आदि से। अतः अणुओं को पल भर को भी विश्राम नहीं है। मनु अपनी पाँचों इन्द्रियों से सौन्दर्य का मधुपान करते हैं। तथापि तृष्णा एवं तृप्ति के द्विपर्ण (बाइनरी) के बीच वे विह्वल हैं।

उस पुरुष में तथा प्रकृति में **मूल शक्ति** ऊर्जस्वित हो उठती है। मूल शक्ति ही **अनादि वासना** है। अनादि वासना ही **रति** है। रति ही **आकर्षण** पैदा करती है। काम **तृष्णा** धधकाता है। इस तरह देवसंसृति की यज्ञ ज्वालाएँ कामोद्दीपक तृष्णा में प्रतीकायित हो जाती हैं तथा देवांगनाएँ कामबाला की आकर्षक रति-प्रीति में।

मनु में **अव्यक्त प्रकृति** के उन्मीलन की चाह है। लेकिन कामबाला के अभाव में समानुरक्ति नहीं है। जिसके सहभाव में ही यौन सम्बन्धों की रति (कामरति) माना जा

सकता है। अतः मनु उस **'ज्योतिमयी'** को पाने का मार्ग स्वयं काम से ही पूछते हैं। वह कामबाला ही **प्रेमकला** भी है।

वासना-सर्ग में उस ज्योतिमयी को पाने का **मार्ग** निर्दिष्ट है। स्वप्निल एवं अनंग काम प्रकृति तथा नर-नारी युगल में मांसल विकास करके, नारी का हृदय-सौन्दर्य उभारकर तथा नारीत्वचित्ति का उन्मेष करके यह मार्ग बताता है। यहाँ अनादिवासना वासना है जो काम की तृष्णा तथा रति के आकर्षण का संगम है क्योंकि अब दोनों साथ हैं–अतिथि (कामबाला), गृहपति (मनु)। इनके कई सम्बन्धात्मक द्विपर्ण हैं– गृहपति-मनु, प्रश्न-उत्तर, जीवनसिन्धु-लोल लहर, नवल प्रभात-स्वर्ण किरण, वर्षाकाश-श्रीकलित घनश्याम। दोनों **पथिक स्वप्नपथ में साथ** चलते हैं, किंवा **दो हृदय** साथ चलते हैं, किंवा दो बिजलियाँ **मधुरिमा** के **जाल** में क्रीड़ित हैं। अतः एक (नर) का नारी के प्रति आकर्षण (ऐनिमा), दूसरी (नारी) का पुरुष के प्रति आकर्षण (एनिमस) का मधुर **जीवन-खेल** चलता है। 'मार्ग' और 'खेल' स्वयं में कामकला के गूढ़ प्रतीक हैं।

ज्वालाकेन्द्र में अधीर अतृप्ति, मिलन का संगीत, चिनगारियों का छूटना, ज्वाला का धधकना, विकल वक्षस्थलों का अशान्त होना, दोनों का आवेश में बँध जाना आदि **'ज्योत्स्ना निर्झर'** की पहचान करा देते हैं। सखी जो है अब, वह 'विभव-मतवाली **प्रकृति**' है जो पूर्णिमा (की राका) में दोनों का सुहागरात्रि-पूर्व साक्षात्कार कराती है। दोनों परिचित होते हैं।–अब अतिथि **'रम्य नारी-मूर्ति'** है जो गझिन लज्जा में अपनी पुलकितकदम्ब-सी देह को 'देवपुरुष' के सम्मुख समर्पण कर देती है।

यहाँ **नारी** और **प्रकृति** की एकात्मकता है। पूरा प्रतीक-विधान मणियों की तरह स्वतः जगमगा उठा है।

लज्जासर्ग में नारी और (उसकी रति की प्रतिकृति) **लज्जा** की अनन्यता है। छठे अध्याय में लज्जासर्ग के विशिष्ट निरूपण के अन्तर्गत हम इस पर सविस्तार निर्वचन करेंगे। सहजनारी की स्वतंत्रता तथा लज्जाशील नारी की मनोवैज्ञानिक परतंत्रता के परस्पर विरुद्धों का अनुपम सामंजस्य है। नारी की छाया (प्रतिमा) तथा रति की प्रतिकृति का प्रतीक होकर लज्जा नारी को नारीत्व की सेमिओटिक्स समझाती है –मैं तुम्हें आवेश में कुछ करने के पहले स्तम्भित करके सोचने को प्रेरित करनेवाली **एक पकड़** हूँ; मैं तुम्हारे उस चपल सौन्दर्य की धात्री हूँ जो चेतना का उज्ज्वल वरदान है; मैं देवसृष्टि की रानी रति हूँ जो नारी-रचना में **मूलशक्ति** 'रति' है और अतृप्त है; मैं तुम्हें शालीनता की **शिक्षा** देती हूँ और तुम्हारी मतवाली सुन्दरता को **संयमित** करती हूँ; मैं तुम्हारी चंचल किशोर सुन्दरता की **संरक्षिका** भी हूँ।

जिस तरह मनु ने काम से ज्योतिमयी को पाने का मार्ग पूछा था उसी तरह नारी भी लज्जा से अपने जीवन का पथ जानना चाहती है क्योंकि वह दुर्बलता, कोमलता, विह्वलता, ममता, निस्सम्बलता, असन्तुलन, समर्पण–इन सात वृत्तियों से निर्मित नारी की चिति (साइकी) है। सप्तमेखलाओं से वलयित ऐसी अभिराम-रागमयी 'नारी' का एकमात्र संस्कार **श्रद्धा** है और जीवन के सुन्दर समतल पथ में **अमृत धारा-सी** बहते रहना उसकी

संस्कृति है। वह **अश्रुओं** और **स्मितियों** से युक्त है तथा विश्वास से संयुक्त होकर ही अपूर्णता को दूर करती है। समर्पण उसकी नियति है।

कर्म-ईर्ष्या-इड़ा की सर्गत्रयी में कथा-प्रवाह जीवन्त और प्राणवन्त है। इस त्रयी के सिस्टम में तराशे हुए प्रतीक हैं। असुर-पुरोहित किलात् आकुलि काम बनाम कर्म के आत्मसंघर्ष में मनु को उलझाते हैं। वे मनु के पूर्ववर्ती पाक यज्ञ तथा साम्प्रतिक **कर्मयज्ञ** अर्थात् **कामकर्म** को **हिंसा** से विकृत कर देते हैं। विकृत मानसवाले मनु आत्मसुखवादी होकर यह सूत्र प्रचारित करते हैं कि 'अपना सुख ही स्वर्ग है।' श्रद्धा इसको व्यक्ति के विकास का पूर्णतया विरोधी मानती है। तथापि यह **यज्ञपुरुष सृष्टि-यज्ञ** में उन्मादित और उन्मादक श्रद्धा को सुख-भोगवाद में वशीकृत कर लेता है, लज्जा का आवरण परे हटा देता है तथा रक्त खौलानेवाले व्याकुल चुम्बन के साथ **'सृष्टि यज्ञ'** सम्पन्न करता है–'रोम रोम से चिनगारी, थे सघन जघन थहराते/वेणी शिथिल खुली पड़ती थी पलक अश्रु भर लाते/वंचित कौन भला करता मनु को शारीरिक सुख से/निस्सहाय अस्वीकृति कहती नहीं नहीं थी मुख से।' अन्त में (काम सम्भोग की) वह **अग्नि शिखा** बुझ जाती है। **सृष्टि-यज्ञ** पूरा हुआ।

ईर्ष्या सर्ग में मनु में रति-सुख के बाद हिंसा-सुख बढ़ता है। इसके बाद प्रभुत्व-सुख की असीमता अनियंत्रित हो जाती है। अब उनका महासूत्र है–'सभी कुछ मेरा है।' गर्भवती श्रद्धा द्वारा भावी शिशु को ममत्व बाँटने पर मनु दृप्त ईर्ष्या से घायल हो जाते हैं। वे 'चिरमुक्त पुरुष' की तरह गर्भवती श्रद्धा का परित्याग करके **कस्तूरी कुरंग** से दूर **भटकने** निकल जाते हैं।

इड़ा सर्ग में मनु अस्तित्व के चिरन्तन धनुष से एक **विषमतीर** की तरह बाहर निकल आते हैं। आत्महन्ता वृत्तियों से ग्रस्त वे **झंझा प्रवाह** की गति चाहते हैं, **अन्तर्दाह** से प्रकाश पाने की इचछा करते हैं, और गुफा से कढ़कर सारस्वत नगर प्रान्त में आ पहुँचते हैं। जब वे यहाँ असुर-सृष्टि तथा देवसृष्टि की तुलना करते हैं तब उन्हें **ज्ञान होता है** कि असुर-सृष्टि में **देहपूजा** ही प्रधान थी। तो क्या सचमुच (किलात-आकुलि के प्रभाव से) वे **श्रद्धाविहीन** हो गए हैं ? काम के माध्यम से भी श्रद्धा का अभिलक्षण आगे प्रस्फुटित होता है; वह पूर्ण **आत्मविश्वासमयी** है; उसके सम्पूर्ण समर्पण के बावजूद मनु **पूर्णकाम** नहीं हुए यद्यपि उसने तो **सुन्दर देह** तथा **प्रणयमुग्ध हृदय**, दोनों ही दान कर दिए थे। मनु तो केवल आत्मरुचि के दास हो गए तथा अपनी प्राणमयी ज्वाला के प्रणव प्रकाश के बजाय वासना की जलन में झुलस गए। ऐसा प्रेम तो **अपुनीत** हुआ न! इससे **'पुरुष'** राग-नियति-अविद्या-कला-काल के **कंचुकों** से बँध गया है। उसका सारा जीवन ही युद्धक्षेत्र हो गया है। चैतन्य होने पर मनु को मधुर नाद करती हुई सरस्वती नदी दृष्टिगोचर होतीं है जो **कर्म निरन्तरता** एवं **स्ववश अनन्त ज्ञान का** प्रतीक है। मनु को यह दूसरा नूतन पंथ मिलता है।

प्राची में **मधुर आलोक** के फैलते ही एक सुन्दर बाला इड़ा प्रकट हुई जो तर्कमयी है, अनुराग-विराग के अन्तर्विरोधों से युक्त है। उसके पास संसृति का सकल

ज्ञान-विज्ञान संकलित है। वह कर्म तथा विचारों की कान्त मैत्री करनेवाली है तथा त्रिगुणात्मक प्रकृति से युक्त चरित्रवाली है। वह **उजड़े हुए** सारस्वत प्रदेश में **नूतन मानव-सभ्यता** के निर्माण हेतु मनु का आह्वान करती है जो **भविष्य** के द्वार खोल दे। मनु स्वीकार कर लेते हैं। इड़ा बुद्धि और विवेक, ज्ञान-विज्ञान और कर्म की, त्रिगुणात्मक प्रकृति तथा नियामक पुरुष की संचालिका है। मनु इड़ा से युक्त भौतिक **समृद्धि** का वरण करते हैं; श्रद्धा से युक्त **विश्वास** की अपेक्षा (बाद में वह श्रद्धा से युक्त **आनन्द** हो जाता है रहस्य चक्र में)। इड़ा बुद्धि-ऐश्वर्य-सम्पत्ति-सांसारिक अभ्युदय का प्रतीक है। इस प्रतीक के निषेधात्मक पक्ष–विषमता, शोषण, संचय, संग्रह, अधिकार, अहंकार, स्वार्थ, मद, भय, सन्देह, प्रभुत्व आदि भी क्रमशः अगले चरणों में उद्घाटित होते हैं।

स्वप्नसर्ग में सारस्वत प्रदेश के नगर-गण राज्य के नगर-निवेश और समाज-संरचना की प्रथम परियोजना है। उस समय नवजागरण को पुरातत्त्व से बहुत प्रेरणा मिली जब मोहेन-जो-दारो और हड़प्पा से लेकर, तक्षशिला, सारनाथ, अवन्तिका जैसे नगरों के खंडहर खोजे जा रहे थे। सारस्वत नगर में सम्राज्ञी इड़ा, प्रजापति (प्रधानमंत्री), मनु, वर्गों-व्यवसायों-श्रमों में विभाजित प्रजा-जनता, सभी मिलकर गणतंत्र-व्यवस्था का निर्माण करते हैं।

नगर-राज्य परकोटे से घिरा हुआ और कई द्वारोंवाला, तथा केन्द्रीय शासन सेक्टरों में पृथक् और प्रासाद-राजद्वारवाला है। इस व्यवस्था के ऊपर ही पूँजीवादी-अधिनायकवादी व्यवस्था भी छाप दी गई है। इस तरह पवित्र नगर की लघु परम्परा एवं ऐहिक नगर की महान परम्परा का मिश्रण भी हुआ है। इड़ा आधुनिक वैज्ञानिक प्रगति की (**अग्नि ज्वाला** के समान) आगे चलती है। वह सफलता और समृद्धि लाती है तथा प्रजापति मनु की सफलता का ऊँचा तारा है। श्रमिक वर्ग वस्तुओं का प्रचुर उत्पादन कर रहा है। फलतः समृद्धिशाली वर्ग विलास के आभूषणों, रमणियों के गायन की तानों में मदहोश है। धनाढ्य कुबेर-वर्ग के लिए वह **एक अलका** है तथा **श्रमिक** जनता के लिए श्रम, व्यवसाय, धातु-निर्माण, ज्ञान, तकनालॉजी (कुशल कल्पनाओं), आर्थिक संस्रोतों की चुनौतीवाला संघर्षशील **एक महानगर** है। इड़ा वह **आसव** ढाल रही है जिसकी प्यास नहीं बुझती (विज्ञान तथा उपभोग की पिपासा)। वह **वैश्वानर ज्वाला**-सी है किन्तु **शीतल सौमनस्य** बिखराती है।

उपभोक्ता-अर्थरचना (कंज्यूमर इकोनामी) में ही भोग-विलास, अनैतिकता-अपराध पनपते हैं। प्रजापति मनु **नरपशु** बन जाता है और रानी इड़ा को अपनी **प्रणय मराली** बनाने के लिए उसके साथ बल प्रयोग से **बलात्कार** करता है।

यह बलात्कार (जनता की सम्प्रभुता अर्थात्) इड़ा अर्थात् प्रजातंत्र पर **एक तानाशाह** का था। राजनीतिक प्रतीकों की शृंखला खुलती चलती है। जनता का साथ भौतिक प्रकृति की (वैज्ञानिक) शक्तियाँ देती हैं। एक मानो **प्रलयमयी क्रीड़ा** चारों ओर हो रही हो, अथवा **भूतनाथ** ने अपना नृत्य विकम्पित पद उठा लिया हो। यहाँ जनता अपने नागरिक अधिकारों, मानवाधिकारों तथा प्राकृतिक न्याय के प्रति पूर्णतः सजग है। यह

जन-सामान्य का **विद्रोह** है लेकिन सत्ताधारी मनु इसे **कुचक्र** मानते हैं। अतः गलत रणनीति के कारण असफल होते हैं। बाद में उन्हें समझ में आता है कि यह तो **भौतिक विप्लव** है, ऐतिहासिक प्रक्रिया है।

संघर्ष सर्ग में भी शासन-प्रशासन और राजनीति के सिस्टम का ही विस्तार है। प्रजापति और इड़ा के बीच क्रमशः स्वच्छन्दता एवं नियम-परतंत्रता का, चिरबन्धनहीनता एवं सामाजिक अधिकार युक्तता का, व्यक्ति चेतना एवं महाचेतना का, प्रलय एवं एकलय का, प्रकृति-संघर्ष एवं प्रकृति सामंजस्य का, शासक के राजदंड एवं प्रजा द्वारा क्रान्ति दंड के बीच का प्रबल विचारधारात्मक संघर्ष (आइडियोलाजिकल स्ट्रगल) छिड़ा हुआ है। मनु मूर्छित होकर धराशायी होते हैं। वही ज्वाला, वही बलि, वही रक्तनदी– वे ही प्राक्-आद्य प्रतीक पुनः वापस होने लगते हैं।

निर्वेद सर्ग में सारस्वत प्रदेश में ही युद्ध और संहार के **खंडहरों** पर बैठी इड़ा अब **ग्लानि की अग्निशिखा**-सी धधक रही है (प्रतीकों का बदला हुआ 'रजिस्टर')। सभी सीमाओं को तोड़कर चलनेवाला स्नेह भी तो अपराध है। मनु शासन का सूत्रधार भी बना और स्वयंनिर्मित नवविधान से स्वयं दंड भी बन गया। अर्थात् 'मेरा उपकार करने वाला मनु ही मेरा अपराधी है' (इड़ा)। श्रद्धा भी आ पहुँची है। उसे आधुनिक संसार तक भयावह अन्धकार-सा दीखता है जहाँ चारों ओर घृणा छाई है। अतः आगे छायावादी ढंग से प्रकृति की ओर वापसी का प्रतिकर्म शुरू होने को है। अब कामायनी **'पूर्ण कला'** है तथा मानवकुमार **'कल्याण कला'**।

कर्म से लेकर निर्वेद तक की दो सर्गत्रयी ऐतिहासिक समाजशास्त्र एवं राजनीतिदर्शन के सिस्टमोंवाली हैं। इसलिए प्रतीक-विधान के पारिभाषिक तथा प्रकृति तदनुरूप बदलते हैं। ज्वाला तथा रक्त, जल तथा मधु, प्रकृति तथा सृष्टि के महाप्रतीकों के 'रजिस्टर' परिवर्तित होकर अनवरत आगे बढ़ रहे हैं। अन्ततः युद्ध ही सामूहिक बलि के महाप्रतीक में परिणत हो उठता है। उक्त एक जोड़ी त्रयी में श्रद्धा मनु को दो बार ढूँढ़ती तथा खो देती है। इड़ा ग्लानि से, मनु पश्चात्ताप से तथा श्रद्धा सन्तोष से ओतप्रोत है। इस तरह 'आमुख' वाली कवि-प्रतिज्ञा व भूमिका के अनुरूप तीनों पात्र अपने-अपने एक आयामी व्यक्तित्व को लाँघकर बहुआयामी हो जाते हैं। प्रत्येक सिस्टम में कुछ नए चारित्र्य-गुण आ जुड़ते हैं तथा नए प्रतीक-विधान से मंडित हो जाते हैं।

दर्शन-रहस्य-आनन्द की अन्तिम पाँचवीं सर्गत्रयी को हम पहले-पहल ही ले चुके हैं।

निष्कर्ष रूप में : प्रत्येक सिस्टम और सर्गत्रयी की व्यास रेखा पर पात्र/घटनाएँ/समस्याएँ आदि भिन्न-भिन्न अन्तर्ज्ञानानुशासनवर्ती प्रतीकार्थों को ग्रहण कर लेती हैं। इनमें एकस्वरता और एकसूत्रता तो नहीं है किन्तु एकता और अनेकता के बीच अनवरत अन्तर्विरोध बने रहते हैं। अतएव किसी प्रकार के इतिहास की बात करना तो और भी असंगत है।

(इ) क्या हम 'कामायनी' को एक दार्शनिक काव्य मान लें ?

शास्त्र सन्दर्भ में **दार्शनिक काव्य** तो 'श्रीमद्भगवद्गीता' या 'श्रीमद्भागवत' जैसे ग्रन्थ हैं। ये भी वस्तुतः **'काव्य-में-दर्शन'** हैं। 'कामायनी' को इस श्रेणी में तो रखा नहीं जा सकता।

जयशंकर प्रसाद शैवागम के अनुसार आत्मवादी, आनन्दवादी, रहस्यवादी मान्यताओं में ज़रूर विश्वास रखते थे। सो उनका गहरा-गम्भीर **काव्यात्मक दर्शन** जरूर है। यह भी सच है कि वे आचार्य महामाहेश्वर अभिनवगुप्तपाद (ईस्वी सन् 925-1025) की तरह प्रत्यभिज्ञादर्शन तथा तंत्रालोक के भाष्यकार भी नहीं थे। यह भी सच है कि वे भाववादी और आत्मवादी रहे हैं।

उपर्युक्त प्रश्नवाचक से तीन पूरकों द्वारा निपटा जाना चाहिए–नवजागरण का दर्शन, छायावाद का दर्शन तथा प्रसाद एवं 'कामायनी' की दार्शनिकता।

उन्नीसवीं शताब्दी के उत्तरार्ध में विशेषतया पुनर्जागरण या नवजागरण घटित हुआ जो 'बंगाल रिनासाँ' भी कहलाता है। यूरोपीय स्वच्छन्दतावाद की प्रेरक फ्रांसीसी क्रान्ति रही है किन्तु भारत तब इंग्लैंड का एक उपनिवेश बनकर भयंकर शोषण तथा अवरुद्धता का शिकार था। जवाहरलाल नेहरू के शब्दों में : 'हिन्दुस्तान पर इंग्लैंड का आघात एक गतिशील समाज और आधुनिक चेतना का एक ऐसे **गतिहीन समाज** पर सन्घात था जो मध्यकालीन विचारधारा से बँधा हुआ था तथा प्रगति नहीं कर सकता था।' एक लम्बे अर्से तक की गुलामी और **आजादी के अभाव** के नतीजे भी साफ़ थे–नैतिक अधःपतन, आर्थिक ह्रास तथा जनता में हतोत्साह।

तथापि किसानों के लगातार विद्रोहों तथा उभरते हुए मध्यवर्ग के विक्षोभ के कारण तत्कालीन सर्वशक्तिमान साम्राज्यवादी नियंत्रण के बावजूद नई चेतना का उदय ऐतिहासिक अनिवार्यता थी। वह पूरी हुई।

'नवजागरण' की नई चेतना का आलोक धर्मकेन्द्र से फैला। 'ब्राह्मोसमाज' (1828) ने वेदान्त के आदर्श प्रस्तुत करते हुए धार्मिक एवं सामाजिक सुधारों के प्रयास किए। इसके संस्थापक राजा राममोहनराय (1774-1833) ने सती-प्रथा को बन्द कराया, आधुनिक ढंग से विज्ञान और समाजविज्ञानों की शिक्षा के प्रयास किए। 'आर्य समाज' (1875) ने वेदान्त से भी पीछे वेदों की ओर लौटने का, श्रेष्ठ आर्य शुद्धता को स्थापित करने का आह्वान किया। जाति-प्रथा के विरोध तथा स्त्री-स्त्री के पक्ष में समूचे पश्चिमोत्तर भारत में एक व्यापक जागरण फैलाया। इन सबसे ज्यादा प्रभावशाली तथा क्रान्तदर्शी स्वामी विवेकानन्द (1862-1902) और रामकृष्ण मिशन का योगदान रहा। उन्हें भारत के अतीत पर गर्व था, अतीत के दर्शन की श्रेष्ठता में विश्वास था तथा अतीत और वर्तमान के बीच संक्रमण के मार्गों का संज्ञान था। नए विचार एवं आधुनिक समाज के मॉडल के रूप में उन्हें संयुक्त राज्य अमेरिका सर्वोत्तम क्षेत्र लगा लेकिन पश्चिम के धर्म-दर्शन के मुकाबले उन्हें भारतीय दार्शनिक एवं आध्यात्मिक पृष्ठभूमि एक सनातन आलोकपुंज लगी। उनका लक्ष्य पश्चिम की भौतिक प्रगति तथा भारत की आध्यात्मिक पृष्ठभूमि का सामंजस्य था : 'बराबरी, आजाद, काम और शक्ति में तुम्हारी

भावनाएँ ज्यादा से ज्यादा पश्चिमी हों और साथ ही धर्म, संस्कृति और संस्कारों में तुम्हारी नस-नस हिन्दुत्व से भरी हो।' जवाहरलाल नेहरू के शब्दों में, ''उन्होंने वेदान्त दर्शन के अद्वैतवाद का प्रचार किया और उन्हें इस बात का पक्का यकीन था कि विचारशील मानव जाति के लिए आगे चलकर सिर्फ वेदान्त धर्म ही हो सकता था। वजह यह थी कि वेदान्त सिर्फ आध्यात्मिक ही नहीं था बल्कि तर्क-संगत था और साथ ही उसका बाहरी दुनिया की वैज्ञानिक खोजों से भी सामंजस्य था।...'वेदान्त का आदर्श', आदमी की एकता और उसकी सहज दैवी प्रकृति का था; मानव में ईश्वर-दर्शन ही सच्ची ईश्वर-दर्शन है; प्राणियों में मनुष्य सबसे श्रेष्ठ है लेकिन 'अदृश्य वेदान्त' को दैनिक जीवन में सजीव, काव्यमय हो जाना चाहिए, बेहद उलझी हुई पौराणिक गाथाओं में से निकलकर उसका साफ़ नैतिक स्वरूप सामने आना चाहिए, और रहस्यपूर्ण योगीपन के भीतर से एक वैज्ञानिक और अमली, मनोविज्ञान सामने आना चाहिए।''...वर्णव्यवस्था एक ढंग का सामाजिक संगठन था, जिसको धर्म से अलग रखना चाहिए था। उसका उद्देश्य व्यक्तित्व और आज़ादी को बढ़ाना था। वह बेहद गिर गई और अपने मकसद से ठीक उल्टी चलने लगी तथा आम जनता को कुचला। सामाजिक संगठन में तो समय के साथ परिवर्तन होना चाहिए।...उन्होंने आज़ादी, बराबरी और जनता को उठाने की जरूरत पर बार-बार जोर दिया। ''सिर्फ सोच-विचार और कामकाज की आज़ादी ही ज़िन्दगी, तरक्की और खुशहाली की शर्त है। जहाँ यह आज़ादी नहीं है वहाँ उस आदमी को, उस जाति को, उस राष्ट्र को जिंदा नहीं रखा जा सकता।...हिन्दुस्तान की अगर कोई आशा है तो वह यहाँ की आम जनता है।''

यह एक अन्तर्विरोध रहा है कि संन्यासी विवेकानन्द राजनीति से अलग रहे और उन्हें अपने समकालीन राजनीतिज्ञ पसंद नहीं थे। इस वजह से वे राष्ट्रीय मुक्ति आन्दोलन के संन्यासी-योद्धा नहीं बन सके क्योंकि उसकी प्रकृति समानान्तरित होकर भी प्रचंड संघर्षोंवाली हो चली थी।

तथापि दिन-प्रति-दिन विवेकानन्द का दृष्टिकोण अन्तर्राष्ट्रीय होता चला गया। उन्होंने वेदान्त के तत्त्वदर्शन को एक आधुनिक समाजदर्शन में रूपान्तरित कर दिया था। यह भी दर्दनाक तथ्य है कि पुनर्जागरण में–विवेकानन्द को छोड़कर–किसानों तथा बेखेतिहर मज़दूरों, ग्रामीण कारीगरों की आर्थिक तबाही पर कोई भी वैसा फ़िक्रमन्द नहीं था।...अलबत्ता **वाराणसी** में आर्थिक विनाश को दिखाने की एक मशाल रौशन थी–भारतेन्दु हरिश्चन्द्र और उनके चन्द साहित्यकार मित्रों की। पुनर्जागरण को मधुरता तथा आलोक प्रदान करने में अन्य प्रबल घटक भी थे–(i) इतिहास तथा पुरातत्त्व की क्रान्तिकारी खोजें, (ii) संस्कृत साहित्य का क्लासिकी वैभव, (iii) अंग्रेजी की उत्तम कृतियों के अनुवाद तथा (iv) छापेखाने की युगांतरकारी भूमिका।

अतः इन चारों, और सर्वोपरि प्रथम महाकारण, ने मिलकर भारतीय (हिन्दू) धर्म-दर्शन को साम्प्रदायिकता-विहीन रखा, आधुनिक चेतना को ग्रहण करने के अनुकूल बनाया तथा जगत और मनुष्य के प्रति व्यापक ऐहिक मानवतावादी दृष्टिकोण से

संवेदनशील बनाया।

निष्कर्षतः कहा जा सकता है कि पुनर्जागरण/नवजागरण के आन्दोलन में मनुष्य की स्वतंत्रता, निर्भयता तथा वेदान्ती उत्कृष्टता की खोज ही बीसवीं शताब्दी के छायावादी मानवीय नवजागरण में राष्ट्र के आदर्शों के रूप में आलोकित हुई।

छायावाद का दर्शन पुनर्जागरण की चेतना का विस्तार, पुनर्नवीकरण और अगला विकास भी है।

दार्शनिक चिन्तन का केन्द्रीय आग्रह रहा है–मानव-अस्मिता की तलाश; स्वच्छन्दतावादी-छायावादी परिप्रेक्ष्य में 'व्यक्तिवाद'। व्यक्तिवाद के दर्शन की मूल प्रतिज्ञा है कि व्यक्ति (मनुष्य) का व्यक्तित्व अपनी निजता में अद्वितीय है। अद्वितीयता आत्मान्वेषण द्वारा होती है। आत्मान्वेषण मनोवैज्ञानिक तथा आध्यात्मिक आयामों पर हुआ है। छायावाद में दोनों का समावेश है। जैसा कि हम कहते आए हैं कि दोबारा पुनर्जागरण में भारतीय चरित्र की संरचना का केन्द्र 'आत्म' (शैवाद्वैत, वैष्णव अद्वैत, वेदान्त आदि) हो गया। आत्मान्वेषण विवेक की अपेक्षा अनुभव एवं अनुभूति का विषय हुआ। यह रहस्यात्मक एवं रहस्यवादी दिशा में गतिशील हुआ। रहस्य के सहकार से 'आत्म' या काव्यचेतना/कविसंवेदना **'मैं'** के लिए **'तुम'** (प्रिय, प्रभु, पिता की त्रयी) तथा **'तुम-वह'** (प्रकृति, जगत, समाज की त्रयी) के नाना समीकरणों में अभिव्यक्त हुई। अतः 'मैं', 'मैं-तुम', 'मैं-वह', 'तुम-वह' की खोज अनेक प्रश्नवाचकों (कौन, कहाँ, कब, किधर, कैसे) द्वारा छायावादी काव्य-संचेतना में हुई। प्रसाद ने शैवागम दर्शन के अद्वैतवाद, निराला ने वेदान्त के विशिष्टताद्वैतवाद तथा महादेवी वर्मा ने बौद्ध करुणा तथा वैष्णव अद्वैतवाद के परिप्रेक्ष्य में इन सार्वनामिक-अमूर्त सम्बन्धों के अन्वेषण के मार्गों की अज्ञात-अनन्त-अनुपम-अतीन्द्रिय-ऐन्द्रियिक यात्राएँ सम्पन्न कीं। अतः ये सृष्टि के रागात्मक स्वरूप से जुड़ीं; चिन्तन, विश्लेषण, बौद्धिकता आदि का प्रकारान्तर से अस्वीकार हुआ।

छायावादी **सौन्दर्य-तत्त्व-मीमांसा** आध्यात्मिक धुरी पर शील (नैतिकता) से संयुक्त रही तथा अनन्त रमणीय का एक अंश। लेकिन मनोविश्लेषणात्मक आयाम में यह अवचेतन की यौनपरक संकल्पनाओं का यौन प्रतीकार्थों में उद्घाटन हुई। वस्तुतः मुग्धभाववाली **सौन्दर्य-प्रियता** तथा अतिशय **प्रेमाकुलता** ने छायावादी कवियों को एक ओर प्रेमपथिक तथा प्रेमयोगी बनाया तो दूसरी ओर सामाजिक पिछड़ेपन के कारण कुंठित भी किया। उदात्तीकरण के लिए उन्हें प्रेमपात्र को मानव से अप्सरा, देवी अथवा देवता में स्वरूपोज्ज्वल रखना पड़ा, मांसल प्रेमाभिव्यंजना को हठात् अलौकिक एवं सांकेतिक बनाना पड़ा तथा आत्मरति (नार्सिसिज्म) या अहंबिम्ब (ईगो-इमेज़) के द्वारा समर्पण अथवा विद्रोह की मुद्रा ठाननी पड़ी। इनका प्रेमपात्र रहस्य के झीने आवरणों में छिपा रहकर कुतूहल की सृष्टि करता रहा (शशिमुख पर घूँघट डाले, अंचल में दीप

छिपाए/जीवन की गोधूली में, कौतूहल से तुम आए')। कवियों ने प्रेम की अखंडता, चिरन्तनता, पावनता आदि के मधुर अमर स्वप्न भी देखे।

अतः छायावाद ने तत्कालीन (सामन्तीय-पूँजीवादी) व्यवस्था में पिसते हुए युवाओं के मानवीय अहं को मुक्त कराने के लिए व्यक्तिवादी दर्शन में 'विद्रोह' तथा 'मुक्ति' से प्रतिबद्धता जताई। तथापि एक 'कुंठामुक्त व्यक्तित्व' के आदर्श को वे नहीं प्राप्त कर सके।

प्रकृति तो सांख्य-शैव-वैष्णव दर्शन की मुद्राओं में अवस्थित होने के साथ-साथ दीपक (प्रदर्शक) तथा दर्पण (प्रतिकृति) की अभिभूमिकाएँ अदा करती है। अतः प्रकृति आदिशक्ति है, मूलशक्ति है, जो जीव और जगत के साथ सृष्टि का उन्मीलन-निमीलन करती है। अतः सर्वचेतनवादी विश्वदृष्टि जड़-चेतन, सभी में आत्मा स्वीकार करती है। प्रकृति का मानवीयकरण (पर्सनिफिकेशन) उसमें विश्वात्म तथा मानवात्मा के प्रक्षेपण का परिणाम है। छायावाद ने प्रकृति को स्वतंत्रता तथा शक्ति एवं सौन्दर्य का महानिलय माना। अतएव प्रकृति और नारी की कान्त मैत्री भारतीय कला-साहित्य का एक आधारभूत सौन्दर्यबोधात्मक सिद्धान्त रहा है। प्रकृति नारीवत् है और नारी प्रकृतिवत् है। महादेवी वर्मा में ऐसी रागात्मकता प्रचुर है। वह सांगरूपकों में भी उन्मीलित हुई है। प्रकृति के अतिप्राकृतिक (सुपरनेचुरल) या प्रलयवादी (विकृत) रूपों को 'कामायनी' में अतिमानवीय घटनाओं के तीव्र प्रभावना के लिए भी इस्तेमाल किया गया है। उसके अलौकिक स्वरूप (लास रास) भी महाप्रबन्ध (के आनन्द सर्ग) में दृष्टिगोचर हैं। छायावाद में प्रकृति का उद्दीपक स्वरूप लगभग विलुप्त हो गया। उसमें प्रकृति-सुन्दरी सखी ही नहीं, प्रिया रूप में भी स्वयंवरा होती है।

निष्कर्ष स्वरूप हम कह सकते हैं कि छायावाद में 'प्राकृतिक मनुष्य (पुरुष) का असाध्य लक्ष्य सर्वोच्च रहा। पूँजीवाद के विज्ञान और प्रगति के उपक्रम में प्रकृति का मानवीयकरण तथा मानव का प्राकृतिकीकरण अपेक्षतया तेज़ी से घटा। अतः शिशु की तरह से भोला तथा भविष्यद्रष्टा मनुष्य, मुक्त बनवासी पुरुष, इनके पूर्ण स्वप्न रहे।

प्रसाद एवं 'कामायनी' की दार्शनिकता : पन्द्रह सर्गोंवाली 'कामायनी' में काश्मीरीय शैवाद्वैत दर्शन (त्रिक् दर्शन) के छत्तीस तत्त्व पूर्वापर क्रम में तो नहीं हैं लेकिन 'पुरुष-प्रकृति-शिव' की त्रयीवाले कथाचक्र में इनका बन्धान हुआ है। अतः प्रबन्ध के कथानक में यत्र-तत्र, पूर्वापर, आगे-पीछे स्वयं कवि ने प्रकृति और पुरुष, पुरुष और शिव, शिव और मनु, मनु और श्रद्धा, श्रद्धा और इड़ा के द्विपर्णों द्वारा दर्शनाभासों की निर्मिति की है।

निजी विश्वास तथा आस्था की दृष्टि से स्वयं प्रसाद भी शैवागम-धारा के आत्मवाद-आनन्दवाद-सामरस्य के अनुयायी थे। शैवाद्वैत में जीव, ब्रह्म (परमशिव) तथा जगत, तीनों अभेद तथा सत्य हैं। इसलिए यह दर्शन अभेदता तथा अद्वैतता पर आश्रित है। इसलिए यह कतई अनुचित नहीं है कि हम काव्य-विवेक में दार्शनिकता का भी अन्वेषण करें।

सृष्टि-क्रम में परमशिव छत्तीस तत्त्वों के क्रम से उन्मीलित होता है :

परम-शिव

शुद्ध सृष्टि	1	शिव
	2	शक्ति
	3	सदाशिव
	4	ईश्वर
	5	सद्विद्या
छै कंचुक	6	माया
	7	कला
	8	विद्या
	9	काल
	10	राग
	11	नियति
कंचुकित शिव और शक्ति	12	पुरुष
	13	प्रकृति
जीवरूप पुरुष का विस्तार	14	बुद्धि
	15	अहंकार
	16	मन
परिवर्तित प्रकृति का विस्तार	17-21	पाँच ज्ञानेन्द्रियाँ
	22-26	पाँच कर्मेन्द्रियाँ
	27-31	पाँच तन्मात्राएँ (शब्द, स्पर्श, रूप, रस, गंध)
	32-36	पाँच महाभूत (आकाश, पृथ्वी, जल, वायु, अग्नि)

इड़ा सर्ग में (जीवरूप) मनु पंचकंचुकों से आबद्ध हो जाने पर शिव-स्वरूप को नहीं पहचान पाता। दर्शन-सर्ग से यह प्रत्यभिज्ञान शुरू होता है।

हम इसकी दार्शनिक शब्दावली के कुछ कुलक दे रहे हैं–प्रकृति, शक्ति, पंचभूत, नियति, दम्भ, परम व्योम, निमीलन, प्रलय-निशा, विराट्, मैं हूँ, मैं रहूँ, काल, लीलामय आनन्द, महाचिति, समरसता, अव्यक्त प्रकृति, मूलशक्ति, प्रेमकला, पशु, विषमतीर, संकुचित दृष्टि, अपूर्ण अहन्ता, अशुद्ध, महाकाल, भूतनाथ, रुद्रनाराच, महाशक्ति, नित्य,

1. दे. 'कामायनी का नया अन्वेषण' रामगोपाल शर्मा दिनेश, चिन्मय प्रकाशन, जयपुर, 1970, पृ. 24

जगत, सत्ता का स्पन्दन, सपन्दित आह्लाद, अनाहत नाद, शक्ति शरीरी, नर्तित नटेश, समरस, अखंड आनन्द आदि। पूर्वोक्त शब्द-संग्रह में से कई नृत्यशास्त्र, सांख्य दर्शन, पाशुपत मत, वैष्णव संकाय आदि में भी संचरण करते हैं। इसलिए हम महाकाव्य को त्रिक् दर्शन का भाष्य नहीं कह सकते अर्थात् यह अभिनवगुप्त के 'तंत्रालोक', क्षेमराज के 'प्रत्यभिज्ञाहृदयम्' या उत्पल देव की 'ईश्वर प्रत्यभिज्ञा' की तर्ज पर कतई नहीं रचा गया है। अगर यह मात्र शैवाद्वैत का काव्यात्मक भाष्य हो तो फिर छायावादी आन्दोलन की प्रतिनिधि रचना नहीं हो सकता। काव्य और दर्शन के बीच बुनियादी अन्तर्विरोध भी तो होते हैं। यह कृति त्रिक् दर्शन की टीका के रूप में न तो मानी गई है और न ही मानी जायेगी।

किन्तु काव्यवृत्त में दार्शनिक प्रत्यय तथा सिद्धान्त **भावचक्र** के अन्तर्गत अपने उपादानों–बिम्ब, प्रतीक, कल्पना, शोभा आदि–में ढल जाते हैं। अतः वे काव्य-दर्शन (पोएटिक फिलासफी) में ही छायामय-शोभामय होते हैं। जायसी, तुलसी, सूर, मुक्तिबोध में-से कोई भी अपने श्रेण्य दर्शन का शुद्ध तथा सही भाष्यकार नहीं हो सका। सभी समन्वयवादी ही संस्कारित हुए हैं। स्वयं प्रसाद के शब्दों में, "सिद्धान्त से ही आदर्शवादी धार्मिक प्रवचनकर्ता बन जाता है...और यथार्थवादी सिद्धान्त से ही इतिहासकार से अधिक कुछ नहीं ठहरता; क्योंकि यथार्थवाद इतिहास की संपत्ति है।...साहित्यकार ने तो इतिहासकार है और न धर्मशास्त्र-प्रणेता। दुःखदग्ध जगत और आनन्दपूर्ण स्वर्ग का एकीकरण साहित्य है। इसलिए असत्य, अघटित घटना पर कल्पना को वाणी महत्त्वपूर्ण स्थान देती है; जो निजी सौन्दर्य के कारण सत्यपद पर प्रतिष्ठित होती है।"[1] इसलिए यह पूर्णतः स्पष्ट है कि साहित्य में कल्पना तथा सौन्दर्य के द्वारा ही काव्यसत्य (दार्शनिक सत्य नहीं) की प्रतिष्ठा ही कवि का आदर्श रही है। यह भी स्पष्ट होता है कि प्रसाद ने भी यथार्थ और रूढ़ समाज से विद्रोह किया, तथ्यों एवं कर्तव्यों के जगत की परिपाटी-पूजित धारा का उल्लंघन किया तथा नियमों एवं परम्पराओं की उपेक्षा की। ऐसे में कोई भी महाकवि कभी भी एक सुव्यवस्थित दर्शन नहीं दे सका है। अलबत्ता उसका काव्यात्मक दर्शन शिखर को छू लेनेवाला हो सकता है। किन्तु छायावादी कवि स्वप्नों, कल्पनाओं तथा भावोन्मादों की परमोत्कृष्टता के प्रणेता रहे हैं। अतः उनकी काव्यधारा वैयक्तिक जीवनदर्शन तथा अन्तर्मुखी अनुभूति प्रधान रही है।

यह सही है कि **भाववाद** के आत्मोत्तीर्ण धरातल पर पहुँचकर प्रसाद ने अपने ढंग से, दार्शनिकों की तरह, आह्वान किया कि प्रत्येक व्यक्ति 'स्वयं को परिपूर्ण' बनाए ताकि 'स्वयं विश्व परिपूर्ण' हो जाए। इसके लिए ही उन्होंने राजनीतिक स्वतंत्रता, अर्थव्यवस्था में समानता तथा भौतिक उन्नति में समृद्धि की अपेक्षाएँ कीं। तदपि वे दिन-प्रति-दिन की आधुनिक राजनीतिक-सामाजिक गतिविधियों से प्रत्यक्षरूपेण उदासीन रहे। इससे चारों ओर यही प्रतीति हुई कि प्रसाद ने 'कामायनी' तक लम्बी अन्तर्यात्रा करने के उपरान्त 'स्वतंत्रता' एवं 'प्रगति' अर्थात् सामाजिक दर्शन के केन्द्रीय प्रत्यय–दोनों को

---

1. दे. 'काव्य और कला तथा अन्य निबन्ध', द्वितीय संस्करण (1944), भारती भंडार, इलाहाबाद, पृ. 88-89।

मात्र साधन माना ताकि 'आध्यात्मिक स्वतंत्रता' की सिद्धि हो। हमें अभी तक तो इस भ्रान्ति के निवारण की कोई वजह नहीं मिल सकी है। कवि-रूप में वे अद्वैतवादी-अभेदवादी-आनन्दवादी व्यासरेखा पर ही विजिगीषु रहे हैं।

दर्शन-चक्र में यह भी सही है कि 'कामायनी' में कवि ने **धर्म और नैतिकता की कोई भी साम्प्रदायिक अथवा निकायगत अवधारणा न तो स्वीकार की और न ही प्रसारित**। आत्मवाद-अद्वैतवाद-आनन्दवाद के त्रिकोण में उन्होंने एक ऐसी भाववादी जीवन-प्रणाली का प्रतिपादन किया जो भौतिक जगत तथा जीवंत समाज का नियमन करे; जो सभी मनुष्यों के शान्तिपूर्ण, परस्पर अभेदपूर्ण सहयोग पर आधारित हो। प्रसाद ने नियति का दार्शनिक उपयोग करने के बावजूद भी कर्म-सिद्धान्त (कर्मफल भोग) को नहीं माना।–उन्होंने महाकाव्य में निरन्तर यही प्रतिपादन किया कि शक्ति से ही स्वतंत्रता प्राप्त होती है, दुर्बलता से नहीं। अलबत्ता वह शक्ति आध्यात्मिक भी हो सकती है। उस शक्ति का भौतिक ढंग से पूँजीवाद और तानाशाही में नृशंस दुरुपयोग हो सकता है (स्वप्न व संघर्ष सर्ग)।

राष्ट्रीयता के सन्दर्भ में प्रसाद ने भी आनन्दकला की धुरी पर लोकमंगल की साधना तथा सिद्धि, दोनों का समाहार किया। लगभग यही आचार्य रामचन्द्र शुक्ल ने वैष्णव भूमिका पर सिद्ध किया था। युग जो एक ही था।

यदि पाश्चात्य रोमांटिकवाद की 'फाउस्तियन आत्मा' थी तो छायावाद की वेदान्ती। प्रसाद की कामायनी में 'इन्द्र-चेतनता' परिव्याप्त है।

(ई) क्या 'कामायनी' को मानवता का इतिहास, मानव-चेतना का मनोवैज्ञानिक इतिहास माना जाए?

दोबारा यही बात दोहरानी पड़ती है कि प्रबन्ध के 'आमुख' में संकेतित कवि के उक्त दिवास्वप्न के कारण ऐसी निराधार स्थापनाओं की भी कोशिशें होती रही हैं। असल में प्रसाद ने तो अपनी अधूरी सृजनाकांक्षा तथा महाकाव्य के पाठ्य (टैक्स्ट) की पंक्तियों के बीच पूर्वोक्त अलिखित इतिहासों के आयामों को भी खोजने का निमंत्रण दिया–सुधी पाठकों को : सर्वप्रथम।

हालत यह है कि एक तो उन्होंने पहले महाकाव्य का नामकरण 'इड़ा' किया था; दूसरे, निर्वेद सर्ग के बाद दर्शन में उसका समापन प्रायः कर दिया था और तीसरे कृति के रूप में अपना मानसी सहस्रदलकमल प्रस्तुत करने के महासंदर्शन के कारण ही वे सम्पूर्ण कथानक की नृतात्त्विक एवं समाजशास्त्रीय धरातलों से ऊँची छलाँग लगवाकर उसे निर्विकल्पों (शिव, शक्ति, मानसी गौरी, त्रिदिक्, विश्व, आनन्द-लोक), देश-काल विमुक्त अमूर्तीकरणों (कैलास, मनु, मानव, पूर्णकला, त्रिपुर-रहस्य, विश्वनीड़) में संचित कर देते हैं।

हमारा यह अनुमान प्रथमदृष्ट्या असन्दिग्ध है कि पहले कवि का मंतव्य था कि

सारे सूत्र दर्शनसर्ग में समेट करके नर्तित नटेश के आनन्द तांडव के साथ महाकाव्य सम्पूर्ण कर दिया जाए। मानव-कुमार अम्बे श्रद्धा से विश्व के बाबत जानना चाहता है और श्रद्धा शिशु को इड़ा को सौंपकर चल देती है ताकि दोनों मिलकर मानव-जाति के सुयश के लिए **राष्ट्र-नीति** देखें और **समरसता** का प्रचार करें; मलिन छवि रेखा-सी इड़ा श्रद्धा से **क्षमा माँगती** है क्योंकि उसे विश्वास है कि वह क्षमा कर देती; इड़ा **आधुनिक समाज का विश्लेषण करती है** कि यह एक विफल यज्ञ सिद्ध हुआ क्योंकि यहाँ संघर्ष का मिथ्या बल ही शक्ति-चिन्ह् है किन्तु उपासना भय की ही होती है; इड़ा और मानव-कुमार को विदा करने के बाद श्रद्धा मनु को साथ लेकर चल पड़ती है–विषमता के विष को समाप्त करके **सबको मुक्त** करने।–बस शून्य में अचानक सत्ता का स्पन्दन डोल उठता है–मनु नर्तित नटेश का आनन्दपूर्ण सुन्दर तांडव देखते हैं और श्रद्धा से अनुरोध करके उन चरणों का सम्बल पाने चल पड़ते हैं। उक्त काले टाइपोंवाले पदांशों से स्पष्ट है कि वे अंश ह बाद में रहस्यमय और आनन्द सर्ग में पल्लवित-पुष्पित हुए हैं। अतः मूलरूप में 'इड़ा' नामक महाकाव्य चिन्ता सर्ग से निर्वेद/दर्शन सर्ग तक पहुँचकर पूरा हो जाता है। (रहस्य और आनन्द सर्ग इसके बाद के अतिछादन तथा बाहिर्वाह हैं।)

अपने अनुमान की असन्दिग्धता में हमारा अगला तर्क यह है कि महाकाव्य की पांडुलिपि में कुछ सर्गों के प्रथम नाम यज्ञ (कर्म के स्थान पर), बुद्धि (इड़ा के बजाय), युद्ध (संघर्ष के स्थान पर) तथा सन्धि या स्वीकृति (निर्वेद के स्थान पर) थे। अब क्रम यों बनता है–"चिन्ता-आशा-श्रद्धा, काम-वासना-लज्जा, यज्ञ-ईर्ष्या-इला, स्वप्न-युद्ध-सन्धि, दर्शन-रहस्य-आनन्द।" इस शृंखला से मनु का चारित्रिक चक्र तो परिलक्षित होता है किन्तु 'मानवता का इतिहास' अथवा 'मानव-चेतना का मनोवैज्ञानिक इतिहास' कैसे अभिलक्षित हो सकता है ?

आधुनिक युग में विभिन्न समाजविज्ञानों, इतिहास-प्रकारों तथा शोध-प्रणालियों में उक्त दोनों का तारतम्य विवेचन नहीं है। आर्केटाइपल आकृतिबन्धोंवाली मनोवैज्ञानिक दृष्टि सामूहिक अवचेतन तथा प्रजातीय अतीत पर आधारित है। वह समकालिक (सिनक्रोनिक) तो है, लेकिन बहुकालिक (डायाक्रोनिक) अर्थात् ऐतिहासिक नहीं। इस पद्धति में मानवता के बचपन के अवशेषों को आद्यप्रारूपीय बिम्बों एवं प्रतीकों (जैसे स्वस्तिक, अग्नि, कमल, वृषभ, त्रिकोण, चक्र आदि) द्वारा निरूपित किया जाता है। मानवता का विकास उसके अध्ययन क्षेत्र के बाहर है। 'कामायनी' में आद्य प्रतीकों तथा बिम्बों का विभिन्न सर्गों में ऐसा उपयोग अवश्य हुआ है। किन्तु वह इतिहासलेखनीय नहीं है। नृतत्त्वशास्त्र और पुरातत्वशास्त्र भी हमें मिथकायन की तरह इतिहास-पूर्व या इतिहासेतर मानव-समाजों में ले जाते हैं। 'कामायनी' में प्रलय और सारस्वत प्रदेश के खंडहर ऐसे ही संकेतक हैं; किन्तु क्रमवार इतिहास नहीं। ज्ञान के समाजशास्त्र में भी

विचारों का इतिहास तो अभिलषित होता है किन्तु वह मिथक से, भाषा से, जादू से, धर्म से, कला और विज्ञान के अनुशासनों की छानबीन करता है। या फिर, विचारों के सामाजिक उत्स तथा आधारवेदी की खोज में मनुष्य के परिश्रम और हितों की आदि शक्ति के केन्द्रापसार को पहचानता है। तात्पर्य यह है कि 'कामायनी' के कथानक में इतिहास के दो ध्रुवों, निरन्तरता तथा परिवर्तन, का क्रम दृष्टिगोचर नहीं होता।

कथाचक्र की दृष्टि से भी मनु-श्रद्धा-इड़ा की सम्बन्धविभेदक एक मिथक-कथा के आधार पर, और उसे मनन, रागतत्त्व एवं बुद्धितत्त्व के सामंजस्य का सत्य समझकर तो इतिहास-निर्माण नहीं हो सकता। जब कामायनीकार खुद भी पहले यह मानता था कि 'इड़ा' से उसका विरोध नहीं है। वह मानवता के विकास में उसका अद्वितीय महत्त्व स्वीकार करता है।–भौतिक समृद्धि और आधुनिक प्रगति के लिए इड़ा अपेक्षित है। यह धी, बुद्धि, सम्पत्ति, विज्ञान, ऐश्वर्यादि कई अर्थों में प्रयुक्त है। आधुनिक सभ्यताएँ बिना बुद्धि और भौतिक उन्नति के जीति ही नहीं रह सकतीं। कामायनीकार ने श्रद्धा-श्विास के द्वारा बुद्धि को अस्वीकार करके आधुनिक मानव-इतिहास की असम्भव अवैज्ञानिक यूटोपिया रची है। आधुनिक विश्व-इतिहासकारों जैसे कार्ल मार्क्स, अर्नाल्ड टायनबी, ओस्वाल्ड, स्पेंगलर, एच.जी. वेल्स, कार्ल पोपर, अर्नाल्ड हाउज़र, जवाहर लाल नेहरू आदि ने भी ऐसे किसी प्रकार के मानव-इतिहास की सम्पुष्टि नहीं की है जो 'कामायनी' के मनु-आख्यान से मेल खाता हो। रहस्य और दर्शन सर्ग तो विशुद्ध भारतीय वेदान्त, वेदान्तोचार यौगिक, शैव शाक्त निर्मितियाँ हैं। इतिहास-चक्र से ये यूँ भी बहिर्गत हो जाती हैं। अलबत्ता निर्वेद सर्ग तक कुछ आद्यप्रारूपात्मक प्रतीक (पशु आखेट, अन्न, तकली से कताई, सारस्वत-सभ्यता का नगर-निर्माण, जनता का विद्रोह आदि) मानव-इतिहास के विकास के चरणों का क्षीण संकेत मात्र करते हैं–आदिम साम्यवादी व्यवस्था (चिन्ता-आशा-श्रद्धा सर्ग में वैदिक युग), दास-भू-स्वामित्व वाली व्यवस्था (कर्म सर्ग), आखेटकों तथा गोपचारणों और कृषकों की अर्द्ध-सामंतीय-व्यवस्था, सामंतवादी-व्यवस्था (प्रजापति मनु-रानी इड़ा : स्वप्न सर्ग), पूँजीवादी-फात्सीवादी व्यवस्था (संघर्ष सर्ग) आदि। किन्तु ये इतने विरल तथा क्षीण संकेत मात्र हैं कि हम इन्हें चक्र-चिन्ह्रों से आगे इतिहासभास तक भी नहीं कह सकते।

मनोवैज्ञानिक इतिहासवाली बात तो और भी उलझानेवाली है।

यूँ तो मनोविज्ञान का उद्‌भव दर्शन के अन्तराल से हुआ है लेकिन आधुनिक युग में एक अनुशासन के रूप में मनोविज्ञान का इतिहास हो सकता है, उसकी ऐतिहासिक रूपरेखा हो सकती है तथा मनोविज्ञान के विभिन्न सम्प्रदायों का अध्ययन हो सकता है। तथापि मानवता के मनोवैज्ञानिक इतिहास की तो अन्तर्मुखी कल्पना ही हो सकती

है। किसी भी समाज या परिस्थिति में व्यक्ति के अनुभव तथा व्यवहार का अध्ययन होता है, किसी रचना के परिप्रेक्ष्य में घटना तथा वातावरण के सन्दर्भ में पात्र के मनोवैज्ञानिक चरित्र का उद्घाटन होता है, किसी कलाकृति में बिम्बों और प्रतीकों के माध्यम से कलाकार के अवचेतन में बैठकर उसके व्यक्तित्व एवं कृतित्व का अध्ययन भी किया जाता है किन्तु मनुष्य या मानवता का मनोवैज्ञानिक इतिहास निर्मित नहीं किया जा सका है।

मनोविज्ञान अनुभूति (फीलिंग) तथा व्यवहार (बिहेवियर) का सार्थक विज्ञान माना गया है जिसकी अभिव्यक्ति अनुभूति के माध्यम से होती है।

प्रत्येक व्यक्ति का अपना व्यक्तित्व (पर्सनेलिटी) होता है जो चेतन एवं अवचेतन के द्वन्द्व से विन्यस्त है। व्यक्तित्व के शीलगुण (ट्रेट) होते हैं जिन्हें वह वंशानुक्रम (हेरेडिटी) और वातावरण (एनवायरमेंट) से हासिल करता है। इन दोनों के कारण व्यक्ति में गुणात्मक परिवर्तन भी होते हैं। अब तो मैक्डूगल-संमत मूलवृत्तियों (इंस्टिक्ट्स) के स्थान पर मनोचालकों (ड्राइव्स) की धारणा स्वीकृत हो चुकी है। अतः व्यक्तित्व स्वभाव (टेम्परामेंट) एवं संवेग (इमोशन) का रंगस्थल है। वैयक्तिक भिन्नता भी मुख्यतः जातीय भिन्नता (रेसियल डिफरेंस) तथा यौन भिन्नता (सेक्स डिफरेंस) द्वारा निर्धारित होती है। इस तरह प्रदत्त संस्कारों, परिस्थितियों और प्रतिक्रियाओं के अनुसार संवेगों का उदय होता है। मनुष्य में अनादि वासना के रूप में सभी वृत्तियाँ सुषुप्त होती हैं। परिस्थितियों और घटनाओं के अनुसार विशिष्ट संवेग (इमोशन), भाव (आइडिया), चिन्तन (थिंकिंग), कल्पना (इमेजिनेशन) आदि उभरते-दीप्त होते, मन्द होते, विलीन होते हैं। 'कामायनी' में भी मनु श्रद्धा तथा इड़ा के पात्रचक्र में अनुभूति एवं व्यवहारों का अभ्युदय-अवसान हुआ है। उन्हें उनके चारित्रिक विकास तथा जटिलता से तो जोड़ा जा सकता है लेकिन विश्व-मानवता के मनोवैज्ञानिक इतिहास से कदापि नहीं। वासना के संवेग-पूँजीभूत स्वरूप का स्वयं प्रसाद ने खुलासा किया है–

(i) 'नव हो जगी अनादि वासना मधुर प्राकृतिक भूख समान', अथवा

(ii) 'बुद्धि, मनीषा, मति, आशा, चिन्ता तेरे हैं कितने नाम' (चिन्ता के लिए)।

यह सरल विवेक की बात भी है कि जब पन्द्रह में-से सभी सर्गों का नाम मनोवृत्तियों के आधार पर नहीं हुआ है तब उन पर आद्योपान्त प्रतीकात्मक प्रक्षेपण ठीक नहीं जँचता। कथाधारा का संकल्प तथा कवि की वैचारिक प्रतिबद्धता, दोनों मिलकर श्रद्धा तथा इड़ा, श्रद्धा तथा मनु के चरित्रों में जो उथल-पुथल या उलट-फेर करती हैं वह भी तथाकथित मनोवैज्ञानिक ऐतिहासिकता से मोहभंग करने के लिए पर्याप्त है।

इसके अलावा हम गाथा (मिथक) के कल्पित कथा-सूत्रों को इतिहास कैसे मानें? यह तो इतिहासलेखनशास्त्र (हिस्टोरियोग्राफी) का ही निषेध होगा। इसके अलावा कथाचक्र में यज्ञ, किलात-आकुलि, पशुबलि, भूतनाथ आदि के रूपकत्व से मिथकीय रस में तो सम्वर्धन हुआ होगा, लेकिन ऐतिहासिकता में वृद्धि नहीं हुई। एक वैदिक गाथा को इतिहास मानने का कोई भी प्रमाण या औचित्य नहीं है। कथावृत्त में जो

नाम-परिवर्तन हुए हैं वे ऐतिहासिक न्याय के बजाय दर्शन या रूपक की अपेक्षा के कारण हुए हैं–जैसे एक पुरुष–गृहपति, मनु, प्रजापति, नरपशु, अथवा कामबाला–अतिथि-श्रद्धा-कामायनी-कामकला। ये परिवर्तन किसी भी तरह इतिहास अथवा मनोवैज्ञानिक इतिहास से नहीं जुड़ते हैं।

सबसे अधिक आलोड़न इड़ा के चरित्र और रूपक में हुआ है जो ऐतिहासिकता को फान्तासीय भूमि पर अविश्वसनीय बना देता है।

अन्ततः दर्शन द्वारा इतिहास में दखल की समस्या। क्या आनन्दवाद और समरसता मनोविज्ञान के परिमंडल में आएँगे? नहीं। इसी तरह काम और देवी रति, नर्तित नटेश और प्रकृति का लास रास, अथवा निसर्ग-शक्तियाँ (सोम, सूर्य, अग्नि, पूषा, वायु, आप, पृथ्वी) और निसर्गशक्तियों के नियामक देवता (इन्द्र, वरुण, शनि, वृहस्पति, प्रजापति, अदिति, काम, रति) आदि भारतीय आत्मानुभूति-आत्मदर्शन का भी समावेश करनेवाले हैं। इन्हें ऋग्वेदीय 'पुरुष' में केन्द्रीभूत कर सकते हैं जो अनन्त और विराट् है। जब यह जन्म-जरा-मरण की अवस्थाओं से मुक्त अर्थात् अज-अजर-अमर हो जाता है तब 'आत्मा' या 'परमशिव' है। तब वह ऋषि और मानव का आदि-आद्य संचालक हो जाता है। फलतः इतिहास (काल/कला/नियति) भी उसकी इच्छा-शक्ति का संकोच हो जाता है। इतिहास आत्मवादी हो जाता है; वस्तुनिष्ठ तथा यथार्थपरक नहीं रहता। 'कामायनी' में तो कल्पना और घटना के मेल से ज्यादातर यही कुछ संरचित हुआ।

तदपि प्रमुख दृष्टियों से–और मनोविज्ञान के आलोक में भी–प्रबन्ध की मुकुटमणि है, उसकी दूसरी सर्गत्रयी (काम-वासना-लज्जा)। (हमने लज्जा सर्ग के सौन्दर्यबोधात्मक ऐश्वर्य के वैभव को निरूपित करते हुए इस पर सविस्तार लिखा है। इसे पढ़ें)।

'काम' के कुछ पक्ष दृष्टिगोचर हैं–(i) प्रलय-पूर्व का भोगवादी कामदेवता, (ii) प्रलयोत्तर नूतन मानवसृष्टि के विकास के लिए व्याकुल काम; तथा (iii) अपने इस लक्ष्य की असफलता से क्षुब्ध काम का अभिषप्त अपरूप (इड़ा सर्ग)। काम के मिथकीय उद्गम उद्घाटित होते हैं कि वह देवताओं में **तृष्णा** जगाता था और रति उसकी तृप्ति का साधन थी। इस प्रकार कामना और तृप्ति के संयोग से अव्यक्त प्रकृति की अभिव्यक्ति हुई। काम सर्ग में कतिपय पारिभाषिक एवं बिम्ब शैव एवं वैशेषिक मतों के हैं।

काम और रति के मंगल-मंडित स्वरूपों में–सृष्टि के विकास से सम्बद्ध–आद्यबिम्बों का सम्मोहक संसार है (वासना सर्ग में इसका खुलासा है)। इस सर्ग में चिरन्तन पुरुष तथा चिरन्तन नारी की शाश्वत् एवं चितिमय प्रणय-लीला का विकास हुआ है। इसके उपरान्त अनादि वासना का रूपान्तरण 'स्नेह' में हुआ है। चिरन्तन स्नेह अनन्त अभिलाषाओं की सुप्त इच्छाओं में द्रुतगामी हुआ है। अनुरागपूर्ण हृदय में ही लज्जा का उदय होता है। अतः काम सृजनेच्छा है। काम स्त्री-पुरुष में परस्पर आकर्षण उत्पन्न करता है। यह आकर्षण ही **'प्रेम'** है जिसे प्रसाद ने 'मधु' तथा 'मकरन्द' के प्रतीकों से व्यंजित किया है।

काम मधुमय वसन्त होकर मनुष्य (मनु) के जीवन की सर्वोत्तम अवस्था यौवन में आवेगपूर्वक आता है। यह प्रेम और भोग (लस्ट), तृष्णा और तृप्ति, आकर्षण और मिलन के द्विपर्ण विरोधों (बाइनरी अपोजीशन) का समुच्चय है।

अमूर्त काम (अनंग) प्रकृति से आगे नर-नारी के अंगों–विशेषतः देह के कामोद्भावक अंगों (इरोजेनिक जोन्स) का मांसल तथा उत्तेजक अर्थात् मनोदैहिक विकास होता है।

व्यवहारवादी मनोविज्ञानवादी संवेग (इमोशन) में सन्निहित शारीरिक प्रतिक्रियाओं पर ही जोर देते हैं। तदपि यह एक विशेष प्रकार की चेतन अनुभूति या मानसिक अवस्था है। हाँ, दैहिक उपद्रवों व परिवर्तनों के अलावा संवेग में मानसिक अवस्था भी होती है।

वासना सर्ग में काम की तृष्णा तथा रति के आकर्षण का द्विपर्ण (बाइनरी) है। इसमें द्वैत (दो) अर्थात् ऐनिमा और ऐनिमस को एक किया गया है–पहले दो अपरिचित, फिर अधीरता, फिर अतृप्ति, फिर मिलन के उत्प्रेरक (संगीत), और फिर मौन समर्पण।

वासना में सौन्दर्य की तरलता, चेतनता तथा आलोकमयता को भी स्वप्निलता की ओर ले जानेवाली चित्रित किया गया है। सौन्दर्य में भावभंगिमाएँ तथा लय (नृत्य का नवछन्द) जीवन को एक नवीन निष्पत्ति देती हैं। अर्थात् आकर्षण और सौन्दर्य का पर्यावरण मिलकर अरोचकता तथा पुनरावृत्ति को समाप्त कर देता है।

वासना सर्ग में संवेग (इमोशन), भावना (भाव : फीलिंग) तथा संवेदना (सेंसेशन) का मिश्रित लोक है। भाव के त्रिधारा-सिद्धान्त के अनुसार उसमें विपरीत अथवा पूरक द्वैत होते हैं–(क) रुचिकर और अरुचिकर के, (ख) खिंचाव और विश्रान्ति के तथा (ग) उद्दीपन और विश्राम के। वासना सर्ग में आद्योपान्त दो और द्वैत का मधुर मनोवैज्ञानिक जीवन-खेल चलता है। अतएव इस सर्ग में काम द्वारा कर्म-सम्पादन करने की प्रवृत्ति लक्षित होती है। मनोवैज्ञानिक नज़रिए से भी **काम** सृजनेच्छा है और **वासना** सृजनशक्ति। काम को फ्रायड ने 'लिबिडो' तथा जुंग ने 'जीवनीय ऊर्जा' कहा है। प्रसाद ने कामातुर प्रेम तथा रतिपरक आकर्षण के शारीरिक अवस्थाओं के साथ के सम्बन्धों की छानबीन की है। अपने रूढ़ अर्थों में शारीरिक उत्तेजना ही वासना की अभिव्यक्ति स्पर्श, आलिंगन, चुम्बन तथा परिरंभन द्वारा ज्यादा प्रकट होती है। मनोवैज्ञानिक सन्दर्भों के साथ प्रसाद ने इसे 'अनादि वासना' के रूप में दार्शनिक मनोरथ से भी संयुक्त किया है।

लज्जा सर्ग में नारी और रति केन्द्र में हैं। **'नारी-चिति'** (फेमिनीन साइकी) का रहस्योन्मीलन भी कलात्मक शिल्प-विधि के द्वारा हुआ है : नारी→नारी की छाया प्रतिमा→रति→रति की प्रतिकृति लज्जा। नारी और लज्जा का संवाद माध्यम बन गया है। रतिमय नारी तथा रमणीय लज्जा प्रस्तुत हैं। नारी के संकल्पात्मक-विकल्पात्मक मन का, रमणीधर्मा लज्जा के कर्म-धर्म-लक्षण/गुण का सौन्दर्यबोधात्मक प्रकथन हुआ है।

एक तो इसमें नारी–मुग्धावस्थावाली नारी–के यौवनालंकारों तथा चेष्टाओं का निदर्शन है–भाव, हाव, हेला, शोभा, कान्ति, दीप्ति, माधुर्य, औदार्य, धैर्य, लीला, विलास, विच्छित्ति, किलकिंचित, विभ्रम, मद, विह्वल, तपन, मुग्धता, कुतूहल, हसित, चकित, केलि आदि। ये काव्यशास्त्रीय तथा कामसूत्रीय उपांग हैं। इसी के साथ भावनाओं (भावों : फीलिंग) या संचारियों का भी समावेश है–आवेग, मद, दैन्य, स्वप्न, गर्व, आलस्य, औत्सुक्य, उन्माद, शंका, मति, त्रास, व्रीड़ा, हर्ष, चपलता, ग्लानि, चिन्ता आदि। इनमें कई भाव तो मिश्रित हैं और कुछ भाव के त्रिधारा-सिद्धान्त को भी लक्षित करते हैं।

सबसे महत्त्वपूर्ण बात है इस सर्ग में : लज्जा द्वारा **नारी के शिक्षण (लर्निंग)** का अभिनव आयाम! शिक्षण में जागरूक तथा चौकन्ना होकर सोच-विचार करना और सीखना चलता है। लज्जा द्वारा नारी के शिक्षण के कारण उसके व्यवहार में परिवर्तन होता है। परिवर्तन का ध्येय पुरुष के साहचर्य की नवीन परिस्थिति में अभियोजन करना है। अतः नारी अपने व्यवहारों को सर्वदा परिवर्तित ही नहीं करती बल्कि परिमार्जित भी करती है। जैसे, रतिमत्ता नारी अपने अंगों को छिपाती-दिखाती-डरती-लजाती-मुस्कुराती हुई अपने हाव-भावों-सात्त्विक अनुभावों द्वारा पुरुष-मन में आकर्षण तथा तृष्णा उत्पन्न करती है। इस तरह इस सर्ग में नारी के व्यवहार में अभिप्रेरणा (मोटिवेश) तथा अभियोजना (एडजस्टमेंट), दोनों पक्ष ही शामिल हैं। उसे दंड भी मिलता है, और पुरस्कार भी। अन्ततोगत्वा सन्धिपत्र पर हस्ताक्षर करती है। लज्जा का अन्तिम निर्देश (इंस्ट्रक्शन) तो यही है। फलतः 'विश्वासमयी श्रद्धा नारी' का मॉडल निर्मित होता है। इसमें अब तक इड़ा सर्वांगीणतया अनुपस्थित रखी गई है।

(उ) **क्या 'कामायनी' में मानवाधिकारों तथा नारी-मुक्ति पर भी चिन्तन हुआ है** ?

ये 'कामायनी' की साठ वर्ष के बाद की प्रासंगिकता की तलाश करनेवाले चन्द महाप्रश्न हैं।

पुरातन हिन्दू-जीवन-शैली एक गहरे ऐतिहासिक घाव से लथपथ रही है। वेद-वेदान्त-वेदान्तोत्तर जीवनदर्शनों में समानता की अनूठी जयघोषणा हुई है किन्तु व्यवहार में वर्णव्यवस्था भयानक असमानता और अन्याय की संस्थापिका होती गई। 'कुलशील' के आधार में-से 'शील' तो विलुप्त होता गया और 'कुल' ही मानव की श्रेष्ठता-हीनता का मानदंड बच गया। इसमें 'शूद्र' के साथ 'नारी' भी कोष्ठक में आ गई। इसके बावजूद इस जीवनशैली में अद्भुत उदारता और सहिष्णुता बनी रही। इलौरा, उदयगिरि, खजुराहो आदि में ब्राह्मण-बौद्ध-जैन तीनों ही मतों के बीच एक ही स्थान पर सहभाव-सद्भाव है। बहुसंख्यक ब्राह्मण-धर्मावलम्बियों ने न तो नास्तिक गौतम बुद्ध या तीर्थंकर महावीर के विरुद्ध दंड विधान का, या न ही वेदान्तवादी धर्माचार्यों ने धर्मकीर्ति या दिङ्नाग या नागार्जुन के वध का आदेश या सर काटने का धर्मादेश (फतवा) जारी किया। इस तरह हिन्दू-जीवन-शैली का यह आत्महन्ता अन्तर्विरोध आज भी बरकरार है। 'शूद्र-नारी' प्रताड़ना के अधिकारी पात्र हो गए।

प्रसाद मौर्य तथा गुप्त युग के ऐतिहासिक और सांस्कृतिक अन्वेषक रहे हैं। वे

प्राचीन गणराज्यों के प्रजातंत्र से भी भलीभाँति परिचित थे। उसकी उन्नति-अवनति के कारणों का विश्लेषण भी करते रहे। नाटकों में उन्होंने युग-विशेष की निर्मात्री अथवा विखंडक विचारधाराओं की भी पहचान की। वे व्यक्ति और समूह की शाश्वत समस्या से भी निरन्तर जूझे हैं–मानव निर्मित संस्थाओं, सामूहिक प्रयासों, जटिल मनोवृत्तियों तथा जीवनयापन-विधियों के माध्यम से। इसके लिए वे 'इतिहास' एवं 'दर्शन' के आदि स्रोतों तक गए। उनकी स्वव्याख्याएँ भी कीं।

'कामायनी' में भी उन्होंने **मानवीय संस्कृति को 'गाथा' (मिथीतिहास) तथा 'दर्शन' के स्रोतों में नए ढंग से ढूँढ़ा**। अतः मानवाधिकार और व्यक्तिवाद के समकालीन जीवनदर्शन की चुनौती भी उभरी। उनके मस्तिष्क पर कई पर्तों वाले दबाव थे–(i) हिन्दू जीवनशैली की उदारता और संकीर्णता के, (ii) ऐतिहासिक महानायकों के सांस्कृतिक बिम्बों के, तथा (iii) छायावादी आन्दोलन के राष्ट्रीय जागरण पक्ष में व्यक्तिवाद और आत्मनिर्णायक व्यक्ति के। हमारे लिए भी चुनौती है कि क्या तथा कैसे अतीत–विशेषतया 'निरपेक्ष अतीत' या मिथकीय अतीत–का आधुनिकीकरण किया जाए? प्रबन्ध में नए कलात्मक बिम्बों की काल्पनिक संरचना स्वयं में एक आधुनिक क्रान्ति है। इसलिए चाहे प्रसाद के दिमाग़ में ऐसे सवाल न भी उठे हों, हमें तो प्रासंगिकता की तलाश में इनका साक्षात्कार करना ही पड़ेगा। देवसृष्टि की पृष्ठभूमि में देवता प्रकृति के शक्तिचिन्ह् थे और गर्वरथ में जुते घूमते थे। उनकी संसृति में अपार सुख-संग्रह केन्द्रीभूत हो गया था जिससे वे मदमत्त वासना की ज्वाला में जल गए। इस तरह शक्ति (बल, गर्व) तथा सुख (वैभव, समृद्धि, आनन्द) ही उस संसृति के सर्वोच्च मूल्य थे।

मानुषी सृष्टि में आदि पुरुष की **पहली समस्या अस्तित्व (मैं हूँ) तथा बाद में सारत्व (मैं रहूँ) की उठी** जो प्रलयोपरान्त जीवित रहने की सार्थकता तलाशती है। एकाकीपन, भ्रान्ति (एक उल्का-सा जलता भ्रान्त) तथा शून्यता (शून्य में फिरता हूँ असहास) के कारण वह विषमता की पीड़ा से त्रस्त हुआ। उसे समरसता का पहला लौकिक बोध साथी के द्वारा हुआ जो कामबाला के रूप में जीवन की विजय का सन्देश देता है। समाज (दो का मिलन) के लिए कर्म का भोग तथा भोग का कर्म ही सार्थक जीवन की पहचान बन गए। धुरी गृह की बनी। शस्य, उपकरण आदि के साथ गृहपति (मनु) और अतिथि (श्रद्धा), तथा पशु भी आ जुटे। समाज का विस्तार सामाजिक संसार में हुआ। कर्मयज्ञ शुरू होता है। इसी क्रम में इस पृथ्वी के जीवित प्राणियों के अधिकारों का प्रश्न पहले पहल गृहस्वामिनी (श्रद्धा) उठाती है। वह यह भी कहती है कि क्या तुम्हारी 'उज्ज्वल नव मानवता' ऐसी होगी जिसमें सब कुछ ले लेना ही (संग्रह/स्वार्थ) प्रयोजन होगा? ऐसे में तो मानवता के बजाय शवता ही बचेगी ! श्रद्धा एक ऐसा दान-केन्द्रित सामाजिक संसार बसाना चाहती है जिसमें सुख और अधिकार, दोनों में समानता (समरसता) हो। वह भीषण एकान्त स्वार्थ के फण को कुचल देना चाहती है जो अपने में ही सब कुछ संगृहीत करने में झूमता होता है। इससे न तो व्यक्ति का विकास होगा और न ही समाज का निर्माण (अपने में सब कुछ भर कैसे व्यक्ति विकास करेगा? यह एकान्त स्वार्थ

भीषण है अपना नाश करेगा)। वह आगे सुख-सिद्धान्त की सैद्धान्तिकता का विकास करती है कि अगर व्यक्ति अपने निजी सुख का विस्तार दूसरों को सुखी बनाने में कर ले तो प्रसन्नता और मंगल छा जाएगा (औरों को हँसते देखो मनु हँसो और सुख पाओ/अपने सुख को विस्मृत कर लो सबको सुखी बनाओ)। श्रद्धा का यह समाज-दर्शन मातृसत्ताक-समाज में उदार नारीत्व का परिणाम है।

प्रतिपक्ष में **पितृसत्ताक भूमिका** पर मनु (एक) व्यक्ति-सुख और व्यक्ति-स्वार्थ को प्रथम तथा अन्तिम महत्त्व देते हैं (तुच्छ नहीं है अपना सुख भी / श्रद्धे! वह भी कुछ है)। इसके लिए वे व्यवहार में छल तथा कपट को भी अपनाते हैं। 'अपना सुख' पशुबलि में, फिर मृगया में, फिर हिंसा-सुख में और फिर प्रभुत्वमद में परिणत होता है। फलतः सुख और शक्ति और शोषण के त्रिकोण के अन्तराल से अधिकार की रक्षा तथा हनन, दोनों की परिस्थितियाँ स्वयं मनु ही उभारते हैं। इस दशा में अन्य पक्ष शापित, पीड़ित, प्रवंचित और निर्बल होता जाएगा।

यह आयाम व्यक्ति, गृह/और प्रकृति की त्रयी में घटित होकर मानवाधिकारों की भूमिका प्रस्तुत करता है।

अब मनु गृहपति से **प्रजापति** होते हैं तथा श्रद्धा के बजाय राष्ट्रस्वामिनी (रानी) इड़ा उनकी पथ-प्रदर्शिका बनकर सारस्वत प्रदेश में मानवीय सभ्यता का निर्माण कराती है। अतः मानवाधिकारों का आयाम मनुष्य (नागरिक / प्रजा), राष्ट्र तथा राज्य की त्रयी में घटित होता है। अतः यह समाज राजनीतिक तथा आधुनिक फलक वाला भी है। इसका समायोजन स्वयं कवि के लिए भी बहुत मुश्किल रहा है।

अपनी पितृसत्ताक मनोवृत्ति के कारण गृहपति मनु अहंपूजक (पुरुषत्व मोह) बन चुके हैं। इसलिए वे (समर्पिता एवं सर्वदानशीला) नारी की सत्ता को महत्त्वशून्य मान बैठते हैं। व्यक्तिगत सुख एवं अखंड प्रभुत्व की तृष्णा के कारण वे दूसरों के अधिकार के बारे में संवेदनशून्य-से हो चुके हैं। वे यह तक बर्दाश्त नहीं कर सके कि श्रद्धा पशु को अपना स्नेह दे। वे यह भी नहीं सह सके कि गर्भवती श्रद्धा उनके अलावा किसी गर्भस्थ को अनुराग बाँटे।

प्रजापति मनु की यह मनोवृत्ति अपनर्मिल स्तर पर ज्यादा अन्ध-अवचेतनपूर्ण हो जाती है। गर्भवती श्रद्धा को छोड़कर जाने के पश्चात वे सारस्वत नगर के निर्माण में पाँच वर्ष के लगभग जुटे हैं क्योंकि तब तक उनका किलकारता नटखट, चंचल शिशु पाँच वर्ष का हो चुका है (जब श्रद्धा स्वप्नलोक-जैसे सारस्वत नगर में विचरण करती है)। सफलता की विजयिनी तारा-जैसी या अग्निशिखा-जैसी इड़ा प्रजापति मनु का पथ आलोकित करती हुई सारस्वत देश का निर्माण करा रही होती है तो वह पूछ उठते हैं कि क्या यहाँ अभी और कुछ करना भी शेष है। इड़ा बताती है कि सफलता और उन्नति की कई मंजिलें पार करनी हैं। क्योंकि अभी उन्नति के सभी साधनों पर नियंत्रण नहीं हो सका है। प्रजापति का प्रत्युत्तर है : 'देश तो बसाया जा रहा है लेकिन यहाँ (मेरा) मानस देश सूना है।...तुम बोलो कि तुम किसकी हो और ये प्रजाजन किसके हैं?' इड़ा

इस **नए प्रश्न** से चौंक उठती है। वह बताती है कि 'सभी तो तुम्हारी प्रजा हैं और तुम सबके प्रजापति हो।' उत्तेजित प्रजापति का कुतर्क है कि तुम तो प्रजा नहीं हो; अब तो तुम मुझे भ्रम में मत डालो। सारस्वत की रानी! तब तो तुम प्रजा मत बनो। तुम तो मेरी रानी हो।'

इड़ा के आत्मनिर्णय के मानवाधिकार का प्रजापति द्वारा यह प्रथम आपराधिक उल्लंघन है। स्वयं प्रजापति अतिचारी हो गया है अर्थात् रक्षक शासन स्वयं भक्षक बन गया है। उसके इस पतन से इड़ा को क्रोध और शर्म दोनों लगीं। वह बाहर निकलने लगी किन्तु...

प्रजापति शासकीय बल-प्रयोग द्वारा उसके विचारों को दबाने की कोशिश करने लगते हैं–'अगर तुम पर मेरा अधिकार नहीं है तो मैं व्यर्थ में प्रजापति (अर्थात् प्रधानमंत्री) हूँ। अगर मैं शासक हूँ तो मैं चिर स्वतंत्र हूँ। अगर मैं शासक हूँ तो तुम पर भी मेरा असीम अधिकार हो तभी मेरा जीवन सफल होगा।'

प्रजापति कहते हैं कि मैंने प्रजा को एकत्र कर उसके नियमन के लिए बुद्धि और बल द्वारा नियम बनाए और राष्ट्र चलाया। इस निर्णायक सामाजिक-राजनीतिक विचारधारात्मक विवाद में इड़ा प्रजापति का एक भी निर्बाधित अधिकार नहीं मानती। प्रजापति स्वच्छन्दता भी चाहता है। इड़ा उसे नियम-परतंत्रता में बाँधना चाहती है। प्रजापति की मान्यता है कि 'विश्व तक एक बन्धन-विहीन परिवर्तन है।' प्रतिक्रिया स्वरूप जनता में एक पुकार, एक विचार, विप्लव की भौतिक शक्ति बन जाता है : 'विश्व एक नियम से बँधा है!' व्यक्तिवादी (चिरस्वतंत्र और सर्व-स्वच्छन्द) मनु यह नहीं मानते। अतः प्रतिज्ञा करते हैं कि चिर बन्धनहीन बने रहने के लिए वे मृत्यु-सीमा का भी उल्लंघन करेंगे।

नियमसंचालित विश्व की वैज्ञानिक दृष्टि तथा चिरबन्धनहीन व्यक्तिवाद की रोमांटिक दृष्टि के बीच यहाँ एक प्रबल वैचारिक युद्ध छिड़ जाता है।

'राष्ट्रनेत्री इड़ा भी निर्णय सुनाती है कि अगर नियामक ही नियम नहीं मानता तो फिर निश्चित ही राष्ट्र का सर्वनाश हो जाता है। आज तक किसी ने भी निर्बाधित अधिकार नहीं भोगा है। इसलिए प्रजापति यह न तो हुआ है और न ही कभी होगा।'

आगे इड़ा **मनु की व्यक्ति चेना** पर सीधा हमला करती है कि 'ऐसी ही चिरबन्धनहीन स्वतंत्रता तथा निर्बाधित अधिकार-भोग के कारण व्यक्ति-चेतना वास्तव में परतंत्र बन गई है, रागद्वेष पूर्ण हो गई है, विद्वेष के पंक में सनकर गँदली हो गई है। अपनी ऐतिहासिक नियति तक पहुँचने पर उसे कदम-कदम पर बाधाओं से जूझना पड़ता है। इसलिए इस जीवन को उपयोगी तभी बनाया जा सकता है जब व्यक्ति-सुख को लोकसुख में लीन कर दिया जाए। तभी राष्ट्र में जीवन संचारित हो सकेगा। जब कि विश्व के समस्त जड़-चेतन ताल और लय से बँधे हैं तब तुम अनजाने में ऐसे विवादी स्वर मत छेड़ो।

प्रजापति अपने सारे दायित्वों की परवाह न करके रानी इड़ा के मानवाधिकारों का

हनन करने पर तुल जाता है। वह कहता है कि क्या प्रजापति हाने का यही अधिकार है कि मेरी ही अभिलाषा अपूर्ण हो। अतः अगर तुम पर मेरा अधिकार नहीं है तो मैं व्यर्थ का प्रजापति हूँ। अतः तुम **मेरी** हो।

शुभाकांक्षिणी इड़ा खबरदार करती है कि **'राष्ट्र की जन-चेतनता** तथा देश की सम्प्रभुता पर शासक की ऐसी तानाशाही कतई क़ायम नहीं हो सकेगी। यह प्राकृतिक न्याय के भी विरुद्ध है। इसलिए प्रकृति की भौतिक शक्तियाँ और जनता की विद्रोह-शक्ति मिलकर भयंकर युद्ध छेड़ देंगी तथा राजसत्ता-परिवर्तन कर देंगी। पुलिस-महानिदेशिका किरण बेदी की आदि पूर्वज के रूप में इड़ा कानून का शासन स्थापित करती है। मनु अपने आत्मनाशी पक्ष पर डटे रहकर इड़ा से कहते हैं कि अगर मैं प्रजापति हूँ तो मैं शासक हूँ, मैं चिरस्वतंत्र हूँ; मेरा अधिकार राष्ट्र-स्वामिनी पर भी है; मैं चिरबन्धनहीन हूँ–अन्यथा शासन और व्यवस्था फिजूल है। इसलिए आज तुम मेरी बाँहों में, मेरी छाती में बन्दिनी हो।' 'मेरी रानी' पुकारते हुए प्रजापति राष्ट्रस्वामिनी इड़ा के साथ बलात्कार करते हैं।

राजप्रासाद का सिंहद्वार चरमरा उठता है। जनता का रेला भीतर आ पहुँचता है। 'मेरी रानी' का जवाब मिलता है 'देखो, अपने ही मुँह से पाप पुकार उठा है।' जनता आगे भी आरोप लगाती है कि 'शासक ने यंत्रों को चलाकर हमारी प्रकृत शक्ति छीन ली तथा शोषण के द्वारा हमारी जिन्दगी जर्जर कर डाली है। और अब हमारी राष्ट्रस्वामिनी पर भी यह अत्याचार किया है। ओ यायावर ! अब तेरा निस्तार नहीं है !'

जनता और सत्ताधारी मनु के बीच भयंकर युद्ध होता है–एक भीषण जन-संहार और मरण पर्व !! युद्ध एक सामूहिक बलि ही तो है। प्राकृतिक न्याय (अर्थात् रुद्र नाराच-बाण) भी जनता के पक्ष में हैं। मनु हारते हैं। घायल होते हैं। सारस्वत-सभ्यता पुनः ध्वस्तप्राय हो जाती है। (प्राकृतिक न्याय को अतिप्राकृतिक सहायता मिलने के काव्यकल्पना रूप में चित्रित किया गया है)।

शासक और सत्ता द्वारा आतंक तथा अत्याचार फैलाना जनता के मानवाधिकारों का उल्लंघन होता है। स्वार्थी तथा भोगवादी पुरुषवर्ग द्वारा भी नारी के मानवाधिकारों का ज्यादा नृशंस तथा पाशविक हनन होता है।

प्रबन्ध में **नारी-मुक्ति** का परिप्रेक्ष्य पश्चिमी नहीं है। दो आयाम स्पष्टतः झिलमिलाते हैं– (i) आदर्शवादी-दार्शनिक स्तर पर नारी श्रद्धा है, शक्ति है, त्रिपुरसुन्दरी है, आध्यात्मिक आरोहण की निर्देशिका है; तथा (ii) सामाजिक-लौकिक धरातल पर स्वार्थी-अहंकारी पुरुष नारीसत्ता को महत्त्व नहीं देता। वह बलात्कार, परित्याग, वंचना, उपेक्षा की सनातन शिकार है। अतः जहाँ-तहाँ, जब-जब, जैसे-जैसे इसे खंडित किया जाएगा, नारी-मुक्ति प्रतिफलित होना शुरू होगी। अतः हम उन बिन्दुओं की खोज करें जहाँ नारी प्रतिरोध करती है।

अनुक्रमणिका

प

फ

ब

भ

म

य

र

ल

व

श

स

ह

●●●